Fred Luks
Ökonomie der Großzügigkeit

X-Texte zu Kultur und Gesellschaft

Fred Luks

Ökonomie der Großzügigkeit

Wie Gesellschaften zukunftsfähig werden

[transcript]

Bibliografische Information der Deutschen Nationalbibliothek
Die Deutsche Nationalbibliothek verzeichnet diese Publikation in der Deutschen Nationalbibliografie; detaillierte bibliografische Daten sind im Internet über http://dnb.d-nb.de abrufbar.

© 2023 transcript Verlag, Bielefeld

Alle Rechte vorbehalten. Die Verwertung der Texte und Bilder ist ohne Zustimmung des Verlages urheberrechtswidrig und strafbar. Das gilt auch für Vervielfältigungen, Übersetzungen, Mikroverfilmungen und für die Verarbeitung mit elektronischen Systemen.

Umschlaggestaltung: Kordula Röckenhaus, Bielefeld
Umschlagabbildung: Bild von OpenClipart-Vectors auf Pixabay
Korrektorat: Laureen Schuhmann, Bielefeld
Druck: Friedrich Pustet GmbH & Co. KG, Regensburg
https://doi.org/10.14361/9783839470282
Print-ISBN: 978-3-8376-7028-8
PDF-ISBN: 978-3-8394-7028-2
EPUB-ISBN: 978-3-7328-7028-8
Buchreihen-ISSN: 2364-6616
Buchreihen-eISSN: 2747-3775

Gedruckt auf alterungsbeständigem Papier mit chlorfrei gebleichtem Zellstoff.

FÜR ENZO.

Inhalt

Vorwort 11

I. Grundsätzliches

1. *Dismal Science*, das Scheitern der Effizienz und der fundamentale Unterschied zwischen Schreibtisch und Geschichte 17
Von der tristen zur fröhlichen Wissenschaft 17
Knappheit in der Krise 19
Populismus, Planung und Patentrezepte 22

2. Endlich im Endlichen: Grenzen, Knappheit und Fülle 25
Am Ende der westlichen Lebensweise 25
Nachhaltige Nicht-Nachhaltigkeit und die Offenheit der Zukunft 28
Der Ernst der Lage und die Qualität des Diskurses 31
Thinking like an Economist: Ökonomische Konstruktionen
der (ökologischen) Wirklichkeit 34
Relative Knappheit: Orthodoxe Ökonomik als Effizienzmanagement 38
Absolute Knappheit: Grenzen (in) der heterodoxen Ökonomik 40
Absolute Verschwendung: Anti-Ökonomik 42
Grenzen, Freiheit und ökologisch-ökonomischer Spielraum:
Großzügigkeit als Mittel gegen temporalen Kolonialismus 45

3. Großzügigkeit als rechtes Maß: Zwischen Geiz und Verschwendung 51
Gegenseitigkeit und Gleichgewicht: Über Reziprozität und darüber hinaus 51
Großzügigkeit als gute Mitte: Aristoteles über Geiz und Verschwendung 54
Das rechte Maß: Elemente einer zeitgemäßen Begrenzungsethik 56
Maßlose Mäßigung als Geiz und das Scheitern der Öko-Moral 59
Individueller Verzicht und kollektive Selbstbegrenzung 64
Fasten und Festivals: Verzicht *und* Verschwendung 69
Fülle und Güte als relevante Eigenschaften der Welt 72

II. Anwendungen

4. Schonung statt Steigerung: Spielraum für die Natur als Grundbedingung für Nachhaltigkeit 79
Effizienz und Effektivität 79
Technikinnovation, Konsumsuffizienz und unwirtschaftliches Wachstum in einer vollen Welt 81
Unendliches im Endlichen? Das Rumoren der Komparative und die Knappheits-Effizienz-Wachstums-Endlos-Schleife 84
Großzügigkeit als Weg aus der Knappheits-Effizienz-Wachstums-Endlos-Schleife: Eskalationsunterbrechung als gesellschaftliches Grund-Problem in einer endlichen Welt 91
Platz da! Tiere, Flächen, Schiffe 94
Frieden mit der Natur? Unsere brutale, blendende und dröhnende Welt 99
Knappheit, Effizienz und Wachstum als Ursachen für Tierquälerei 106
Großzügige Nachhaltigkeit: Schonung, Slack und Spiel-Raum 113
Effizienz, Konsistenz, Suffizienz und Opulenz: Eine Neuinterpretation von Verschwendung 116

5. Großzügigkeit und wirtschaftliche Rationalität 119
Resilienz, Fehlerfreundlichkeit und Überraschungsfähigkeit als »unökonomische« Zukunftstugenden 119
Großzügigkeit, betriebswirtschaftlich gedacht 123
Auf der Suche nach der richtigen Balance zwischen Effizienz und Resilienz 127
Internationaler Handel: Gibt es ein rechtes Maß? 128
Kulturlosigkeit, Dummheit und Krankheit als Kollateralschäden ökonomischen Denkens: Eine zugespitzte Mesoökonomik der Effizienzkritik 131

Dahin gehen, wo es wehtut: Makroökonomik der Verschwendung 136
Die missverstandene Digitalisierung 138

**6. Jenseits von Selbstoptimierung und
digitaler Kontingenzvernichtung** 143
Die Krise der Achtsamkeit in der Aufmerksamkeitsökonomie 143
Effizienzkultur. Selbstoptimierung zwischen systemischem Imperativ
und persönlichem Herzenswunsch 148
Das höchst irrige Dogma der Potenzialentfaltung 154
Unverfügbarkeit als Ingredienz guten Lebens? 158
Geburt, Tod und (fast) alles dazwischen 160
Die Grenzen der Resonanz. Über Augenleuchten und Transformationstheorie 167
Zeichen der Zeit: Keine Ferien im Funkloch? 170
Das Verschwinden des Zufalls oder: Macht Stadtluft noch frei? 172
Eine Kultur der Reversibilität in den sozialen Medien? 176

7. Vergeltung und Vergebung 181
Schulderlasse, Schuldenerlasse und Gegenseitigkeit:
Vom Recht zur Ökonomie und zurück 181
Die Bitterkeit des Zorns und die Süße der Rache 183
Staatsschulden, Studentenkredite und Insolvenzrecht 185
Gerechtigkeit, Gnade, Großzügigkeit: Jenseits von Rache und Reziprozität? 188
Die Großzügigkeit von Gnade und Vergebung 190
Vergeben heißt nicht vergessen: Erinnerung, Strafe und Zeit 192
Vergebung im Recht: Juristische Großzügigkeit 194
Gefühle und Symbole 198
Spaltungen, Neuanfänge, Transformationen 201

III. Schlussbetrachtungen

8. Perspektiv-Wechsel 205
Auf der Suche nach Großzügigkeit 205
Sprache. Metaphern der Orientierung 208
Wirklichkeit. Der Realismus der Großzügigkeit und die Grenzen
des Geschichtemachens 213
Technik. Ihre Perfektion, ihre Irrationalität und ihre Gestaltung 219
Freiheit. Über Demokratie, Großzügigkeit und Liberalität 228

Ordnung. Ein Rahmen für Großzügigkeit? 238
Normalität. Die Macht und der Wandel des Selbstverständlichen 245
Fortschritt. Neuerfindung durch Anpassung? 259

9. Brot und Spiele 271
Zwischen Plan und Wildnis: Im Garten der Nachhaltigkeit? 271
Einfache Großzügigkeit, transformative Großzügigkeit und
die Verteidigung des freien Sonntags 278
Von der tristen zur fröhlichen Wissenschaft 287

Anhang

Literatur 297

Anmerkungen 317

Vorwort

Kann man sich eine größere Tragödie vorstellen
als die, daß wir in dem Bestreben, unsere Zukunft
bewußt nach hohen Idealen zu gestalten, in Wirklichkeit
und ahnungslos das genaue Gegenteil dessen erreichen sollten,
wofür wir gekämpft haben?
(Friedrich August von Hayek)

Dieses Buch ist eine Kritik der Vorstellung, eine gute Zukunft und eine nachhaltige Entwicklung ließen sich durch Effizienz, Expansion und elaborierte Technik erreichen und sichern. Echte Zukunftsfähigkeit braucht auch Opulenz, Maß und Kultur. Der folgende Text ist ein Einspruch gegen eine normale, etablierte und oft institutionalisierte Art des Denkens und Handelns. Großzügigkeit als das rechte Maß im Umgang mit der Natur und uns selbst ist kein Patentrezept, aber unverzichtbares Element einer gelingenden Gesellschaft. Folglich analysiert und positioniert das Buch die Großzügigkeit als Voraussetzung für eine gute gesellschaftliche Zukunft. Dabei wird der Begriff der Großzügigkeit großzügig interpretiert und auf verschiedene Felder angewandt. Es geht um Klimawandel und Welthandel, um Tierwohl, um Digitalisierung und Selbstoptimierung und nicht zuletzt um die Relevanz des Vergebens für eine gelingende Gesellschaft. Was diese Felder gemeinsam haben: dass ein Übermaß an Striktheit, Effizienzorientierung und Rationalitätsfixierung uns selbst, anderen Geschöpfen und der Natur nicht guttut.

Wäre die Übung, diese Situation kritisch durchzudenken, nur *l'art pour l'art* – dann könnte die Reaktion darauf im Geiste dieses Buches nur lauten: *so what?* Denn dass wir Kunst um der Kunst willen brauchen – und darüber hinaus Sport um des Sports willen, Verschwendung um der Verschwendung willen und so weiter –, ist eine der Ideen, die hier stark gemacht werden sollen. Unsere Kultur ist in einem Maße an »vernünftigen« Zweck-Mittel-Relationen orientiert, das nicht guttut. Das »vernünftig« steht in Anführungsstrichen, weil zu viel Vernunft bekanntlich in Unvernunft umschlägt. Das folgende gedankliche Unterfangen steht natürlich im Kontext einer Lage, die man als multiple Krise, Polykrise oder Zeitenwende bezeichnen kann. Corona, Krieg und Klimadesaster sind Stichworte einer gesellschaftlichen Situation, die von großen Problemen und trüben Aussichten geprägt ist, aber auch von großem Engagement und echter Hoffnung. Es wird immer deutlicher, dass die »normale« westliche Lebensweise an ihr Ende kommt und eine »große Transformation« notwendig ist, die einen ökologischen, sozialen und wirtschaftlichen Wandel in Richtung Zukunftsfähigkeit realisiert. Wie zu zeigen sein wird, heißt das mitnichten, sich von der Vorstellung gesellschaftlichen Fortschritts zu verabschieden. Im Gegenteil: Großzügigkeit versteht sich als Beitrag zum Fortschritt – und zwar einem, der nicht durch eine Orientierung an Effizienz und Expansion geprägt ist, sondern der Elemente wie die Schonung der Natur, Schönheit und Spielraum für Ideen, Lernprozesse und Experimente betont.

Nietzsches zu Tode zitierte Aussage, ohne Musik sei das Leben ein Irrtum, ließe sich anführen als Hinweis auf die Richtung, in die hier gedacht werden soll. Für die Gegenwart noch passender ist vielleicht folgende Äußerung des Schriftstellers Navid Kermani gegenüber dem WDR-Sinfonieorchester: »Das ist kein schönes Leben ohne Sie, ohne ein Orchester, ohne ein Theater, ohne all das Überflüssige. Wozu lebt man denn? Doch nicht für das, was zweckmäßig ist. Sondern für das, was darüber hinausgeht, für die Momente, die eben nicht aufgehen in irgend einem betriebswirtschaftlichen Nutzen.«[1]

Dass das Leben eben nicht im Nützlichen aufgeht und dass das Leben – auch das gesellschaftliche Leben und das Leben der Natur – sich wesentlich aus dem Unzweckmäßigen, Ineffizienten und, ja, Unvernünftigen nährt, ist eine wesentliche Begründung für die große Bedeutung von Großzügigkeit. Zu problematisieren ist dabei nicht wirtschaftliches Denken als solches. Platte Ökonomiekritik führt zu gar nichts, weil ökonomisches Denken an sich nicht das Problem ist – eine Auseinandersetzung mit der Dominanz des Wirtschaftlichen erscheint aber unverzichtbar. Dabei kann das Nachdenken über die Vorzüge des Unproduktiven paradoxerweise sehr produktiv sein. Denn wenn die eben skizzierten und im Folgenden noch ausführlich zu beschreibenden Verhältnisse verändert werden sollen, geht das zwar nicht ohne praktischen Wandel, aber wohl auch nicht ganz ohne theoretische Reflexion.

Englischsprachige Zitate habe ich selbst ins Deutsche übertragen und dabei in sehr vielen Fällen die Übersetzungsmaschine *deepl* konsultiert. Unendlich wichtiger war die Unterstützung durch Menschen – für kritische Anmerkungen zu Ideen und Textentwürfen geht mein sehr herzlicher Dank an Christoph Badelt, Ulrich Brand, Nastassja Cernko, Birgit Dalheimer, Michael Deflorian, Robert Dempfer, Klaus Gabriel, Daniel Hausknost, Heiko Kapels, Johannes Koll, Philipp Krohn, Beate Littig, Verena Madner, Michael Meyer, Bernd Siebenhüner und Gabriele Sonnberger. Wie immer gilt: Mängel, Meinungen und Merkwürdigkeiten gehen allein auf mein Konto.

Dieses Buch ist meinem Sohn Enzo gewidmet.

Purkersdorf bei Wien, Mai 2023

I. Grundsätzliches

1. *Dismal Science*, das Scheitern der Effizienz und der fundamentale Unterschied zwischen Schreibtisch und Geschichte

Von der tristen zur fröhlichen Wissenschaft

Das vorliegende Buch basiert auf der Einschätzung, dass Großzügigkeit ein zentraler Faktor für eine gesellschaftliche Entwicklung ist, die man als fortschrittlich, als nachhaltig oder auf andere Weise als positiv bewerten kann. Es basiert nicht auf der Einschätzung, dass man sich Dinge am Schreibtisch ausdenken kann, diese Ideen unter die Leute bringt und damit eine Lösung für die Probleme der Welt in diese Welt kommt. Großzügigkeit wird im Folgenden durchaus großzügig interpretiert, aber eben *nicht* als konzeptionelle Allzweckwaffe. Keine Idee allein wird uns dem Fortschritt näherbringen. Nur viele Ideen, die miteinander streiten, sich dadurch verändern und miteinander kombiniert werden, können das. Zu dieser Vielfalt soll das Folgende ein Beitrag sein.

Ein solcher Beitrag enthält beim Großthema Großzügigkeit zwangsläufig Grundlagen- und Begriffsarbeit. Wie wir noch sehen werden, betrifft die Großzügigkeit ebenso wie der Geiz fundamentale Eigenschaften des gesellschaftlichen Zusammenlebens und der gesellschaftlichen Naturverhältnisse. Wer über Großzügigkeit reden will, kann über Dinge wie Endlichkeit und Grenzen, Knappheit und Fülle, Verschwendung und das rechte Maß nicht schweigen. Um diese Grundbegriffe geht es in den Kapiteln 2 und 3 (Teil I).

Das Plädoyer für Großzügigkeit basiert hier wesentlich auf der Kritik an einer Idee, genauer: der Kritik an der Dominanz einer Idee – der Effizienz. Ihr wird in gewisser Weise (viel) zu viel zugetraut. Darüber hinaus ist sehr grundsätzlich zu fragen, ob das Leitbild der Effizienz, das mittlerweile so viele Bereiche der Gesellschaft dominiert, überhaupt noch angemessen ist.[1] Für unseren

Zweck ist entscheidend, dass sie stets auf ein Mehr hinausläuft: Die Orientierung an Produktivität und Effizienz ist eine Orientierung an einem Leitbild der Steigerung, der Expansion, der Ausweitung. Effizienz, so formuliert es der Philosoph Ralf Konersmann, »ist ein Maß ohne Maß – ein Maß, das alles Handeln der Erwartung unterstellt, dass man die Schraube immer weiter drehen kann und die Optimierung keine Grenzen kennt. Die Welt der Effizienz ist eine Welt der Komparative.«[2] Dass diese Komparative prinzipiell kein Maß kennen und dass dies in einer endlichen Welt zum existenziellen Problem wird, ist eine der Hauptbegründungen für die Großzügigkeit.

Mit Blick auf die Dominanz des Effizienzleitbildes ist auch zu fragen, inwieweit das, was die Ökonomik traditionell umtreibt, noch zeitgemäß ist. Dass Thomas Carlyles Wort von der tristen Wissenschaft (*dismal science*) sich zum zweifelhaften Ehrentitel der Ökonomik entwickeln konnte, hängt wesentlich mit dem Pessimismus der klassischen Politischen Ökonomie zusammen – und mit dem schlechthinnigen Gegenstand wirtschaftswissenschaftlichen Denkens: Knappheit. Wo Knappheit herrscht, schlägt die Stunde von Ökonomie und Effizienz. Das gilt heute als quasinatürliche Selbstverständlichkeit.

Die Probleme mit der Effizienz haben zwei Seiten: Sie leistet nicht, was sie zu leisten verspricht – und sie (erneut genauer gesagt: ihre Dominanz) hat erhebliche Nebenwirkungen, die es höchst notwendig erscheinen lassen, dieser Dominanz entgegenzutreten. Dass Effizienz gleichsam ein falsches Versprechen ist, zeigt sich an vielen sozialen, ökologischen und ökonomischen Themen. Für Ökonomie und Ökonomik ist die Effizienz natürlich ein klassisches Thema, aber auch bei Umweltthemen wird regelmäßig darauf gesetzt, dass ein effizienterer Umgang mit Ressourcen, mit Zeit, mit Menschen ein Gebot der Vernunft sei. Im Folgenden wird zu zeigen sein, dass durchaus nicht selten das Gegenteil der Fall ist. Die Kapitel 4 und 5 leuchten aus, wo und warum das so ist und was man dem entgegensetzen – oder dazusetzen – könnte.

Die Nebenwirkungen einer ubiquitären Effizienzorientierung betreffen wesentlich die Lebensqualität, die durch eine digital befeuerte Selbstoptimierung bedroht ist. Die Kritik an dieser Optimierung ist Legion und wird hier nur skizziert werden. Wichtiger ist das unterschätzte Antidot, das beim Beklagen der Selbstoptimierungsschäden kaum zur Sprache kommt: die Großzügigkeit. Kapitel 6 leuchtet diesen Zusammenhang ausführlich aus. Kapitel 7 behandelt ein Thema, das eher quer zu den eben skizzierten Überlegungen steht, für das Thema Großzügigkeit aber sehr wichtig ist. Relevant ist hier weniger die Effizienz und viel mehr das komplizierte Verhältnis von Reziprozität, Gerechtigkeit und Gnade – und die wichtige Rolle, die Vergebung in einer Gesellschaft spielen kann, die sich zukunftsfähig entwickeln will. Darin freilich liegt zumindest mittelbar eine Beziehung zum Effizienzproblem – denn bei beiden Themen geht es um die Unterbrechung unguter Dynamiken, die mit den heute üblichen Mitteln eben nicht zu leisten ist.

Was die ersten drei Kapitel dieses Teils II verbindet, ist eine Beschäftigung mit der – dramatisch formuliert – Verstrickung des gesellschaftlichen Zusammenlebens und der gesellschaftlichen Naturverhältnisse mit dem Ökonomischen. Dabei geht es nicht um die Verteufelung eines vermeintlich herrschenden »Neoliberalismus«, sondern zunächst einmal um die Diagnose, dass das Ökonomische immer mehr Bereiche in einer Weise dominiert, die der Gesellschaft und der Natur nicht guttun. Großzügigkeit, wie sie hier verstanden wird, stellt dieser Dominanz – die mehr ist als »Neoliberalismus« – etwas entgegen. Die Befassung mit eher juristisch-politischen Themen in Kapitel 7 ist, wie sich zeigen wird, eine wichtige Ergänzung dieser Argumentation.

Teil III enthält Schlussbetrachtungen mit Blick auf die Wirkung, die Großzügigkeit entfalten kann. Kapitel 8 nimmt einen Perspektivwechsel vor und denkt anhand der Begriffe Sprache, Wirklichkeit, Technik, Freiheit, Ordnung, Normalität und Fortschritt die Möglichkeiten einer plausiblen, nicht-naiven Konzeption von Großzügigkeit durch. Im Zentrum stehen dabei die Bedingungen, die der Großzügigkeit im Wege stehen oder ihrer Verbreitung förderlich sind, und nicht zuletzt die Ausdrucksmittel einer »Sprache der Großzügigkeit«. Wie wir sehen werden, gibt es trotz der Dominanz von Knappheits- und Krisendiskursen handfeste Gründe für die Annahme, dass Großzügigkeit, wie sie im vorliegenden Buch verstanden wird, sich bereits verbreitet. Ganz am Schluss des Buches steht Kapitel 9, das den Titel *Brot und Spiele* trägt. Dort wird eine Unterscheidung zwischen einfacher und transformativer Großzügigkeit eingeführt. Das Buch schließt mit Überlegungen zur Frage, wie eine plausible und produktive Alternative zum tristen (wirtschafts-)wissenschaftlichen Denken aussehen kann.

Knappheit in der Krise

Der Begriff der fröhlichen Wissenschaft hat hier weniger mit einem Nietzsche-Bezug zu tun und mehr damit, dass eine gewisse Fröhlichkeit einem der Zukunft zugeneigten Denken gut ansteht. Es geht hier darum, eine unterschätzte Idee stark zu machen: ohne den Glauben, am Schreibtisch Geschichte machen zu können und ohne die Hoffnung, diese Idee wäre »die« Lösung – aber doch in dem Glauben, dass es politische Wunder geben kann und in der Hoffnung, dass sich unser derzeitiger gesellschaftlicher und ökologischer Ausnahmezustand zum Besseren wenden lässt.[3] Der Weg zur Großzügigkeit kann zweifellos nur ein experimenteller Weg sein – ein Such- und ein Lernprozess. Soll dieser gelingen, ist das Management von Knappheit nicht unwichtig. Viel wichtiger aber ist eine Fülle von Ideen, von Phantasie und eine Aufwertung des Spielerischen.

Die Aufwertung von Begriffen wie Fülle, Spiel und Schönheit und die Umwertung von Begriffen wie Verschwendung, Geiz und Wohlstand erscheint mir angesichts unserer Lage unverzichtbar. Effizienz, das sei nochmals betont, läuft in ihrer gegenwärtigen Dominanz ins Leere – vor allem, wo sie ökologische Probleme lösen soll – und führt andererseits zu höchst unerfreulichen Nebenwirkungen – vor allem dort, wo sie soziale Probleme auslöst oder verstärkt. Auf die durch diese Lage dringlich gewordenen Fragen ist Großzügigkeit vor allem deshalb eine Antwort, weil sie einen Weg weisen kann aus der langfristig so destruktiven Knappheits-Effizienz-Wachstums-Endlos-Schleife und weil sie auch jenseits des Ökonomischen »wirkt«.

Wenn die generationenlange (letztlich: ewige) Entkopplung von Wirtschaftsleistung und Umweltverbrauch keine plausible Option ist, muss man aus der Schleife »Knappheit – Effizienz – Wachstum – mehr Knappheit – mehr Effizienz – mehr Wachstum – noch mehr Knappheit – undsoweiter-undsoimmerfort« aussteigen. Das Fundamentalproblem vieler zukunftsuntauglicher Entwicklungen liegt in dieser Endlosschleife von Mehrproduktion und Mehrwollen, die kein Maß, keine Ziellinie, keinen Endpunkt kennt. Zukunftsfähigkeit erfordert den Ausstieg aus dieser Schleife – und genau dazu ist Großzügigkeit ein wichtiger Schlüssel. Dass man in der Architektur mit Großzügigkeit Begriffe wie Größe und Weite assoziiert, passt zur Zielsetzung des Folgenden. Großzügigkeit »lässt Platz«, fragt nicht (zumindest nicht prioritär) nach wirtschaftlichem Kalkül und ist am Guten mehr interessiert als am Optimalen. Großzügigkeit, wie sie hier verstanden wird, impliziert eine Aufwertung des Un-Ökonomischen und eine Abwertung (aber nicht Geringschätzung) des Ökonomischen.

In Zeiten von Fachkräftemangel, Materialknappheit, steigender Inflation, »Corona-Engpässen«, weltweiten Lieferschwierigkeiten, ökologisch motivierten Maßhalteappellen und kriegerischen Auseinandersetzungen mitten in Europa dafür zu plädieren, fröhlich, spielerisch und hoffnungsvoll Fülle, Verschwendung und Großzügigkeit in den Blick zu nehmen, mag kühn und naiv erscheinen. Dem ist in aller Deutlichkeit zu entgegnen, dass es gerade angesichts dieser Probleme, ganz besonders aber mit Blick auf die soziale und ökologische Lage höchst notwendig erscheint, sich auf die Suche nach Ideen und Konzepten zu machen, die nicht auf einem naiven Glauben an ein Weiter-so basieren, sondern auf der begründeten Hoffnung, dass es auch anders gehen kann. Die Normalität der westlichen Lebensweise ist an ihr Ende gekommen – darin liegt eine wesentliche Quelle der weit verbreiteten und tiefgehenden Verunsicherung.

Dass es anders gehen *muss*, ist Anfang der 2020er Jahre evident. Fest etablierte Normalitäten auf Feldern wie Energie, Ernährung, Gesundheit und Handel stehen in Frage. Das scheint den allermeisten Menschen klar zu sein – und gleichzeitig ist paradoxerweise der politische Diskurs davon geprägt, Normalität zu vermitteln. Krise ja, Umbau ja, Zeitenwende ja – aber das Wohlstandsmodell, das doch gerade jetzt eigentlich gründlich hinterfragt gehörte, wird nicht zur Disposition gestellt. Dass höhere Preise für Energie und tierische Nahrung kein temporäres Ärgernis sind, sondern Kennzeichen einer nachhaltigen Wirtschaftsweise; dass Seuchenprävention mit einem Rückbau invasiver Naturnutzung einhergehen muss; dass Resilienz auf Kosten von Effizienz gehen wird – all das wird der Öffentlichkeit zumindest von der Politik kaum vermittelt. Dass dem Menschen die Wahrheit zuzumuten sei – das wird zwar gerne als Zitat von Ingeborg Bachmann herumgereicht: Allein, es bleibt theoretisch. Praktisch wird sehr viel getan, zumindest den Schein von Normalität zu wahren. Das wird sich als nicht nachhaltig erweisen. Dass wieder über Knappheit geredet wird, sollte man produktiv nutzen.

Ein im Vergleich zur Renaissance der Knappheit viel grundsätzlicheres Problem für jedes Bestreben, Themen wie Fülle, Verschwendung und Großzügigkeit zur Sprache zu bringen, ist die buchstäblich fundamentale wirtschaftshistorische Bedeutung, die Produktivität und Effizienz seit der Industriellen Revolution für die Entwicklung der heute reichen Länder gehabt haben. Diese Bedeutung wird oft vergessen: Reiche Gesellschaften sind nicht zuletzt deshalb reich, weil kontinuierlich und erfolgreich daran gearbeitet wurde, aus vorhandenen »Ressourcen« – namentlich Rohstoffen und Arbeitskraft – immer mehr herauszuholen beziehungsweise bestimmte Mengen an Produkten und Dienstleistungen mit immer weniger Ressourcen herzustellen.[4] Wachstumskritik in reichen Ländern, das wird bisweilen übersehen, basiert nicht zuletzt auf einem langen Wachstumsprozess. Die Hinwendung zu immateriellen Werten basiert regelmäßig auf einem erfolgreichen Umgang mit sehr materiellen Problemen. Postmaterialismus, hat einmal jemand formuliert, muss man sich auch leisten können. So ist es.

Populismus, Planung und Patentrezepte

Bei der Suche nach nicht-naiven Wegen zum Fortschritt, zur Nachhaltigkeit oder zu einer wie immer zu bezeichnenden »guten« gesellschaftlichen Entwicklung gibt es noch ein anderes relevantes Thema, das hier zu berücksichtigen ist – eines, das man als publizistischen Populismus bezeichnen könnte: Wenn es um den Erhalt oder den Wandel unserer Gesellschaft geht, gibt es zahlreiche Stimmen, die vor allem auf die leichte Zustimmung des Publikums aus sind. Wenn man deren Erfolg verstehen möchte, kann ein faszinierendes Werk aus dem Jahre 1937 helfen: *Die Macht des Charlatans* von Grete De Francesco. Gleich auf der ersten Seite spricht De Francesco vom »Jonglieren mit dem schillernden, undurchsichtigen und unverstandenen sprachlichen Ausdruck«.[5] Dieser Ausdruck ist nicht nur für den Diskurs über die Corona-Krise charakteristisch, sondern auch für die simplen Lösungsangebote in Debatten über Nachhaltigkeit. Das Jonglieren, das Schillernde und den sprachlichen Nebel gilt es im Blick zu behalten, wenn man die Gegenwart verstehen und verändern will.[6]

Wer nichts weiß, muss bekanntlich alles glauben. Und wer wenig weiß, muss vieles glauben. Uninformiertheit und mangelnde Kritikfähigkeit sind unübersehbar Verbündete der Bequemlichkeit. Dass sich eine gewisse Art von komplexitätsreduziertem Denken und Schreiben so erfolgreich verbreiten konnte, hat einen wesentlichen Grund: Es gibt im Publikum ein geradezu unbändiges Bedürfnis nach Orientierung, Übersichtlichkeit, Sicherheit und Einfachheit. Der Scharlatan nutzt die Sehnsucht nach Wandel aus und, so formuliert es De Francesco, jongliert »mit dem Vertrauen der Hoffenden«.[7] Die Bedienung der Hoffnung auf Wandel und die Behauptung, dass es jede und jeder in der Hand habe, die Welt zu verbessern, gehört zu den unverzichtbaren Ingredienzien zeitgenössischer Erbauungsliteratur mit gesellschaftspolitischem Anspruch. Es gibt heute, wie Carlo Strenger das einmal formuliert hat, eine Neigung, »auf Leute hereinzufallen, die uns versprechen, dass wir alles, was wir wollen, ganz einfach haben können, wenn wir es nur richtig machen würden.«[8] Wunschkonzertliteratur, oder, mit Michel Houellebecq etwas drastischer formuliert, »läppische Philosophen der versöhnlichen Sorte«[9], gibt es mehr als genug. Das ist nicht ohne Risiko: Billiger Gesinnungsapplaus könnte uns teuer zu stehen kommen.

Einem solchen Populismus der einfachen Lösungen sollte man also nicht auf den Leim gehen, wenn man an einer guten Zukunft interessiert ist. Das Gute ist auch eine Frage des Maßes – ein Begriff, der uns noch intensiv beschäftigen wird. In Diskursen über Zukunftsfähigkeit und Nachhaltigkeit gibt es zwei Extreme, die man zugespitzt als Ökonomie- und Ökologiepopulismus bezeichnen könnte.[10] Der Ökonomiepopulismus setzt auf Effizienz, Innovation und Wachstum und damit letztlich maßlos auf fortgesetzte Expansion. Der Ökologiepopulismus setzt auf Suffizienz, Exnovation, Schrumpfung und sieht sich regelmäßig auf der moralisch richtigen Seite – und übersieht, dass die vorgebrachten Forderungen nach Mäßigung allzu oft selbst maßlos sind und strukturell ins Leere laufen. Miesepetrigkeit, ästhetische Achtlosigkeit und moralinsaure Appelle machen keine Lust auf Veränderung. Wir kommen darauf zurück.

So sehr man sich das angesichts wichtiger sozialer Herausforderungen, ernster wirtschaftlicher Schwierigkeiten und wahrlich dramatischer ökologischer Probleme wünschen mag – es gibt nicht die eine Lösung oder einen Zauber, der diese Dinge »lösen« könnte: Ganz egal, ob der vermeintliche Zauberstab Marktliberalisierung oder Planung heißt, grünes Wachstum oder Postwachstum, Gemeinwohlökonomie oder Windenergie, Entrepreneurship oder Bedingungsloses Grundeinkommen – oder eben Großzügigkeit. Der Kinderglaube zumal, was menschlich geschaffen sei, müsse sich doch auch durch Menschen wieder abschaffen lassen, ist geradezu kläglich angesichts der realen Welt: Denn aufgrund der Komplexität dieser Welt ist ein einfacher Rückbau des einmal Geschaffenen keine Option – die Veränderung der Welt trägt immer das Risiko der Irreversibilität: nicht nur thermodynamisch, sondern auch gesellschaftlich.

Dass Patentrezepte regelmäßig scheitern, hat viele Gründe. Ein wichtiger ist die nur sehr begrenzte Planbarkeit gesellschaftlicher Entwicklungen. Schon als Individuum scheitert man mit Gewissheit, wenn man Pläne in dem Glauben macht, punktgenau seine Ziele erreichen zu können. John Lennon hat das bekanntlich gut auf den Punkt gebracht: »Life is what happens while you're busy making other plans.«[11] Für das gesellschaftliche Leben gilt diese Einsicht ohne Zweifel. Man muss weder Benjamin Constant oder Friedrich August von Hayek noch Niklas Luhmann gelesen haben, um diesen Punkt und seine Relevanz zu sehen: Wirtschaft, Kultur, Technik, Gesellschaft, ihr Verhältnis zur Natur – all diese Dinge sind am Ende das Ergebnis menschlichen Handelns, aber eben nicht Resultat zielgenauer menschlicher Planung. Natürlich ist der menschliche Entwurf ein wichtiger Faktor für die Resultate der gesellschaftlichen Entwicklung – aber dass einmal gesetzte Ziele punktgenau erreicht werden, ist eben in den allermeisten Fällen dem Zufall zu verdanken, nicht der Planung. Auch deshalb tut man gut daran, sich stets des Unterschieds zwischen Schreibtisch und Geschichte bewusst zu sein.

Der Eindruck, ich hätte mich auf den letzten Seiten (zu) weit von meinem Thema wegbewegt – er trügt. Denn das vorliegende Plädoyer für Großzügigkeit ist ja, wie noch sehr deutlich werden wird, gegen eine erhebliche Persistenz von Ideen angeschrieben, die uns und unserer gesellschaftlichen und natürlichen Mitwelt nicht guttun. Wenn man sich mit Alternativen zum Herrschenden befasst, sollte man sich die Grenzen gesellschaftsverändernder Wunschphantasien vergegenwärtigen. Ohnehin ist die Tröstung, die diese Phantasien spenden, nicht von Dauer, niemals. Allzu viele Tröstungs-, Lösungs- und Orientierungsangebote aus dem Schriftenjargon »Weltrettung« sind soziologisch naiv, psychologisch unplausibel oder politisch gefährlich – oder alles gleichzeitig. Der Anspruch des Folgenden ist, genau das nicht zu sein.

Sollte man hier gnädiger und großzügiger sein? Ich denke nicht: Wo naiv-begeisterter Effizienzglaube herrscht oder als Alternative allen Ernstes die überbordende Forderung nach Einschränkung, Verzicht und Mäßigung in den Raum gestellt wird, da gehört auf einen groben Klotz ein grober Keil. Es kann wenig Zweifel geben, dass eine gute Zukunft sowohl Effizienz als auch Mäßigung erfordert. Dass eine solche Zukunft aber dringend erfordert, über diese Konzepte hinaus zu denken und hinaus zu handeln und ihren Machtbereich dabei einzugrenzen – darum geht es in diesem Buch.

2. Endlich im Endlichen: Grenzen, Knappheit und Fülle

Am Ende der westlichen Lebensweise

Die Corona-Krise und ihr politisches Management haben zu einer tiefen gesellschaftlichen Verunsicherung geführt. Das durch die Klimakrise und zivilgesellschaftliche Bewegungen wie *Fridays for Future* befeuerte Gefühl, dass es »so nicht weitergehen kann«, wurde durch Lockdowns, Lieferkettenprobleme und Lücken im Gesundheitssystem weiter befeuert. Endgültig hat sich diese Emotion wohl mit dem russischen Angriffskrieg gegen die Ukraine durchgesetzt: Die westliche Lebensweise, wie wir sie kannten, ist an ihr Ende gelangt. Was regelmäßige Katastrophenberichte des Internationalen Klimarates und anderer Quellen nicht geschafft haben, wurde durch einen Krieg mitten in Europa geleistet: Die Erkenntnis, dass eine gute Zukunft einen grundlegenden Wandel braucht, ist in der Mitte der Gesellschaft angekommen. Transformation ist sozusagen »Mainstream«. Fast.

»Fast« – weil natürlich sehr umstritten ist, was genau Transformation bedeuten soll und wie sie zu organisieren wäre. Klar ist aber, dass Transformation ein auf ein normativ erwünschtes Ziel hin gestalteter Wandel ist. Das meint nicht treffsicheren und geplanten Wandel – den gibt es nicht. Aber die Lage lässt sich doch zuspitzen auf eine Wahl zwischen Veränderung, die sich *by design* oder *by desaster* ergibt – oder auf die Differenz zwischen *managed transition* und *forced transition*. Etwas anders formuliert: Wandel passiert in jedem Fall – die Frage ist, ob er – zum Beispiel in Form einer ungebremst abrollenden Klimaerwärmung oder eines fortgesetzten Artensterbens – *erlitten* wird oder ob er – zum Beispiel in Form einer internationalen Zusammenarbeit zum wirkungsvollen Schutz der Umwelt – *gestaltet* wird. Wie gesagt: Mit Gestaltung ist hier nicht treffsichere Intervention durch staatliche Steuerungsmaßnahmen gemeint, sondern ernsthafte Anstrengungen von Akteuren wie Staat, Wirtschaft und Zivilgesellschaft, ein erkanntes Problem zu lösen. Wenn man es nicht auf demokratische Weise schafft, in diesem Sinne *gestaltend* an einer Verbesserung der Lage zu arbeiten, drohen allerschlimmste Folgen.

Diese prekäre Lage hat viele Ursachen, die alle mit unserem Thema der Großzügigkeit in Verbindung gebracht werden können. Ich will hier nur die ökologische Dimension skizzieren. Sie ist insoweit von besonderer Bedeutung, als die Umwelt buchstäblich Grund-Lage gesellschaftlichen Seins und Werdens ist. Daraus resultiert auch, dass die desaströsen Umweltfolgen des Wirtschaftens einerseits eben dieses Wirtschaften massiv »stören« und andererseits durchschlagende soziale Wirkung erzielen. Umwelt ist eben kein »Öko-Thema«, sondern ein wirtschaftliches und soziales Phänomen ersten Ranges. Das ökologische Scheitern der westlichen Lebensweise ist ein grundsätzliches Scheitern.

Unsere Art zu leben scheitert, weil sie an Schranken stößt. Dass der Expansionsdrang westlicher und nicht-westlicher Gesellschaften beginnt, an Grenzen zu stoßen und diese teilweise bereits überschritten hat, zeigt sich nicht nur in biophysikalischen Tatsachen wie Klimaerwärmung und Artensterben. Die Grenz-Erfahrung der Menschheit drückt sich auch in einem an Selbstzentrierung wohl unüberbietbaren Begriff für das aktuelle erdgeschichtliche Zeitalter aus: Anthropozän – das Zeitalter des Menschen.[1] Ob dieser Begriff wissenschaftlich geadelt wird oder nicht, ist für seine Wirkung mittlerweile irrelevant: Mindestens als Metapher für die massiven Veränderungen, die menschliche Aktivitäten im globalen Maßstab auslösen, hat er sich durchgesetzt.

Das Anthropozän ist wesentlich ein Ergebnis dessen, was heute oft als »große Beschleunigung« (»great accelaration«) bezeichnet wird.[2] Ein Blick auf nahezu alle ökologischen, ökonomischen und technische Statistiken (und auf die in diesem Zusammenhang oft zitierten Graphiken zu sozioökonomischen und ökologischen Trends) macht den Begriff plausibel: Allenthalben sieht man Steigerungsbewegungen, die sich ab den 1950er Jahren rapide beschleunigen. Ob Bevölkerung oder Wirtschaftsleistung, ob Energieverbrauch oder die Verwendung von Kunstdünger, ob Telekommunikation oder Tourismus, ob Kohlendioxidemissionen oder Fischfang – Wachstum, Verdichtung und Beschleunigung, wohin man auch blickt. Eben diese Prozesse überschreiten immer mehr die Grenzen des Durchhaltbaren – das ist Dreh- und Angelpunkt des ökologischen und damit auch wirtschaftlichen und sozialen Scheiterns unserer Lebensweise.

Mit gutem Grund lässt sich diese Lebensweise mit Ulrich Brand und Markus Wissen als »imperial« bezeichnen. Die imperiale Lebensweise ist elementar auf den massiven Zugriff auf Ressourcen angewiesen. Die Lebens- und Wirtschaftsweise der reichen Länder dieser Erde ist heute strukturell vom Import gigantischer Materialmengen abhängig, und ein Ende dieser Abhängigkeit ist nicht absehbar.[3] Aktuelle Studien zeigen, wie weit die Welt vom Erreichen international unstrittiger Nachhaltigkeitsziele entfernt ist, dass die globale Effizienz der Nutzung von Materialströmen sogar abnimmt und dass das westliche Wohlstandsniveau mit den derzeitigen Produktions- und Konsummustern keinesfalls global verallgemeinerbar ist.[4] Diese Lebensweise beruht darauf, »sich weltweit Natur und Arbeitskraft zunutze zu machen und die dabei anfallenden sozialen und ökologischen Kosten zu externalisieren.«[5]

Eine Gesellschaft, die auf diese Weise wirtschaftet, kann man mit Stephan Lessenich treffend als Externalisierungsgesellschaft bezeichnen.[6] Ein halbes Jahrhundert nach der Veröffentlichung des berühmt-berüchtigten Club-of-Rome-Buches *Die Grenzen des Wachstums* kann man jedenfalls feststellen: Ja, es gibt diese Grenzen – und sie verdienen unsere Aufmerksamkeit.[7] Wissenschaftlich wird das vor allem mit dem Konzept der *Planetary Boundaries* bearbeitet, das eng mit den eben skizzierten Begriffen Anthropozän und Beschleunigung verbunden ist.[8] Diese und andere Konzepte – wie der Umweltraum, der Material- und Energiedurchsatz und der ökologische Fußabdruck – sind Gegenstand des Diskurses über eine nachhaltige Entwicklung.

Nachhaltige Entwicklung wird klassisch und bis heute als Entwicklung bezeichnet, die die Bedürfnisse aller heute lebenden Menschen befriedigt, ohne zu einer Verunmöglichung dieser Bedürfnisbefriedigung für kommende Generationen zu führen.[9] Konkretisiert wird diese Vorstellung heute üblicherweise anhand der Nachhaltigkeitsziele der Vereinten Nationen – den Sustainable Development Goals (SDGs).[10] Diese 17 Ziele wurden 2015 unter der Überschrift »Transformation unserer Welt« verabschiedet. Der Transformationsbegriff wurde damit endgültig zum Schlüsselwort der Nachhaltigkeitsdebatte.

Der Transformationsbegriff geht gleichsam tiefer und weiter als Vorstellungen, nach denen »ökologische Modernisierung«, soziale Sicherung und eine moderate wirtschaftspolitische Anpassung für eine nachhaltige Entwicklung ausreichen.[11] Dass dieser vor uns liegende Wandel grundlegend sein muss und auch begrifflich-konzeptionellen Wandel erfordert, ist auch die Grundannahme dieses Buches – und auch gleichsam ein Einfallstor für die Vorstellung, Großzügigkeit könne allen Ernstes ein Element der gesellschaftlichen Transformation zur Nachhaltigkeit sein.

Der Diskurs über diese Transformation und insbesondere über ihre ökologische Dimension ist wesentlich ökonomisch geprägt – und zwar in mehrfacher Hinsicht: Das gesellschaftliche Ringen um Nachhaltigkeit betrifft wirtschaftliche Zusammenhänge, wirtschaftliche Geschäftsmodelle, wirtschaftliche Interessen sowie ganz wesentlich wirtschaftliche Ideen und Leitbilder. Daraus resultieren drei Zusammenhänge, die für unser Thema zentral sind. Erstens: Die Relevanz des Wirtschaftlichen führt zu allen möglichen und unmöglichen Reform- und Revolutionsideen, die nicht selten von ökonomischem Sachverstand gänzlich unbeleckt sind. Zweitens: Ökonomie ist auch hier niemals »nur« Ökonomie, sondern eng verwoben mit sozialen, kulturellen und anderen gesellschaftlichen Phänomenen. Drittens: Alle Überlegungen, das Ökonomische grundlegend zu verändern, dürfen sozialwissenschaftlich nicht naiv sein – sonst zerschellt jede Transformationsidee an der harten Realität einer Gesellschaft, die aktuell eben gerade nicht auf Nachhaltigkeit eingestellt ist.

Nachhaltige Nicht-Nachhaltigkeit und die Offenheit der Zukunft

Die Lage ist also sehr ernst, und es herrscht kein Mangel an vehementen Bekenntnissen zur Verantwortung, die diese Lage bedeutet. Wirklich jeder gesellschaftliche Bereich scheint sich in der Pflicht zu fühlen, an der Transformation zur Nachhaltigkeit mitzuwirken. Von politischen Bekenntnissen zu Nachhaltigkeitszielen über *Scientists for Future* bis hin zu Unternehmen und ihren Selbstverpflichtungen und Nachhaltigkeitsberichten: Kaum ein gesellschaftlicher Akteur verzichtet heute darauf, etwas zur Nachhaltigkeit zu sagen und seinen Willen zum Wandel zu kommunizieren. Nachhaltigkeit als Leitbild und Bekenntnis – sie ist überall.[12] Nachhaltigkeit als wirksame Praxis ist dagegen weitaus seltener.

Besonders zugespitzt analysiert der Wiener Soziologe Ingolfur Blühdorn diese Lücke zwischen Rhetorik und Realität. Seine Theorie der »Nachhaltigen Nicht-Nachhaltigkeit« beansprucht, die Abwesenheit wirklich wirksamer Transformationsschritte zu erklären. Blühdorns bisweilen ätzend-pessimistischer Zugang zum Thema ist für unsere Auseinandersetzung mit Großzügigkeit auch deshalb so relevant, weil er gleichsam argumentativ keine Gefangenen macht und eine Analyse präsentiert, die durch keinerlei Zweckoptimismus gedämpft ist. »Pessimismus und Optimismus«, schreibt Blühdorn in seinem Buch *Simulative Demokratie*, »sind keine wissenschaftlichen Kategorien.« Worauf es bei sozialwissenschaftlichen Analysen einzig und allein ankomme: ob sie theoretisch und empirisch plausibel seien. Die »Produktion von Hoffnung«, so Blühdorn, gehöre nicht zu den Aufgaben der Gesellschaftstheorie.[13]

Das kann man für verkürzt halten.[14] Aber der Ansatz der nachhaltigen Nicht-Nachhaltigkeit setzt sich wohltuend vom sozialwissenschaftlichen Wunschdenken im Nachhaltigkeitsdiskurs ab (das übrigens ökonomisches Wunschdenken einschließt). Für unsere Zwecke reicht es nicht, Großzügigkeit als *notwendig* zu skizzieren – es ist auch zu fragen, inwieweit sie *möglich* ist: Und dafür bietet Blühdorns soziologische Analyse der Nachhaltigkeit fruchtbare Ansatzpunkte. Denn: Die bislang zu beobachtende Perpetuierung der eigentlich allen bekannten Nicht-Nachhaltigkeit und Nicht-Durchhaltbarkeit des westlichen Wohlstands- und Wirtschaftsmodells hat keineswegs *nur* systemische Gründe, sondern entspricht ganz wesentlich den Vorstellungen von Glück und gutem Leben moderner Bürgerinnen und Bürger. Unsere Lebensweise ist eine *Lebens-Weise* – also nicht (nur) Systemimperativ, sondern für eine relevante Anzahl von Mitmenschen ein tiefer Herzenswunsch. Wie wir leben, hat mit etablierten, gewohnten und tiefsitzenden Vorstellungen von Wohlstand, gutem Leben und ganz wesentlich mit Normalität zu tun. Jeder Versuch, diese Lebensweise zu ändern, muss sich dieser Hartnäckigkeit stellen.

Das »normale« hier und heute dominante »Idealbild eines guten und erfüllten Lebens«, schreibt Blühdorn in *Nachhaltige Nicht-Nachhaltigkeit*, wird »mit sicherem Berechtigungsbewusstsein eingefordert oder verteidigt« – und steht doch eindeutig »in eklatantem Widerspruch zu dem, was bewegungsorientierte Diskurse als die große Transformation zur Nachhaltigkeit und als *gutes Leben für Alle* beschwören.«[15] Zumal die Widersprüchlichkeit kosmopolitischer Lebensführung zeige sich deutlich bei der Ökologie: »Gerade als besonders fortschrittlich geltende, gut gebildete, flexible, technologie- und mobilitätsaffine, kosmopolitisch orientierte Teile der Gesellschaft entwickeln Lebensstile, deren soziale und ökologische Nicht-Nachhaltigkeit zwar unbestritten ist, die aber als rechtmäßige und unverhandelbare Freiheit der Persönlichkeit betrachtet und verteidigt werden.«[16]

Wenn aber, wie Blühdorn schreibt, »die stetig wachsenden Bedürfnisse moderner Bürger und Gesellschaften den Status der völligen Selbstverständlichkeit und Unverhandelbarkeit angenommen«[17] haben – dann ist das ein fundamentales Problem jeglicher Transformationsbemühungen. Der »Kampf für *unsere Werte, unsere Freiheit, unseren Lebensstil*« steht heute auf der politischen Agenda nicht nur von populistischen Bewegungen, sondern beschäftigt praktisch alle politischen Kräfte, die bei Parlamentswahlen in westlichen Ländern eine relevante Rolle spielen.[18] Hier liegt ein Widerspruch, der sich nicht einfach auflösen lässt – der aber zur Kenntnis zu nehmen ist, wenn man an einer guten Zukunft interessiert ist, die nicht nur Phantasie bleiben, sondern irgendwann Realität werden soll. Zugespitzt lautet Blühdorns Botschaft: Die Selbstverwirklichungsansprüche der Menschen sind dermaßen stark, dass noch so gut gemeinte Bekenntnisse zur Nachhaltigkeit daran scheitern müssen. Die Menschen wollen es nicht anders – *das* erklärt das Beharrungsvermögen der imperialen Lebensweise.

Dass Blühdorns starke Fokussierung auf das von ihm diagnostizierte Anspruchsdenken als Grundursache der nachhaltigen Nicht-Nachhaltigkeit zu Widerspruch reizt, kann nicht überraschen. So gilt der Soziologe manchen als Hauptvertreter einer »Responsibilisierung«, also einer (übermäßigen) Zuschreibung von Verantwortung für Nicht-Nachhaltigkeit an Konsumentinnen und Konsumenten. Besonders intensiv hat sich der Soziologe Karl-Werner Brand an Blühdorns Ansatz abgearbeitet. Wichtig und für unseren Zweck bemerkenswert ist der Hinweis Brands darauf, dass sich eben nicht *nichts* tut. Im Gegenteil: Es tut sich etwas, und zwar auf ganz unterschiedlichen Ebenen. Die Pariser Klimakonvention, Ansätze zu ökologischen Finanzreformen, der Europäische *Green Deal*, zahllose unternehmerische Initiativen, die 17 Nachhaltigkeitsziele der Vereinten Nationen, eine Verbreitung vegetarischer Ernährungsweisen, ein Erdbeben im Finanzsektor mit dem Titel »Environmental, Social, Governance«, Joe Bidens Gesetzesinitiative mit dem (höchst irreführenden) Titel *Inflation Reduction Act* – es gibt zahllose Beispiele dafür, dass Wandel bereits stattfindet und die Welt nicht gleichsam in einem stationären Zustand der Unveränderlichkeit gefangen ist.

Genug ist all das freilich nicht, und hier kann man Blühdorns Diagnose, dass sich Nicht-Nachhaltigkeit als überaus lebendig erweist, kaum widersprechen. Nicht-Nachhaltigkeit ist aber eben nicht unhinterfragt und einheitlich – die gesellschaftliche Realität zeigt, wie Brand formuliert, »ein äußerst widersprüchliches Bild.«[19] In der Tat ist die Debatte um die »Große Transformation« zur Nachhaltigkeit eine höchst heterogene und umkämpfte Angelegenheit, in der unterschiedliche Positionen, aber auch bereits reale Schritte des Wandels eine Rolle spielen.[20] Auch ist zu berücksichtigen, dass die Nicht-Nachhaltigkeit sich im Nachhinein als optische Täuschung erweisen könnte: Manches, das sich heute theoretisch und praktisch tut, zeigt womöglich erst mit (großer) Zeitverzögerung »nachhaltige« Wirkung.

Die auch von Brand ins Treffen geführte Kontingenz jeder gesellschaftlichen und geschichtlichen Entwicklung kann auch dann als Fenster zur Hoffnung fungieren, wenn man Blühdorns Diagnosen für grundsätzlich plausibel hält.[21] Sowohl systemisch als auch auf der Ebene der Individuen gibt es Spiel-Raum – wie wir noch sehen werden, liegt eine zentrale Funktion der Großzügigkeit in der Ausweitung derartiger Spiel-Räume. Politische Wunder wie der Fall der Mauer zeigen, dass noch so stabil aussehende Gebilde in kurzer Zeit einstürzen können. Und bei Lebensstilen ist klar, dass »kein einheitlicher, ›unverhandelbarer‹ politischer Imperativ« existiert, sondern dass es trotz der Dominanz nicht-nachhaltiger Lebensweisen eine Vielfalt von Konsum- und Lebensformen gibt.[22] Es gibt hier und heute, darin ist Brand zuzustimmen, »Auseinandersetzungen und Kämpfe um die Restrukturierung eines neuen, nachhaltigeren gesellschaftlichen Ordnungsmodells.«[23]

Zu diesem Prozess beizutragen, ist ein Ziel des Durcharbeitens der Idee von Großzügigkeit, wie sie hier vorgelegt wird. Die Gegenüberstellung von Blühdorn und Brand zeigt, dass Normalität ein Schlüsselbegriff des Ringens um eine gute Zukunft ist: die Transformation einer nicht-nachhaltigen Normalität in eine, um den während der Finanz- und Corona-Krise vielstrapazierten Begriff zu zitieren, »neue Normalität« der Nachhaltigkeit. Bei der Analyse der Möglichkeiten und Grenzen der Chancen einer großzügigen Gesellschaft tut man gut daran, Blühdorns rasiermesserscharfe Diagnosen der herrschenden Normalität zu berücksichtigen. Gleichzeitig erlaubt die Kenntnis historischer Kontingenz und die fundamentale Offenheit der Zukunft die Hoffnung, dass diese Normalität veränderbar ist.

Der Ernst der Lage und die Qualität des Diskurses

Gleichzeitig wird es für aufmerksame Beobachter immer schwieriger, mit Hoffnung in die Zukunft zu blicken. In der Tat: Die Realität der imperialen Lebensweise und die offensichtliche Hartnäckigkeit einer nicht-nachhaltigen Externalisierungsgesellschaft machen einen guten Ausgang der Geschichte nicht eben wahrscheinlich. Wahrscheinlicher erscheint eine Zukunft, die von den sozialen und wirtschaftlichen Konsequenzen einer kaum gebremsten Klimaerwärmung, eines fortgesetzten Artensterbens und anderer ökologischer Entwicklungen geprägt sein wird. Das Gute ist: Wahrscheinlichkeit ist nicht Sicherheit. Wie eben gezeigt, bleibt die Zukunft offen, gestaltbar und voller Möglichkeiten. Auch wenn dieser Raum enger wird: Eine gute Zukunft bleibt möglich – und für sie zu arbeiten, ist nicht naiv und dumm, sondern realistisch und klug.

Echte Hoffnung freilich ist nur dann denkbar, wenn die Arbeit für eine gute Zukunft auf realitätstauglichen Analysen und plausiblen Annahmen basiert. »Die Hoffnung«, sagt René Girard, »ist nur dann möglich, wenn wir es wagen, die Gefahren der Stunde zu denken.«[24] Darin liegt auch die Kraft von »pessimistischen« Analysen wie Blühdorns Theorie der nachhaltigen Nicht-Nachhaltigkeit. Man könnte diese Theorie zugespitzt als »aufgeklärten Katastrophismus« im Sinne Jean-Paul Dupuys interpretieren.[25] Dieser Ansatz setzt darauf, sich eines tiefgreifenden Pessimismus zu bedienen, um zu einer gut begründeten Hoffnung zu kommen. Aufgeklärter Katastrophismus im Sinne Jean-Paul Dupuys heißt: Man stellt sich das denkmöglich Schlimmste vor, um eben dies zu verhindern. Aufgeklärter Katastrophismus ist dann erfolgreich, wenn seine Katastrophenszenarien nicht eintreten.

Bemerkenswert ist wohl, dass derlei Katastrophenszenarien heute nicht (nur) von Organisationen wie *Greenpeace* oder Bewegungen wie *Extinction Rebellion* kommen, sondern in hochoffiziellen Dokumenten von Gremien wie dem Internationalen Klimarat oder dem Internationalen Biodiversitätsrat nachzulesen sind. Vor diesem Hintergrund eröffnet sich die Perspektive einer Transformation, die nur dann problemangemessen erscheint, wenn sie umfassend, tiefgreifend und drastisch ausfällt. Am Ende seines Buches *Geosoziologie* formuliert Markus Schroer das wie folgt: »Nicht besser, noch besser und immer besser leben, sondern *anders leben* steht angesichts der massiven planetaren Gefährdungslagen als *wirkliche Revolution* auf dem Programm.« Bei dieser Revolution, so Schroer weiter, »wird man um die Einsicht nicht herumkommen, dass wir anders denken und handeln müssen, dass wir anders wirtschaften, uns anders ernähren und fortbewegen müssen – und zwar als Kollektive.«[26] So oder ähnlich immer häufiger gehörte Beschreibungen der Notwendigkeiten prallen – siehe Blühdorn – regelmäßig auf die ernüchternde Wirklichkeit der real existierenden Möglichkeiten, genauer: auf das, was im Rahmen des Gegebenen möglich scheint.

Dass wir Zeugen einer »radikalen Destabilisierung des Lebens auf der Erde«[27] werden, hat politische, aber auch theoretische und sozialpsychologische Implikationen. Karl-Werner Brand weist auf das Problem hin, dass eine »umfassende, in die Basisstrukturen gesellschaftlicher Organisationsprinzipien und Naturverhältnisse eingreifende Transformation historisch völlig präzedenzlos ist, die Sozialwissenschaften deshalb auch über keinen adäquaten Begriff eines solchen neuen Transformationstypus verfügen.«[28] Das ist ein auch für die Befassung mit Großzügigkeit wichtiger Hinweis: Umfang und Qualität des Wandels sind eben nicht nur ein ingenieursmäßig zu bearbeitendes Problem, sondern stellen sozial- und wirtschaftswissenschaftliches Denken vor grundlegende theoretische, kategoriale und terminologische Probleme. Notwendig sind nicht zuletzt neue Begriffe, die im besten Fall Denkräume öffnen, die bisher verschlossen scheinen.

Dass die Lage nicht nur theoretisch ans Eingemachte geht, sondern auch individuell und gesellschaftlich starke Emotionen hervorruft, kann nicht überraschen. Wut, Angst und auch echte Verzweiflung spielen in Diskursen über Klimaerwärmung und Artensterben eine wichtige Rolle. Das ist verständlich, gebiert aber ein problematisches Phänomen, das zur Lösung der beklagten Probleme durchaus wenig beiträgt: Gemeint sind die »Händler der Hoffnung« (Händlerinnen natürlich auch), die in schweren Zeiten gute Geschäfte machen – wenn nicht immer ökonomisch, so doch aufmerksamkeitsökonomisch. Das mag daran liegen, dass – wie die bereits zitierte Grete De Francesco schon in den 1930er Jahren konstatierte – nicht nur einzelne Menschen, auch die Menschheit insgesamt »in den Krankheits- und Schwächeperioden ihrer Geschichte immer wieder zum Opfer von Charlatanen [wird], die sich als Ärzte für die Leiden ihrer Zeit anbieten.«[29] Diese Art des nicht selten wissenschaftlich getarnten Publikationspopulismus von selbsternannten »Ärzten« (Ärztinnen natürlich auch) hat in einer freiheitlichen Gesellschaft glücklicherweise ihren Platz. Dass diese Gesellschaft mit einer gewissen Form publizistischer Quacksalberei der Lösung ihrer Probleme näherkommt, darf freilich füglich bezweifelt werden.[30]

Ein Problem ist, dass publizistische Interventionen oft von keinerlei (ökonomischer) Sachkenntnis getrübt sind und die Orientierungsleistung auf Emotion, Vermutung und Optimismus basiert und nicht auf Erkenntnis, Vernunft und Objektivität. Gerade weil die Ökonomie eine so ambivalente Rolle für die Nachhaltigkeit spielt, ist sie von eminenter Wichtigkeit. Wenn man die »herrschende Lehre« kritisiert, sollte man diese Lehre *kennen*. Was an hanebüchenem Blödsinn über das ökonomische Menschenbild (homo oeconomicus), Wachstum und andere Wirtschaftsthemen veröffentlicht wird, ist oft in einer Weise bemerkenswert, die einen alten Spruch aufruft: Der Laie staunt, und die Fachfrau wundert sich. Hier kommt es zu voller Kraft, das schon zitierte »Jonglieren mit dem schillernden, undurchsichtigen und unverstandenen sprachlichen Ausdruck« und das Spielen »mit dem Vertrauen der Hoffenden«.[31]

Wer sich damit beschäftigt, Diskurse (wie den ökonomischen) zu verändern und bestimmte Konzepte und Ideen (wie die Großzügigkeit und Effizienzkritik) voranbringen will, darf hier nicht naiv sein. Die Aufmerksamkeitsökonomie des frühen 21. Jahrhunderts goutiert Unterhaltungswert und fragt oft wenig nach theoretischer, empirischer oder sonst wie gearteter Belastbarkeit. Gewisse Texte sind in ihrer *Wirkung* deshalb ernst zu nehmen, weil hier oft Stimmen sprechen, auf die viele Menschen hören und die auf ein Publikum stoßen, das nach Orientierung, Übersicht und Einfachheit lechzt.[32] Hier wird, wie bereits angedeutet, leider oft letztlich nur zu Gläubigen gepredigt, die nach Hoffnung gieren. Der beschriebene Ernst der Lage ist ein Faktor für die Begierde nach Orientierung, Trost und Hoffnung. Orientierung, Trost und Hoffnung sind freilich von begrenzter Haltbarkeit, wenn ihre Quelle dünne Grundlagen hat und sie allzu schnell an der sozioökonomischen und ökologischen Realität zerschellen. »Alternativökonomische« Texte in allen Ehren – wenn sie freilich von der Wirklichkeit hermetisch abgeriegelt sind, läuft ihre Kritik an der (ja tatsächlich oft) un-realistischen Ökonomik heftig ins Leere.

Thinking like an Economist: Ökonomische Konstruktionen der (ökologischen) Wirklichkeit

Es gilt aber zu verstehen, dass unsere Lage nicht nur wesentlich wirtschaftlich geprägt ist, sondern von einer sehr spezifischen »ökonomischen Konstruktion der ökologischen Wirklichkeit«.[33] In einem buchstäblichen Sinne beherrscht diese Konstruktion nicht nur wirtschaftspolitische Debatten, sondern prägt – mal mehr, mal weniger subtil – den Diskurs über Nachhaltigkeit. Diese ökonomische Orthodoxie versteht sich durchaus selbst als Anti-Verschwendungs-Wissenschaft. Ihre Dominanz ist höchst relevant – und reicht viel weiter als das vermeintlich herrschende »neoliberale« Verständnis von Wirtschaft und Gesellschaft. Wer Großzügigkeit verstehen und in den Diskurs einbringen will, muss diesen Zusammenhang verstehen.

Das reicht aber nicht aus – wichtig für eine Analyse von (Nicht-)Nachhaltigkeit ist auch die ökonomische Heterodoxie, insbesondere die Ökologische Ökonomik (*Ecological Economics*). Diese Denkrichtung ist unverzichtbar für großzügiges Denken und Handeln, das sich jenseits von Knappheitsdiagnose und Effizienzglauben zu bewegen hat. Freilich ist *noch* ein weiterer Schritt notwendig, der über das Un-Ökonomische ökologieorientierten Wirtschaftsdenkens hinausgeht und den Mut aufbringt, *anti-ökonomisch* zu denken.

Großzügigkeit schließt herrschende ökonomische Logik nicht aus – aber sie weist dieser Logik einen anderen Platz zu, als das gegenwärtig der Fall ist. Großzügigkeit heißt nicht zuletzt: eine Entmachtung der (herrschenden) Ökonomik.[34]

Elisabeth Popp Berman schildert in ihrem Buch *Thinking like an Economist* eindrücklich die Dominanz einer ökonomischen Sichtweise, deren Wirksamkeit weit über das Wirtschaftliche hinausweist. Ihre Studie trägt den sprechenden Untertitel *How Efficiency Replaced Equality in U.S. Public Policy*.[35] Sie legt dar, wie mikroökonomische und effizienzorientierte Denkweisen immer mehr den politischen Diskurs über Themen wie Gesundheit, Bildung und Umwelt dominieren. Ihrer Analyse wurde vorgeworfen, Erkenntnisfortschritte in der Ökonomik unterzubewerten.[36] Um diesen Fortschritt geht es aber gar nicht – sondern um den Punkt, dass jenseits von theoretischen oder empirischen Entwicklungen eine bestimmte Art zu denken weiterhin das Denken politischer Akteure dominiert.

Auch der Einwand, hier werde der Einfluss von Ökonomen überschätzt, trifft nicht den Kern des Arguments. Gewiss wird (wirtschafts-)wissenschaftliches Wissen häufig von politisch Handelnden nicht aus Erkenntnisinteresse, sondern zu Legitimationszwecken genutzt.[37] Doch es geht hier nicht darum, dass Politiker beratenden Ökonomen aufs Wort gehorchen – sondern darum, dass eine ganz bestimmte Art zu denken – nämlich die effizienzorientiere Art zu denken – den ökonomischen Diskurs dominiert und dass dieses Denken eben nicht im ökonomischen Raum verbleibt, sondern profunde Wirkungen jenseits wirtschaftswissenschaftlicher Diskurse entfaltet. Das gilt für viele Politikfelder – und eben auch für die Klima-, Umwelt- und Nachhaltigkeitspolitik.

Bermans Analyse liest sich wie eine Bestätigung des berühmten Keynes-Zitats zum Einfluss der Wirtschaftswissenschaft auf die Politik: »Praktiker, die sich ganz frei von intellektuellen Einflüssen glauben, sind gewöhnlich die Sklaven irgendeines verblichenen Ökonomen.«[38] In den letzten Jahrzehnten waren die ultimativen Kandidaten für diesen höchst lebendigen Status toter Ökonomen »Chicagoer« Figuren wie Milton Friedman, Gary Becker und Friedrich August von Hayek – also Denker, die als »neoliberal« gelten. »Neoliberalismus« ist ein (oft missverstandener) Begriff der Dogmengeschichte, den nicht nur ausgewiesene Linke als Kampfbegriff verwenden. (Wegen des verbreiteten Missverständnisses stand der Begriff bisher in Anführungsstrichen, auf die ich ab jetzt verzichte.) Das neoliberale Paradigma gilt vielen bis heute als wirkmächtigste ökonomische Denkschule der Gegenwart – nicht zuletzt auch im Nachhaltigkeitsdiskurs.[39]

Bemerkenswert und für unser Thema höchst relevant ist nun Bermans Diagnose, dass der Neoliberalismus (oder historisch früher der Keynesianismus) sehr oft gerade *nicht* die ökonomische Denkform ist, die politisches Handeln beherrscht. Laut Berman dominiert heute ein ökonomischer Denkstil, der weder an Ordnungspolitik noch Makroökonomie sonderlich interessiert ist, sondern dezidiert mikroökonomisch ausgerichtet ist – mit dem Leitbild der Effizienz im Zentrum. Gewiss spielt der Neoliberalismus in der »Chicagoer« Variante für die Verbreitung dieses Leitbilds eine Rolle – aber er ist eben bei weitem nicht der einzige Faktor für die Bedeutung eines effizienzfixierten Denkstils. Dieser Denkstil, so legt Berman überzeugend dar, gilt heute als alternativlos, ja geradezu als natürlich. Die Dominanz und Normalisierung dieses Zugangs bewirken, dass andere – nicht-ökonomische – Kriterien es in Diskursen zum Beispiel über Gesundheits-, Bildungs- oder Umweltpolitik schwer haben, überhaupt in Erwägung gezogen zu werden.

Natürlich kann Effizienz grundsätzlich zur verbesserten Erreichung anderer Ziele führen. Aber wo sie zum Selbstzweck wird und dominiert, kann sie andere Ziele wie soziale Gerechtigkeit, ökologische Nachhaltigkeit, Zugang zu öffentlichen Dienstleistungen oder die Begrenzung von Konzernmacht *verdrängen*. Für unsere Analyse der Großzügigkeit als Gegenbild zu einer überbordenden Effizienzfixiertheit ist das höchst relevant – nicht zuletzt deshalb, weil sich hier deutlich zeigt, dass Effizienz selbstverständlich ein legitimes Kriterium für die Bewertung von (politischen) Handlungen sein kann, aber eben nur eines unter vielen. Effizienz zum Gradmesser von Erfolg zu machen, ist kein Naturgesetz, sondern eine Wertentscheidung.[40]

Während in Debatten über die Dominanz der Ökonomie oft den Kuhnschen Begriff des Paradigmas verwendet wird, favorisiert Berman den Fleckschen Terminus »Denkstile« und spricht in ihrem Buch häufig vom »ökonomischen Stil« (»economic style«). Ludwig Fleck charakterisiert in seinem wissenschaftssoziologischen Klassiker über die *Entstehung und Entwicklung einer wissenschaftlichen Tatsache* den Denkstil als »Bereitschaft für gerichtetes Wahrnehmen und entsprechendes Verarbeiten des Wahrgenommenen«.[41] Diese folgenreiche Gerichtetheit zeigt sich trefflich, wenn man den ökonomischen Diskurs und seine gesellschaftlichen Konsequenzen in den Blick nimmt.

Ich selbst habe mit anderen Begrifflichkeiten die konstruktivistische Dimension des Themas hervorgehoben.[42] Begriffe wie Knappheit, Effizienz und Wachstum sind soziale Konstruktionen und Elemente einer bestimmten wissenschaftlichen Rhetorik. »Dinge« wie Knappheit und Wachstum sind eben nicht einfach »da draußen«, ihre Relevanz hängt wesentlich mit gesellschaftlichen Diskursen zusammen. Ökonomische Tatsachen und ihre Bedeutung für Nicht-Nachhaltigkeit und Transformation basieren wesentlich auf der Konstruktion und Interpretation wirtschaftlicher Gegebenheiten durch die Wirtschaftswissenschaft: Es gibt so etwas wie eine ökonomische Konstruktion der (ökologischen) Wirklichkeit.

Die Rede von der »ökonomischen Konstruktion der ökologischen Wirklichkeit« liegt jenseits der Differenzierung zwischen der orthodoxen Umweltökonomik und der heterodoxen Ökologischen Ökonomik. Sie betrifft ganz grundsätzlich den Umstand, dass das Ökonomische das gesellschaftliche Reden über die Ökologie dominiert. »Ökonomische Konstruktion ökologischer Wirklichkeit« meint mithin zweierlei.[43] Einerseits bezieht sich diese Formulierung auf den (theorieinternen) Umstand, dass die ökonomische Theorie die Umwelt auf eine ganz spezifische Weise »verarbeitet«, die Wirtschaftswissenschaft also eine charakteristische (gewordene und nicht irgendwie »gegebene«) Art und Weise der Abbildung und Analyse von ökologischen Problemen verwendet. Andererseits beschreibt diese Formulierung die außerhalb der Ökonomik wirksame Tatsache, dass die gesellschaftliche Perspektive auf ökologische Problemlagen wesentlich durch ökonomische Rhetorik geprägt ist, wie Autorinnen wie McCloskey und Berman in ihren Arbeiten zeigen.[44]

Beispiele hierfür sind neben dem strengen Fokus auf Effizienz das ungebrochene Denken in Termini des Wachstums, der »Bilanzierung« des Umweltverbrauchs oder verschiedener Kapitalarten, vom Human- über das Sozialbis zum »Naturkapital«. Der Diskurs über nachhaltige Entwicklung ist auch dort von einer ökonomischen Konstruktion ökologischer Wirklichkeit geprägt, wo Ökonomie und Ökonomik gar nicht explizit zur Sprache kommen. Dass Knappheit ein allgegenwärtiges Problem und Effizienz die beste Lösung sei, ist eben nicht »natürlich«, sondern in einem nicht-trivialen Sinne »konstruiert«. Gewiss kann man Solidarität, Zusammenhalt oder Vernetzung als »Sozialkapital« bezeichnen – aber man sollte sich bewusst sein, dass die damit verbundene Interpretation der Welt Folgen hat für die gesellschaftliche Wirklichkeit. Auch wenn wir die Umwelt als »Naturkapital« bezeichnen, bleibt das nicht folgenlos für unseren Umgang mit ökologischen Fragen.[45] »Human Resources« ist bei genauer Betrachtung ein brutaler Ausdruck, der den Umgang mit Menschen beeinflusst (oder auf den Punkt bringt).[46] Die Verbindung ökonomischer Begrifflichkeiten mit ökologischen, sozialen und politischen Themen ist eine historisch entstandene Art und Weise der Konzeptualisierung von Gesellschaft und Natur, die auch für Nachhaltigkeitspolitik nicht ohne Wirkung bleibt.

Relative Knappheit: Orthodoxe Ökonomik als Effizienzmanagement

Ökonomik – die Wissenschaft von der Ökonomie – versteht sich als Knappheitswissenschaft. So wenig Astronomie ohne das All vorstellbar ist oder die Germanistik ohne Goethe, so denkunmöglich ist die Ökonomik ohne Knappheit. In einer Welt der Fülle gäbe es keine Ökonomik – oder nur eine ganz, ganz andere (wir kommen darauf zurück). Die Befassung mit der Knappheit – und der trübe Ausblick auf die Möglichkeit, ihr zu entkommen – ist der Grund für den Ruf der Ökonomik als triste Wissenschaft. Die Klassiker der Politischen Ökonomie sahen einen stationären Zustand voraus: eine ökonomische Lage, in der es kein Wachstum mehr gibt und in der es den Menschen – vor allem den armen Menschen – sehr schlecht geht. Von dieser düsteren Zukunftsaussicht setzte sich unter den Klassikern allein John Stuart Mill ab, der im Ende des Wachstums keine Katastrophe sah, sondern die Hoffnung auf eine bessere Gesellschaft. In eine ganz ähnliche Richtung dachte der als Wachstumsökonom bekannte John Maynard Keynes, als der über *Die ökonomischen Möglichkeiten unserer Enkelkinder* und ein Ende der Knappheit philosophierte. Wir kommen darauf zurück.

Die herrschende Lehre freilich – die Orthodoxie der Ökonomik – sah und sieht das anders, ganz anders. Erwähnenswert ist hier besonders der häufig zitierte *Essay on the nature and significance of economic science*, den Lionel Robbins 1932 publiziert hat. In diesem programmatischen Aufsatz definiert Robbins Ökonomik als »die Wissenschaft, die menschliches Verhalten als eine Beziehung zwischen Zielen und knappen Mitteln mit alternativen Verwendungsmöglichkeiten untersucht.«[47] Robbins bringt im selben Text grandios auf den Punkt, worum es der Ökonomik im Wesentlichen geht, wenn er das ökonomische Problem als *Vertreibung aus dem Paradies* beschreibt und formuliert: »Knappheit von Mitteln zur Befriedigung von Zielen unterschiedlicher Wichtigkeit ist eine fast allgegenwärtige Bedingung menschlichen Handelns.« Diese Aussage kann als Dogma der Wirtschaftswissenschaft bezeichnet werden – als falsches Dogma: Wie wir noch sehen werden, gibt es – selbst in Zeiten von Klimakrise, globalen Pandemien und Krieg – auch Fülle, also das Gegenteil von Mangel und Knappheit.

Die Befassung der Ökonomik mit Effizienz gilt es natürlich dennoch ernst zu nehmen. Nicht zuletzt in Zeiten von Krieg und Klimakrise muss man sich, wenn man die Effizienz kritisiert, ernsten Fragen stellen. Basiert die Perspektive der Großzügigkeit auf einem naiven Kinderglauben, ungetrübt vom Wissen um ökonomische Gesetzmäßigkeiten in einer von Knappheiten geprägten Welt? Ist es in Zeiten von Energieknappheit, Materialknappheit und anderen Krisenerscheinungen statthaft, eine ausdrücklich effizienzkritische Position zu beziehen und dabei sogar darauf hinzuweisen, dass auch Verschwendung durchaus gute Seiten haben kann? Fehlt hier nicht das fundamentale Konzept der Opportunitätskosten, das uns daran erinnert, dass man beim Erreichen des einen notwendigerweise auf ein anderes verzichtet? Muss man nicht zur Kenntnis nehmen, dass vieles, das als Fülle daherkommt oder das verschwendet werden soll, erst einmal produziert werden muss? Dass man dabei, wenn man das effizient tut, mehr herausbekommt? Dass man Vermögen verspielt, wenn man verschwendet – Mittel, die man für sehr viel Gutes einsetzen könnte? Die Fragen sind ohne Zweifel relevant. Problematisch ist, dass eine bestimmte Art der Beantwortung dieser Fragen und eine spezifische Rhetorik diesen Problemkomplex dominieren.

Ein instruktives Beispiel (das in gewisser Weise auch eine nachdrückliche Bestätigung von Bermans oben skizzierter These darstellt) ist ein Vierteljahrhundert alt – aber es ist höchst aktuell und führt uns von Berman zum Kern unseres Themas. Der Ökonom Erik Gawel schreibt im Kontext einer Debatte über die Stoffstromökonomik, an der – gemeinsam mit Fritz Hinterberger und Marcus Stewen – auch ich selbst intensiv beteiligt war, schon im Jahre 1996 etwas, das paradigmatisch für den Diskurs ist: »Im Ringen um Nachhaltigkeit fahrlässig die Effizienzdividende zu versetzen bedeutet auch, den gesellschaftlichen Transformationsraum zu verkürzen, aus dem konkurrierende intra- und intertemporale Konsumwünsche befriedigt werden können.« Er schreibt auch: »Eine nachhaltige Wirtschaftsweise wird gewiß nur diejenige Gesellschaft realisieren und durchsetzen können, die beim Einsatz von Ressourcen zumindest keine Verschwendung zuläßt.«[48]

Dieses Argument gehört zu den etablierten Standards der herrschenden Wirtschaftswissenschaft: Es ist »Mainstream« – und, wie wir bei Berman gesehen haben, eine auch über den ökonomischen Diskurs hinaus sehr mächtige Denkungsart. Gawel argumentiert pointiert – und er bringt auch damit gewiss eine wirtschaftswissenschaftliche Mehrheitsmeinung zum Ausdruck –, es sollte »doch unter Ökonomen selbstverständlich sein, daß sich pauschaler Effizienzverzicht nicht als unneoklassisch, sondern schlicht als unökonomisch darstellt«.[49] Diese Selbst-Verständlichkeit, diese Normalität mit ihrer intuitiven Plausibilität, die scheinbar offensichtliche Evidenz ökonomischen Denkens sind zentrale Faktoren im Ringen um Nachhaltigkeit. Problematisch ist, dass der charakteristische Fokus auf Knappheit zu kurz springt: In den Blick zu nehmen ist die *Endlichkeit* der Welt.

Absolute Knappheit: Grenzen (in) der heterodoxen Ökonomik

Die Erde ist begrenzt – und folglich auch ihre Fähigkeit, menschliche Eingriffe ohne Schaden abzupuffern und auszuhalten. Die Begrenztheit – also die Endlichkeit – der Natur limitiert die Möglichkeiten wirtschaftlichen Handelns. Dass es derlei Grenzen gibt, sagt zunächst gar nichts über Knappheit: Denn, ökonomisch formuliert, hat Endlichkeit ja nur angebotsseitige Auswirkungen. Solange es keine Nachfrage nach einer Ressource oder einem Gut gibt, kann es keine Knappheit dieser Ressource oder dieses Gutes geben.

Die Differenz zwischen »absoluter« und »relativer« Knappheit ist keine Wortspielerei, sondern ein Unterschied ums Ganze. Aktuelle Debatten leiden darunter, diesen Unterschied nicht mitzudenken. Problematisch ist das deshalb, weil eine nur halb richtige Problembeschreibung regelmäßig zu falschen Vorschlägen zur Problemlösung führt. Absolute Grenzen wirtschaftlichen Handelns erfordern ganz andere Handlungen und Unterlassungen als Knappheit – die immer ein relatives Phänomen ist, wie man bei Ökonomen wie Carl Menger oder eben Lionel Robbins nachlesen kann, aber auch bei Soziologen wie Niklas Luhmann.

Nochmals auf den Punkt gebracht: Knappheit ist insoweit ein relatives Phänomen (und ist nicht einfach nur »da«), weil sie sich auf die *Differenz* zwischen Zielen und Mitteln bezieht, oder anders formuliert: zwischen Bedürfnissen und den zur ihrer Befriedigung bereitstehenden Ressourcen. Wenn weniger Mittel zur Verfügung stehen als zur vollständigen Zielerreichung erforderlich sind, besteht Knappheit. Sie kennzeichnet also einen *Mangel*. Niklas Luhmann definiert Knappheit in *Die Wirtschaft der Gesellschaft* als »soziale Wahrnehmung von Beschränkungen« – und zwar solcher, »an die soziale Regulierungen anschließen können.«[50] Knappheit setzt also das gesellschaftliche Zur-Kenntnis-Nehmen von Begrenzungen als Beschränkungen voraus: Begrenztheit (Endlichkeit) allein konstituiert mithin noch keine Knappheit – das Faktum der Begrenztheit muss auch als gesellschaftlich relevant erkannt werden.

Luhmann setzt den Unterschied zwischen Begrenztheit und Knappheit in Bezug zu Umweltfragen: »Nicht zuletzt die Diskussionen über ökologische Bedingungen der Fortführung gesellschaftlichen Lebens machen es notwendig, diesen Unterschied im Auge zu behalten; denn es versteht sich nicht von selbst, dass Endlichkeiten, welcher Art auch immer, als Knappheiten wahrgenommen werden.« Luhmann unterscheidet das Problem der Endlichkeit als Eigenschaft der Welt von der gesellschaftlich konstruierten Knappheit, die nur dann vorliege, »wenn die Problemlage durch Entscheidungen mitbestimmt ist, *die innerhalb der Gesellschaft beobachtet und zur Diskussion gestellt werden können* – seien es Zugriffsentscheidungen oder Verteilungsentscheidungen.«[51]

»Öl«, so Luhmanns nach wie vor höchst aktuelles Beispiel, »ist nicht schon deshalb knapp, weil es nur in begrenzten Mengen vorhanden ist.« In der Tat: Die begrenzten Ölvorkommen dieses Planeten sind deshalb knapp, weil sie Gegenstand von Nachfrage sind. Die Endlichkeit der Verfügbarkeit oder des »Angebotes« sagt, ökonomisch betrachtet, zunächst einmal gar nichts aus. Der Zugriff auf diese Ressource erfolgt eben deshalb, weil Öl gebraucht wird, und hierdurch erst entsteht Knappheit. Systemtheoretisch gesprochen ist der Zugriff die »Operation«, die Knappheit konstituiert, indem »der Zugriff die Möglichkeit weiterer Zugriffe beschränkt. Der Zugriff erzeugt mithin Knappheit, während zugleich Knappheit als Motiv für den Zugriff fungiert.«[52] Das Öl-Beispiel macht bereits anschaulich, dass Knappheit eben nicht gleichsam natürlich gegeben, sondern historisch kontingent ist. Was knapp ist, verändert sich mit kulturellen, sozialen, politischen, technologischen, wirtschaftlichen und eben ökologischen Gegebenheiten. Wenn Öl nicht mehr für den Wirtschaftsprozess gebraucht wird, ist es nicht mehr knapp – sehr wohl aber immer noch begrenzt. Das bedeutet natürlich auch, dass Knappheit nicht nur durch eine Beschaffung von Mitteln reduziert werden kann, sondern auch durch eine Begrenzung der Ziele – wir kommen auf diesen gerade in den aktuellen Krisen (Klima, Energie, Artenvielfalt) fundamentalen Punkt zurück.

Harold Barnett und Chandler Morse unterscheiden in ihrer 1963 publizierten klassischen Studie *Scarcity and Growth* zwischen malthusianischer (»absoluter«, benannt nach Thomas Robert Malthus) und ricardianischer (»relativer«, benannt nach David Ricardo) Knappheit natürlicher Ressourcen.[53] Der entscheidende Unterschied zwischen malthusianischer und ricardianischer Knappheit liegt darin, dass erstere eine definitive *quantitative* Grenze darstellt, während letztere lediglich impliziert, dass die *Qualität* der nutzbaren Ressourcen abnimmt, ohne dass eine absolute Grenze besteht. Im Laufe des Wachstumsprozesses werden bei ricardianischer Knappheit Ressourcen verwendet, die andere Eigenschaften aufweisen als die bereits verbrauchten. Heute werden zum Beispiel Öl- und Gasvorkommen genutzt, die (teilweise: weitaus) schwieriger zugänglich sind als diejenigen, auf die vor einigen Jahrzehnten zugegriffen wurde. Technische Innovationen können insoweit also Knappheiten verschieben. Dasselbe gilt, wenn Ressourcen durch andere Ressourcen ersetzt werden können, wenn also Substitutionsmöglichkeiten bestehen.

Während die herrschende Ökonomik üblicherweise mit Barnett und Morse davon ausgeht, dass es in diesem Sinne immer nur bestimmte, relative, »punktuelle« Knappheiten gibt, sieht die Ökologische Ökonomik »absolute Knappheit« im Hinblick auf die natürliche Umwelt. Paul Ehrlich spricht in einem viel zitierten Aufsatz aus dem Jahre 1989 von »meta-resource depletion« – und meint damit eine Reduzierung der abbaubaren Ressourcen durch die Ausrottung von Arten, die Zerstörung von Wäldern, Bodenerosion und andere Formen der anthropogenen Naturveränderungen.[54] Ehrlich und andere ökologische Ökonomen radikalisieren gleichsam den Knappheitsbegriff – und riskieren durch dessen »Absolutsetzung«, Knappheit mit Begrenztheit zu verwechseln.

Von dieser terminologischen Verwirrung abgesehen ist der Hinweis auf die Relevanz von absoluten Begrenzungen gegenüber relativen Knappheiten zentral. Mit Blick auf Barnett und Morse kann man feststellen, dass deren Unterscheidung fundamental von Substitutionsmöglichkeiten abhängt – und die sind bei den »großen« Nachhaltigkeitsfaktoren wie Klimastabilität und Artenvielfalt eben nicht einmal begrenzt gegeben: Weder klimatische Bedingungen, unter denen Menschen gut leben können, noch Pflanzen- und Tierarten können »ersetzt« werden – ihre Erhaltung ist von existenzieller Bedeutung. Das zeigt auch, dass die Diagnose »Begrenztheit« zu anderen Notwendigkeiten führt als der Befund »Knappheit«. Wenden wir uns jetzt aber einer *ganz* anderen Perspektive zu, die für die Befassung mit Großzügigkeit unverzichtbar ist – einer Perspektive, die nicht Knappheit oder Begrenztheit ins Zentrum stellt, sondern Überfluss und Fülle.

Absolute Verschwendung: Anti-Ökonomik

Diese dramatisch andere, zunächst geradezu abseitig wirkende und als totale Außenseiterposition zu betrachtende Sicht der Dinge finden wir bei Georges Bataille. Batailles Allgemeine Ökonomie ist eineindeutig Anti-Ökonomie. Gerd

Bergfleth spricht mit Blick auf Batailles ökonomische Überlegungen treffend von einem »Diskurs der Sprengung« – diese explosive Wirkung zeigt sich, wie wir noch sehen werden, besonders deutlich im Kontrast zu sparsamkeitsorientiertem Nachhaltigkeitsdenken. Georges Batailles Texte stehen für die Auseinandersetzung mit Dingen, um die der Nachhaltigkeitsdiskurs einen großen Bogen macht. Zum Beispiel Schmutz, Schrecken, Ausschweifung, Heiliges, Unheiliges, Tod, »Perversion«, Verschwendung. Also: Um Dinge, die sich nicht mit Begriffen von Nützlichkeit und Effizienz fassen lassen, sondern sich utilitaristischen Erwägungen entziehen. Schon deshalb ist Batailles Werk ein wichtiger Schlüssel für ein zeitgemäßes Verständnis von Großzügigkeit.[55]

Bataille schreibt über das unumgehbare »fundamentale Verlangen des Menschen« – »sich selbst zu finden, d.h. eine souveräne Existenz zu haben jenseits eines nützlichen Handelns«.[56] Ökonomisch sei Souveränität »die Verwendung der Ressourcen für unproduktive Zwecke« und drücke sich »in der Verwendung des Überschusses für unproduktive Zwecke« aus.[57] Souveränität liegt in dieser Lesart also dezidiert gerade *jenseits* der Nützlichkeit – und auch jenseits rationaler Kalkulation, Mäßigung und Beschränkung. Diese Sicht steht nicht nur im drastischen Kontrast zur Kultur einer individuellen Selbstoptimierung, sondern scheint zunächst auch durch und durch unvereinbar mit so etwas wie nachhaltiger Entwicklung, die ja wesentlich auf Zukunftssicherung angelegt ist. Bataille macht die Gegenwartsfixiertheit auch sehr explizit, denn er betont: »[U]nsere souveränen Augenblicke, wo nichts zählt als das, *was da ist*, was *in der Gegenwart* empfunden wird und entzückt, sind das Gegenteil von Zukunftserwägungen und Berechnungen, die die Basis der Arbeit bilden.«[58] Souverän sein heißt hier, zumindest für einen Augenblick, Arbeit, Zukunft, Nutzen, Effizienz, Vorsorge und Produktivität *zu vergessen*.

Die Bezüge von Batailles Anti-Ökonomie zum Nachhaltigkeitsdiskurs frappieren. Das betont auch Gerd Bergfleth in seiner *Theorie der Verschwendung* von 1985. Die Allgemeine Ökonomie Batailles passe zur ökologischen Bedrohung, »als wäre sie eigens dafür geschrieben.« Überhaupt sei diese Allgemeine Ökonomie, anders als die Politische Ökonomie, eine Ökonomie der Natur. Mit Blick auf Debatten über Wachstumsgrenzen, Ökologie und Umweltschutz schreibt Bergfleth: »Die Verschwendung wird verpönt, nicht nur weil sie nutzlos und profitlos ist, sondern weil sie vernünftig nicht zu rechtfertigen ist.«[59] Aber gerade dem Unvernünftigen will Bataille zu seinem Recht verhelfen: Gutes Leben basiert hier nicht auf Maß und Verzicht, sondern auf Maßlosigkeit und Verschwendung.

Wie gesagt: Mit Nachhaltigkeit hat das auf den ersten Blick nichts zu tun – im Gegenteil. Am Ökologiediskurs lässt Bergfleth in seiner verschwendungstheoretischen Interpretation Batailles kein gutes Haar: »Die ganze ökologische Debatte bewegt sich nach wie vor im Schema von Produktion und Konsumtion, d.h. *in demselben Schema, das das Unheil angerichtet hat*. Die Grundkategorien der beschränkten Ökonomie: Produktivität, Effektivität, Nützlichkeit sind nach wie vor in Geltung, auch wenn man allmählich beginnt, die Pervertierungen zu sehen: den Umschlag von Produktivkraft in Destruktivkraft, von Effektivität in Verschleiß, von Nützlichkeit in Zerstörung.«[60] Man muss all das in seiner Radikalität und Kompromisslosigkeit nicht teilen, um einen entscheidenden Punkt zu sehen, der im heute herrschenden Zukunftsdiskurs schmerzlich abwesend ist: Dass es nämlich jenseits von Rationalität, Nützlichkeit und Effizienzdenken etwas gibt, das man nicht aus der Welt schaffen wollen sollte – zumindest dann nicht, wenn man die Idee der Nachhaltigkeit nicht mit einem leblos-statischen ökologischen Konservativismus verwechselt.[61]

Wo lustfeindlicher Moralismus gewinnt, droht der Verlust von Offenheit und Vorstellungsvermögen – zwei zentrale Faktoren für eine erfolgreiche Nachhaltigkeitstransformation. Deshalb ist George Batailles Anti-Ökonomie im Kontext aktueller Grenz- und Knappheitsdiskurse ein unverzichtbarer Bezugspunkt für ein zeitgemäßes und zukunftsfähiges Nachdenken über nachhaltiges Wirtschaften. Nicht zuletzt die kulturelle und soziale Dimension dieses Leitbilds sind ohne eine Erwägung anti-ökonomischer Argumente nur schwer zu erfassen: Denn diese Argumente sind mit Blick auf die Dynamik der Nicht-Nachhaltigkeit, aber auch hinsichtlich der Attraktivität nachhaltiger Alternativen unverzichtbar. Batailles Überlegungen zu Vergeudung und Ökonomie sind in unserer Zeit also gerade nicht, anders als in der *Frankfurter Allgemeinen Zeitung* behauptet, kurios und nutzlos.[62] Das Gegenteil ist der Fall: Batailles furiose Anti-Ökonomie ist hier und heute sehr relevant.

Es gibt noch eine andere, auf den ersten Blick womöglich eher befremdliche, Sicht auf die Verschwendung. Denn wenn man – zumindest für manche »Güter« – nicht von Knappheit ausgeht, sondern einen Zustand der Fülle diagnostiziert, würde daraus sogar nach ökonomischer Normal-Logik die Zulässigkeit von Verschwendung folgen. Wie oben erwähnt: Wo Knappheit herrscht, sind Ökonomie und Effizienz zu Hause. Knappheit der Mittel, so die herrschende Sicht, erfordert einen effizienten Umgang mit diesen Mitteln. Dass im Umkehrschluss die Fülle einen Anlass zu Verschwendung geben könnte, vernimmt man freilich nur äußerst selten. Es wird Zeit, das zu ändern – und zwar theoretisch ebenso wie lebenspraktisch. Eine Öffnung des Denkens in diese Richtung eröffnet Perspektiven, die das Verständnis und die Entwicklung wichtiger Aspekte gesellschaftlicher Nachhaltigkeit voranbringen können.

Grenzen, Freiheit und ökologisch-ökonomischer Spielraum: Großzügigkeit als Mittel gegen temporalen Kolonialismus

Die Ökonomik und Bataille, Effizienz und Verschwendung – diese Dinge gehen ganz offensichtlich nicht zusammen. Die paradoxe Herausforderung ist freilich, beides zusammenbringen zu müssen. Denn so wenig Effizienz genug für ein gutes Leben ist, sowenig kann Verschwendung ein Überleben ermöglichen. Gesellschaften werden zukunftsfähig, wenn ihnen beides gelingt: dort, wo es notwendig ist, effizient zu wirtschaften – und dort, wo es möglich ist, verschwenderisch zu sein. Echte Zukunftsfähigkeit ließe sich also auf die Formel bringen: So effizient wie nötig, so verschwenderisch wie möglich. Das ist ein *ganz* anderes Programm als die heute in zahlreichen Lebensbereichen herrschende Effizienzfixierung.

Diese Logik gilt es zu verstehen, wenn man dazu beitragen will, dass man in einer begrenzen Welt dauerhaft gut leben kann. Dazu müssen ökologische Grenzen in gesellschaftliche Begrenzungen »übersetzt« werden. Denn die Endlichkeit der Natur ist zwar offensichtlich existent, zeigt sich aber sehr oft erst dann, wenn Überlastungen bereits eingetreten sind und Symptome sichtbar werden. Schon wegen der Gefahr irreversibler Schädigungen ist es von existenzieller Notwendigkeit, vor dem Erreichen ökologischer Grenzen gesellschaftliche Begrenzungen einzuziehen, die eine Überlastung der Natur verhindern.

Die Begrenztheit des »Raumschiffs Erde« ist eine Eigenschaft unserer Welt, die faktisch alle Bereiche des Lebens betrifft und die einen wesentlichen Faktor für die Zukunftsfähigkeit von Entwicklung darstellt. Mit der herrschenden Ökonomik als Effizienzmanagement, der Ökologischen Ökonomik als »Grenzmanagement« und der Anti-Ökonomik als Management-Verweigerung haben wir drei unterschiedliche Zugänge zu dieser Begrenztheit kennen gelernt. Es ist höchst relevant, dass Begrenztheit nicht immer zu Knappheit führt – und dass ein knappheitsfixierter Zugang zu einem unangemessenen Umgang mit Grenzen führen kann. Großzügigkeit als Beitrag zu diesem angemessenen Umgang bewegt sich dabei also gleichsam in einem Dreieck zwischen mikroökonomischem Effizienzmanagement beim

Umgang mit Knappheit, dem klar makroökonomisch ausgerichteten Grenz-Management und der Verweigerung von Management, das sowohl mikro- als auch makroökonomische Aspekte hat. Mainstream-Ökonomik, ökologische Ansätze und Anti-Ökonomie im Geiste Batailles haben also unterschiedliche »Zuständigkeitsbereiche«, die sich in der Praxis zwar überschneiden, sich aber sinnvoll differenzieren lassen.

Wesentlich ist, dass es – soweit gesellschaftliche Zukunftsfähigkeit angestrebt wird – eine klare Hierarchie zwischen Knappheits- und Grenzmanagement gibt und geben muss. Der Umgang mit Grenzen steht eineindeutig *vor* der Bewältigung von Knappheitssituationen. Der Fokus auf Knappheit, der mikroökonomisch sinnvoll sein kann, bekommt das Makroproblem der Begrenztheit schon kategorial und konzeptionell gar nicht in den Blick. Damit erweist es sich als gesellschaftliche und ökonomische Schlüsselaufgabe, einen politisch-rechtlichen Rahmen zu setzen, *innerhalb* dessen dann Knappheiten, Preise und Effizienzbestrebungen ihren Platz haben. Man könnte auch sagen: Es bedarf einer bestimmten Ordnung, die das Einhalten ökologischer Grenzen sichert.[63] Zentrale Eigenschaft einer solchen Ordnung wäre die Existenz »ökologischer Leitplanken«, innerhalb derer die Gesellschaft operieren kann. Diese Leitplanken kann der Markt nicht »aus sich heraus« generieren – sie können nur politisch gesetzt werden.

Auf die komplexen Details einer solchen Übersetzung ökologischer Grenzen in gesellschaftliche Begrenzungen kommen wir ausführlich zurück. Bereits hier ist aber die grundlegende Frage anzusprechen, wie sich ein solcher Zugang auf die Freiheit auswirkt. Das Verhältnis von gesellschaftlicher Selbstbegrenzung und Freiheit ist ein Schlüsselthema des Nachhaltigkeitsdiskurses, das von zentraler Bedeutung für die Großzügigkeit ist. Das gilt zumal in einem Umfeld, in dem »Verzicht« fast schon ein gesellschaftliches *Buzzword* ist, das angesichts von Klimakrise, Knappheit und Krieg eine Bedeutung erlangt hat, die sie bislang nur im engeren Kontext der Nachhaltigkeitsdebatte hatte – viel mehr dazu im nächsten Kapitel.

Wo einerseits die Abwesenheit und die Ablehnung von Grenzen elementarer Bestandteil der Tendenz zur Nicht-Nachhaltigkeit ist und andererseits Selbstbegrenzung, Verzicht und Sparsamkeit als Rezepte der Nachhaltigkeit präsentiert werden, hat die Großzügigkeit eine zentrale »Mittlerfunktion«, denn: Großzügigkeit als Gegenprogramm zu Effizienz- und Verzichtsdogmatismus ist sowohl ein Beitrag zur Einhaltung ökologischer Grenzen als auch ein Konzept, das Freiheit ernst nimmt. Freiheit als »Spielraum« ist Dreh- und Angelpunkt von Großzügigkeit, wie sie hier verstanden wird – ebenso wie der ökologische Spielraum, der zu ökologischen Grenzen »Abstand hält« und für andere Arten »Platz lässt«.

Dieser Spiel-Raum als Großzügigkeit, die nach herrschender ökonomischer Logik als Verschwendung erscheint, ist für nachhaltiges Wirtschaften in einer endlichen Welt essentiell. Ohne Zweifel gilt der viel zitierte Begriff der »Zeitenwende« auch hier: Was Effizienz (und Großzügigkeit) als gesellschaftliche Praxis bedeutet, das hat sich durch Corona und Krieg und absehbar durch das Klimadesaster grundlegend verändert. Die durch die Corona-Pandemie verursachte Lieferkettenkrise hat deutlich werden lassen, wie wichtig Pufferkapazitäten (also Spiel-Raum) in der Logistik sind. Der Ukraine-Krieg hat dramatisch gezeigt, dass auch Undenkbares passieren kann und die Vorbereitung darauf wenig mit Effizienz und viel mit Sicherheit zu tun hat. Und ökologisch haben Dürren, Waldbrände und ungeahnte (wenn auch längst vorhergesagte) Wetterextreme die Idee, dass »effiziente« Naturnutzung eine Strategie von begrenzter Haltbarkeit ist, in die Mitte der Gesellschaft getragen. Dass die Zeitenwende *nur* eine Steigerung des Knappheitsimperativs bedeutet, ist also eine (folgenreiche) optische Täuschung. Tatsächlich öffnen sich gerade Denkräume für Ideen, wie sie im Folgenden präsentiert werden. Manches, was in den nächsten Kapiteln zu Themen wie Lieferketten oder Umweltpolitik gesagt wird, hätte noch vor drei Jahren als völlig abseitig gegolten – und findet sich heute in Publikationen wie dem *Economist*, der *Frankfurter Allgemeinen Zeitung* oder der *Harvard Business Review*.

Großzügigkeit lässt also notwendigen Spielraum zu ökologischen Grenzen, erlaubt aber auch ökonomischen und gesellschaftlichen Spielraum. Als Element einer nachhaltigen Ordnung trägt sie dazu bei, beide Arten von Spielräumen abzusichern und zu verhindern, dass heute (aus)gelebte Freiheit die Freiheit kommender Generationen einschränkt. Ein solcher Zugang zur Nachhaltigkeit kann verfassungsrechtliche Dignität für sich beanspruchen: In seinem mittlerweile fast legendär zu nennenden Beschluss zum Klimaschutz hat das deutsche Bundesverfassungsgericht 2021 deutlich gemacht, dass die Einschränkungen, die aus heutigem Verhalten für kommende Generationen resultieren können, ernst genommen werden müssen.

Mit diesem Beschluss führt das Bundesverfassungsgericht das Konzept der »intertemporalen Freiheitssicherung« ein. Die Begrenztheit der Erde – zum Beispiel die limitierte Kapazität der Atmosphäre, Kohlendioxid ohne Negativfolgen zu absorbieren – führt hier zu verfassungsrechtlich fundierten Pflichten für die Politik. Vor dem Hintergrund der Fristigkeit des Klimaschutzgesetzes und der massiven Reduktionsziele, die das Pariser Klimaschutzabkommen impliziert, stellt das Gericht fest: »Von diesen künftigen Emissionsminderungspflichten ist praktisch jegliche Freiheit potenziell betroffen, weil noch nahezu alle Bereiche menschlichen Lebens mit der Emission von Treibhausgasen verbunden und damit nach 2030 von drastischen Einschränkungen bedroht sind.«[64] Das Gericht macht auch deutlich, dass reine Anpassungsmaßnahmen nicht statthaft und deshalb massive Reduktionsanstrengungen geboten sind.

Mit dem Konzept der »intertemporalen Freiheitssicherung« anerkennt das Gericht die Gefahr für künftige Freiheiten, die aus der heutigen Nutzung von Freiheiten resultiert. Die Risiken, die vom Gebrauch gegenwärtiger Freiheit für den Gebrauch zukünftiger Freiheit ausgehen, erlangen damit verfassungsrechtliche Relevanz. Unzureichende Klimaschutzanstrengungen heute tragen »das Risiko schwerwiegender Freiheitseinbußen« morgen.[65] Aus dieser Lage zieht das Gericht Schlussfolgerungen, die manchen vor einer »Ökodiktatur« fürchten lassen, die aber konsistent mit politischen Bekenntnissen zu Nachhaltigkeit und Klimaschutz sind: »Künftig können selbst gravierende Freiheitseinbußen zum Schutz des Klimas verhältnismäßig und verfassungsrechtlich gerechtfertigt sein; gerade deshalb droht dann die Gefahr, erhebliche Freiheitseinbußen hinnehmen zu müssen.«[66]

Man kann diesen Zusammenhang auch noch drastischer formulieren und den heutigen Umgang mit der Freiheit kommender Generationen als Kolonisierung der Zukunft bezeichnen. Die menschengemachte Klimaerwärmung, die Vermüllung der Natur und ganz wesentlich das Artensterben sind nicht nur ökologische Desaster, sondern auch menschliche – denn all diese Probleme schlagen heftig auf die menschlichen Lebensbedingungen durch. Großzügigkeit sollte hier ein Thema sein, weil sie, wie gezeigt, Rückbau und Verzicht einschließt, aber ganz wesentlich auch »Platz lässt« für andere Arten. Mit Blick auf deren beschleunigtes Verschwinden spricht David Van Reybrouck am Ende seines Buches *Revolusi* mit guten Gründen von einem »Massentod, der unsere Vorstellungskraft übersteigt.«[67] Angesichts der ökologischen Konsequenzen des westlichen Wohlstandsmodells formuliert Van Reybrouck: »Die Menschheit eignet sich das kommende Jahrhundert ebenso rücksichtslos an, wie man in früheren Epochen andere Kontinente eingenommen hat. Kolonialismus ist keine Unterwerfung von Gebieten mehr, sondern findet in der Zeit statt; das Schlimmste liegt möglicherweise nicht hinter, sondern vor uns. Wir verhalten uns wie die Kolonisatoren künftiger Generationen, nehmen ihnen ihre Freiheit, ihre Gesundheit, vielleicht sogar ihr Leben. Wir sind die Last, die sie werden tragen müssen.«[68]

Diese Äußerungen lassen sich ebenso wie die oben skizzierte Auffassung des deutschen Bundesverfassungsgerichts sehr stimmig an das Leitbild der Nachhaltigkeit anschließen: Nachhaltigkeit heißt wesentlich Generationengerechtigkeit, oder volkstümlicher (und gleichzeitig sehr treffend) formuliert: Nachhaltigkeit bedeutet Kinder- und Enkeltauglichkeit. Entwicklung, die auf Kosten unserer (Ur-ur-ur-...)Enkelinnen geht, verunmöglicht Zukunft und ist damit fundamental nicht-nachhaltig. Die Kolonisierung der Zukunft ist das glatte Gegenteil von Nachhaltigkeit. Indem wir die Gegenwart verschwenden, geizen wir mit zukünftigen Möglichkeiten. Oder: Wir verschwenden die Zukunft, weil wir hier und heute geizig sind. Großzügigkeit ist angemessener. Und nachhaltiger. Maßvoller.

3. Großzügigkeit als rechtes Maß: Zwischen Geiz und Verschwendung

Gegenseitigkeit und Gleichgewicht: Über Reziprozität und darüber hinaus

Großzügigkeit steht in einem engen Verhältnis zur Reziprozität, also zum Prinzip der Gegenseitigkeit. Großzügigkeit geht über Reziprozität hinaus und »gibt« mehr als das unter einer strikten Gegenseitigkeitsorientierung der Fall wäre. Damit wird bereits klar, dass Großzügigkeit insoweit eine individuelle oder gesellschaftliche Normabweichung darstellt, als sie mehr »gibt« als sie »nimmt« – auch hier wird deutlich, warum sie der Verschwendung näher ist als dem Geiz. An einem nahezu »klassischen« Beispiel für Großzügigkeit wird das intuitiv deutlich: Wer – zum Beispiel beim Roten Kreuz, der Feuerwehr oder bei einer Naturschutzorganisation – ehrenamtlich tätig ist, fragt in der Regel nicht danach, was dieses Engagement »bringt« oder was es ihn oder sie »kostet«. Dass manche das eben doch tun und wenn schon kein Geld, so doch persönliche Befriedigung »gewinnen«, ändert nichts daran, dass hier definitiv über Reziprozitätsdenken hinaus gehandelt wird. Jenseits etwaiger soziologischer Spitzfindigkeiten ist klar, dass ehrenamtlich tätige Menschen sich anderen Menschen, der Gesellschaft oder der Umwelt gegenüber großzügig verhalten. Das ist insoweit bemerkenswert, als Reziprozität – und somit die Frage nach der Gegenseitigkeit und nach dem Verhältnis von Leistung und Gegenleistung – eine tief verankerte und historisch höchst stabile Norm darstellt. Die Auswirkungen dieser Stabilität werden uns noch beschäftigen.

Geben, Nehmen und Wiedergeben sind ähnlich universelle Phänomene wie Arbeit, Macht und Familie. Eine zentrale Eigenschaft des Gebens liegt in dem »Band«, das zwischen Gebendem und Nehmendem entsteht oder entstehen kann. Ehrenamtliches Handeln, aber auch Spenden oder schlichte Geschenke sind Beispiele. Wie dieses gesellschaftliche Band im Einzelnen gestaltet ist, welche Verbindlichkeit es hat und welche Regeln für die Gabe, Annahme und Wieder-Gabe gelten, ist gewiss historisch und regional höchst kontingent. *Dass* aber beim Geben, Nehmen und Wiedergeben »etwas passiert«, das die soziale Situation verändert und das über den Moment des Tausches hinauswirkt, darf man als universales Phänomen bezeichnen. Die sehr buchstäblich friedensstiftende Wirkung, die ein solcher Akt hat, sollte wohl nicht unterschätzt werden.

Diese Wirkung hat auch Marcel Mauss im Blick, wenn er in seinem klassischen *Essai sur le don* ein Sprichwort der Maori zitiert, das bedeutet: »Gib, soviel du empfängst, und alles wird zum besten stehen.«[1] Dieser Satz enthält nichts anderes als die Regel der Reziprozität: Geben und Nehmen sollen einander – wenigstens ungefähr – entsprechen, sonst »stimmt« etwas nicht. Dies gilt gewiss für die Interaktion zwischen Menschen. Und man kann – siehe oben – ganz ohne esoterische Anwandlungen die These wagen, dass das Prinzip der Gegenseitigkeit in ähnlicher Weise für das Verhältnis von Mensch und Natur gilt. Zumindest muss der Mensch beim Nehmen aus der Natur im Blick haben, was die Natur ohne Schaden zu geben in der Lage ist. Die jährliche Meldung des »Welterschöpfungstages« haben genau dies zum Gegenstand: Er markiert den Tag, ab dem der Mensch mehr aus der Natur entnimmt, als die zur Verfügung stellen kann. Wir kommen darauf zurück.

Klar ist, dass Reziprozität für Gesellschaften ein zentrales und unverzichtbares Prinzip ist, mit dem existenzielle »Güter« wie Beziehungen und Vertrauen »hergestellt« werden. Über diese Erkenntnis hinaus werden Gabe und Reziprozität – obwohl Mauss' *Gabe* ein fast ausnahmslos bemühter Bezugspunkt ist – recht unterschiedlich interpretiert, wie in einem Sammelband zum Thema heißt: »Mal wird die Gabe unter dem Begriff des Eigennutzes und rein tauschtheoretischen Gesichtspunkten thematisiert, mal wird ihr ein ökonomisches Kalkül unterstellt, welches unausgesprochen und tabuisiert bleibt, mal gilt die Gabe als das Dritte zwischen Eigennutz und Altruismus, und mal wird die Gabe als reine Gabe ohne Reziprozitätserwartungen verstanden und damit in das Reich des Unmöglichen verwiesen.«[2] Gegenseitigkeit ist also, um das mindeste zu sagen, ein weites Feld.

Für unseren Zweck reicht freilich die Erkenntnis: Das Leben ist ein Geben und Nehmen, und die allermeisten Menschen haben das starke Bedürfnis, dass es dabei gerecht zugehen soll. Wenn einer dauernd mehr nimmt als er gibt, finden wir das in der Regel unanständig. Die Unanständigkeit sticht ins Auge, wenn jemand geizig ist und versucht, mehr aus etwas »herauszubekommen« als »hineingegeben« wird. Gibt jemand mehr als er nimmt (oder gar nicht nach diesem Verhältnis fragt), gilt dies sozial gewiss eher als sympathisch, anständig oder eben – großzügig. Die Frage ist vielleicht, ob nicht auch diese Form der Nicht-Reziprozität früher oder später zu Spannungen führt – grundsätzlich lässt sich aber festhalten: Wer freiwillig mehr gibt als nimmt und insoweit zwanglos die Norm der Reziprozität verletzt – der oder die verursacht zunächst einmal keinen gesellschaftlichen Schaden, sondern höchstens gesellschaftlichen Nutzen.

In *Warum es so schwer ist, ein guter Mensch zu sein* – ein komplexes Buch mit einem simplen Titel – befasst der Ökonom Armin Falk sich intensiv mit Reziprozität und Zusammenarbeit. Er unterscheidet in seinem verhaltensökonomisch grundierten Buch zwischen positiver und negativer Reziprozität. Zugespitzt: Wir vergleichen in beide Richtungen Gleiches mit Gleichem. Positiv: Wo Menschen Freundlichkeit und Kooperation entgegengebracht werden, reagieren die in der Regel mit – Freundlichkeit und Kooperationsbereitschaft. Negativ: Auf Unfreundlichkeit und unfaires Verhalten reagiert der Durchschnittsmensch mit dem Wunsch nach Strafe und Sanktionierung, bisweilen sogar zu recht hohen Kosten.[3]

Schaden entsteht dann, wenn jemand sich »zu viel« nimmt, also aktiv die Gegenseitigkeitsnorm verletzt. Das gilt aber auch, wenn jemand dauernd benachteiligt wird, also gleichsam »passiv« gegen die Reziprozitätsregel verstoßen wird. Ein Beispiel: In einem Bericht der *Frankfurter Allgemeinen Zeitung* über das politische Bewusstsein der Arbeiterschaft ist von der dominanten Überzeugung der Arbeiter die Rede, »der implizite Gesellschaftsvertrag der ›Reziprozitätserwartung‹ von eigener Leistung und gesellschaftlicher Gegenleistung sei verletzt worden: Nur wer eingezahlt habe, dürfe auch Auszahlungen erhalten.«[4] Damit ist man schnell bei Debatten über Sozialneid und bei den üblichen Verdächtigen, die auch die *FAZ* zitiert: Arbeitslose, Ausländer und Asylbewerber – und Empfänger von Sozialhilfe. Der gefühlte Verdacht, Menschen bekämen unverdient etwas, basiert auf der Kraft der Reziprozitätsnorm: Wo jemand etwas erhält, das ihm »nicht zusteht«, gedeiht Unzufriedenheit.

Man kommt hier dem näher, was Armin Falk »die dunkle Seite der Reziprozität« nennt.[5] Er weist darauf hin, dass reziprokes Verhalten nicht nur in der Regel mit Kooperation belohnt wird – sondern dass auch, wenn es un-reziprok und also unfair zugeht, buchstäblich »Rache, Sabotage oder Zerstörung« drohen.[6] Falk überschreibt den entsprechenden Abschnitt seines Buches mit *Rache ist süß* – und darin ist schon viel aufgehoben. Nicht zuletzt: Die enorme Wucht, die im Wirken der Reziprozitätsnorm steckt – im Guten wie im Schlechten. Die

Kraft dieser Norm beschreibt Armin Falk als »das eiserne Prinzip der Gegenseitigkeit.«[7]

Die Schattenseite der Gegenseitigkeit wirft ein interessantes und relevantes Licht darauf, dass Großzügigkeit auch Risiken involviert. Ein Gemeinwesen, das sich »zu großzügig« verhält, riskiert den Widerstand derjenigen, die von der Großzügigkeit nicht profitieren. Das gilt für Sozialleistungen, aber auch für Wirtschafts- und Kulturförderung. Hier ist zu betonen, dass Großzügigkeit, wie wir gleich sehen werden, der Verschwendung zwar näher ist als dem Geiz – aber dass sie eben gerade keine Verschwendung ist, sondern ein gutes Maß hält, das die beiden Extreme Geiz und Verschwendung meidet.

Großzügigkeit als gute Mitte: Aristoteles über Geiz und Verschwendung

Großzügigkeit hat also ganz wesentlich mit der Frage des rechten Maßes zu tun. Als Freigebigkeit spielt sie auch bei Aristoteles eine Rolle, für dessen Lehre die »Mitte« bekanntlich ein entscheidender Begriff ist. Sie gilt es anzupeilen, wenn man gut und richtig handeln will. Die Ausrichtung an der Mitte meidet die Extreme. Das Mittlere ist das, so Aristoteles, »was weder ein Übermaß noch einen Mangel hat«.[8] Übermaß und Mangel gehören in Aristoteles' Lehre dem Laster an, »die Mitte aber der Tugend.«[9] Mut ist zum Beispiel die gute Mitte zwischen Tollkühnheit (Übermaß) und Feigheit (Mangel).[10]

Freigebigkeit, heißt es in der *Nikomachischen Ethik*, »erscheint als die Mitte in bezug auf Vermögensobjekte«[11] – und die unguten Extreme im Hinblick auf diese Vermögensobjekte seien die Verschwendung (als Übermaß) und der Geiz (als Mangel). Zwischen dem Übermaß und dem Mangel im Hinblick auf das Geben und das Nehmen steht die Tugend der Freigebigkeit, also die Großzügigkeit. In der hier vorgeschlagenen Interpretation ist sie vor allem ein Gegenbild zu einer maßlosen Effizienzorientierung, deren Beitrag zu ökologischer Nachhaltigkeit und Lebensqualität grob überschätzt wird. Hier sind auch Begriffe wie Knappheit und Fülle, Effizienz und Verschwendung, Maß und Mitte sowie Reziprozität und Wohlstand neu zu interpretieren.

Wie bereits angedeutet und noch ausführlich zu zeigen sein wird, setzt der ökologische Diskurs häufig auf radikalen Verzicht – am Ende wird hier Geiz zur ökologischen Kardinaltugend umgedeutet. Wir haben mit Batailles Allgemeiner Ökonomie außerdem eine Position kennen gelernt, die dem diametral gegenübersteht und Souveränität als radikale Verschwendung deutet. Großzügigkeit markiert hier eine Zwischenposition: Sie steht weder für geizigen (und unplausiblen) Sparzwang noch für (ökologisch desaströse) unbegrenzte Verschwendung. Diese Zwischenposition lässt sich mit Aristoteles' Mesotes-Lehre – die Lehre von der Mitte – also trefflich auf den Punkt bringen.

Von Belang und gerade für unseren Zweck relevant ist der hinlänglich bekannte Umstand, dass Aristoteles sein Denken auf die »Eudämonie« ausrichtet, die sich (wie in der deutschen Ausgabe seines Werkes) mit »Glückseligkeit« übersetzen lässt. Vieles will man um anderer Dinge willen, nicht so die Glückseligkeit – man will sie nicht, um ein anderes Ziel zu erreichen, sondern sie ist das ultimative Ziel allen Handelns. Sie ist kein Instrument, sondern wird um ihrer selbst willen erstrebt. Die Glückseligkeit, schreibt Aristoteles, »stellt sich dar als ein Vollendetes und sich selbst Genügendes, da sie das Endziel allen Handelns ist.«[12]

In diesem Zusammenhang ist die Großzügigkeit als Freigebigkeit bei Aristoteles eine Tugend, die sich von den Lastern Verschwendung und Geiz absetzt. In der *Nikomachischen Ethik* heißt es: »In Geldsachen, im Geben wie im Nehmen, ist die Mitte Freigebigkeit, das Übermaß und der Mangel Verschwendung und Geiz, und zwar so, daß beide Fehler beide Extreme aufweisen, jedoch umgekehrt zueinander. Der Verschwender gibt zu viel und nimmt zu wenig; der Geizige dagegen nimmt zu viel und gibt zu wenig.«[13]

Für unser Thema bemerkenswert ist, dass Aristoteles eine Asymmetrie zwischen dem Mangel des Geizes und dem Übermaß der Verschwendung erkennt. Der Geiz, heißt es am Ende des Abschnitts über die Freigebigkeit in der *Nikomachischen Ethik*, »ist unsittlicher als die Verschwendung, und man fehlt in dieser Beziehung mehr als durch die Verschwendung, die wir beschrieben haben.«[14] Warum ist das so? Wesentlich deshalb, weil der Verschwender immerhin Gutes für andere bewirkt, der Geizhals dagegen nicht: Der Verschwender, so formuliert es Aristoteles, erweise »vielen Menschen Gutes«, dagegen »der Geizhals aber keinem, nicht einmal nicht selbst.«[15]

Geiz ist also ablehnenswerter als die Verschwendung. Diese Asymmetrie ist von schriller Aktualität – und zwar ganz besonders mit Blick auf unser Thema. Denn eine Asymmetrie von Verschwendung und Geiz findet sich nicht nur in normativ-ethischer Hinsicht bei Aristoteles, sondern auch in positiv-realer Hinsicht in unserer Gegenwart. Im frühen 21. Jahrhundert kann man eine Verschiebung diagnostizieren: Wie im Folgenden noch sehr deutlich werden wird, ist das, was heute als »normal« gilt – die Orientierung an Effizienz und Optimierung – letztlich Geiz: ein Zuwenig, ein *Mangel* im Umgang mit ökonomischen und ökologischen Dingen. Folgerichtig ist das, was heute – eben aufgrund der Effizienzfixierung und omnipräsenten Optimierungsansprüchen – als Verschwendung gilt, oft nicht ein zu kritisierendes Übermaß, sondern näher an der guten Mitte.

Diese Verschiebung zu korrigieren und ein rechtes Maß zwischen den Extremen Verschwendung und Geiz zu finden – darin liegt eine Schlüsselfunktion der Großzügigkeit. Sie ist die Suche nach einem rechten Maß und dessen Verwirklichung. Für eine zeitgemäße Einordnung dieses Anspruchs müssen wir über den Bezug zu Aristoteles' Ethik hinausgehen. Nicht wenige sehen ja im Begriff der Maßlosigkeit ein Schlüsselwort zum Verständnis der ökologischen Nicht-Nachhaltigkeit – und folgern entsprechend, dass Maß-Halten ein Schlüssel zur Nachhaltigkeit sei. Wie wir sehen werden, ist die Lage weitaus komplizierter. Wenden wir uns also der Frage zu, welchen Status das »Maß« in der Gegenwartsgesellschaft hat und haben kann.

Das rechte Maß: Elemente einer zeitgemäßen Begrenzungsethik

Welche Bedeutung »Maß« hier und heute haben kann und soll, ist Gegenstand des sehr lesenswerten Buches *Welt ohne Maß*, das der Philosoph Ralf Konersmann 2021 veröffentlicht hat. Wie wir sehen werden, enthält Konersmanns Untersuchung einige höchst relevante Punkte für unsere Befassung mit der Großzügigkeit. *Welt ohne Maß* ist offenbar ein programmatischer Titel, von dem man aber nicht auf eine weinerlich-kulturpessimistische Perspektive schließen darf: Konersmann leuchtet mit großer Tiefenschärfe das Feld des rechten Maßes aus und skizziert damit Elemente einer Ethik der Begrenzung, die hier und heute Kraft und Wirkung entfalten kann – und die kristallklare Bezüge zum hier vorliegenden Plädoyer für Großzügigkeit aufweist.

Konersmann stellt die Bedeutung des Maßes in einen historischen Kontext und sieht im Bedeutungsgewinn des *Messens* seit Anfang des 19. Jahrhunderts einen Bruchpunkt, der das Verhältnis von Grenze und Maß fundamental verändert hat: »Sinn und Zweck des Maßes war es gewesen, *Möglichkeiten* des menschlichen Handels zu erschließen und *zugleich*, ohne dass darin ein Widerspruch gelegen hätte, die *Grenzen* dieses Handelns bewusst zu halten.«[16] (Bemerkenswert ist der Bezug dieses Spannungsfeldes zum Gründungsdokument des modernen Nachhaltigkeitsdiskurses: Im Brundtland-Bericht von 1987 werden Bedürfnisse und Beschränkungen als »Schlüsselbegriffe« der Nachhaltigkeit tituliert.[17] Das betrifft unmittelbar unser Thema: Es geht um

Möglichkeiten und Potenziale, aber auch und eben *gleichzeitig* um Grenzen und Einschränkungen.)

Mit der Moderne, so Konersmann, sei diese Doppelfunktion verlorengegangen: »Einmal in den Operationen des Messens aufgegangen, blieb von dieser fein austarierten *Balance zwischen Erschließen und Beschränken* allein das Verlangen übrig, die Möglichkeiten zu erkennen, und das hieß in der Praxis: Grenzen, wo immer sie auftauchen, in Herausforderungen umzudeuten und entschlossen zu überwinden.«[18] Man mag hier an die von Kenneth Boulding beschriebene expansionsorientierte »Cowboy-Wirtschaft« der amerikanischen *Frontier* denken, an die systematische Grenzüberwindungsarbeit wissenschaftlicher Forschung oder an Schumpeters »schöpferische Zerstörung« als Hauptcharakteristikum kapitalistischer Entwicklung: Das Erschließen hat das Beschränken in fast allen gesellschaftlichen Bereichen ausgestochen, »Maß« in seiner Doppelfunktion ist dabei unter die Räder gekommen. Zu den Folgen dieses Prozesses gehört unter anderem, dass wir heute an den ökologischen Grenzen unseres Wohlstandsmodells angekommen sind. Es ist nicht historisch naiv, trotz der Wirkungsmacht und Wucht dieser »maßlosen« Veränderung darauf zu setzen, dass es faktisch ohne Maß nicht gehen kann, wenn man zukunftsfähig leben und wirtschaften will. Dabei ist ein Punkt zu beachten, den Konersmann herausstellt und den wir mit großer Gründlichkeit auch auf die Großzügigkeit anzuwenden haben: Dass die Sache sich nicht aus Messen, Rechnen und Formalismen ergibt, sondern wesentlich mit Vertrauen und Intuition, mit Sensibilität und Gefühl zu tun hat.[19]

Und: »Alles regelt das Maß – die Überzeugungskraft dieses Versprechens hat es ihm erlaubt, an den Rändern der sozialen Welt bis heute zu überleben: im Gespür für Situationen und den rechten Augenblick, in Fragen des Auftretens und des Taktes, in der Wahrnehmung selbst der leisesten Stimmungsschwankungen und der Sicherheit, mit der wir die Spielräume des Verhaltens mit einem Blick erfassen. Für gewöhnlich und ohne förmliche Unterweisung wissen wir sehr genau, wo ›der Spaß aufhört‹, wann ›das Maß voll‹ und ›der Bogen überspannt‹ ist.«[20] Vielleicht ist Konersmann hier zu optimistisch, und vielleicht unterschätzt er, wie sozial ungleich die von ihm angerufene Trittsicherheit in Benimm- und Verhaltensdingen verteilt ist. Dennoch kann man hier einen höchst validen Punkt erkennen, den man von den Rändern der Gesellschaft ins Zentrum zu holen hat, wenn man an Nachhaltigkeit interessiert ist: Dass es so etwas wie »Maß« überhaupt geben kann und dass dieses Maß handlungsrelevant wird in dem Sinne, dass Grenzen (an)erkannt und ernst genommen werden. Damit sind wir im Zentrum dessen, worum es bei einer zeitgemäßen Großzügigkeit geht.

Zu betonen ist der Vorrang des Intuitiven und Emotionalen vor dem Technischen und Wissenschaftlichen. An anderer Stelle hebt Konersmann hervor, dass es nicht zuletzt *Routinen* sind, »die dafür sorgen, dass der Anhaltspunkt der Mitte – ganz unabhängig von politischen Inanspruchnahmen – überzeugt und in den Situationen des Alltags Halt und Orientierung verspricht.«[21] Diese Handfestigkeit und Alltagstauglichkeit sind charakteristisch für einen plausiblen Umgang mit dem Maß. »Als eine Art Grundausstattung des menschlichen Welterlebens«, formuliert Konersmann, »stellt das Maß tragfähige Grundsätze des Handelns auch da bereit, wo wissenschaftlich-technische Lösungen unangebracht oder schlichtweg überfordert sind.«[22] Das »passt« vorzüglich zur Großzügigkeit als dezidiert nicht-technischem Zugang zum Problem der Nicht-Nachhaltigkeit. Die Frage, wie sich ein so verstandenes Maß in individuelles Handeln und – weitaus komplizierter – in politische Diskurse und Praktiken übersetzt, wird uns später beschäftigen. Hier kommt es auf die Relevanz des Maßes und seine Kompatibilität mit der Großzügigkeit an.

Diese Relevanz zeigt sich nachdrücklich, wenn wir uns der zentralen Funktion der Großzügigkeit als Effizienzkritik erinnern. Effizienz ist, wie wir bereits wissen, ein »Maß ohne Maß«, das suggeriert, dass grenzenlose Verbesserung sinnvoll und möglich ist. Das, wie Ralf Konersmann es nennt, »Rumoren der Komparative« verweist auf die Effizienz als grenzen- und also maßlose Optimierungsoperation und beschreibt trefflich, wofür die Großzügigkeit hier und heute ein Gegenmittel sein soll. Konersmanns Diagnose ist zumal mit der oben beschriebenen Wirkmacht eines bestimmten, effizienzfixierten, Denkstils höchst kompatibel. Wenn Konersmann formuliert, die Effizienz sei »der zur Tugend aufgeblasene Tunnelblick, das kleine Karo, das sich endlich durchgekämpft hat und nun allen und jedem die Marschrichtung vorgibt«[23] – dann liest sich das wie eine Beschreibung des »Durchmarsches« eines bestimmten ökonomischen Denkens, das Effizienz überbetont und andere Werte damit um- und abwertet.

Großzügigkeit antwortet auf die großen Risiken, die diese überbordende Effizienzorientierung auslöst und auf das intuitive Unwohlsein, das diese Orientierung bei vielen bewirkt. Wir haben bereits gesehen, dass die Verdrängung anderer Kriterien durch die Effizienz für die Gesellschaft gefährlich ist. Ganz ähnlich argumentiert auch Konersmann: »Das verbreitete Unbehagen am Diktat der *Effizienz* gilt der Bedenkenlosigkeit, mit der sich das eine und einzige Kriterium der erfolgreichen Durchsetzung beliebiger Zielvorgaben über Einsicht und Erfahrung, über Regel und Maß hinwegsetzt.«[24] Und er bringt ein existenziell wichtiges Problem auf den Begriff, das wir schon gestreift haben und das uns noch ausführlich beschäftigen wird: »*Aus der Fülle des Daseins rechnet die Effizienz das Überflüssige heraus*, das es zu kennzeichnen und auszusondern gilt – aber nicht, um die Ethik des Maßes zu stützen, sondern um bei einem Mindestmaß an Einsatz das Höchstmaß an Ertrag zu erzielen.«[25]

Im Maß ist demgegenüber eine Rücknahme, eine Verringerung, etwas Defensives angelegt, die einem blinden Streben nach Effizienz, Optimalität und Expansion diametral entgegensteht. Konersmann schreibt: »Die Ethik des Maßes will kein Superlativ sein, der unter allen Umständen die Höchstleistung fordert. Sie verbindet im Gegenteil die konkreten Verhaltensweisen, zu denen sie rät, mit der Empfehlung, sich nicht vom Verlangen nach dem Äußersten und Letzten beunruhigen zu lassen.«[26] Die Verlockung, die vom Extremen ausgeht und die bei Bataille eine so große Rolle spielt, soll vom Maß also eingehegt werden. Was wir bei ihm freilich schon gesehen haben: Ganz aus der Welt zu schaffen ist diese Art des Verlangens nicht – nur »Mittelmaß« ist in der Wirklichkeit nicht zu haben. Wer das nicht berücksichtigt, scheitert an der Realität, wie wir im Folgenden eingehend betrachten werden. Denn: Maß kennt ein Maß. Ein Maß, das sein Maß nicht kennt, ist seinerseits maßlos. Das zeigt sich gerade beim Thema der Nachhaltigkeit mit bedrückender Wucht.

Maßlose Mäßigung als Geiz und das Scheitern der Öko-Moral

Wo Konersmann uns die Unabweisbarkeit eines Begriffs des Maßes und einer Praxis des Maßvollen nahebringt, zeigen gewisse Stränge des Nachhaltigkeitsdiskurses, wie man auch bei der Forderung nach Mäßigung jedes Maß verlieren kann. Zur Analyse dieser Lage könnte man polemisch damit beginnen, dass Geiz ein Laster ist, ein Hauptlaster sogar. Großzügigkeit kann uns von diesem Laster befreien. Es geht also, um einen Bestseller Nico Paechs zu zitieren, gerade *nicht* um die *Befreiung vom Überfluss*[27] – sondern um einen angemessenen Umgang mit dem Überfluss. Paech und viele andere aus der Postwachstumsbewegung empfehlen uns nicht, Fülle und Überfluss zu genießen – sondern uns im Gegenteil endlich klar zu werden, dass genau dieser Genuss die tiefe, die eigentliche Ursache der Nicht-Nachhaltigkeit unserer Lebensweise ist.

Vermutlich würden Paech und andere Menschen, die für die Postwachstums-Idee streiten, den Begriff »Genuss« ablehnen. Was manche Menschen in vollen Zügen genießen, ist aus Postwachstumssicht wohl nicht selten die Befriedigung irrationaler Sehnsüchte. Unvernünftige Dinge tun, abwegigem Verlangen folgen, Lust auf blödsinnige Freizeitaktivitäten ausleben – all das ist auch der Perspektive »Postwachstum« und verwandten moralingeladenen Positionen fremd: und zwar nicht nur in theoretischer Sicht, sondern auch ganz lebenspraktisch. Zu untersuchen, wie individuelle und kollektive Freud- und Humorlosigkeit dabei ins Konzeptionelle ausstrahlen, würde hier zu weit führen. Dass es diese Verbindung gibt, scheint mir auf der Hand zu liegen. Zugespitzt lautet die hier zu kritisierende Diagnose jedenfalls: Überfluss und Unvernunft sind gefährliche Worte, wir sollten uns mit Knappheit und Konsummäßigung befassen.

Theoriegeschichtlich interessant ist, dass in einem der meistzitierten historischen Postwachstumstexte das Gegenteil postuliert wird. In seinem berühmten und unbedingt lesenswerten Text über *Die ökonomischen Möglichkeiten unserer Enkelkinder* schreibt John Maynard Keynes, dass und wie Wachstum und Technologie uns vor die Herausforderung stellen, in einer von der Knappheit befreiten Welt ohne weiteres Wachstum gut zu leben und dabei vor lauter Langeweile nicht die Nerven zu verlieren. Umso erstaunlicher, dass Keynes' Enkel – das ist metaphorisch gemeint: der Mann hatte keine Nachkommen – heute rigoros verkünden, dass eine gute Zukunft nur dann möglich ist, wenn wir uns am Riemen reißen und sparsam sind. Das Problem an der hier postulierten Mäßigung liegt darin, dass der Appell in maßloser Weise vorgetragen wird. Maßlose Mäßigungsappelle sind ein schönes Beispiel für den Fehler des performativen Selbstwiderspruchs.

Dieses Paradox nimmt eine prominente Rolle im Diskurs über Nachhaltigkeit ein.[28] Dort wird gerne zwischen Effizienz, Konsistenz und Suffizienz unterschieden. Die Effizienz – die uns hier besonders ausführlich beschäftigt – setzt auf technische Lösungen zur besseren (produktiveren) Ausnutzung von Ressourcen, Konsistenz auf das Einpassen von Produktions- und Konsumtionsprozessen in natürliche Kreisläufe, Suffizienz auf Umweltschonung durch das Überdenken von Zielen und die Einschränkung von Konsum.

Von Verschwendung ist in positiver Hinsicht allenfalls im Diskurs über Konsistenz die Rede. Freilich basiert die »konsistente« Befürwortung von Verschwendung auf einem tiefen Missverständnis: Denn hier wird die Verschwendung der Natur zugeschrieben. Michael Braungart, »Öko-Papst« und Vertreter des kreislaufwirtschaftlichen Radikalprogramms »Cradle-to-Cradle«, trifft mit seiner Kritik romantischer Natur- und negativer Menschenbilder zwar ebenso einen wichtigen Punkt wie mit seinen Attacken gegen das

»Schuldmanagement«, das im Umweltdiskurs allzu oft eine Rolle spielt.[29] Aber die verschwenderische Natur der Natur sagt uns zunächst einmal gar nichts über den sozialen Umgang mit diesem Thema. Viel wichtiger ist aber ein Verständnis davon, welche Rolle die Verschwendung *gesellschaftlich* spielt. Dieser Zusammenhang spielt im Nachhaltigkeitsdiskurs freilich überhaupt keine Rolle – außer, wenn es darum geht, Ressourcenverschwendung als unverantwortlich, ineffizient und höchst unvernünftig zu geißeln.[30]

In diesem Sinne vernünftig und anti-verschwenderisch gibt sich meist die Faktion derer, die der Nachhaltigkeit auf dem Wege der Suffizienz näherkommen wollen. Genau wie Effizienz und Konsistenz hat diese Strategie ihre Berechtigung: Ohne sie wird es keine nachhaltige Entwicklung geben. Denn eine nachhaltige Entwicklung erfordert ohne Zweifel, dass nicht nur effizienter gewirtschaftet und Wirtschaft besser in die Natur eingepasst wird – sondern auch ein Nachdenken darüber, dass Schrumpfung und Genügsamkeit einen Platz in unserem Umgang mit der Welt haben müssen. Wo Effizienz und Konsistenz wesentlich auf technische Veränderungen setzen, basiert die Suffizienz nicht zuletzt auf moralischen Erwägungen. Und damit sind wir mitten im Problem der maßlosen Mäßigung – und bei der Interpretation von Nachhaltigkeit als rigorose Sparsamkeit.

Forderungen nach Suffizienz – die ja auf eine Einschränkung des Konsums und langfristig auch einen Rückbau von Infrastrukturen wie Flughäfen und Straßen hinauslaufen – lassen sind nicht leicht in attraktive »Win-Win-Szenarien« verpacken, die von politisch Handelnden so geschätzt werden. Suffizienz ist, so gesehen und ernst genommen, wesentlich »transformativer« als technische Innovation. Der Diskurs über Suffizienz, Sinnfragen und Schrumpfung ist somit unverzichtbarer Teil eines ehrlichen Nachhaltigkeitsdiskurses. Eine zentrale Schwierigkeit dieses Ansatzes ist freilich, dass er sogar noch mehr als andere Strategien politisch und rhetorisch höchst lust- und lebensfeindlich daherkommt. Nachhaltigkeit wird hier, es sei erneut betont, vor allem als Verzichtsleistung, Sparsamkeitsanstrengung und Reduktionsbemühung interpretiert.

Dass eine moderne Gesellschaft sich am guten Leben orientieren soll, wird zwar oft und gerne behauptet – tatsächlich geht es hier freilich oft um das nackte *Überleben*: um die Akzeptanz von Grenzen im Großen um den Preis, dass Grenzerfahrungen und -überschreitungen im Kleinen den moralischen Bannstrahl unökologischen Verhaltens auf sich ziehen. Hier besteht nicht nur die Gefahr einer Entpolitisierung des Diskurses via Individualisierung, Viktimisierung und Responsibilisierung – sondern auch das höchst reale Risiko einer Freudlosigkeit, die strategisch fatal ist und der Plausibilität des Nachhaltigkeitsleitbildes schadet. Denn: Wenn ein maßvolles Leben keine Freude macht, bleibt es gewiss ein Minderheitenprogramm. Wo Maß mit Verzicht verwechselt wird, entsteht eine fatale Fehlorientierung.

Dass sich hier Widerstand regt, kann nicht überraschen. Norbert Bolz lässt in seinem Buch mit dem sprechenden Titel *Die Avantgarde der Angst* ganz generell kein gutes Haar an Transformationsbestrebungen in Richtung Nachhaltigkeit.[31] Sein höchst polemischer (und höchst lesenswerter) Text kritisiert *Fridays for Future*, die Erdsystemforschung und alle, die sich für Klimaschutz und Nachhaltigkeit einsetzen. Auch wenn man mit seiner brutalen und nicht selten überzogenen Suada nicht einverstanden ist, kann man von seinen Ausführungen einiges lernen. So trifft er mit seinem Hinweis auf die halbreligiösen Züge, die der Nachhaltigkeitsdiskurs bisweilen trägt, einen kaum beachteten Punkt, der für das Verständnis dieses Diskurses aber relevant ist. Aufschlussreich ist vor allem die Bolzsche Kritik der Moralisierung der Debatte. »Wer nach Moral ruft,« schreibt Bolz, »ist nicht bereit umzulernen und will sich das Denken ersparen. Statt nachzudenken, verteilt man Achtung und Missachtung. Und diese Ignoranz verschafft sich dadurch ein gutes Gewissen, dass sie jeden, der anders beobachtet, als affirmativ oder zynisch bezeichnet.«[32] Wie stark diese ungute Dynamik im Nachhaltigkeitsdiskurs wirkt, zeigt ein genauerer Blick auf die Suffizienzdebatte – und damit ein genaueres Bild der potenziell destruktiven Kraft reiner Verzichtsansätze.

Der wohl bekannteste Vertreter des Suffizienzparadigmas ist der deutsche Postwachstumsökonom Niko Paech. In seinem äußerst klugen und lesenswerten Bestseller *Befreiung vom Überfluss* zeigt er sich als messerscharfer Kritiker des Effizienzparadigmas, der mit sehr guten Argumenten gegen den Mainstream schimpft.[33] Durchaus mit Erfolg: Wenn wirtschaftswissenschaftlich geadelte radikalökologische Positionen gefragt sind, klopfen *Süddeutsche Zeitung*, Deutschlandfunk und die *Zeit* gerne bei Paech an. In der *BILD*-Zeitung trat Paech als »Deutschlands härtester Konsumkritiker« auf, und das Blatt fragte mit Blick auf seine Vorschläge: »Spinnt der?«[34] Wie wenige andere zeigt Paech klar und deutlich auf, warum Wirtschaftswachstum unter den gegebenen Bedingungen kein sinnvolles Ziel mehr sein kann und warum innovationsbasierte Strategien der Entkopplung von Werteproduktion und Umweltentlastung regelmäßig scheitern.

Höchst problematisch sind jedoch einige der Schlussfolgerungen, die er zieht. Denn, wie schon angedeutet: *Befreiung vom Überfluss* ist ein programmatischer Titel: Überfluss wird hier strikt abgelehnt – Nachhaltigkeit lässt sich aus dieser Perspektive nur erreichen, wenn er abgeschafft wird. Alles, was »überflüssig« ist, soll verschwinden: Hier liegt eine paradoxe Nähe zum Effizienzparadigma. Das Buch mit dem ebenfalls programmatischen Titel *All you need is less*, das Paech gemeinsam mit dem Achtsamkeitsaktivisten Manfred Folkers vorgelegt hat, spitzt diese Sicht der Dinge noch zu. Hier wird in aller Deutlichkeit gesagt, worin eine nachhaltig-suffiziente »Kultur des Genug« wirklich besteht – in der autoritären Ablehnung jeder Grenzüberschreitung. Aus der ökologischen Begrenztheit der Erde wird rigoros die Pflicht zur individuellen Selbstbeschränkung abgeleitet – und zwar in einer Form, die Ausnahmen nicht denken kann und sich selbst rhetorisch nicht beschränkt: »Exzesse an ökologisch rücksichtslosen Handlungsroutinen« werden dort ebenso gegeißelt wie »Ausschweifungen« und »Enthemmung«.[35] Was Nachhaltigkeit hier bedeutet, liegt ob dieser entfesselten Sprache offen zu Tage: Beschränkung, Begrenzung, Bescheidung.

Was mit der Kritik dieses Ansatzes hier *nicht* gemeint ist: dass jede Beschränkung automatisch Unfreiheit bedeutet. Nein: Gerade eine offene Gesellschaft lebt von der (Selbst-)Beschränkung ihrer Mitglieder und dem Setzen von Grenzen – auch eine freiheitskompatible Umweltpolitik definiert Grenzwerte und setzt Begrenzungen.[36] Was dagegen gemeint ist: dass Appelle zur Bescheidung dann freiheitsbedrohend werden, wenn sie sich selbst nicht begrenzen können. So gesehen wirft Paechs Diagnose, ökologisch destruktives Handeln sei auf »Neugierde, Verführbarkeit und Steigerungsdrang« zurückzuführen, unmittelbar die Frage auf, inwieweit das Programm der Suffizienz mit einer freiheitlichen Gesellschaft zusammenpassen soll, die nicht nur überleben, sondern gut leben will und in der Neugierde, Vorstellungskraft und »Verführbarkeit« ihren Platz haben.[37]

Die Vorstellung eines »Zurück«-Fahrens und -Nehmens grundiert Paechs Konzepte von Suffizienz und Postwachstum. Das führt zu einem auffallend engen Souveränitätsbegriff: »Wer es sich in der wattierten Nonstop-Rundumversorgung gemütlich gemacht hat, kann nicht zugleich die Souveränität eines Individuums bewahren, das seine Ansprüche nur an jene Möglichkeiten bindet, die nötigenfalls durch eigene Leistungen reproduziert werden können.« Souverän ist bei Paech, wer spart, suffizient lebt und sich weitgehend selbst versorgen kann. Man kann aber Souveränität auch *ganz* anders – nämlich als unproduktiven Exzess – verstehen, wie wir im vorigen Kapitel gesehen haben.

Diese Verengung ist umso bedauerlicher, als dass der technische (effizienzbasierte) Weg allein für eine Transformation zur Nachhaltigkeit nicht reichen wird: Es braucht – darin ist Autoren wie Niko Paech vehement zuzustimmen – einen kulturellen Weg in die Nachhaltigkeit. Aber: Wenn Maßlosigkeit Teil unserer Natur und unserer Kultur ist, wird die Forderung nach dem rechten Maß zu einem Problem, wenn sie *nur* auf Einschränkung hinausläuft. Wer den kulturellen Weg zur Nachhaltigkeit als vollkommene Durchrationalisierung der Welt imaginiert, interessiert sich offenbar wenig für die real existierende Befindlichkeit von real existierenden Menschen in real existierenden Gegenwartsgesellschaften. Denn die kommen nicht ohne Verschwendung aus.

Es gilt also auch und gerade bei Reformanliegen wie der Nachhaltigkeit, das Maßlose zu akzeptieren und anzunehmen und vielleicht sogar als notwendig anzuerkennen, statt es moralisch zu verteufeln. Und hier lässt sich – siehe oben – von Theoretikern wie Bataille etwas lernen. Wir *brauchen* Verschwendung, weil sie zu unserem Mensch-Sein gehört. Wir *brauchen* Spiele, Rituale, Unvernünftiges, Ineffizientes, um gut leben zu können. Wie das mit einem vernunftgesteuerten Hin zum Maß zusammengebracht werden kann, ist keine triviale Frage. Das bedeutet, zumindest gedanklich die Spannung zu akzeptieren, die aus dem vernünftigen Umgang mit Unvernunft erwächst. Ein *dauerndes* Leben im »rechten Maß« ist ein Rezept für das Unglücklichsein – wenn rechtes Maß bedeutet, *immer* vernünftig, verzichtend und sparsam zu leben. Genau hier hat die Großzügigkeit als maßvolle Verschwendung *und gleichzeitig* maßvoller Verzicht ihren Platz.

Denn, salopp formuliert: Nach allem, was wir wissen, wollen Menschen auch mal unvernünftig sein. Robert Pfaller formuliert in seinem für unser Thema höchst instruktiven Buch *Wofür es sich zu leben lohnt:* »Eines ist ganz offensichtlich: Wenn man ein Leben haben will, das seinen Namen verdient, dann darf man nicht unentwegt vernünftig oder erwachsen sein. Man muss vielmehr imstande sein, sich auch kleine Verrücktheiten oder kindische Dummheiten zu gönnen.« Und: »In vollen Zügen leben und dementsprechend das Leben als Gabe begreifen heißt eben, diese Gabe nicht in ein kleinliches Haushalten der Bewahrung um jeden Preis zu überführen.«[38] In diese Richtung gilt es zweifellos weiterzudenken, wenn man an einer Transformation zur Nachhaltigkeit interessiert ist.

Individueller Verzicht und kollektive Selbstbegrenzung

Wer im Begriffsfeld Geiz – Verschwendung – Großzügigkeit unterwegs ist, wird an Begriffen wie Verzicht und Begrenzung nicht vorbeikommen: und schon gar nicht dann, wenn dies im Zusammenhang mit Nachhaltigkeit steht.

»Verzicht« ist wohl einer der strittigsten Begriffe im Diskurs über dieses Leitbild: Den einen gilt er als Stimmungskiller und unproduktives Schreckenswort, das wirksamen Veränderungen im Wege steht, den anderen als unverzichtbares Element ehrlicher Nachhaltigkeitskommunikation. In der Tat muss man, wenn man einen nur technischen Weg in die Zukunftsfähigkeit für unplausibel und deshalb einen »kulturellen« Weg für unverzichtbar hält, den Verzichtsbegriff erst nehmen.

Wo Technik nicht reicht und Verhaltensänderung erforderlich ist, steht also der Verzichtsbegriff im Raum. Dabei droht die Individualisierung der Verantwortung und die Privatisierung einer dezidiert politischen Frage: Wie gelingt es, gesellschaftlich den Umweltverbrauch zu reduzieren? Eben: gesellschaftlich. Nicht Einzelpersonen können eine wirksame Verringerung der Inanspruchnahme der Natur organisieren – nur Kollektive können das. Das gesellschaftliche Problem »Überbeanspruchung der Natur« kann nicht durch Einzelhandlungen gelöst werden.

In diesen Zusammenhang gehört ein viel beachteter Aufsatz, der 2021 unter dem Titel *From planetary to societal boundaries: an argument for collectively defined self-limitation* erschienen ist.[39] Neben dem zentralen titelgebenden Argument ist die Liste der über 20 Autorinnen und Autoren bemerkenswert: Neben dem Hauptautor Ulrich Brand sind unter anderem Barbara Muraca, Giorgos Kallis und Joan Martinez-Alier dabei, mithin prominente Vertreter eines linken Postwachstumsdenkens. Entsprechend ist der Text durchgehend marxistisch grundiert – worin man eine (analytische) Stärke sehen kann, aber auch eine (gesellschaftspolitische) Schwäche.

Der Aufsatz denkt zunächst das höchst wichtige Argument durch, dass biophysikalische Expansionsgrenzen nur *ein* (wichtiger) Aspekt der Nachhaltigkeitskrise sind, der dringend durch soziale, kulturelle und ökonomische Grenzbetrachtungen ergänzt werden muss. Die Autoren legen überzeugend dar, dass der Diskurs über Grenzen und Nachhaltigkeit ohne diese Ergänzungen verkürzt bliebe. Insoweit lässt sich der Text als Aufruf zu einer Politisierung der Debatte lesen, der einer Individualisierung der Problembeschreibung widerspricht und entsprechende Schlussfolgerungen für nachhaltigkeitspolitische Erwägungen zieht.

Im Zentrum dieser Schlussfolgerungen steht nun die Forderung nach einer kollektiven Selbstbeschränkung. Keine Spur von moralischem Individualismus – hier wird die Gesellschaft als Ganzes in die Pflicht genommen für das Einhalten ökologischer Grenzen. Ein solches Projekt demokratisch zu organisieren, halten die Autoren für eine zentrale Aufgabe einer wirksamen

Nachhaltigkeitspolitik. Die Herausforderung bestehe darin, »Expansionsbeschränkungen durch Demokratisierung zu errichten und nicht durch autoritäre Krisenlösungen, die den Wettbewerbsvorteil einer Nation (oder bestimmter ethnischer Gruppen innerhalb der Nationen) auf Kosten aller anderen in den Mittelpunkt stellen.«[40] Die Antwort auf diese Herausforderung wird in Erwägungs-, Verhandlungs- und Beratungsprozessen gesehen, wie unmissverständlich klargestellt wird: »Anstatt an den planetarischen Grenzen als dem rational unumstößlichen moralischen Raum festzuhalten, innerhalb dessen politische Entscheidungen getroffen werden sollten, hält die kritische Sozialwissenschaft den Raum der moralischen und politischen Überlegungen angesichts der ökologischen Krise offen.«[41]

Mit dem Ziel dieser Überlegungen sind wir mitten in unserem Thema: Es geht um die gesellschaftliche Errichtung kollektiver Mechanismen der Selbstbeschränkung. Der Fokus auf Selbst-Beschränkung betone – anders als die Konzentration auf äußere ökologische *Planetary Boundaries* – den sozialen und politischen Charakter der Herausforderung der Nicht-Nachhaltigkeit. Es gehe dabei um die Entwicklung konkreter sozialer Experimente und Praktiken, und zwar »im Einklang mit den Grundsätzen eines gerechten sozial-ökologischen Wandels«.[42] Dass derlei Grundsätze höchst umstritten sein dürften und denkbar weit weg von zeitgenössischem Konsum- und Wahlverhalten, ficht das Autorenkollektiv nicht an, das im Wesentlichen eine klare Notwendigkeit sieht, nämlich »die Notwendigkeit einer Neuaushandlung der sozialen Grenzen in Form einer Selbstbeschränkung, die allen Raum für ein gutes Leben gibt.«[43]

Selbstbegrenzung als kollektive Unternehmung erscheint in dieser Perspektive alternativlos: »Mit dem Begriff der sozialen Grenzen verbinden wir prozessuale Fragen [...] mit der expliziten Anerkennung der Notwendigkeit einer Selbstbegrenzung auf kollektiver Ebene oder, mit anderen Worten, der Freiheit *als* Autonomie – Autonomie nicht definiert als Unabhängigkeit, sondern als Fähigkeit zur Selbstbestimmung.«[44] Dass just diese Ansprüche und die Fähigkeit zur Selbstbestimmung als wichtiges Element von Emanzipationsbestrebungen heute Teil des Problems der Nicht-Nachhaltigkeit sind, gerät hier nicht in den Blick.

Während die Perspektive der kollektiven Selbstbeschränkung sich von dem im vorigen Abschnitt skizzierten Zugang eines rigorosen Öko-Moralismus absetzt, bleibt doch der empirische Wille sehr vieler Menschen zu Konsum, Expansion und Nicht-Nachhaltigkeit merkwürdig ausgeblendet. Vergleicht man diesen Ansatz mit der Theorie der nachhaltigen Nicht-Nachhaltigkeit, wirkt die kollektive Selbstbeschränkung wie eine naive Steuerungsphantasie, die mit den Realitäten von ressourcenintensiven Konsumdemokratien kaum auf einen Nenner zu bringen ist. Ingolfur Blühdorn – der Hauptvertreter des Ansatzes der Nachhaltigen Nicht-Nachhaltigkeit – hat sich folgerichtig mit einer vehementen Stellungnahme zu den Ausführungen von Brand et al. zu Wort gemeldet.[45] Auch hier gilt, dass man sich Blühdorns Pessimismus nicht zu eigen machen muss – aber klar ist auch, dass im Lichte seiner Theorie wenig bleibt, was die Forderung nach kollektiver Selbstbeschränkung in der vorgeschlagenen Form plausibel erscheinen lässt. Er kritisiert konsequenterweise, dass die Forderung nach kollektiver Selbstbeschränkung politisch höchst naiv ist und an der faktischen Nicht-Nachhaltigkeit des hier und heute herrschenden Gesellschaftsmodells zerschellt.

Was in diesem Sinne irritieren muss: dass das Scheitern derart »sozialistischer« Experimente hier völlig unberücksichtigt bleibt. Mit Blühdorn könnte man tatsächlich von einer »post-marxistischen Komfortzone« sprechen, die historische Erfahrungen ebenso wie die Hartnäckigkeit gegenwärtiger Nicht-Nachhaltigkeit ausblendet und sich auf dieser Grundlage in Weltverbesserungsphantasien ergeht, deren Umsetzbarkeit geradezu schreiend abwegig erscheint.[46] Im Lichte der Realität der bestehenden Nicht-Nachhaltigkeit wirken die Vorstellungen kollektiver Selbstlimitierung von der aktuellen (welt-)gesellschaftlichen Realität völlig entrückt. Freiheit als Selbstbestimmung wird heute ganz wesentlich als ressourcenintensiver und nichtnachhaltiger Konsum gelebt – freilich nicht lediglich als Ausdruck eines kapitalistischen Systemzwangs, sondern durchaus als höchst erwünschte Ingredienz einer Lebensweise, die – zumindest gegenwärtig – von Beschränkung wenig wissen will und Wert darauf legt, eigene Werte, Freiheiten und Lebensstilentscheidungen zu verteidigen.[47] Diese unbequeme Wahrheit wird man gerade dann zur Kenntnis nehmen müssen, wenn man sich nicht allein auf technische Lösungen des Umweltproblems verlassen will und deshalb auf soziale Innovationen setzt, die nicht zuletzt auf eine Reduktion individueller Verbräuche hinauslaufen.

Zu berücksichtigen ist darüber hinaus die geradezu paradoxe Prominenz, die »Verzicht« im Zuge von Corona-Krise und Ukrainekrieg erlangt hat. Der Bedeutungsgewinn des Verzichtsbegriffs hat unerwartete Höhen erreicht. »Verzicht« ist heute nicht mehr (nur) der verschämt benutzte Gottseibeiuns von Nachhaltigkeitsengagierten und auch nicht mehr (nur) die als notwendig gehandelte Ergänzung zu technologischen Verbesserungen – sondern ein zentrales gesellschaftliches *Buzzword*. Im Angesicht von Ukraine-Krieg, Gasknappheit und Inflationsängsten war plötzlich allüberall von Verzicht als individuelle und kollektive Verhaltensoption die Rede. Medien stellten die bange Frage, ob die Deutschen bereit zum Verzicht seien; Prominente wurden zu ihren ganz persönlichen Verzichtsleistungen gefragt; auch manche (jeder Postwachstums-Orientierung unverdächtige) Politiker sprachen von Verzicht, Opfer und Wohlstandseinbußen. »Verzicht« ist im gewissen Sinne also »Mainstream« geworden, zumindest vorübergehend.

Man kann beklagen, dass diese Konjunktur auf Kosten der begrifflichen Genauigkeit gegangen ist. In diesem Sinne grenzt Ralf Konersmann in einem Beitrag für die *Neue Zürcher Zeitung* den Verzicht scharf vom Begriff der Mäßigung ab. »Der Verzicht«, schreibt er, »ist das indifferente Weniger, dem in seiner Pauschalität der Sinn fehlt für die Situationen, in denen es gefordert ist. Weit subtiler verfährt die Mässigung. Der Grundsatz der Mässigung betrifft den Einzelfall und bedarf deshalb, neben der Erfahrung, der Einsicht und sogar der Zustimmung der unmittelbar Betroffenen.«[48] Nun wird man darüber streiten können, ob die Freiwilligkeit hier wirklich ein sinnvolles und entscheidendes Abgrenzungskriterium ist. Aber Konersmann trifft offenbar einen Punkt, wenn er die Mäßigung – als *Abwägungs*prozess – als elaborierter darstellt als den Verzicht, der ja nur ein *Reduktions*prozess ist. In der Tat kann man die zeitweise so beliebte »Sprache des Verzichts« kritisieren, »dessen grobe Mechanik zum Grundsatz der Mässigung quersteht.«[49] Für unseren Zweck mindestens so wichtig ist die Erinnerung, dass die Großzügigkeit eben (im Verzicht) keine einfache Reduktions- oder (bei der Verschwendung) Expansionsleistung ist, sondern Resultat eines Abwägungsprozesses, der am rechten Maß zwischen den beiden orientiert ist.

Ein zeitgemäßer Zugriff auf die Nachhaltigkeitsproblematik muss also beides bedenken: hier die Konjunktur eines (interpretationsbedürftigen) Verzichtsbegriffs, der weit über den öko-politischen Kontext hinausreicht – und dort der kaum gebrochene Wille zum Konsum, der sich eben sehr oft nicht einschränken lassen will, sondern geradezu als unverzichtbarer Bestandteil von Emanzipation und Freiheit gesehen wird. Man ahnt schon, dass die Großzügigkeit als Maß und Mitte zwischen (nur) Verzicht und (nur) Verschwendung genau hier ihren Platz hat. Ein plausibler und zukunftsfähiger »Umbau« nicht-nachhaltiger Strukturen und Prozesse muss in irgendeiner Form die Reduktion von Verbräuchen organisieren – sogar die *drastische* Reduktion von Verbräuchen. Aber eine Alternative auf Augenhöhe mit den bestehenden Verhältnissen kann nur entstehen, wenn auch Verschwendung, Ausschweifung und Exzess in ihr einen Platz haben.

Fasten und Festivals: Verzicht *und* Verschwendung

Wir haben nun die irrige Maßlosigkeit mancher Maßhalteappelle ebenso kennengelernt wie eine wichtige Position, die weniger mit Moral und mehr mit Politik argumentiert und die nicht auf individuelle Beschränkungen, sondern auf kollektiv organisierte Prozesse der Selbstbeschränkung setzt. Wir haben gesehen, dass derlei Prozesse einerseits – bezüglich ihrer Notwendigkeit – eine hohe Plausibilität in Anspruch nehmen können, andererseits aber – mit Blick auf die Möglichkeit, sie in gesellschaftliche Praxis zu überführen – höchst limitiert sind. Es ist grundsätzlich richtig, dem verschwenderischen Raubbau an der Natur eine »limitarische« Perspektive gegenüberzustellen. Diese Perspektive krankt aber, wie so viele Großideen der Nachhaltigkeit, an soziologischer Naivität, psychologischer Unplausibilität und Unterschätzung der involvierten politischen Risiken.

An dieser Stelle lässt sich die grundsätzliche Plausibilität der Überlegung gut zeigen, Großzügigkeit stark zu machen als Mäßigung einer kopflos verschwenderischen, aber auch einer beschränkt verzichtlerischen Position. Großzügigkeit, so können wir das Argument hier noch einmal wenden, ist maßvolle Verschwendung *und gleichzeitig* maßvoller Verzicht. Auch hier ist die Mitte relevant und etwas, das man *Rhythmus* nennen könnte. Das eine ist eher eine räumliche Metapher, das andere eher eine zeitliche. Bei der Mitte geht es darum, nicht extrem zu handeln und sich maß-voll zu verhalten. Der Rhythmus verweist darauf, dass das nicht immer der Fall ist, sondern man zumindest ab und zu Extreme erleben muss, um gut zu leben. Nicht nur weil Glück ein Differenzphänomen ist: Ein *nur* maß-volles Leben wäre schlicht langweilig. Ein gutes Leben dagegen ist nicht langweilig – zumindest nicht dauerhaft. Auch hier spielt der Rhythmus eine Rolle: Man kann so wenig in einem Zustand der Daueraufregung gut leben wie in kontanter Langeweile.

Ein gutes Leben, das mit dem guten Leben anderer und mit dem Erhalt der Natur vereinbar ist, orientiert sich also an der guten Mitte – und erlaubt sich ab und an, extrem zu sein und über diese Mitte hinauszuschießen. Die Mitte liegt zwischen den Extremen Verzicht und Verschwendung. Wer gut und nachhaltig leben will, muss den richtigen Rhythmus finden zwischen Mitte, Ausschweifung und Rücknahme. Rein zeitlich-quantitativ betrachtet wird die Mitte den größten Anteil beanspruchen – qualitativ stechen aber gewiss Erlebnisse der Verausgabung – und auch solche der extremen Reduzierung – heraus aus dem Fluss des maßvollen Lebens. Nachhaltigkeitskonzepte, die das ignorieren, sind zum Scheitern verurteilt.

Es gibt hier und heute gesellschaftlich akzeptierte Verschwendungshandlungen. Ihr Charakteristikum ist die Irrationalität. Verschwendungen wie Sport und Musik gehorchen (bei aller Professionalisierung und den unfassbaren Summen, die man hier verdienen kann) keiner ökonomischen Logik – streng genommen sind sie Sinn-los: Man braucht letztlich weder Sport noch Musik, um zu leben. Aber man sollte es eben nicht streng nehmen: sondern großzügig – und ist klar, dass ein gutes Leben eben mehr als Überleben ist und Dinge einschließt, die über Essen, Wohnung und Kleidung hinausgehen. Dass dieses Hinausgehen schnell zum Problem werden kann, weil Menschen dazu tendieren, zu vergleichen und haben zu wollen, was andere haben, wird uns noch beschäftigen. Hier reicht die Einsicht: Zum guten Leben gehört die Ausschweifung, die Überschreitung, das Übermaß.

Aber auch die Rücknahme, die Unterschreitung, der selbst gewählte Mangel gehört zum guten Leben. Nicht in dem Sinne, wie sich ökologische Fundamentalistinnen das wünschen: Der Verzicht auf Fleisch und Automobilität mag gesund, nachhaltig und für viele begrüßenswert sein – als wirksames Massenprogramm ist die reine Verzichts-Agenda der »Suffizienz« eher unplausibel. Dass alle immer auf Fleisch und Auto verzichten, wird schlicht nicht passieren. Denkbar ist freilich, dass viele Menschen häufiger als in der Vergangenheit diesen Dingen entsagen. Die großzügige Mitte läge bei diesen und anderen Konsumhandlungen darin, Konsummöglichkeiten nicht bis zum Anschlag zu nutzen, sondern einen großzügigen Rhythmus zu finden zwischen Ausschweifung und Achtsamkeit. Das gilt sozial ebenso wie ökonomisch und ökologisch: Man kann nicht immer verschwenden, man kann aber auch nicht unterbrechungslos eine bis zum Geiz getriebene Sparsamkeit leben.

Gleichzeitig kann zu einem guten Rhythmus gehören, diese Mitte ab und an nicht nur exzessiv zu überschreiten, sondern dann und wann reduktiv zu unterschreiten. Klingt unrealistisch? Nun, das gibt es schon: Schweigeseminare, Fastenwochen und Mobiltelefonfreiheit in Hotels und Restaurants sind Sachen, die immer mehr Menschen höchst attraktiv finden, die sogar Geld für Verzicht ausgeben. Auch diesen Postmaterialismus muss man sich leisten können. Es kann verwundern, was manche Orte, die man als Reduktions-Ressorts bezeichnen könnte, für ihre Nicht-Leistungen für horrende Summen verlangen. Gleichzeitig zeigt sich hier ein Bedarf nach Reduktion.

Gleichwohl ist Fasten wohl die Königsdisziplin des bewussten Verzichts. Nun: Auch das Fasten wird vermutlich kein Massenphänomen werden, aber es lässt sich etwas lernen aus dieser Verzichtsübung – auch für Leute, die niemals freiwillig fasten würden. Das Fasten mit seinen enormen positiven körperlichen und psychologischen (und für manche: spirituelle) Wirkungen (die »Neulinge« verlässlich zum Staunen bringen) ist scheinbar das, was sich manche Postwachstumsapologeten als gesellschaftlichen Dauerzustand vorstellen: radikale Reduktion. Fasten ist kein Dauerzustand (und kann es für die allermeisten Menschen auch nicht sein), sondern eine *Unterbrechung*. Fasten ist die temporale und bisweilen radikale Veränderung von Nahrungs- und Genussgewohnheiten, die oft über den eigentlichen Akt des Nicht-Essens hinausweisen. Wichtig ist, dass diese Veränderung temporärer Natur ist und eben die (diätetische) Normalität unterbricht und im Nachgang oft zu einem dauerhaft anderen – maßvollen – Umgang mit Nahrung und Genussmitteln führt. So gesehen, erweitert Fasten im günstigen Fall die Spielräume im Umgang mit sich selbst. Auf den Punkt gebracht: Man kann Fasten interpretieren als einen *Akt der Unterbrechung, der Spiel-Räume schafft*. Wie werden in den nächsten Kapiteln noch sehen, wie fundamental diese Dopplung von »Bruch« und »Spiel« für den Nutzen und die Funktionsweise von Großzügigkeit ist.

Ermutigend kann man den hier skizzierten Befund finden, dass es beides ja schon gibt: Fasten *und* Festivals, Verzicht *und* Verschwendung. Fasten, Einkehr und Verzicht haben heute einen gewissen positiven Stellenwert. Dass man sich den leisten können muss, hatten wir schon – und das stimmt auch hier. Verzichtsleistungen zur Verbesserung der Lebensqualität sind gewiss kein Massenphänomen. Aber nicht wenige Mitglieder der Mittelschicht verwenden Zeit und Geld dafür, sich durch ein Weniger etwas Gutes zu tun. Gleichzeitig ist hier Vorsicht geboten, der Zusammenhang dieser Verzichtsleistungen mit individuellen Optimierungsbestrebungen ist durchaus *tricky*.

Aber es gibt eben nicht nur das – ja durchaus mit »vernünftigen« Gründen rechtfertigbare – Fasten und den Verzicht, sondern durch und durch »unvernünftige« Aktivitäten, deren Unvernunft geradezu ihre Legitimation ist. Festivals sind nur ein Beispiel für Verschwendung, andere sind: Raumfahrtprogramme, Militärparaden, Parteitagsrituale, Prüfungsrituale, Feiern, Feste, Fasching und Karneval, Musik und Museen, Rache, Revanche und Rückspiele, Taufen, Hochzeiten und Beerdigungen, Sport.[50] Diese Liste ließe sich nahezu unendlich weiterführen und ist ein Beleg für die Existenz und Persistenz von höchst akzeptierten Formen der Ressourcenverschwendung, und zwar nicht nur in fernen Zeiten und fernen Ländern, sondern hier und heute.

Von der Existenz dieser und anderer Verschwendungen umstandslos auf ihre Wünschbarkeit zu schließen, wäre freilich ein naturalistischer Fehlschluss. Verschwendung ist (natürlich) nicht schon deshalb »gut«, weil es sie gibt. Es sollte schon klar geworden sein, dass sie auch aus (zahlreichen) anderen Gründen »gut« ist. Worauf es hier ankommt: Verschwendung ist auch in reichen, modernen und durchaus vom Leitbild der »Nachhaltigkeit« beeinflussten Gesellschaften nicht annähernd so unmöglich und abwegig, wie das bei einer rigorosen Orientierung von Vernunft und Optimierung der Fall sein müsste. Dass sich die Gesellschaft ganz deutliche Abweichungen vom Effizienzimperativ erlaubt, verweist darauf, dass dieser Imperativ zwar höchst dominant, aber eben nicht ungebrochen ist. Es gibt bereits Risse im Fundament der Effizienzorientierung – und diese Risse gilt es zu nutzen.

Fülle und Güte als relevante Eigenschaften der Welt

Damit kommen wir nochmal auf eine Weltbeschreibung zurück, die der Diagnose »Knappheit« diametral gegenübersteht. Wenn Knappheit herrscht, ist Effizienz oft eine rationale Reaktion auf diese Lage. Umgekehrt gölte freilich auch: Wo Fülle herrscht, wäre Verschwendung statthaft – nicht als irrationale Abweichung, sondern als rationale Antwort auf eine Lage, die nicht vom Mangel, sondern eben vom Überfluss geprägt ist. Batailles oben skizzierte Anti-Ökonomie beruht auf dieser Weltbeschreibung: Nicht Knappheit sei (einziges) Charakteristikum unserer Lage – Fülle sei ebenfalls eine relevante Eigenschaft der Welt.

Eine auf den ersten Blick höchst unwahrscheinliche weitere Quelle für diese gedankliche Suchbewegung ist die Enzyklika *Laudato Si'*, die Papst Franziskus 2015 veröffentlicht hat. Die Hoffnung auf eine nachhaltige Entwicklung wird hier nicht nur durch Glauben angetrieben, sondern auch durch eine Analyse der Wirklichkeit und durch die Formulierung einer Perspektive, die dem gesellschaftlichen und ökonomischen »Mainstream« nahezu diametral gegenübersteht: Fülle als Eigenschaft der Welt und Effizienzwahn als gesellschaftlich hochproblematischer Entwicklungsmodus. Zur Kritik der Effizienz und zum Lob der Fülle passt auch die Thematisierung einer Eigenschaft der Welt, die in aktuellen Zukunftsdiskursen praktisch keine Rolle spielt: Schönheit. Unter anderem spricht Franziskus von der »Schönheit der Herausforderung« – eine Perspektive, die sich von einer verbreiteten Katastrophenrhetorik abhebt und die eine Haltung der Hoffnung auf den Begriff bringt.

Franziskus schreibt: »Auf die Schönheit zu achten und sie zu lieben hilft uns, aus dem utilitaristischen Pragmatismus herauszukommen. Wenn jemand nicht lernt innezuhalten, um das Schöne wahrzunehmen und zu würdigen, ist es nicht verwunderlich, dass sich für ihn alles in einen Gegenstand verwandelt, den er gebrauchen oder skrupellos missbrauchen kann.«[51] Durch die Würdigung des Schönen den herrschenden Utilitarismus zu dekonstruieren und die Orientierung an ökonomischen Nutzenerwägungen in seine Schranken zu weisen – das kann man als Agenda der Hoffnung bezeichnen, die über den heutigen Mainstream des Nachhaltigkeitsdenkens hinausweist und Batailles Souveränitätsinterpretation sicher nähersteht als rationalistischen Nachhaltigkeitskonzeptionen.[52] Diese Kombination zeigt wohl wie wenige andere Konstellationen, wie wichtig es angesichts des Scheiterns unserer Lebensweise ist, Dinge, Ideen und womöglich auch Personen zusammenzudenken, die auf den allerersten Blick keinesfalls zusammenpassen.[53]

Der begriffliche und konzeptuelle Umgang mit dem Scheitern, genauer gesagt: mit dem Untergang einer Lebensweise ist auch Thema von Jonathan Lears vielzitiertem Buch *Radikale Hoffnung*. Der Untertitel verrät schon, worum es Lear zu tun ist: *Ethik im Angesicht kultureller Zerstörung*. Lear beschreibt den Untergang der Lebensweise der Crow, einem Stamm nordamerikanischer Ureinwohner. Anhand von deren Häuptling Plenty Coups erzählt Lear eindringlich von der Katastrophe, die die Kolonisierung durch Weiße für den Häuptling und sein Volk bedeutet – und davon, wie mit dieser Katastrophe umgegangen wurde. Dabei macht er Andeutungen zum Thema Fülle, die für unseren Zweck höchst instruktiv sind.

So spricht Lear an einer Stelle von einer »Verpflichtung auf den Gedanken, dass die *Güte der Welt* die begrenzten und fehlbaren Versuche des Denkenden übersteigt, sie zu begreifen.«[54] Die offensichtlichen Möglichkeiten, dies religiös zu interpretieren und zum Beispiel mit einer als unverständlich geglaubten Größe Gottes in Verbindung zu bringen, will ich hier beiseitelassen. Für unseren Zweck interessanter ist der Gedanke, die »Güte der Welt« – also eine Form der Fülle – entziehe sich unserem Verständnis. Dass es Güte und Fülle in der Welt gibt, lässt sich nicht bestreiten. Kann man aber unsere »Blindheit« für diese Eigenschaften der Welt damit erklären, dass Grausamkeit, Mangel und andere unangenehme Eigenschaften der Welt sowie bestimmte Theorien über diese Welt uns den Blick verstellen für Fülle und für Güte und für Möglichkeiten?

Für Lear jedenfalls besteht die Radikalität einer radikalen Hoffnung im Blick auf eine Güte: Radikale Hoffnung sei »genau deswegen *radikal*, weil sie sich auf eine Güte richtet, die das gegenwärtige Vermögen übersteigt, einzusehen, worin sie besteht. Radikale Hoffnung antizipiert ein Gut, für das allen, die eine solche Hoffnung hegen, bislang die angemessenen Begriffe zum

Verständnis fehlen.«[55] Es sei »seltsam unangemessen«, so Lear, »zu glauben, alles Gute an der Welt sei durch unser gegenwärtiges Verständnis von ihr ausgeschöpft und erfasst.«[56] In der Tat, und mit guten Gründen kann man hier eine Quelle von Hoffnung sehen: in dem Umstand, dass es nicht die Welt, sondern unser begrenztes Verständnis von dieser Welt ist, das uns limitiert. Auf unser Thema zugespitzt: Unser knappheits- und mangelfixiertes Denken verhindert, dass uns die Güte und die Fülle der Welt in den Blick geraten.

Das aber ist ein Gedanke, der nicht nur mit Blick auf die Zukunft fruchtbar gemacht werden kann. Schon hier und heute könnten wir Güte und Fülle und Schönheit sehen. Die meisten Menschen ahnen oder glauben das, nicht nur Papst Franziskus. Der Philosoph Marcel Hénaff schreibt sogar, dass die hier skizzierte Fülle *gewusst* wird: »Wir wissen,«, schreibt er eindringlich, »daß der Markt, sosehr er den Anspruch erhebt, dem Unschätzbaren einen Preis beizumessen, niemals dessen Wert wird angeben noch seine Unendlichkeit wird erfassen können. Wir wissen, daß keine kaufmännische Gleichung den Preis des Lebens, der Freundschaft, der Liebe oder des Leidens wird ausdrücken können; oder den der Güter des gemeinsamen Gedächtnisses. Oder den der Wahrheit. *Wir wissen*, ohne es gelernt zu haben, *daß nur eine Beziehung bedingungsloser Großzügigkeit sich diesem Bereich dessen, was keinen Preis hat, zu nähern vermag.*«[57]

Tatsächlich: Leben (auch das Leben der Natur), Freundschaft, Liebe, Leiden, gemeinsame Geschichte – *darauf* kommt es an, wenn wir gut leben wollen: Und diese Dinge sind nicht knapp, sondern potenziell in Hülle und Fülle vorhanden – und umso leichter der Großzügigkeit zugänglich. Die Welt ist voller »Sachen«, die sich auf fundamentale Weise dem Ökonomischen entziehen. Das ist kein romantischer Schwachsinn, sondern eine fundamentale Eigenschaft der Welt, die zu unserem Unglück »vergessen« wurde. Dieses Vergessen oder Verdrängen hängt wesentlich mit der Dominanz des Ökonomischen zusammen, mindestens mit der Dominanz einer bestimmten ökonomischen Sicht der Dinge.[58] Diese Sicht tendiert buchstäblich zur Verdrängung von Dingen, deren Wert zwar Gegenstand ökonomischer Theorien, Modelle und Monetarisierungsversuche sein kann, deren »Wert« aber im wahrsten Sinne des Wortes unermesslich ist. »In der Tat,« schreibt Friedrich Georg Jünger vor über 70 Jahren, »kein Verstand der Welt kann ausfindig machen, welchen Zweck eine Nachtigall oder eine Lilie hat. Und kein Verstand der Welt kann einsehen, inwiefern sie ihrer Existenz nach notwendig sein sollen.«[59]

Wie die potenziell destruktive Dominanz des Ökonomischen hinterfragt und gebrochen werden kann, ist eine entscheidende Zukunftsfrage. Wirtschaftliche, aber auch soziale und nicht zuletzt ökologische Eskalationsprozesse sind, wenn man Kriterien von Frieden, Freiheit und Nachhaltigkeit zugrunde legt, weder gegenwarts- noch zukunftsfähig. Allein die Dynamik, mit der die aktuelle Naturzerstörung voranschreitet, erfordert Zugriffe auf das Thema, die weder kleinteilig noch größenwahnsinnig sind. Eine Individualisierung der Verantwortung ist nicht zielführend – aber auch nicht die Phantasie, gleichsam mit einem großen Sprung »alles« zu verbessern, zu ändern, zu überwinden. Warum Großzügigkeit ein plausibler Ansatz ist, der diese Extreme meidet und dennoch hinreichend transformativ erscheint, werden wir in den folgenden Kapiteln an ökologischen, ökonomischen und gesellschaftlichen Beispielen durchdeklinieren.

II. Anwendungen

4. Schonung statt Steigerung: Spielraum für die Natur als Grundbedingung für Nachhaltigkeit

Effizienz und Effektivität

Auf Basis der Grundlagenarbeit der vorhergehenden Kapitel können wir uns nun gleichsam den Anwendungen der Großzügigkeit zuwenden. Einen Beitrag zur Zukunftsfähigkeit von Gesellschaften leistet sie ganz wesentlich dort, wo es um gesellschaftliche Naturverhältnisse geht. Wie wohl auf wenigen anderen Feldern zeigt sich hier der fundamentale Unterschied zwischen Effizienz und Effektivität. Der Fokus auf Effizienz, so lässt sich die Situation zuspitzen, ist schlicht zweitrangig – angesichts existenzieller ökologischer Probleme wie Klimaerhitzung und Artensterben kommt es zuallererst darauf an, dass Maßnahmen *wirken*. Effektivität ist erstrangig. Effizienz ist das nicht.

Effektivität drückt aus, ob eine Handlung wirkungsvoll ist, also ob man durch Aktion ein Ziel erreicht oder diesem zumindest näherkommt. Effektivität ist, so gesehen, eine absolute Größe. Effizienz ist, wie bereits gesagt, etwas völlig anderes: Sie ist eine relative Größe und bildet ein Verhältnis von Zielerreichung und Aufwand ab. Das zu erreichende Ziel kann vernünftig, fragwürdig oder völlig irrsinnig sein – das spielt hier keine Rolle. Man kann sich also sehr effektiv einem völlig irrationalen Ziel nähern. Oder man kann die Effizienz steigern, mit der man ein irrationales Produkt herstellt. Dieses Problem adressiert Wolfgang Sachs, wenn er drauf hinweist, dass die Effizienzrevolution »richtungsblind« bleibe, wenn sie nicht durch eine »Suffizienzrevolution« begleitet würde.[1] Sachs fordert damit, normative Aspekte der Nachhaltigkeit in den Vordergrund zu rücken. In der Tat ist die »Richtungsblindheit« von Effizienz ein Problem. Die für uns relevante Frage ist, ob Suffizienz die richtige Antwort auf diese Herausforderung ist: Was die Relevanz normativer Klarheit angeht, mag das der Fall sein – was den Reduktionsfuror vieler Suffizienzstrategien angeht, sicher nicht: Das haben wir im vorigen Kapitel bereits grundsätzlich durchgearbeitet.

Sachs' Mahnung ist freilich auch deshalb wichtig, weil – eben gerade in Notlagen wie der Klimakrise – nicht die ökonomische Effizienz das Hauptkriterium sein sollte, sondern die tatsächliche Problemlösungseffektivität. Wohl selten hat sich das schneller und klarer gezeigt als in der Corona-Krise. Auch die Klimapolitik macht die eminente Wichtigkeit der Unterscheidung zwischen Effektivität und Effizienz deutlich. So sind die Klagen über die Ineffizienz deutscher Klimapolitik Legion – und nach herrschender Logik durchaus zutreffend. Ein Blick auf die Inkonsistenzen auf diesem Feld und die Ressourcen, die hier »verschwendet« werden, macht das helle Entsetzen der zahlreichen Ökonominnen, die sich mit Klimapolitik befassen, durchaus verständlich. Problematisch ist, dass deren Perspektive zwar intern höchst konsistent ist (ein Kennzeichen vieler wirtschaftswissenschaftlicher Modelle), mit Blick auf die Problemlösungseffektivität aber nahezu ins Leere greift.

Großzügigkeit wird hier, wie wir im Detail später noch sehen werden, zu einem Instrument der Wirksamkeit. Denn der Blick auf die – natürlich nicht per se zu kritisierende – Effizienz von Maßnahmen oder gar »Optimalität« von Lösungen trägt das sehr reale Risiko in sich, das Wesentliche aus dem Blick zu verlieren, und dieses Wesentliche ist eben: der Natur so viel Raum zu geben, dass sie gedeihen und eine gute Grundlage für menschliches Leben sein kann. Ob bei der Nicht-Nutzung von Flächen, der Unterschreitung des globalen CO_2-Budgets oder beim Verzicht auf den Konsum toter Tiere – stets liegt ein Beitrag zur Nachhaltigkeit darin, großzügig *unter* den Möglichkeiten zu bleiben, die sich realisieren ließen. Auch mit Blick auf die Natur heißt Großzügigkeit, etwas zu unterlassen, das man tun *könnte*. Makroökonomisch kann das heißen: Man realisiert nicht das Wachstum der Wirtschaftsleistung, das möglich wäre. Worum es dabei stets geht, ist die Einhaltung der *Planetary Boundaries*. Nachhaltigkeitspolitik hat auf Handlungsfeldern wie Klima, Artenvielfalt oder Ressourcenabbau wesentlich die Funktion, diese Einhaltung zu sichern und damit die Existenzbedingungen menschlicher Gesellschaften zu gewährleisten.

Technikinnovation, Konsumsuffizienz und unwirtschaftliches Wachstum in einer vollen Welt

Eine zentrale Frage in Debatten über Nachhaltigkeit, Klimaschutz und Wirtschaft ist die nach der Möglichkeit und Wünschbarkeit weiteren Wachstums. Beides ist auseinanderzuhalten: Denn etwas kann möglich sein, aber hochgradig unerwünscht – die zweifellos mögliche Auslöschung der Menschheit durch Massenvernichtungswaffen beispielsweise darf wohl als hochgradig unerwünscht gelten. Umgekehrt kann etwas wünschbar sein, aber unmöglich – zum Beispiel, weil es nicht in Einklang mit den Naturgesetzen steht. Man kann sich wünschen, dass Geldscheine an Bäumen wachsen – helfen tut das niemandem, denn es ist unmöglich.

Man kann sich Wachstum mit sehr guten Gründen wünschen – dieser Wunsch ist aber ein Problem, wenn man die Möglichkeiten zur Entkopplung von Werteproduktion und Umweltverbrauch für begrenzt hält. Ein wichtiger Faktor ist dabei der sogenannte Rebound-Effekt.[2] Der Ökonom William Stanley Jevons postulierte in seinem Buch über die *Coal Question* bereits Mitte des 19. Jahrhunderts im Hinblick auf die Nutzung von Energieressourcen diesen Effekt, dessen Bedeutung für die Nachhaltigkeit kaum überschätzt werden kann. Jevons vertrat die Auffassung, dass eine ökonomischere Verwendung von Kohle zu einem *Anstieg* des Verbrauchs führen würde: »Es ist eine völlige Verwirrung der Ideen, zu glauben, dass der wirtschaftliche Gebrauch von Treibstoff mit seinem verminderten Konsum gleichzusetzen ist. Das genaue Gegenteil ist der Fall.«[3] Eine wirtschaftlichere Nutzung von Kohle, so Jevons, könne deren Verbrauch gerade *nicht* reduzieren.

Der wirtschaftlichere Einsatz selbst sei es, der zu einer Verbrauchszunahme führe – heute nennt man dies auch das »Jevons-Paradox« oder eben (häufiger) den Rebound-Effekt. Die Beobachtung, dass erhöhte Effizienz zu einem absolut höheren Verbrauch führen kann, hat vor allem in der Debatte über Möglichkeiten und Grenzen von Energieeffizienz-Strategien eine wichtige Rolle gespielt. Das Jevons-Paradox, beziehungsweise der Rebound-Effekt, führt dazu, dass relative Effizienzsteigerungen nicht zu einer Reduktion des Gesamtverbrauchs führen, weil auf die mit Effizienzverbesserungen verbundenen Kostenreduktionen mit Verbrauchserhöhung reagiert wird. Reduzierte Preise führen also zu einem erhöhten Konsum entweder der effizienter genutzten Ressource oder anderer materieller Güter. Dies wirft auf gesamtwirtschaftlicher Ebene sehr grundlegende Fragen nach der Bedeutung auf, die technische Innovationen und Effizienz für eine *absolute* Reduzierung des gesamten Material- und Energiedurchsatzes haben können. Einzelwirtschaftliche Dematerialisierungsprozesse können noch so erfolgreich sein – solange gesamtwirtschaftliche Expansion die Effekte dieser Dematerialisierung auffrisst, ist, ökologisch betrachtet, zwar Zeit gewonnen, das Ziel einer absoluten Verbrauchsreduktion aber nicht erreicht.

Die Mehrheitsmeinung geht dennoch nach wie vor davon aus, dass eine solche Entkopplung von Wirtschaftsleistung und Umweltverbrauch »geht« und der Königsweg aus der ökologischen Nicht-Nachhaltigkeit ist. Die Alternativposition »Postwachstum« hat mit dem Fehlen eines überzeugenden Gesamtkonzepts und der mangelnden Berücksichtigung globaler Fragen schwere Mängel – der Hinweis auf die Grenzen der Entkopplung freilich ist von höchster Relevanz. Klar ist, dass sich technikzentrierte Effizienzstrategien anders auf das Wachstum auswirken als verhaltensorientierte Suffizienzstrategien. Wenn es gelingen sollte, durch technische Innovationen Wirtschaftswachstum und Umweltverbrauchswachstum dauerhaft zu entkoppeln, wäre weiteres Wachstum kein Problem. Strategien, die auf eine Verbrauchsreduktion setzen, führen dagegen unweigerlich zu einer Dämpfung von Wachstum. Wenn Menschen mehr (effiziente) Autos, Bagger und Computer kaufen, wirkt das positiv aufs Wachstum – wenn Menschen suffizient ihren Konsum reduzieren, gilt das nicht.

In einer »leeren« Welt ohne ökologische Überlastungsprobleme hat man es mit anderen Notwendigkeiten und Möglichkeiten zu tun als in einer vollen Welt, wie Herman Daly in seinen Arbeiten gezeigt hat.[4] Im »Raumschiff Erde« gelten andere Gesetze als in der vermeintlich offenen *Frontier* einer »Cowboy-Wirtschaft«. Kenneth Boulding hat diese Bilder schon 1966 in seinem bahnbrechenden Aufsatz *The Economics of the Coming Spaceship Earth* verwendet und damit den Grundstein für eine ökologisch-ökonomische Perspektive auf den Wirtschaftsprozess gelegt. Bouldings Aufsatz führt den Begriff »Durchsatz« (*throughput*) ein, und er weist auf die Bedeutung des Entropiegesetzes hin, dessen Relevanz vor allem Nicholas Georgescu-Roegen systematisch in die ökonomische Theoriebildung integriert hat.[5] Die Raumschiff-Metapher, so hat Boulding später erläutert, hebt »die Kleinheit, die Enge und die begrenzten Ressourcen« der Erde hervor. Er diagnostiziert einen Übergang von einer durch territoriale Expansion gekennzeichneten »Cowboy-Wirtschaft« zu einer »Raumschiff-Wirtschaft«, »in der die Erde ein einziges Raumschiff geworden ist, ohne unbegrenzte Reserven für irgendetwas, weder für die Gewinnung noch für die Verschmutzung, und in der daher der Mensch seinen Platz in einem zyklischen ökologischen System finden muss, das zu einer kontinuierlichen Reproduktion der materiellen Form fähig ist, auch wenn es nicht ohne Energiezufuhr auskommt«.[6] Damit nimmt Boulding eine Forschungsrichtung vorweg, die später unter dem Begriff *Industrial Metabolism* wichtige Beiträge zum Nachhaltigkeitsdiskurs beitragen wird.

Boulding, Georgescu-Roegen und Daly gelten zurecht als Vorväter der Ökologischen Ökonomik, die eine neue, die Begrenztheit der Erde betonende ökonomische Denkungsart repräsentiert. Dalys innovative Beiträge zu diesem Paradigma haben unter anderem folgende wichtige – und bis heute brutal unterschätzte – Erkenntnis gebracht: dass es so etwas wie unwirtschaftliches Wirtschaftswachstum geben kann. Wenn die Zusatzkosten des Wachstums den zusätzlich entstehenden Nutzen übersteigen, argumentiert Daly, dann ist weiteres Wachstum schlicht unwirtschaftlich. Jenseits ökologischer (und sozialer) Erwägungen kommt man dann darauf, dass Wachstum *ökonomische* Grenzen hat, wenn man die Umwelt nicht völlig ausblendet und noch dazu die gesellschaftlichen Folgen des Wachstums beachtet.[7] Wenn der Punkt unwirtschaftlichen Wachstums erreicht ist, so argumentieren Daly und andere ökologische Ökonomen, dann wird es Zeit, sich vom Wachstumsziel zu verabschieden. Das ist ein plausibler Gedanke – auch wenn seine praktische Anwendung aufgrund von Operationalisierungs-, Mess-, und Steuerungsproblemen natürlich ein heikles Unterfangen wäre.

Aktuelle Diskurse schwanken also zwischen technikoptimistischen Träumen vom »grünen Wachstum« und dem kulturpessimistischen und wertegesättigten Diskurs über »Postwachstum« und beachten bei all dem kaum die – ja eigentlich höchst konventionelle – Idee eines unwirtschaftlichen und damit nicht-wünschbaren Wachstums. Dazu kommt eine vierte – ebenfalls bislang völlig unbeachtete – Vorstellung, die man als »ehrliches Wachstum« titulieren könnte und die zugespitzt darauf hinausläuft, dass grünes Wachstum und Postwachstum unter den heute herrschenden Bedingungen womöglich fatale Irrwege sind.[8] »Ehrlich« wäre eine solche Wachstumsidee, weil sie anerkennt, dass technische Ansätze zwar begrenzt sind, wachstumsfeindliche Ideen aber leider keine Antwort darauf geben, wie eine wachstumslose Welt friedlich bleiben kann. Ein ehrliches Wachstumsziel würde sich also zur friedensstiftenden Funktion wirtschaftlicher Expansion bekennen, aber gleichzeitig auch sein ökologisches Scheitern anerkennen: Wir wissen um die ökologische »Nicht-Nachhaltigkeit« unseres Tuns, ziehen diese »Nicht-Nachhaltigkeit« aber der Eskalationsgefahr vor, die bei Stagnation droht. Das wäre auch ein authentischer Umgang mit der aktuellen Praxis der »Nachhaltigkeit«: Alle gesellschaftlichen Akteurinnen bekennen sich zu ihr – aber wenn es drauf ankommt, gewinnt das Wachstum: Ökonomische Belange stechen bis heute ökologische Belange so gut wie immer aus, wenn es zu Zielkonflikten kommt. Eine fünfte (im Diskurs über das Thema ebenfalls unterbewertete) Perspektive im Umgang mit dem Wachstumsthema hat der niederländische Ökonom Jeroen van den Bergh angeregt. Er plädiert für eine Haltung, die er »A-Growth« nennt – eine Indifferenz gegenüber den Auswirkungen einer erfolgreichen Nachhaltigkeitstransformation auf das Bruttoinlandsprodukt.[9] Das ist klug und nimmt in den Blick, worauf es nach Aussage der allermeisten Akteure auch tatsächlich ankommt: ob wirtschaftliche Leistungsfähigkeit, soziale Fairness und ökologische Nachhaltigkeit gut balanciert zusammengebracht werden können. Wenn das gelingt, sollte es buchstäblich egal sein, ob dabei ein Wachstum, eine Stagnation oder eine Schrumpfung des Bruttoinlandsprodukts herauskommt. Man kann also, ohne naiv zu sein, großzügig über die Auswirkungen einer erfolgreichen Nachhaltigkeitspolitik auf das BIP-Wachstum hinwegsehen. Entscheidend für die Nachhaltigkeit sind *physische* Expansionsprozesse, also zum Beispiel das Wachstum von Materialnutzung, Energieverbrauch und Bodenversiegelung.

Unendliches im Endlichen? Das Rumoren der Komparative und die Knappheits-Effizienz-Wachstums-Endlos-Schleife

Wachstum im Sinne der Expansion des Bruttoinlandsprodukts ist also nicht unbedingt das Schlüsselproblem, für das es oft gehalten wird. Der Fokus auf die Auswirkungen effektiver Nachhaltigkeitspolitik auf das BIP hat womöglich dazu beigetragen, dass ein anderes Wachstums-Thema unterschätzt wird, das an die Grundfesten gesellschaftlicher und ökonomischer Selbstverständlichkeiten rührt und dem wir uns jetzt zuwenden: dem prinzipiell unabgeschlossenen »Wettlauf« zwischen Knappheitsbekämpfung und Knappheitsherstellung, der historisch stets zu neuen »Schleifen« neuer Knappheitsbekämpfung und Knappheitsherstellung geführt hat und der in einer endlichen Welt zum Fundamentalproblem wird. Großzügigkeit als Effizienzkritik und als Haltung, die knappheitsorientierte Weltbeschreibungen kritisch hinterfragt, ist wesentlich ein Beitrag zur Bearbeitung dieses Problems.[10]

Der »Prozeß permanenter Mangelproduktion«, so bringt die Ökonomin Caroline Gerschlager den für unser Thema so zentralen Zusammenhang auf den Punkt, hängt damit zusammen, »daß alles wirtschaftliche Tun in einem unaufhörlichen Kampf gegen vorgegebene Knappheiten besteht. Jede Produktionssteigerung ist wiederum Ausgangspunkt für eine neue Mangelerfahrung auf einer höheren Ebene der Produktion. Dieser Prozeß setzt sich fort. Solange die positive Rückkopplung von Begehren und ökonomischer Produktion nicht unterbrochen wird, zieht nämlich jedes befriedigte Bedürfnis ein anderes nach sich, und produktive Mangelbehebung ist gleichzeitig Mangelproduktion.«[11] Es führt zu dem, was man, wie oben gezeigt, treffsicher als »Knappheits-Effizienz-Wachstums-Endlos-Schleife« bezeichnen kann. Diese Schleife steht im Bann von Vergleich und Verbesserung, und auch sie kennt kein Ende. Das Ziel entfleucht immer von neuem, ein »Ankommen« wird denkunmöglich. Das hat verschiedene Ursachen.

»Das Bessere ist der Feind des Guten« – Voltaire soll das gesagt haben, und unabhängig vom Urheber stimmt diese Aussage. Die Feststellung ist so klar und einfach, dass jeder Mensch damit etwas anfangen können müsste. Wenn ich etwas habe, das gut ist und merke, es könnte noch besser sein, motiviert mich das möglicherweise dazu, diesen besseren Zustand zu wollen und dafür auch etwas zu tun. Dieses Tun bewegt mich dann vom Guten weg und hin zu – ja, zu was eigentlich? Zum Besseren, klar – aber die Krux mit dieser Bewegung ist, dass dieses Bessere dann das Gute ist, dessen Güte aber selbstverständlich durch ein neues Besseres selbst wieder in den Schatten gestellt werden könnte, was womöglich zu weiteren Verbesserungsbestrebungen Anlass gibt. Die Sache hat also zwei Seiten: Erstens ist das Gute kein Zustand der Zielerreichung, sobald ein neuer, womöglich besserer Zustand in Sicht gerät – man könnte sagen, dass dieser Vergleich eine permanente Unruhe auslöst.

Zweitens, und das wird in einer endlichen Welt irgendwann zum Problem: Der Prozess des Vergleichens und Verbesserns kennt keine Ziellinie, keinen Endpunkt. »Es ist gut« bleibt dann immer eine vorläufige Aussage. Und etwas »gut sein zu lassen« eine Schwierigkeit. Erschwert wird die Situation noch dadurch, dass Menschen nicht nur in der Zeit auf sich schauen, sondern sich mit anderen vergleichen und sich von diesem Vergleich zu Konsumhandlungen motivieren lassen – *Keeping up with the Joneses* nennt man das: Mit den Meyers schritthalten. Wenn die Meyers ein tolles neues Auto haben, wollen die Müllers und Hubers das auch. Und wenn Annalena und Robert ein cooleres Mobiltelefon vorzeigen, wollen Hanna und Malte-Thorben das auch haben.

Einen theoretischen Zugriff auf das Beneiden, Imitieren und Nachmachen bietet René Girard an: Wir wollen Dinge, so seine These, weil andere sie haben. Unser Wollen kann als die »Imitation eines fremden Strebens« interpretiert werden.[12] Wer begehrt, ahmt aus dieser Sicht ganz wesentlich das Begehren anderer Menschen nach. Zum Wollen gehört also aus dieser Perspektive nicht nur der Mensch und ein ersehnter Gegenstand, sondern auch eine weitere Person, deren Wunsch gleichsam imitiert wird. Diese Triangularität ist nicht nur eine Quelle kreativer Prozesse, sondern auch »die Quelle einer spezifisch menschlichen Gewalt«.[13] Soziale Tatbestände wie Neid, Reziprozität und Rache sind, folgt man Girards Überlegungen, genau hier fundiert. Wir sind sozusagen mimetisch »verstrickt« und müssen, so Girard, »den Fallstricken unseres Begehrens entkommen, eines Begehrens, das stets den Besitz des anderen begehrt.«[14] Girard sieht im mimetischen Begehren und seinen Konsequenzen eine Grundtatsache menschlichen Zusammenlebens. Für unser Thema ist zentral, dass diese Grundtatsache dazu beiträgt, das Verhältnis von Knappheit, Effizienz und Wachstum zu einer prinzipiell »endlosen« Relation werden zu lassen.

Dass Wachstum durch die stetige Schaffung neuer Bedürfnisse zu weiterem Wachstum führt, steht im Zentrum eines bereits 1958 erschienenen ökonomischen Klassikers: *The Affluent Society* (auf Deutsch erschienen als *Gesellschaft im Überfluss*) von John Kenneth Galbraith.[15] Er betont in diesem Bestseller, dass die Dringlichkeit von Wünschen nicht die Dringlichkeit von Produktion begründen kann, wenn Produktion ihrerseits die Wünsche produziert, die sie befriedigen soll. So betrachtet, füllt Produktion nur eine Lücke, die sie selbst geschaffen hat. Diese Lücke kann nie geschlossen werden, weil stets neue Wünsche entstehen, die diese Lücke gleichsam ständig wieder aufreißen. Vor diesem Hintergrund ist es höchst plausibel, dass Knappheit aus Sicht der Systemtheorie »ein *paradoxes* Problem« ist, wie Niklas Luhmann formuliert: »Der Zugriff schafft das, was er beseitigen will. Er will sich eine zureichende Menge sichern und schafft dadurch die Knappheit, die es erst sinnvoll macht, sich eine zureichende Menge zu sichern.«[16]

Diese Paradoxie entfaltet höchst wirkungsmächtige gesellschaftliche Folgen. In seiner Analyse des Zustandes der reichen Gegenwartsgesellschaft als *Multioptionsgesellschaft* schreibt Peter Gross: »Das Mögliche ist das mit Ködern ausstaffierte Morgen, das Heute ein noch nicht zu sich gekommener Vorschein möglichen Glücks. Das Leben ist die Hoffnung, dort irgendwie und irgendwann, aber jedenfalls in diesem Leben anzukommen.«[17] Diese hier beschriebene Kluft, eine Lücke, eine Leere schließen zu wollen und das schon aus logischen Gründen niemals zu können – dieses Streben im Verein mit unglaublichen technischen Möglichkeiten des Naturverbrauchs bestimmt heute die gesellschaftlichen Naturverhältnisse reicher Industriestaaten. Solange Knappheitsbekämpfung weiterhin und ohne Aussicht auf Erfolg immer neue Knappheiten generiert, erscheint Nachhaltigkeit unerreichbar.

Eine andere Entwicklung, die Gegenwartsgesellschaften prägt, liegt im extremen Tempo der Veränderungen. Modernisierung, so formuliert es Gross, kenne »keinen Halt, keine Etappe, sondern nur die Dauerverschränkung von Schöpfung und Zerstörung, von Konstruktion und Destruktion.«[18] Fortschritt gehe in der Multioptionsgesellschaft mit Entgrenzungsprozessen einher, die so gut wie jeden Bereich beträfen. Was lange als »normal« gegolten habe, verschwimme – zum Beispiel im Hinblick auf Zeitstrukturen: Das Normalarbeitsverhältnis und spiegelbildlich dazu auch »normale« Zeitvorstellungen im Freizeitbereich lösten sich ebenso auf wie die Grenze zwischen Arbeits- und Freizeit.

Wie die Moderne die Zeitstrukturen beschleunigt hat und wie Technik und Effizienzdenken zu einer umfassenden Beschleunigung geführt haben, hat der Soziologe Hartmut Rosa in seinen Büchern ausführlich beschrieben. In *Beschleunigung* zeichnet er nach, wie sehr die Logik der Zeitverdichtung und Geschwindigkeitserhöhung sich in allen gesellschaftlichen Bereichen breit gemacht hat.[19] Beschleunigung, Wachstum und Fortschritt sind aus Rosas Perspektive zentrale Eigenschaften der modernen Gesellschaft, die funktional auf »dynamische Stabilisierung« angewiesen sei.[20] Rosa schreibt: »Der in den Logiken des Wachstums, der Beschleunigung und der Innovationsverdichtung angelegte Zwang zur stetigen Steigerung impliziert, dass Effizienz und Output oder Prozess und Ergebnis auf allen Ebenen stetig optimiert werden müssen.«[21] Entsprechend bringe die moderne Gesellschaft eine dauernde Steigerung der Geschwindigkeit sozialer und ökonomischer Prozesse hervor.

Diese dauernde Steigerung, das beschreibt auch Peter Gross, bedroht die ökologische Integrität der gesellschaftlichen Entwicklung. Die »Riskanz«, so Gross, gehe aber über diesen Punkt hinaus. Diese bestehe »in der mit der offenbaren Unendlichkeit dieses Fortschrittsprogrammes bei gleichzeitiger Endlichkeit des individuellen Lebens vorprogrammierten lebensfeindlichen, ja selbstmörderischen Selbst- und Fremdüberforderung.« Wichtig für das Verständnis dieser Steigerungslogik ist der Umstand, dass sie auch psychisch allgegenwärtig scheint: »Die Geschwindigkeit, mit der heute alle Prozesse ablaufen, hat alle Vorgänge, das Bewußtsein und das Bewußtsein vom Bewußtsein ergriffen. Das Steigerungsprogramm wird auf alle Koordinaten des Lebens angewandt.«[22] Und das bedeutet auch, dass immer mehr in Fluss gerät. Zugespitzt: Bestände sind in einer Multioptionsgesellschaft nicht sehr beständig. Das gilt für Wissen ebenso wie für technische Anlagen und auch für das, worauf die Gesellschaft physisch fußt: Material, Energie, Fläche. Wissen veraltet schneller, Obsoleszenz beschleunigt sich, Materialströme expandieren, es entstehen immer neue Knappheiten.

Auf die permanent knappheitsfördernde Wirkung des Wirtschaftsprozesses hat der deutsche Rat der Sachverständigen für Umweltfragen bereits in der Frühphase des modernen Nachhaltigkeitsdiskurses Mitte der 1990er Jahre hingewiesen: »Moderne Wirtschaft vermag entsprechend den ihr zur Verfügung stehenden technisch-rationalen Mitteln fortschreitend neue, bisher unbekannte Güter zu entwickeln und bereitzustellen, mit denen sie zwar an gegebene Bedürfnisse anknüpft, diese aber damit auch ständig fortentwickelt. *Insofern ist sie also nicht nur auf Bedarfsdeckung, sondern auch auf Bedarfsweckung ausgelegt. Sie bewältigt nicht nur Knappheit, sondern stellt sie auch immer neu her*«.[23] Eine Expansion der Wirtschaft kann, so zeigt sich auch hier, Knappheit niemals dauerhaft beenden oder »überwinden«. Daraus ergibt sich, so kann man zuspitzen, ein »Teufelskreis aus wachsender Produktivität und wachsenden Bedürfnissen«.[24]

Der Wachstumsprozess *selbst* führt also zu neuen Wünschen. Wachstum und Knappheit gebären, so gesehen, weiteres Wachstum und weitere Knappheit – und immer so weiter. Der Produktionsprozess kann effizienter organisiert werden, was potenziell Knappheit reduzieren könnte – aber dieses Potenzial wird ständig durch neue Wünsche »aufgefressen«. Man könnte hier von einem gesamtwirtschaftlichen Rebound-Effekt sprechen, dessen Endergebnis eben niemals so etwas wie Sättigung ist, sondern stets Expansion. Wachstum geht Hand in Hand mit neuen Produkten und Technologien, und diese wiederum verändern die Gesellschaft und ihre Bewertungsmaßstäbe.

1975 war das iPhone nicht »knapp« – weil es dieses Gerät Mitte der 1970er Jahre schlicht nicht gab. Und vegane Brotaufstriche waren 1985 nicht knapp – weil sich kaum jemand für diese Form der Ernährung interessiert hat. Die wachsende und sich qualitativ wandelnde Versorgung mit Gütern verschiebt das, was als »normaler Wohlstand« gilt, nach oben. »Lebensstandard« ist eben ein Standard – und jede Bewegung dieses Standards nach oben mag sozial begrüßenswert sein: ökologisch liegt in dieser Dynamik zumindest langfristig ein Katastrophenprogramm. Denn hier entsteht in einer begrenzten Welt eine zunehmende Knappheit der »ökologischen« Faktoren, die zur Bekämpfung der Knappheit an Gütern gebraucht werden. Dabei sind Erwartungen im Spiel, die letztlich unerfüllbar sind: Wir sind umgeben von einer »Umwelt des notwendig unerfüllten Begehrens«.[25]

Ein weiterer Faktor für das end-lose Zusammenspiel von Wachstum und Knappheit hat mit dem Gewöhnungsprozess zu tun, der aus unserer enormen Anpassungsfähigkeit im Guten wie im Schlechten resultiert. Die hiermit verbundenen »hedonistischen Tretmühlen« hängen mit Anpassungsprozessen zusammen. Der klassische Aufsatz zu diesem Thema heißt *Hedonic Relativism and Planning the Good Society* und ist 1971 von den Psychologen Philip Brickman und Donald T. Camphell veröffentlich worden.[26] Die Brickman-Camphellsche Botschaft lautet: Empfindungen hängen nicht von der absoluten Größe des Stimulus ab, sondern wesentlich vom Verhältnis dieser Größe zu vergangenen Stimuli. Besser formuliert: Wie gut mir mein Einkommen tut, hängt weniger von der Höhe des Einkommens selbst und mehr vom Verhältnis dieses Einkommens zu meinen vorherigen Einkommen ab – und vom Faktor Zeit. Einfach formuliert: Ich gewöhne mich an mein Einkommen, und sei es noch so hoch. Ob ich 50.000 oder 500.000 Euro im Jahr verdiene: Die Wirkung meines Einkommens auf meine Befindlichkeit nimmt im Zeitablauf ab. Hedonistische Anpassung heißt also, dass wir uns an ein einmal erreichtes Niveau des Wohlbefindens – oder des Schlechtfühlens – gewöhnen und der Reiz dieses Niveaus genau durch diese Gewöhnung abnimmt. Starke Veränderungen beispielsweise des Wohlstandsniveaus werden stark wahrgenommen und schwache schwach – aber an beide gewöhnen wir uns früher oder später.

Wesentlich befördert wird das Wechselspiel von Knappheit und Wachstum außerdem durch die Existenz und Attraktivität sogenannter positioneller Güter – und damit ist man wieder bei Girardschen Themen wie Neid und Nachahmung. Es geht hier um Güter, die wesentlich durch ihre Position definiert sind: der erste Platz beim Anstehen für ein Autogramm von Brian Wilson, ein bestimmter Platz in der Oper, ein Haus am Strand, die Stelle der IT-Chefin, stellvertretender Diversitätsbeauftragter und so weiter. Charakteristisch ist für diese Güter der Umstand, dass ihre »Nutzung« durch die eine die Nutzung durch die andere ausschließt und dass die Möglichkeit dieser Nutzung nicht einfach durch Wachstum gleichsam »weggesteigert« werden kann. Man kann mehr Eis, Martini, Rotwein, Whisky und Elektroautos herstellen, damit mehr Leute eben diese Güter nutzen können. Für Platz 7 in Reihe 5 im Schauspielhaus, die Position der Chefin der Weltbank oder den Titel des Weltcupsiegers gilt dies nicht.

Man kann mit Blick auf den Verbrauch positioneller Güter mit Roy Forbes Harrod von »oligarchischem Wohlstand« sprechen.[27] Dieser Begriff hat auch eine globale Dimension: Die westliche Lebensweise, die man – siehe oben – als »imperial« bezeichnen kann, ist eine in diesem Sinne oligarchische Art zu leben und insofern ein positionelles Gut, als sie unter den gegebenen Bedingungen nicht alle haben können.[28] Denn sie ist wegen ihrer erwähnten ökologischen Folgen und der daraus folgenden Unmöglichkeit ihrer globalen Verbreitung eine oligarchische Angelegenheit. Oligarchische Güter sind undemokratische Güter. Wo Konsum durch Massenproduktion zum Massenkonsum »demokratisiert« werden kann, hat man es nicht mit Positionsgütern zu tun.

Das Buch *Social Limits to Growth* des Ökonomen Fred Hirsch hat bereits in den 1970er Jahren gezeigt, dass der Wettbewerb um diese Art von Gütern wirtschaftliches Wachstum ebenso befeuert wie gesellschaftliche Frustration.[29] Viele Menschen arbeiten dafür, bestimmte positionelle Güter konsumieren zu können – das Streben nach Position kann auf breiter Front definitionsgemäß nicht erfolgreich sein, ist aber dennoch ein Wachstumstreiber, weil die Anstrengungen zur Erreichung von Positionsgütern expansiv wirken. Der Misserfolg im Streben nach Positionsgütern führt regelmäßig zu Frustration. Erwartungen werden enttäuscht. Diese Beobachtung gilt nicht nur für einzelne Positionsgüter, sondern auch generell für das »Gut« des sozialen Aufstiegs. Die hier involvierte Frustration ist also nicht (jedenfalls nicht ausschließlich) individuell verschuldet, sondern Teil der *Logik* dieser Güter. Sozialer Aufstieg ist in gewissem Maße ein Nullsummenspiel – zumindest so lange, wie sich die allgemein als aufstiegsanzeigend akzeptierten gesellschaftlichen Positionen nicht vermehren.

Damit kommen wir wieder zum Ausgangspunkt dieses zentralen Arguments zurück – und landen bei John Maynard Keynes. Dessen oft zitierte Unterscheidung zwischen absoluten und relativen Bedürfnissen – hier erweist sich ihre ganze Kraft.[30] Denn Nachahmung bezieht sich freilich nicht (oder nur sehr wenig) auf die Befriedigung *absoluter* Bedürfnisse, also solcher, die jeder Mensch unabhängig vom gesellschaftlichen Kontext hat. Egal, ob man in München, Mumbai oder Mistelbach lebt – man muss essen, wohnen und sich kleiden. *Wie* man das tut, mag kulturell höchst differenziert ausfallen – *dass* man es tut, dagegen nicht. Bei den *relativen* Bedürfnissen ist nachgerade das Gegenteil der Fall – sie sind weitestgehend abhängig davon, in welchem Umfeld man lebt, welche Konsumnormen herrschen und wie sich der Konsum anderer Menschen gestaltet – »Normalität« ist auch hier ein Schlüsselbegriff. Die oben beschriebene »große Beschleunigung« hat natürlich wesentlich technologische Ursachen – aber ohne eine Bevölkerung, die auf breiter Front ihr Einkommen gerne für Sachen und Erlebnisse ausgibt, die sie bei anderen gesehen hat, wäre sie nicht möglich gewesen.

In einem anderen Zusammenhang spricht Ralf Konersmann vom »Rumoren der Komparative« und stellt fest: »Die Häufung der Komparative rüttelt am Maß.« Mit Blick auf den Publizisten Christoph Martin Wieland schreibt Konersmann von der »Sogkraft des ständig fordernden, in eine sterile Endlosigkeit ausmündenden Steigerns und Überbietens«.[31] Was hier unter die Räder kommt, ist in der Tat die Botschaft des Maßes, dass genug eben genug ist. Das ist keineswegs moralisch gemeint: Prinzipiell auf »Unendlichkeit« angelegte Imperative der Effizienzsteigerung, des Vergleichs, des Überbietens, des Bessermachens sorgen in einer endlichen Welt für sehr große Probleme. Es ist sehr schwer zu sehen, wie diese Dynamik in einer maschinell hochgerüsteten Welt unterbrochen werden könnte. Es ist aber eben auch nicht zu sehen, wie die hier skizzierten Steigerungsprozesse in einer endlichen Welt ablaufen sollen, ohne dass damit langfristig eine zerstörerische Überschreitung ökologischer Grenzen einhergeht. Folglich liegt hier ein Grundproblem und eine Schlüsselaufgabe für jede Gesellschaft, die zukunftsfähig existieren will.

Großzügigkeit als Weg aus der Knappheits-Effizienz-Wachstums-Endlos-Schleife: Eskalationsunterbrechung als gesellschaftliches Grund-Problem in einer endlichen Welt

Es erweist sich mithin als gesellschaftliches Fundamentalproblem, dass der moderne Expansionsprozess kein Ende finden kann. Diese End-Losigkeit wird in einer endlichen Welt zur existenziellen Frage, auf die Technik alleine keine Antwort geben kann. Technische Effizienzsteigerungen können helfen, Verbrauchsreduzierungen zu organisieren – sie sind aber gleichzeitig integraler Bestandteil des Hase-Igel-Rennens zwischen Knappheit und Wachstum. Sollte man einen Punkt nennen, an dem die Großzügigkeit am grundsätzlichsten wirkt: Hier ist er. Großzügigkeit, wie sie hier verstanden wird, setzt an diesem Grundproblem an, das die letztliche Ursache sehr vieler nicht-nachhaltiger Entwicklungen ist.

Die Knappheits-Effizienz-Wachstums-Endlos-Schleife ist in einer endlichen Welt auf Dauer ein Ding der Unmöglichkeit. Der Entwicklungspfad, den die heute reichen Länder mit der industriellen Revolution begonnen haben, basiert ganz wesentlich auf dieser Schleife. Dieser Pfad, dem nach wie vor die meisten Länder der Welt nacheifern, ist nicht global verallgemeinerungsfähig – in diesem Sinne haben wir es, wie gesagt, mit einem »oligarchischen« Entwicklungsmodus zu tun. Dieser Modus hat zu Wachstum, Wohlstand und wirtschaftlicher Prosperität in einem Ausmaß geführt, der vor der industriellen Revolution völlig undenkbar gewesen wäre. Dass er an sein Ende kommen muss, liegt an seinen unbeabsichtigten Nebenfolgen, zumal in ökologischer Hinsicht. Das ist gemeint, wenn von der Notwendigkeit einer »reduktiven Moderne« geredet wird.[32]

Es gilt also, und darum geht es wesentlich beim Leitbild »Nachhaltigkeit«, Wohlstand (und Frieden und Freiheit) mit ökologischen Grenzen kompatibel zu machen. Früher oder später – das hängt davon ab, was man technologischen Entkopplungsmöglichkeiten zutraut – heißt das, dass man zumindest in materieller Sicht die Dynamik brechen muss, die aus dem Zusammenspiel von Knappheitsbekämpfung, Effizienzverbesserungen und Wachstum entsteht. Die überwältigende »Normalität« dieser Dynamik ist dabei Teil des Problems. Der hier zu leistende »Ausstieg« ist eine Aufgabe, die unlösbar erscheinen muss. Angesichts der real existierenden Welt wäre es ein Witz zu glauben, ein Ausstiegsprogramm ließe sich am Schreibtisch erfolgreich entwerfen.

Aber es ist mitnichten witzlos, sich auf die Suche nach Transformationsmöglichkeiten zu machen. Denn wenn nicht verstanden wird, wie die expansive Endlosschleife gebrochen werden kann, wird das Bekenntnis zu Nachhaltigkeit und Klimaschutz ein bloßes Wortspiel bleiben. Dieses Problem lässt sich sehr fundamental angehen – und es ist tatsächlich höchst interessant, auf hoher theoretischer Flughöhe über kollektive Verschwendungsprozesse oder gesellschaftliche Opferrituale zu philosophieren.[33] Diese höchst reizvollen Themen werden im Folgenden aber nur skizziert – im Zentrum soll stehen, was die Aufgabe »Eskalationsunterbrechung« hier und heute konkret bedeuten kann. Hier soll also nicht gefragt werden, wie ein Ausbremsen der im vorigen Abschnitt beschriebenen Dynamik *idealerweise aussehen* kann, sondern was ausgehend vom Hier und Heute geeignet scheint, in die richtige Richtung zu gehen und *tatsächlich zu wirken*.

Tatsächlich – um die denkbar fundamentalsten Aspekte der Angelegenheit zumindest anzudeuten – stößt man mit der hier vorliegenden Problematik auf eine Herausforderung, deren Ausmaß und Verstörungspotenzial wohl jegliche »Anschlussfähigkeit« an die allermeisten heute existierenden Diskurse sprengt. Zwei Gedankenlinien seien zumindest erwähnt. Erstens: René Girard sieht im mimetischen Begehren ein Gewaltpotenzial, dessen hohe destruktive Energie eine gesellschaftliche Gefahr darstellt und dessen Dynamik deshalb unterbrochen werden muss. Dann geht es um Gewalt, Opfer und Religion. Nicht umsonst trägt ein spätes Werk Girards den Titel *Im Angesicht der Apoka-*

lypse. Wir hätten es heute, sagt er dort, »mit einer zügellosen, die ganze Erde umspannenden Gewalt zu tun«.[34] Das ist thematisch höchst interessant, führt uns aber zu weit weg vom eigentlichen Anliegen.

Zweitens: Batailles oben beschriebene Anti-Ökonomie mit ihrer Diagnose der Fülle, ihrer Betonung der Verschwendung und der völligen Abwesenheit eines irgendwie gearteten Managements drängt sich hier auf. Ich habe diesen Zugang 2010 an anderer Stelle als »Makroökonomik der Nachhaltigkeit« bezeichnet.[35] Ausgangspunkt dieser Makro-Anti-Ökonomik-Überlegungen war folgendes Bataille-Zitat: »In jeder sozialen Organisation wie in jedem lebenden Organismus wird der Überschuß verfügbarer Ressourcen aufgeteilt zwischen dem Wachstum des Systems und der reinen Verausgabung, die der Lebenserhaltung ebenso wenig dient wie dem Wachstum.«[36]

Gesamtwirtschaftlich haben wir aus dieser Perspektive also drei Möglichkeiten der Ressourcenverwendung: Erhaltung, Ausweitung, Verschwendung. Wenn das so ist und in einer nachhaltigen Wirtschaft Erhaltung wichtiger als Expansion wird, erhält auch die Verschwendung – als explizit unproduktiver Akt – eine andere Relevanz. Dann aber, und ich erlaube hier drei kurze Selbstzitate, gilt: »Die Post-Wachstums-Ökonomie, in der Erhaltung wichtig ist, Akkumulation aber nicht, könnte in diesem Sinne eine Ökonomie auch der Verschwendung sein. Diese Implikation scheint all dem zuwiderzulaufen, was im herrschenden Nachhaltigkeitsdiskurs für selbstverständlich gehalten wird: Dass wir sparsamer sein und weniger konsumieren müssen. Nein: Um aus dem Teufelskreis von Knappheitsbekämpfung und Knappheitsschaffung auszusteigen, reicht es nicht, sparsam(er) zu sein.« Und: »Es gibt ein rechtes Maß des Sparens.« Und: »Für das Wirtschaftswachstum war eine Bewegung von der Verschwendung zum Sparen für Akkumulation notwendig, für die Nachhaltigkeit müssen wir heute in den reichen Ländern eine Wendung in die andere Richtung vollziehen.«[37] Nochmal anders gesagt: Unsere Sparsamkeit darf nicht zu material- und energiedurchsatzintensiven Investitionen führen. Wenn man das zu Ende denkt, landet man beim Postulat, dass Nachhaltigkeit die Verschwendung von Ersparnissen erfordert, wenn dazu die Brechung des Zusammenhangs zwischen Knappheit, Effizienz und Wachstum als erforderlich angesehen wird. Das klingt wohl nicht nur für wirtschaftswissenschaftlich Gebildete hochgradig absurd – diese Relevanz dieses Zusammenhangs ist für die Frage, wie eine moderne Gesellschaft in einer endlichen Umwelt existieren kann, dennoch fundamental.

Ein knappes Jahrzehnt später weist Giorgos Kallis ganz ähnlich auf das zunächst kontraintuitive Verhältnis von Mäßigung, Begrenzung und Verschwendung hin – und auch das rechtfertigt ein längeres Zitat: »Zeiten des Exzesses im Namen von Grenzen zu befürworten, mag zunächst paradox erscheinen. Warum sollten verschwenderische Ausgaben mit Grenzen und vorsichtige Zurückhaltung mit Expansion in Einklang gebracht werden? *Der Grund ist, dass Akkumulation das Herzstück des Wachstums ist, und Zurückhaltung und Sparen sind für die Akkumulation entscheidend.*« Und: »Die Begrenzung erfordert eine gelegentliche Freisetzung, eine unproduktive Ausgabe, die das Wachstumspotenzial erschöpft.«[38] Kallis argumentiert also dafür, Wachstumsmöglichkeiten »liegen zu lassen« – hierin ähnelt der Ansatz des Postwachstumsökonomen durchaus dem Paradigma der Großzügigkeit. Freilich besteht in der analytischen Herleitung der Verschwendung ein Unterschied – und mehr noch in der unterschiedlichen Kompatibilität mit Freiheit. Wir kommen auf die ökonomischen und politischen Implikationen dieser Differenzen noch zurück.

Doch jetzt zur dezidiert »ökologischen« Dimension der im vorigen Abschnitt beschriebenen »Endlosschleife«. Auch dabei spielt der Verschwendungsgedanke – als Element einer maßvollen Großzügigkeit – eine zentrale Rolle. Wie wir sehen werden, lässt sich dieses Problem jenseits von eben skizzierten Radikalprogrammen im Geiste Georges Batailles angehen. Sozusagen auf niedrigerer Flughöhe sind Schritte denkbar, die Platz lassen, Spielraum schaffen und Sicherheitsabstände organisieren, um die bestehende gesellschaftliche Naturverhältnisse in Richtung Nachhaltigkeit transformieren können.

Platz da! Tiere, Flächen, Schiffe

Die oben skizzierte Denkbewegung entlang der Begriffe Knappheit, Fülle und Verschwendung ist wichtig für ein sachgerechtes Verständnis von Nachhaltigkeit und Klima- und Naturschutz, bei denen politisch nach wie vor eine Orientierung an Effizienz- und Wachstumsstrategien dominiert. Großzügigkeit hat wesentlich mit Weglassen, Nicht-Nutzung, Schrumpfen und »Platz lassen« zu tun – alles Dinge, die nach herrschender Meinung als unökonomisch und daher verfehlt gelten. Ein nachhaltiger Umgang mit dem Effizienzpostulat ist die Voraussetzung dafür, *Platz für die Natur zu machen und zu lassen* – und genau darin liegt die »umweltpolitische« Funktion der Großzügigkeit. Sie schließt ganz wesentlich die Nicht-Nutzung von »Ressourcen« ein, die man nutzen könnte. Um das auf den Punkt zu bringen: Es geht darum, gesellschaftlich zu organisieren, dass nicht getan wird, was getan werden könnte.[39] In einer endlichen

Welt gut leben, heißt nicht zuletzt, vorhandene Erdölvorkommen im Boden zu lassen, nutzbare Waldflächen ungenutzt zu lassen und Tiere am Leben zu lassen, die man auch schlachten und essen könnte. Die Herausforderung: Es nicht zu tun, es zu *lassen*. Es darf nochmals betont werden: Ökonomisch betrachtet geht es hier tatsächlich darum, unter den Möglichkeiten zu bleiben.

Was das mit Blick auf das Verhältnis von Mensch und Tier bedeutet, ist mit Blick auf die gesellschaftlichen Naturverhältnisse ebenso bedeutsam wie »gesellschaftsinterne« Entwicklungen. Die Bedeutung hängt damit zusammen, dass wir es den Tieren schulden, sie als leidensfähige Lebewesen zu behandeln und nicht wie Objekte, wie Werkzeuge, wie Dreck. Aber auch davon abgesehen, aus gänzlich anthropozentrisch-egoistischen Motiven, sollten wir möglichst schnell damit aufhören, Tiere massenhaft und gedanken- und empathielos zu »produzieren« und zu »konsumieren« (und dazwischen unter oft unfasslichen Bedingungen zu transportieren). Wie die Welt sich ernährt, wie also ihre – so der Fachausdruck – *Food Systems* aussehen, ist eine Schlüsselkomponente für soziale *und* wirtschaftliche *und* ökologische Nachhaltigkeit.

Damit unmittelbar verzahnt ist der Schutz von Flächen als unverzichtbarer Bestandteil jeder Nachhaltigkeitspolitik, der man einen erfolgreichen Umweltschutz zutrauen kann. Es geht hier ganz wesentlich darum, Effizienz hintanzustellen und in diesem Sinne maßvolle Großzügigkeit walten zu lassen. Dabei ist beachtenswert, dass Flächen und Böden ganz besondere »Ressourcen« sind. Denn auch wenn man dem Meer mit technischen Mitteln in gewissem Maße durchaus Flächen abringen kann und mittlerweile vertikale Blumen- und andere Beete kennt, die in manchen urbanen Räumen großmaßstäblich genutzt werden: Der Boden ist gleichsam die ultimative Grenze ökonomischer Expansion. Nicht umsonst war er in der klassischen Politischen Ökonomie neben Kapital und Arbeit der entscheidende Produktionsfaktor, bei dem alle anderen Ressourcen gleichsam »mitgemeint« waren. Erst die Neoklassik (die sich gleichsam als unpolitische Ökonomik versteht) klammerte diesen Natur-Faktor aus.

Flächen stellen einen Fall »ultimativer Knappheit« dar – und gleichzeitig sind sie diskursiv zur Veranschaulichung gut geeignet: eben, weil ihre Begrenztheit so unmittelbar einleuchtet. Auch hier gilt die Unterscheidung zwischen Begrenztheit und Knappheit. Flächen, nutzbare Flächen zumal, sind auf einem endlichen Planeten nicht unendlich verfügbar. Knapp werden sie dann, wenn sie genutzt werden sollen und dieser Wunsch zur Nutzung mit der Eigenschaft der Begrenztheit konfrontiert ist. Eine großzügige Umweltpolitik wäre hier eine, die nicht nur Knappheit zu managen versucht, sondern die fundamentale Eigenschaft der Begrenztheit in den Blick nimmt und daraus Konsequenzen zieht. Das heißt übrigens nicht notwendigerweise, dass Dinge enteignet, verstaatlicht oder sonst wie privatem Eigentum entzogen werden müssen. Was es heißt: Politisch zu organisieren, dass Nutzbares nicht genutzt und insoweit ein »Puffer« geschaffen wird, der der Natur Spielraum lässt. Es ist nicht zu erkennen, dass dies nicht demokratisch und marktwirtschaftlich zu organisieren wäre. Das zeigt auch das 2022 beschlossene Rahmenabkommen zur Biodiversität (auf das wir unten noch zu sprechen kommen).

Freilich geht ein solches Programm heftig gegen den Strich üblicher ökonomischer Rationalität, die eben bei *allem* – Material, Energie, Arbeit, Zeit – auf Knappheit fokussiert ist und auf Effizienz setzt. Demgegenüber gilt es, Begrenztheit ernst zu nehmen und eben auch zu »managen«. Der ökologische Ökonom Herman E. Daly hat schon vor Jahrzehnten darauf hingewiesen, dass es nicht reicht, mikroökonomische Effizienz anzustreben, wenn man dabei makroökonomische Nachhaltigkeit aus dem Blick zu verlieren droht.[40] Daly betont die Relevanz des gesamtwirtschaftlichen Material- und Energiedurchsatzes, stellt also die Größe oder den Umfang (*Scale*) des industriellen Metabolismus ins Zentrum der Betrachtung.[41]

Diese Sichtweise hebt hervor, dass der Fokus des ökonomischen Mainstreams auf die Allokation – also die Zuweisung von Ressourcen im Wirtschaftsprozess für unterschiedliche Zwecke – zu kurz greift. So wie man ein Schiff optimal beladen kann und es leider trotzdem untergeht, wenn es überladen wird, so kann eine noch so gute Allokation keine Nicht-Nachhaltigkeit verhindern, wenn der »ökologische Umfang« der wirtschaftlichen Aktivitäten so viel Material, Energie und Fläche verbraucht, dass die Natur dabei Schaden nimmt. Ein »optimaler Untergang« bleibt, lernen wir von Herman Daly, eben ein Untergang: Man muss in einer endlichen – und mit Blick auf die Umweltbelastung eben bereits »vollen« – Welt die absoluten Größen bedenken, wenn man nachhaltig wirtschaften will. Knappheit als relative Größe ist höchst relevant – als gesamtwirtschaftliches Maß der Dinge ist sie höchst unzureichend.

Denkt man dies mit den großen – und kaum aus der Welt zu schaffenden – Unsicherheiten bei der Bestimmung der »planetaren Grenzen« zusammen, kommt die Großzügigkeit spätestens hier ins Spiel. Denn: Es ist angesichts dieser Unsicherheit höchst irrational, immer am Rand einer – ja stets nur vermuteten – Verfügbarkeit zu operieren. Kluges Wirtschaften heißt in einer Welt, die von Begrenztheit und Unsicherheit geprägt ist, großzügiges Wirtschaften: ein Operieren nicht am Rand, sondern mit einem für plausibel gehaltenen Sicherheitsabstand (der selbst natürlich auch Gegenstand von Unsicherheiten ist). Denn – und das wird in Diskursen über Klimaerhitzung, Artensterben und andere ökologische Megaprobleme zu oft unterschätzt oder erst gar nicht thematisiert: Es ist naheliegend, »daß der Mensch niemals in der Lage sein wird, alle denkbaren Folgen, alle Synergismen und Antagonismen von Stoffen und Stoffkombinationen in der Umwelt und schon gar nicht die Auswirkungen dieser Zusammenhänge in Raum und Zeit so vorherzusehen, daß politisch rechtzeitig gegengesteuert werden kann.«[42] Wir wissen oft nicht und *können* oft nicht wissen, wo *genau* die *Planetary Boundaries* verlaufen, die wir nur um den Preis existenzieller Gefahr überschreiten können. Natürlich existieren viele Untersuchungen und viel Wissen über Umweltgefahren und ökologische Grenzen – gerade bei globalen *Boundaries* gibt es aber selten mehr als plausible Orientierungen.

Was daraus folgen kann, hat Wolfgang Sachs mit einer zeitlosen Beschreibung auf den Punkt gebracht. Die Besatzung eines Schiffes, schreibt Sachs, »auch nachdem sie sich darauf verständigt hat, sich nicht selbst durch immer weitere Zuladung zu versenken, hat zwei Möglichkeiten. Entweder sie versucht, bei jedem Wetter, bei allen Strömungen und bei jedem Wellengang das Schiff so voll wie gerade noch möglich zu packen. Sie wird dafür das Schiff zum Beispiel mit einem satellitengestützten System der Meeresbeobachtung ausrüsten, im Schiffsbauch und auf Deck Sensoren und Überwachungsapparaturen installieren, systemisch denkendes Personal einstellen, und Kabinen und Aufbauten kontinuierlich so umbauen, daß das Schiff immer bis haarscharf an der Grenze seiner Tragekapazität ausgelastet bleibt. Oder aber die Besatzung verliert das Interesse daran, immer hart bis an die Grenze der Belastbarkeit ranzufahren, und richtet sich auf dem Schiff nach ihrem Gutdünken und ihrer Lebensphilosophie so ein, daß man sich nur am Rande um Belastungsgrenzen zu kümmern braucht, also weder die ganze Einrichtung auf optimale Nutzung zuschneiden, noch eine Kybernetik der Selbstbeobachtung aufbauen muß.«[43]

Wenn man böse ökologische Überraschungen verhindern will, muss man also die – letztlich immer unbekannten – ökologischen Grenzen in gesellschaftlich relevante und wirksame Grenzen »übersetzen«. Die Idee eines »Safe Minimum Standard« des Ökonomen S.V. Ciriacy-Wantrup hat diesen Gedanken schon früh konkretisiert. Auch Talbot Pages Text *Conservation and Economic Efficiency* bewegt sich in diese gedankliche Richtung, ebenso wie die Idee der »ökologischen Leitplanken«.[44] All das ist deshalb relevant, weil eine vermeintlich »optimale« Umweltnutzung gleichzeitig, nochmal mit Herman Daly gesprochen, optimal *und* katastrophal sein kann. Wie oben gezeigt, ist die Suche nach einem effizienten Umgang mit Knappheitssituationen der herrschenden Ökonomik derart tief eingeschrieben, dass die Frage nach der Größe (*Scale*) der Wirtschaft relativ zur Umwelt außerhalb ihres Blickfeldes liegt.

In dieser Weise Begrenztheit gegenüber Knappheit zu betonen bedeutet mitnichten, die Relevanz von Knappheit zu negieren: Es bedeutet, auf eine unterschätzte Differenz hinzuweisen, die von existenzieller Bedeutung ist. Denn wo ein geradezu überbordendes Vertrauen in Knappheitsmanagement, Effizienz und Preisbildung herrscht, wird ein zentraler Aspekt unserer Situation verfehlt: der Umstand, dass Begrenztheit sich gar nicht in Preissignale und entsprechende Reaktionen übersetzen kann, wenn die Begrenzung außerhalb des Marktes existiert. Klima und Artenvielfalt sind keine »Güter«, die elegant marktgängig gemacht werden können. Verändern sie sich, sind irreversible Prozesse involviert, die die Ökologische Ökonomik seit Nicolas Georgescu-Roegen theoretisch zu berücksichtigen trachtet.[45]

Nun lautet die »klassische« Antwort der Ökonomik auf dieses Problem, dass nicht marktgängige Dinge eben marktlich organisiert werden, zum Beispiel durch die Schaffung von Eigentumsrechten oder Steuern auf umweltschädliche Aktivitäten. Eine Pigou-Steuer auf CO_2-Emissionen zum Beispiel könnte dafür sorgen, dass klimaschädliches Verhalten einen Preis bekommt und damit ein verändertes Verhalten induziert wird. Die Schaffung von Eigentumsrechten zum Beispiel an Emissionszertifikaten oder Landflächen ist ebenfalls ein Versuch, den Marktmechanismus wirksam werden zu lassen und somit Knappheit effizient zu managen. Wichtig ist die Erkenntnis, dass keiner der möglichen Schritte »vom Markt selbst« generiert werden kann, sondern sie eben politisch entschieden werden müssen.

Es geht also darum, Begrenzungen in Knappheiten zu übersetzen – und die Frage, welche Rolle die skizzierten »klassischen« Lösungsvorschläge der Ökonomik hier spielen können. Hier sollte man die oben skizzierte Aufteilung in Erinnerung rufen: herrschende Ökonomik als Effizienzmanagement, Ökologische Ökonomik als »Grenzmanagement« und Anti-Ökonomik als Management-Verweigerung. Beim hier vorliegenden Problem wird deutlich: Es geht nicht um Management-Verweigerung, sondern im Gegenteil um sehr aktives Grenzmanagement, das physische Grenzen setzt. Höchst naheliegend sind hier – zumindest bei Großproblemen wie Kohlendioxidemissionen – Zertifikatslösungen, die eine politisch relevante Begrenztheit – zum Beispiel des globalen Kohlenstoffbudgets – in harte Regelungen übersetzt, die die Einhaltung dieser Grenzen sicherstellen. *Innerhalb* dieser Regulierung kommt dann – in Maßen – das ganz konventionelle Knappheitsmanagement zum Zuge, das bei der ökonomischen Orthodoxie zu Hause ist.

Was hier skizziert wurde, ist gleichsam die quantitative Seite der Großzügigkeit. Es geht um vermutete ökologische Grenzen, um messbare Mengen und um Wege, diese Mengen den Grenzen politisch anzupassen. Die Angelegenheit hat aber auch eine (wichtige) qualitative Dimension, die mit Rechnerei, Mengenangaben und quantitativen Grenzziehungen nicht angemessen verstanden und bearbeitet werden kann. Damit meine ich hier nicht das – sehr wichtige – Problem der Toxizität von Einzelstoffen, sondern den gesellschaftlichen Umgang mit Tieren. Wie wohl auf keinem anderen Feld zeigt sich hier, wie Quantität in Qualität umschlagen kann: Massentierhaltung führt zu Leid. Wie wir sogleich sehen werden, liegt hier nicht nur ein unterschätzter Bereich der Nachhaltigkeitspolitik, sondern auch ein sehr wichtiger Anwendungsfall von Großzügigkeit.

Frieden mit der Natur? Unsere brutale, blendende und dröhnende Welt

Wer zum Thema »Tiernutzung« die Website *Our World in Data* konsultiert, stößt auf Zahlen, die den Atem stocken lassen.[46] Pro Jahr, kann man dort lesen, werden 80 Milliarden Tiere geschlachtet. 80.000.000.000. Das sind über 200 Millionen am Tag. Über 9.000.000 pro Stunde. Über 150.000 pro Minute. Über 2.500 pro Sekunde. Jede Sekunde. Weltweit werden jährlich über 800 Millionen Tonnen Milch »produziert«. Die »Produktion« von Fleisch hat sich in den letzten fünf Jahrzehnten verdreifacht – eine Tendenz, deren Ende nicht absehbar ist, im Gegenteil. Diese Zahlen sollte man im Blick haben, wenn man über Dinge wie Nachhaltigkeit, Verantwortung und Ethik nachdenkt. Und wenn man diesen Blick schärfen will, kann man versuchen, zumindest einen Ausschnitt dieser Katastrophe direkt anzuschauen.

Reisen bildet und gibt einen völlig anderen Eindruck von einem Land als Reiseführer, Statistiken und Atlanten. Ich kann Ihnen versichern, dass es sich mit dem Leiden von Tieren ganz ähnlich verhält. Ein Besuch an einer der Stätten, an denen sich industrielle Massentiernutzung vollzieht, ist kein Vergleich zu den Zahlen über Nutztierbestand, den Verbrauch von Eiern und Milch und die schier unfassliche Menge von Schlachtungen. Die Zahlen sind schon kaum verständlich ob ihrer Dimensionen und dem, was man hinter den Statistiken vermuten kann. Vollends grausam und in einem sehr buchstäblichen Sinne erschütternd wird die Sache, wenn man die Statistik hinter sich lässt und den Mut aufbringt, sich eine Hühnerfarm aus der Nähe anzuschauen, Bilder (Betreten verboten!) von Schlachthöfen zu betrachten oder einen Stall zu betreten. Wenn man sich das traut und wenn man ein Herz hat, wird man folgendem Satz der Literaturnobelpreisträgerin Olga Tokarczuk aus tiefstem Herzen zustimmen: »Wer einmal das ganze Grauen gesehen hat, das die Menschen den Tieren bereiten, wird nie wieder ruhig bleiben.«[47] Man weiß kaum, wo man anfangen (und aufhören) soll, das Leid zu bejammern, das hier im industriellen Stil Jahr für Jahr, Tag für Tag, Minute für Minute vor sich geht. Und, wie gesagt – natürlich schlägt diese Quantität in Qualität um: Wenn man Tiere würdig behandeln, ihr Leiden vermeiden, ihr Wohl beachten und sie gut behandeln würde, wären die skizzierten Quantitäten ganz und gar unmöglich. Die industrielle Quantität führt zur qualvollen Qualität, anders ist das gar nicht möglich. Und weil das anders nicht möglich ist, erfordert die Angelegenheit Entscheidungen, und zwar ganz eindeutig auch Verzichtsentscheidungen. Auch: individuelle Verzichtsentscheidungen.

Das klingt nur vordergründig so, als ob ich dem oben formulierten Misstrauen gegen die Privatisierung gesellschaftlicher Probleme widerspräche. Denn »Individuen« gibt es hier auf beiden Seiten. Nicht nur der einzelne Mensch konsumiert, er konsumiert auch ein einzelnes Tier und trinkt dessen Milch oder isst dessen Eier. Ich stehe, wenn ich tierische Produkte verzehre, eben keinem anonymen Großproblem wie Klimaerhitzung oder Artensterben (also einer Gattung) gegenüber, sondern einem einzelnen Tier (also einem Exemplar). Das heißt auch: Wenn ich entscheide, auf Fleisch, Milch oder andere Tierprodukte zu verzichten oder meinen Verbrauch einzuschränken, löse ich (wie oben gezeigt) zwar kein Weltproblem, aber ich tue etwas Relevantes *nicht*: die »Produkte« eines individuellen und identifizierbaren Lebewesens verbrauchen. Wer Sojamilch trinkt und Fleisch nur am Sonntag isst, rettet nicht die Welt – aber Tiere. Konkrete Tiere. *Das* macht einen Unterschied. *Den* Unterschied vielleicht.

Auch hier erweist sich der Begriff der Normalität als zentral: Wenn sich hier etwas grundsätzlich ändern soll, muss sich Normalität verändern. Wo es heute normal ist, Abermilliarden Lebewesen hinzuschlachten, muss es normal werden, den Verzehr tierischer Produkte so zu organisieren, dass Tiere ein würdiges Leben leben können und dass, wenn sie schon sterben müssen, dieses Sterben möglichst angst- und stressfrei passiert. Normalität ist veränderbar. Nicht »einfach« oder durch moralische Appelle, aber mit einer Menge Arbeit, mit grundlegend veränderten Rahmenbedingungen und im bescheideneren Rahmen auch durch Einsicht und Mitgefühl. Erkenntnis und Empathie sind dabei relevante Faktoren des individuellen Ernährungsverhaltens – viel wichtiger ist aber eine grundsätzliche Bereitschaft zum Wandel und eine gesellschaftliche Stimmung, in der politisch Handelnde sich trauen können, mit dem Aufhören anzufangen: also Schritte zu setzen, die rasch die offensichtlichsten Grausamkeiten aus der Welt schaffen und langfristig dazu führen, dass das herrschende System der Profitmaximierung, der Effizienz und der Indifferenz durch eines ersetzt wird, in dem wirtschaftliche Leistung, Großzügigkeit und Achtsamkeit in einem maßvollen Verhältnis zueinander stehen.

Es lohnt sich also, das »Tier-Thema« an dieser Stelle gründlich zu vertiefen. Echter gesellschaftlicher Fortschritt erfordert eine grundlegende Umorientierung des gesellschaftlichen Umgangs mit Tieren. Diese Umorientierung hat tiefgreifende ethische Aspekte, aber auch eine pragmatische Dimension. Die ethische Seite wird hier nicht hergeleitet und ausgeführt, sondern als gegeben vorausgesetzt: Das unsägliche Leid, das Menschen mit der »Produktion«, der Haltung, dem Transport und der »Nutzung« von Tieren verursachen, muss beendet werden. »Tierwohl« ist dabei kein unschuldiger Begriff, den man naiv und überoptimistisch verwenden sollte.[48] Ähnlich wie bei Wohlstand oder Lebensqualität kann man trefflich (und ohne konsensuales Endergebnis) darüber streiten, was denn für Tiere »Wohl« (oder Wehe) bedeuten könnte. Wir werden dieses Thema hier nicht vertiefen. Denn worum es hier geht, hat zunächst mal ein bescheidenes Ziel, das gleichzeitig revolutionär ist: das höchst offensichtliche Leid, das Menschen über Tiere bringen, schnell und dramatisch zu reduzieren und irgendwann ganz aus der Welt zu schaffen. Um dieses Ziel zu verstehen, muss man weder Veterinärin noch Ethiker sein.

Alle Welt redet von Nachhaltigkeit, aber (zu) wenige Menschen reden davon, was dieses Ziel für unseren Umgang mit Tieren bedeuten würde. Bekenntnisse zur Nachhaltigkeit, Statements zu unserer Verantwortung gegenüber kommenden Generationen, der Claim der Vereinten Nationen, »niemanden zurückzulassen« – das alles droht höchst lächerlich zu werden, wenn man es ins Verhältnis zur Praxis der Naturnutzung im Allgemeinen und zum Umgang mit Tieren im Speziellen setzt. »Nachhaltigkeit« bekommt einen allerhöchst schalen Geschmack, wenn sie auf menschliche Bedürfnisbefriedigung, technische Problemlösungsstrategien und ein Festhalten an bestehenden Normalitäten reduziert wird. Wir haben bereits mehrfach gesehen, wie groß – transformativ – die Herausforderung der Nachhaltigkeit ist.

Niemand kann ernsthaft glauben, dass diese Transformation nicht auch das Verhältnis von Mensch und Tier grundlegend verändern muss.

Das zeigt sich schon an den akuten ökologischen Bedrohungen, namentlich bei der Klimaerhitzung und bei der Biodiversitätskrise. Der Verlust an Artenvielfalt steht der Dramatik der Klimakrise kaum nach – unter Fachleuten besteht große Einigkeit, dass hier eine fundamentale Gefahr für unsere Lebensbedingungen liegt.[49] Dazu kommt, dass Klima- und Biodiversitätskrise eng zusammenhängen. Um nur zwei Aspekte zu nennen: Einerseits ist die Klimaerhitzung für viele Arten eine (massive) Bedrohung ihrer Existenzbedingungen. Und andererseits macht eine Verminderung der Biodiversität die Natur vulnerabler für die Auswirkungen der Klimaerhitzung.

Das »Netz des Lebens«, von dem auch menschliches Leben existenziell abhängig ist, ist also in mindestens doppelter Hinsicht bedroht. Damit ist auch klar, dass unser Umgang mit Tieren ein zentraler Faktor für die Resilienz unseres Gesellschafts- und Wirtschaftsmodells ist. Das betrifft den Umgang mit der Natur, aber auch sehr grundsätzlich die Art und Weise, wie menschliche Gesellschaften Ernährung organisieren. Und es betrifft, inwieweit diese Gesellschaften einen Umgang mit Tieren finden können, der nicht – wie heute – den simpelsten Kriterien von Tierwohl und eines ethisch auch nur halbwegs akzeptablen Umgangs auf das Groteskeste widerspricht.

All das ist für uns auch deshalb so relevant, weil sich am Thema »gesellschaftlicher Umgang mit Tieren« in allerheftigster Schärfe zeigt, warum Effizienzkritik, die Suche nach dem rechten Maß und die Aufwertung von Großzügigkeit so wichtig sind. Wie heute mit Tieren umgegangen wird, hat wesentlich mit ökonomischer Rationalität, Effizienzorientierung und Expansionsstreben zu tun. Zugespitzt könnte man sagen: Großzügigkeit als Kritik einer überbordenden Effizienzorientierung und als rechtes Maß zwischen Geiz und Verschwendung ist auch ein dezidiertes Tierschutz-Thema.

Es geht dabei übrigens, diese Klarstellung ist vielleicht notwendig, dezidiert nicht um ein naives Bejammern des Umgangs mit Tieren, der ungute Gefühle verursacht. Worum es geht: um die egoistisch-anthropozentrisch begründbare Erhaltung unserer unverzichtbaren Lebensgrundlagen – und um die Aussicht, eine Gesellschaft sozial, ökologisch und wirtschaftlich »nachhaltig« zu organisieren, ohne dass wir selbst unsere Würde verlieren, indem wir anderen Lebewesen jede Würde absprechen. Das ist – natürlich – *auch* ein emotionales Thema: Aber es ist ganz gewiss ein Thema, an dem zumal westliche Gesellschaften ein knallhartes Eigeninteresse haben müssen, sollen nicht die abgrundtiefen Grausamkeiten, die in ihrer Mitte passieren, die materiellen und geistigen Grundlagen ihrer Existenz zerstören – und die Legitimationsfähigkeit dieser Existenz gleich mit.

Bevor wir uns ausführlich dem Verhältnis von Ökonomie, Effizienz und Tierquälerei zuwenden, müssen wir die Wirkung menschlichen Tuns auf tierisches Leben zumindest skizzieren. Dass »Platz da!«, also die Forderung nach mehr Raum für Natur und Tier, eine plausible und aktuelle Forderung ist, hat die Corona-Krise in das Bewusstsein einer breiten Öffentlichkeit gehoben. Die durch Flächenfraß erhöhte Nähe zwischen Mensch- und Tierpopulationen gebiert heftige Gesundheitsrisiken und gefährdet Mensch und Tier gleichermaßen. Ursachen und Ursachenbekämpfung mit Blick auf globale Pandemien wie Covid-19 lassen sich von regionalen und globalen Ökologiekrisen nicht trennen. Neben dem Verbrauch von Fläche sind es wesentlich die Gewinnung, Transport und Nutzung materieller und energetischer Ressourcen, die auf die Lebensbedingungen von Tieren durchschlagen, oft in sehr negativer Weise. »Platz da!« muss mindestens zweierlei heißen: Der Natur Raum zur Entwicklung zu lassen, in dem man Materialen, Energieträger und Flächen ungenutzt lässt – und, wenn man Tiere schon einsperrt, ihnen wenigstens substanziell mehr Raum (zum Beispiel im Stall) zu geben, als das in der Massentierhaltung üblich ist. Die aktuelle Praxis der Tierhaltung steht, wie wir noch deutlich sehen werden, für Enge – die Praxis der Zukunft muss Weite organisieren: also Großzügigkeit.

Neben den eindeutig »materiellen« Faktoren des Flächen-, Material- und Energieverbrauchs gibt es zwei weitere schädigende Entwicklungen, die man als »sinnliche« Faktoren titulieren könnte: Licht und Lärm. Tiere brauchen oft (wie Menschen auch) Dunkelheit und Stille – die optischen und akustischen Auswirkungen menschlicher Aktivitäten begrenzen diese Faktoren immer mehr. Großzügigkeit hätte hier eine offensichtliche Funktion, die wir oben bereits angedeutet haben: das »Lassen« oder Unterlassen von Entwicklungen, die man haben kann, auf die man aber auch verzichten könnte. Mit Blick auf die sensorischen Belastungen der Tierwelt durch den Menschen wird deutlich, wie wichtig das ist.

Der Journalist Ed Yong weist in einem Text im US-amerikanischen Gesellschaftsmagazin *Atlantic* darauf hin, wie Licht und Lärm die Lebensbedingungen sehr vieler Tiere massiv verändern. Die Menschen hätten, schreibt er mit Blick auf diese Entwicklung, ein »Zeitalter der ›biologischen Vernichtung‹« eingeleitet.[50] Er beschreibt, wie hochsensibel manche Tierarten auf optische und akustische Störungen reagieren und wie massiv diese Störungen sich auf die Existenzbedingungen und – benutzen wir dieses Wort – Lebensqualität unzähliger Tiere auswirkt: »Aufgrund der Art und Weise, wie wir die Welt anderer Tiere umgestaltet haben, sind Sinne, die ihren Besitzern seit Millionen von Jahren gute Dienste geleistet haben, nun Belastungen.«[51] Wir verschmutzten die Umwelt nicht nur mit unerwünschten Sinnesreizen, sondern merzen auch natürliche Stimuli aus, von denen Tiere abhängig sind.

Das alles hat sehr ungute Konsequenzen. Der Historiker Yuval Hoah Harari stellt im *Guardian* unter dem Titel *Industrial Farming is one of the worst crimes in history* fest: »Die Tierwelt kennt seit Millionen von Jahren viele Arten von Schmerz und Elend. Doch die landwirtschaftliche Revolution schuf völlig neue Arten von Leiden, die sich im Laufe der Generationen nur noch verschlimmerten.«[52] Dass das so ist, hat wesentlich mit Ökonomie, Effizienzdenken und Verschwendungsvermeidung zu tun und damit, dass die auch von Yong angeführten Eigenschaften als Störfaktoren wahrgenommen werden: »Die Wurzel des Problems ist, dass domestizierte Tiere von ihren wilden Vorfahren viele körperliche, emotionale und soziale Bedürfnisse geerbt haben, die in landwirtschaftlichen Betrieben *überflüssig* sind.«[53] Diese Überflüssigkeit ist als unnütze Redundanz definitionsgemäß ineffizient – nicht zuletzt deshalb, darauf weist auch Harari hin, hat die Wissenschaft ihr wachsendes Wissen über Tiere hauptsächlich dazu genutzt, »um ihr Leben im Dienste der menschlichen Industrie *effizienter* zu gestalten.«[54]

All diese Prozesse gehen schon so lange und mit solcher Wucht vor sich, dass sie schon fast normal geworden sind: »Unsere blendende, lärmende Welt wird normal, und die unberührte Wildnis scheint weiter entfernt zu sein.«[55] Die gute Nachricht ist vielleicht, dass Abhilfe hier unmittelbar und schnell wirksam wäre: Wenn die Plastikproduktion morgen eingestellt würde, würde das Plastik aus den Ozeanen nicht verschwinden – Licht- und Lärmverschmutzung dagegen hören in dem Moment auf, wo Lampen ausgehen und Maschinen und Schiffsschrauben herunterfahren.[56] Niemand fordert, weltweit das Licht zu löschen und alle Produktions- und Verkehrsmittel umgehend abzustellen – aber dass auf diesen Feldern Großzügigkeit eine viel angemessenere Nachhaltigkeitsstrategie wäre, die nicht nur tierisches Leid reduzieren würde, sondern auch gesellschaftliche Zukunftsfähigkeit stärken würde, scheint mir auf der Hand zu liegen.

Yong weist in seinem Aufsatz auf einen unterschätzten Verlust hin, der mit den von ihm beschriebenen Belastungen einhergeht: »Mit jedem Lebewesen, das verschwindet, verlieren wir eine Art, die Welt zu interpretieren.«[57] Dass das weitgehend ignoriert wird, könnte an dem liegen, was die US-amerikanische Philosophin Martha Nussbaum als »kognitive Vorurteile« des Menschen bezeichnet. Dazu gehören laut Nussbaum, dass uns vor allem das Schicksal von Affen (die uns näherstehen als Hyänen und Käfer) interessiert, dass wir menschliches Reflexionsvermögen höher bewerten als andere Eigenschaften sowie die schlichte Ignoranz der Tatsache, dass wir selbst eben auch Tiere sind.[58] Diese Schlagseiten in unserem Verständnis von und unserem Verhältnis zu Tieren sind nicht sachgerecht – und haben desaströse Konsequenzen. Nicht zuletzt aufgrund der Dominanz ökonomisch-technischen Denkens und Handelns bleibt etwas Entscheidendes auf der Strecke: Tiere, so drückt der Yuval Noah Harari es aus, »sind vielleicht nicht so intelligent wie wir, aber sie kennen sicherlich Schmerz, Angst und Einsamkeit. Auch sie können leiden, und auch sie können glücklich sein.«[59]

Diese »übersehenen« Eigenschaften treten immerhin langsam, aber sicher ins Blickfeld der Öffentlichkeit. Ganz im Sinne der oben zitierten Hinweise Yongs verändert sich unser Wissen über Tiere in grundlegender Weise, wie auch Nussbaum betont: »Jetzt offenbart eine Revolution des Wissens den enormen Reichtum und die kognitive Komplexität des Lebens von Tieren, zu denen vor allem komplexe soziale Gruppen, emotionale Reaktionen und sogar kulturelles Lernen gehören. Wir teilen diesen zerbrechlichen Planeten mit anderen empfindungsfähigen Tieren, deren Bemühungen, zu leben und zu gedeihen, auf zahllose Weise durch menschliche Nachlässigkeit und Stumpfsinnigkeit vereitelt werden.«[60] Großzügigkeit, wie sie hier verstanden wird, soll und kann dazu beitragen, Nachlässigkeit, Stumpfsinn, Rücksichtslosigkeit und Brutalität zurückzudrängen und Achtsamkeit, Würde und gegenseitiger Abhängigkeit zu ihrem Recht zu verhelfen.

Tiere, so betonen Yong, Nussbaum, Harari und viele andere, sind keine gefühllosen Automaten, sondern Lebewesen mit Intelligenz, Sensibilität und der Fähigkeit zu Freude und Leid. Nussbaum weist zudem darauf hin, dass allein der Verzicht auf Quälerei (der schon eine riesige Transformation wäre) nicht genug ist: Wir Menschen sind für uns selbst gewiss nicht schon deshalb zufrieden, nur weil wir nicht gefoltert werden – wir wollen uns entwickeln können und in diesem Sinne »blühen« (»flourish«). »Warum«, fragt Nussbaum zurecht, »sollten wir annehmen, dass Wale, Delfine, Affen, Elefanten, Papageien und so viele andere Tiere weniger als das wollen?«[61] Wenn man das ernst nimmt, wird jeder Zoobesuch zur emotionalen und ethischen Unmöglichkeit – und tatsächlich weist Nussbaum auf die Grausamkeit hin, die das Einsperren von Tieren für diese bedeutet. Auch hier gilt: Wir sollten uns bemühen, großzügig auf etwas zu verzichten und damit ein rechtes Maß einhalten – und das heißt sicher, andere Lebewesen nicht dadurch zu quälen, dass wir sie einsperren, damit wir und unsere Kinder sie beim Sonntagsausflug anstarren können.

Man könnte noch einiges dazu sagen, wie ungut unser Umgang mit Tieren in unzähligen Hinsichten ist und wie wichtig eine großzügige Haltung für eine Transformation dieses Umgangs wäre. Ich will stattdessen auf die wirtschaftliche Seite der von uns begangenen Grausamkeiten eingehen. Der Blick darauf, was Massentierhaltung hinsichtlich Ökonomie und Tierleid bedeutet: Er macht wie wohl wenige »Anwendungsfelder« deutlich, wie existenziell wichtig Großzügigkeit für eine gelingende und zukunftsfähige Gesellschaft ist, die ihre eigenen Maßstäbe nicht nur auf ihre menschlichen Mitglieder anwendet, sondern die auch Tiere und andere Lebewesen gut behandelt. Dabei muss die folgende, gleichsam tierethisch fundierte Ökonomiekritik nicht ins Detail gehen. Ein Buch muss und kann nicht determinieren, welcher Fleischkonsum akzeptabel sein könnte oder ob Zoos rundheraus verboten werden sollten. (Wenn Sie mich fragen: **JA!** Wer glaubt, Zoos dienten der Artenvielfalt, glaubt sicher auch, dass die Formel 1 der Sicherheit im Straßenverkehr dient.) Und ganz sicher kann hier nicht über das heikle Feld der medizinischen Tierversuche entschieden werden, bei dem es darum geht, auf Kosten von Tierleben Menschenleben zu verbessern oder gar zu retten. Was ein Buch freilich leisten kann: die grundsätzliche Fundierung der Forderung nach Großzügigkeit anhand des Spannungsfeldes zwischen etablierter ökonomischer Rationalität und real existierender Tierquälerei im Großmaßstab.

Knappheit, Effizienz und Wachstum als Ursachen für Tierquälerei

Dieses Spannungsfeld – hier wirtschaftliche Rationalität, dort völlig aus den Fugen geratene milliardenfache Tierschinderei – ist höchst komplex: Nicht zuletzt deshalb, weil bei diesem Thema scheinbar unvereinbare Meinungen und Handlungen aufeinandertreffen. Und auch deshalb, weil sich der gesellschaftliche Blick auf den Umgang mit Tieren verändert hat. Und schließlich auch deshalb, weil hier in unterschiedlichen Regionen ganz unterschiedliche Entwicklungen ablaufen. Die Geographie der Tierquälerei zeigt unter anderem, dass sich in Deutschland immer mehr Menschen vegetarisch oder vegan ernähren, während in China der Konsum von Fleisch geradezu explodiert.

Im Weltmaßstab ist die Entwicklung in China wirkmächtiger und im gewissen Sinne auch repräsentativer als die Veränderungen in Deutschland. Der Blick auf absolute Zahlen und Wachstumsraten zeigt, dass die Nutzung von Tieren sich perfekt in die bereits beschriebene Tendenz der »großen Beschleunigung« einfügt. Das Verspeisen von Fleisch, Milch und Eiern wächst weltweit und leistet einen nicht unerheblichen Beitrag dazu, dass man unsere Zeit als »Anthropozän« bezeichnen kann: Die Umgestaltung der Natur durch den Menschen geschieht wesentlich dadurch, was er mit anderen Lebewesen macht.

Dass in China und anderswo der Fleischkonsum wächst, macht die Kritik und die Veränderungen auf diesem Feld, die in Ländern wie Deutschland vor sich gehen, nicht irrelevant. Gewiss: Selbst, wenn alle Europäerinnen und Europäer sofort auf vegetarische und nachhaltige Ernährung umstellen würden, würde diese Massentierhaltung nicht aus der Welt verschwinden. Dennoch lohnt der Blick auf Europas größte Volkswirtschaft. Wenn hier ein nachhaltiges Wohlstandsmodell entstehen soll, ist eine Veränderung des Umgangs mit Tieren schlicht unumgehbar. Wenn westliche Länder auch nur halbwegs im Einklang mit ihren Bekenntnissen zu Nachhaltigkeit, Ethik und Verantwortung leben wollen, muss ein strikt ökonomistischer Zugang zum Thema Tiere ersetzt werden durch ein Denken und Handeln, das Tierwohl, Maß und Großzügigkeit ins Zentrum stellt.

Wie eng eine ökonomische Weltsicht, Effizienzdenken und Wachstumsglauben mit dem gesellschaftlichen Umgang mit Tieren verzahnt sind, zeigt sich an der Geschichte der Massentierhaltung in West- und Ostdeutschland, die von der Historikerin Veronika Settele in ihrem lesenswerten und bisweilen erschütternden Buch *Deutsche Fleischarbeit* aufgearbeitet wird. Dabei zeigt sich übrigens auch, wie wichtig Meinungsvielfalt und ein freier öffentlicher Diskurs für die Entwicklung einer Gesellschaft sind: Das wachsende Unbehagen am Umgang mit Tieren konnte sich in der pluralistischen Demokratie der Bundesrepublik ganz anders ausdrücken und auswirken als in der »sozialistischen« DDR. Der *Diskurs* über Tiere und Fleisch nahm im Westen folglich einen anderen Verlauf als im Osten. Die *Praxis* der Massentierhaltung freilich entwickelt sich über weite Strecken erstaunlich parallel. Ein wesentlicher Treiber dieser Praxis war die ökonomisch-technische Rahmung des Themas.

Unter Massentierhaltung kann man die ganzjährige Haltung großer Mengen von Tieren in Ställen verstehen, die meist auf Basis zugekaufter Futtermittel ernährt werden.[62] Einen allgemein akzeptierten Begriff gibt es freilich nicht. Settele spricht von einer Auflösung der »Berührungspunkte von Stall und Gesellschaft« und konstatiert, dass der »kommunikative Faden« zwischen Tierhaltungsbranche und restlicher Gesellschaft »gerissen« sei.[63] Man könnte von einer Entfremdung reden, die freilich in einer anderen Entfremdung ihre

Wurzeln hat – nämlich zwischen Tieren und Menschen. Früher gab es überall Tiere, während Knappheit von Fleisch ein Dauerproblem war – heute gibt es ein übermäßiges Fleischangebot, während (Nutz-)Tiere weitgehend unsichtbar sind.[64]

Es ist bemerkenswert, dass alles getan wird, um das Schlachten von Tieren im Geheimen zu vollziehen. Nicht nur menschliches Sterben ist weitgehend tabuisiert und wird mit durchaus erheblichem Aufwand unsichtbar gehalten – das Gleiche gilt für die Tötung von Tieren. Schlachthöfe sind gut gesicherte Infrastrukturen, zu denen man nicht leicht Zugang erhält. Natürlich: Das ließe sich auch für Kraftwerke und Fabrikhallen sagen – aber es gibt einen relevanten Unterschied: Kraftwerke (sogar Kernkraftwerke) und Fabrikhallen kann man in vielen Fällen, wenn man sich vorher anmeldet, besichtigen. Versuchen Sie mal, sich ein Bild von den Tötungsanlagen zu verschaffen, in denen vor Angst und Aufregung zitternde Tiere ins Jenseits befördert werden. Eben.

Diese Unsichtbarmachung ist bemerkenswert – und drängt den Begriff des Opfers in den Vordergrund.[65] Der Opferbegriff ist eines der verblüffendsten Beispiele für gesellschaftliches Ausblenden, Verkennen und Ignorieren. Wir reden zwar dauernd von Kriegs-, Terror- und Verkehrsopfern – diese werden allerdings als unerfreuliche Ausnahmen von der rationalen Regel behandelt. (Nicht umsonst wird immer wieder darauf hingewiesen, dass Leichenwagen – früher ein normaler und gut sichtbarer Bestandteil des Straßenbildes – heutzutage praktisch aus der Wahrnehmung verschwunden sind.) Dass wir aber gleichzeitig in einem unfasslichen Ausmaß Rinder, Schweine und Hühner töten – das gilt nicht einmal als merkwürdig. Es wird tunlichst darauf geachtet, dass die Massentötung von Tieren möglichst unsichtbar bleibt – das macht auch Setteles historische Darstellung sehr deutlich. Westliche Gegenwartsgesellschaften strotzen geradezu von Fleisch – die dazugehörigen Tiere sind dagegen nahezu tabu.

»Das blutige Opfer«, schreibt der Publizist Roberto Calasso, »ist etwas, was beiseitegeschoben werden muss, am besten ohne viel darüber zu reden.«[66] Schlachthöfe kennten keine anderen Kriterien als »Effizienz und Funktionalität.« Das Wort Opfer bezeichne etwas Lobenswertes oder etwas Schwieriges. »Dieser Knoten von unvereinbaren und äußerst starken Gefühlen tritt zutage, sowie man beginnt, die gegenwärtige Welt, die erklärt, das Opfer nicht zu kennen, unter die Lupe zu nehmen.« Und: »Die unüberwindliche Verlegenheit, die jeder verspürt, der der Frage des Opfers näher tritt, ist nur ein Symptom für den Fortbestand dieses Knotens, der immer dann, wenn jemand den Mut fasst, ihn aufzulösen, noch unentwirrbarer zu werden scheint. Vor allem aber ist es ein Knoten, der für die meisten unsichtbar bleibt. *Nähme man ihn wahr, so würde dies allein eine radikale Veränderung bewirken.*«[67]

Mehr Großzügigkeit im Umgang mit Tieren wäre eine radikale Veränderung. Davon sind wir weit entfernt, sehr weit. Aber klar ist auch, dass die westliche Gesellschaft – anders als zum Beispiel in den 1960er Jahren – nicht mehr mit sich im Reinen ist, was den Umgang mit Tieren betrifft. Unwohlsein hat es bei diesem Thema schon immer gegeben – es hat sich ausgebreitet und tut das weiterhin. Die Praxis der Tiernutzung allerdings verändert sich offenbar langsamer als die Debatte darüber: »Bio wächst im Diskurs üppiger als in der Realität.«[68] Und, könnte man hinzufügen, der Fleischkonsum ändert sich nicht proportional zum Entsetzen über Tierleid. Settele bemerkt: »Massentierhaltung wurde zum unappetitlichen Bürgerschreck, während in weiterhin weniger, aber größer werdenden Ställen davon unbeeindruckt mehr Tiere schneller Milch, Eier und Fleisch lieferten.«[69] Zwei Entwicklungen seien für diesen Widerspruch verantwortlich: »Zum einen drifteten inner- und außerlandwirtschaftliche Öffentlichkeit auseinander. Zum anderen blieb die *ökonomische Organisation* der Tierhaltung unverändert.«[70] Dieses Auseinanderfallen von gesamtgesellschaftlicher und innerlandwirtschaftlicher Perspektive könnte dazu führen, dass eine gegenseitige Ignoranz entsteht, die für eine Verbesserung der Lage nicht eben hilfreich sein dürfte.

Hier tut sich eine Kluft auf, die wesentlich mit den Folgen von Ökonomie und Technik zusammenhängt: »Tierhalterinnen und Tierhalter, deren Bilanz zukunftsträchtig erscheint, haben das kapitalistische Wachstumsparadigma ebenso internalisiert wie eine hohe Technikaffinität, während sich das Kernargument der Kritikerinnen und Kritiker gegen genau diese Produktionsweise richtet.«[71] Freilich liegt im Ökonomischen wohl auch ein Ansatzpunkt für transformatorische Schritte. In den Ställen passiere das, so Settele, womit am meisten Geld zu verdienen ist. Daraus folgt auch: »Die Übersetzung der unzähligen wissenschaftlichen Ergebnisse, wie Tierhaltung besser für Tier und Umwelt gestaltet werden könnte, in die landwirtschaftliche Praxis *hängt von ihrer ökonomischen Umsetzbarkeit ab.*«[72] Wo die Ökonomie über die Biologie siegt, verändert sich (Land-)Wirtschaft. Einen »konstanten betriebswirtschaftlichen Optimierungsdruck«[73] spüren heute fast alle Menschen, die in Landwirtschaft und Tierhaltung tätig sind. Wo früher hauptsächlich Faktoren wie Wetter und Parasitenbefall die landwirtschaftliche Produktion bestimmt haben, spielen heute Banken, Kreditpolitiken und Zinskonditionen eine Schlüsselrolle.[74] Das bedeutet freilich auch, dass eben hier Ansatzmöglichkeiten zu einer Verbesserung der Lage liegen.

Wenn die deutsche »Zukunftskommission Landwirtschaft« die »Ambivalenzen der Moderne« geradezu »ins Zentrum seines Lösungsvorschlags« stellt[75] – dann kann das vielleicht Anlass zur Hoffnung sein. Dass das Wachstum der Land- und Tierwirtschaft gleichzeitig Verbesserungen (in der Versorgung) *und* Verschlechterungen (im Umgang mit Tieren) gebracht hat, gilt es anzuerkennen. Und es gilt – ganz anders als bisher –, wie bei anderen Feldern der Nachhaltigkeitspolitik, externe Kosten zu internalisieren. Das wäre ein Schritt in Richtung Zukunftsfähigkeit – aber wohl nicht genug. Ohne eine *grundsätzliche* Reflexion und einen *grundsätzlichen* Wandel von Effizienz und Großzügigkeit, von Versorgung und Tierwohl, von Optimierung und Würde, von menschlichen Wünschen und Tierrechten wird es vermutlich keine substanzielle Verbesserung der Lage geben. Immerhin gibt es Ambivalenz – und immer mehr Menschen, die ihrem Denken und Fühlen konkrete Handlungen und Unterlassungen folgen lassen.

Wie konnte es soweit kommen? Wie sind Massentierhaltung und eine Industrialisierung des Umgangs mit Tieren in die Welt gekommen? Der Publizist und Zukunftsforscher Robert Jungk hat schon in den 1950er Jahren (mit Blick auf die US-amerikanische Landwirtschaft) von der »Maschine Tier« geschrieben und seine Traurigkeit über die Folgen industrieller Landwirtschaft zum Ausdruck gebracht.[76] Was hat dazu geführt, dass Tiere heute auf breiter Front wie Maschinen behandelt werden und ein Modell der Tiernutzung vorherrscht, das man in einem Satz der Historikerin Settele so zusammenfassen kann: »Rinder, Schweine und Hühner wurden zu Bioreaktoren gemacht, die ihr Futter möglichst effizient in Fleisch, Milch und Eier zu konvertieren hatten«?[77]

»Ökonomische Theoriemodelle«, stellt Settele in ihrer Studie fest, »veränderten die Tierhaltung praktisch.«[78] Die Dominanz von Effizienz- und Rentabilitätsdenken trug nicht zuletzt dazu bei, dass die »herkömmlichen Rhythmen des Landwirtschaftens« an Bedeutung verloren: »Die ausschließlich ökonomische Semantik passte nicht länger mit der weiterhin vorherrschenden Vorstellung von Tierhaltung zusammen, nach welcher der Mensch gegenüber den Tieren, die er nutzt, eine Verantwortung jenseits der Profitorientierung hat.«[79] Auf den Punkt gebracht: Ökonomie schlägt Ethik und definiert Verantwortung grundlegend um – Tiere werden als wirtschaftliches Kapital behandelt, nicht als leidensfähige Lebewesen.

Die Entwicklung dahin sollte man sich nicht als glatt-reibungslosen Prozess vorstellen. Nicht nur gab es immer wieder Menschen, die sich an den Zuständen der Massentierhaltung stießen und dies auch öffentlich kundtaten.

Auch die Reaktion und das Verhalten der Tiere selbst führten zu Komplikationen – worauf freilich oft mit einer noch verschärften Ökonomisierung und Technisierung reagiert wurde. »Körperliche Kompatibilitätsprobleme« zwischen Tier und Maschine komplizierten den Produktionsprozess und »wurden zu ›Fehlern‹ der Tiere.«[80] Mit Blick auf die Probleme in der Schweinezucht stellt Settele fest: »Die Körper der Tiere stellten sich einer unbegrenzten linearen Produktivitätssteigerung in den Weg.«[81]

Diese Entwicklung kann man im Kontext der oben beschriebenen Knappheits-Effizienz-Wachstums-Endlos-Schleife sehen. Auch in der Tierzucht gibt es eine Art Schleife, bei der »Verbesserungen« Reaktionen hervorrufen, die ihrerseits weitere »Verbesserungsversuche« nach sich ziehen: »Neue Körpertechniken riefen stets auch unerwartete Reaktionen hervor, die wiederum mit neuen Körpertechniken beantwortet wurden. In diesem Prozess wurde die Lebendigkeit des Tiers als Wert an sich abgelöst von einer in Zahlen gemessenen Körperleistung des Tiers.«[82] Dieser Wandel passt zu dem, was wir bereits allgemein beobachtet haben: die enge Verzahnung von Effizienzorientierung, Messen und Zählen und die Verdrängung anderer Weltzugänge durch diese ökonomische Ausrichtung. Daran änderte auch das immer wieder geäußerte Unwohlsein am industriellen Umgang mit Tieren so gut wie nichts. Auch aus der Landwirtschaft selbst gab es immer wieder Widerstand gegen als empörend empfundene Praktiken wie der »Färsenvornutzung«, »Abferkelbuchten«, Spaltböden, gegen als »unnatürlich« wahrgenommene Techniken wie der künstlichen Befruchtung oder das Auftreten von Kannibalismus in vollgepferchten Ställen.[83] Am Ende siegten lange Zeit stets ökonomische Rationalität und technologische Innovationsfreude. Selbstverständlich ist das freilich heute nicht mehr – die Normalität tierquälerischer Massenproduktion wird immer mehr hinterfragt.

Die »normale« Dominanz der grausamen Massentierhaltung ist also bereits dabei, einer gesellschaftlichen Unsicherheit zu weichen. Dass das Thema heute im Kontext der Nachhaltigkeit steht, erhöht seine Relevanz, weil sich die Sorge um Tiere, die Skepsis gegenüber industriellen Methoden und ökologische Bedenken gegenseitig befruchten.[84] »Die Ambivalenz von Wirtschaftlichkeit und Unbehagen kennzeichnet Massentierhaltung heute.«[85] Die vielzitierte Postmaterialismus-These des Politikwissenschaftlers Ronald Inglehart scheint sich auf dem Gebiet des Essens zu bewahrheiten.[86] Fleischkonsum ist heute kein Knappheits-, sondern ein Überflussthema – und wird damit in Diskurs und Praxis zu einem neu gerahmten Problem. Die aktuelle Diskussion, schreibt Veronika Settele, lege eine zentrale Frage der Überflussgesellschaft offen: »Wie legitim ist die Nutzung von Tieren zur Lebensmittelgewinnung, wenn man sich auch anders ernähren kann? Fleisch, Eier und Milch haben ihre Unschuld verloren.«[87] In der Tat: Die Zeiten, in denen ökonomisch und technisch befeuerte Tierquälerei von der Mehrheitsgesellschaft widerspruchslos hingenommen wurden, sind vorbei.

An dieser Stelle ist die Betonung eines wichtigen Punktes angezeigt: Es geht hier *nicht* darum, ökonomisches Denken (oder technischen Fortschritt) im land- oder viehwirtschaftlichen Kontext zu verdammen. Effizienz und Expansion sind rationale Ziele, wenn Lebensmittel knapp sind, Unterernährung droht und sich ganze Bevölkerungsteile kein gutes Essen leisten können. Entscheidend ist das eben entfaltete Argument, dass die *Dominanz* von Effizienz- und Expansionsdenken Werte wie Verantwortung und Tierwohl auf Kosten der Tiere verdrängt hat. Auch hier geht es um das rechte Maß: Nicht wirtschaftliches Denken ist das Problem, sondern »zu viel« wirtschaftliches Denken – seine Dominanz und Verdrängungskraft haben auch beim gesellschaftlichen Umgang mit Tieren dazu geführt, dass wir von nachhaltigen und ethisch zu rechtfertigenden Zuständen meilenweit entfernt sind. Großzügigkeit, auf den Umgang mit Tieren angewandt, heißt: Das rechte Maß finden, ökonomistisches und technizistisches Denken zurückdrängen und vor allem, Tieren ihr Leben, ihren Platz und ihre Würde zu lassen.

Settele weist darauf hin, dass kämpferische Tierschutzkampagnen und gut gemeinte Regelungen nicht selten an einem mangelnden Wissen über Landwirtschaft und Tierhaltung kranken.[88] Das ist ein Problem, das bearbeitet gehört, aber das Grundlegende des Themas nicht berührt. Wichtiger ist vielleicht ein anderes Wissensthema, nämlich die von Martha Nussbaum beschriebene und oben skizzierte »Revolution des Wissens« über Tiere: Niemand kann sich heute darauf herausreden, dass Tiere gefühllose Automaten sind, die man rücksichtslos behandeln darf. Jeder Mensch *kann* heute wissen (und ahnt es wohl ohnehin), dass Tiere sehr komplexe Wesen sind, die Angst haben können und leidensfähig sind. Kompliziert wird die Situation freilich ob der Frage, was Tieren wirklich zugemutet werden kann und wer das bestimmt.[89] Was »Tierwohl« genau bedeutet und was eine Umsetzung dieses Leitbilds in die Praxis bedeuten würde, ist also nicht einfach zu bestimmen – und das vorliegende Buch kann das gewiss nicht leisten. Das muss es aber auch nicht: Es geht auch hier nicht um treffsichere Genauigkeit, sondern um plausible Richtungssicherheit.

Unser Verhältnis mit der Natur betrifft natürlich nicht nur den Verbrauch von Fläche, Material und Energie und den Umgang mit Tieren – es geht auch darum, wie sich menschliche Aktivitäten auf Pflanzen, Lebensräume und Ökosysteme auswirken. Wirtschaftliche Handlungen »machen etwas« mit Wäldern, Wüsten, Steppen und nicht zuletzt auch mit Meeren, Seen und Flüssen und den dort ansässigen Tier- und Pflanzenarten. Und ein wesentlicher Störfaktor für die Natur die Fragmentierung von Lebensräumen, deren Folgen man in Hinsicht auf Waldgebiete als katastrophal bezeichnen kann.[90] All diese Folgewirkungen unseres Tuns wirken auf uns zurück, sodass man – ganz ohne esoterische Anwandlungen – in der Tat davon sprechen kann, wir müssten »in uns selbst eine innere Abholzung von Geist und Verstand verhindern.«[91]

»Innere Abholzung« droht gewiss, wenn weiterhin die grausamen Folgen wirtschaftlichen Tuns systematisch ausgeblendet werden. Eine Gesellschaft, die wirklich nachhaltig wirtschaften will, muss die Ignoranz gegenüber dem Leiden anderer Lebewesen ersetzen durch eine Haltung von Achtsamkeit und Großzügigkeit. Das Auseinanderfallen von ostentativer Empörung über Tierleid und nur wenig gemindertem Konsum von tierischen Produkten dürfte auf die Dauer nicht durchhaltbar sein. Die ethischen Implikationen und emotionalen Folgen des »ökonomischen« Umgangs mit Rindern, Schweinen, Hühnern und anderen Tieren verlangt, dass ein neues Maß gefunden wird – eines, das im Lichte herrschender wirtschaftlicher Rationalität »unökonomisch« anmuten mag, das aber im Geiste einer umfassenden Großzügigkeit sowohl Menschen als auch Tieren zum Guten gereichen würde. Wie eine solchermaßen inspirierte Nachhaltigkeitskonzeption aussehen kann, wird im nächsten Abschnitt skizziert.

Großzügige Nachhaltigkeit: Schonung, Slack und Spiel-Raum

Fasst man die Erkenntnisse dieses Kapitels zusammen, muss sich eine nachhaltige Umweltpolitik nicht wirklich mit der Frage nach ihrer BIP-Wirkung herumschlagen – sondern sich vielmehr daran orientieren, ob sie *effektiv* ist – also die erwünschten Wirkungen nicht nur verspricht, sondern tatsächlich erzielt. Und dafür ist der Schlachtruf »Platz da!« ein gutes Motto. Wir haben bereits gesehen, dass eine Gesellschaft, die ihre ökologischen Grenzen nicht überschreiten will, sich um Eskalationsunterbrechung kümmern muss und darum, hinreichend Abstand von diesen Grenzen zu halten. Erneut geht es gerade *nicht* darum, »Potenzial auszuschöpfen« – sondern darum, dieses Potenzial zu sichern und zu erhalten.

Schonung ist das Hauptwort zum Verb »schonen«. Wer etwas oder jemanden schont, geht vorsichtig mit einer Sache oder einer Person um, lässt es oder sie vielleicht sogar ganz ungestört und »verschont« es oder sie in gewisser Weise. Schonung in diesem Sinne hat etwas mit Rücksicht und mit Vorsicht zu tun. Das gilt auch für die alte Bedeutung der Schonung als abgegrenzte Teilfläche in einem Wald, in der junge Bäume wachsen und wachsen gelassen werden. Es sollte schon deutlich geworden sein, dass diese Form der Schonung ein unverzichtbares Element einer zukunftsfähigen Umweltpolitik ist. Geschont werden müssen freilich nicht nur junge Pflanzen, sondern auch alte Tiere und junge Tiere und Sümpfe und Moore und Ökosysteme und überhaupt Flächen, große Flächen, idealerweise viele zusammenhängende große Flächen – an Land, aber auch dort, wo die Erdoberfläche aus Wasser besteht.

Dass diese keine absurde Phantasie ist, hat sich 2022 eindrücklich durch die Verabschiedung des »Kunming-Montreal Global Biodiversity Framework« gezeigt.[92] Dieses Rahmenabkommen, das als historischer Durchbruch der Naturschutzpolitik gilt, setzt ausdrücklich auf Schutz und Schonung. Zwar ist damit nicht durchgehend ein völliger Verzicht auf die Nutzung der Natur beschlossen; insbesondere die Rechte indigener Völker sprechen oft gegen ein derartiges Verbot. Aber ist es doch deutlich, dass hier auf eine ungebremste marktwirtschaftliche Vernutzung der Natur ausdrücklich verzichtet wird. Ein zentrales Ziel der Vereinbarung ist daher eindeutig als großzügig im Sinne des vorliegenden Buches zu verstehen: Bis 2030 sollen mindestens 30 Prozent der Land- und der Meeresfläche unter Schutz gestellt werden.

Manchen gilt diese oft als »30*30« tituliertes Ziel als Äquivalent zum symbolträchtigen 1,5-Grad-Ziel des Pariser Klimaschutzabkommens. Der genaue Wortlaut dieses umfassenden Schutzziels sei hier deshalb wiedergegeben: »Sicherstellen und ermöglichen, dass bis 2030 mindestens 30 Prozent der Land-, Binnengewässer-, Küsten- und Meeresgebiete, insbesondere der Gebiete mit besonderer Bedeutung für die biologische Vielfalt und die Ökosystemfunktionen und -leistungen, durch ökologisch repräsentative, gut vernetzte und gerecht verwaltete Systeme von Schutzgebieten und andere wirksame gebietsbezogene Erhaltungsmaßnahmen wirksam erhalten und verwaltet werden, gegebenenfalls indigene und traditionelle Gebiete anerkannt und in größere Landschaften, Meereslandschaften und den Ozean integriert werden, wobei sichergestellt wird, dass jede nachhaltige Nutzung in solchen Gebieten gegebenenfalls in vollem Umfang mit den Erhaltungsergebnissen vereinbar ist und die Rechte indigener Völker und lokaler Gemeinschaften, einschließlich ihrer traditionellen Gebiete, anerkannt und geachtet werden.«[93]

Von Schönheit ist im Globalen Biodiversitäts-Rahmenabkommen nicht die Rede, aber man darf diesen Begriff hier nochmals ins Spiel bringen. Denn die ästhetische, nicht-utilitaristische, über Nutzenerwägungen hinausgehende Betrachtung der Natur kann ein zentrales Element ihrer Schonung sein. Eine solche Perspektive könnte es erleichtern, in der Natur weniger eine auszubeutende Ressource zu sehen und mehr etwas, das wir zum Leben brauchen und das ein Faktor für unsere Lebensqualität ist. Das impliziert weder eine völlige Abstinenz jeglicher Nutzung natürlicher Ressourcen noch ein naivfundamentalistisches Verständnis von Naturschutz.

Es wird hier also nicht vorgeschlagen, kein Holz mehr zu schlagen, keine Erze mehr abzubauen und keine Flächen mehr zu verbrauchen. Aber es ist unübersehbar, dass diese und andere Eingriffe vehement zurückgefahren werden müssen, wenn eine nachhaltige Entwicklung ernsthaft angestrebt wird. Auch in Zukunft wird es Hersteller von (elektrischen) Motorsägen, großen Bohrern und Baggern und Rohstoffbörsen geben. Denn: Großzügigkeit bedeutet keinen Stillstand. Das Gegenteil ist der Fall – sie ist geradezu Voraussetzung dafür, dass es weitergeht und auch kommende Generationen die Natur für ihre Zwecke nutzen können und es gleichzeitig hinbekommen, im selben Geiste gewisse Teile dieser Natur ungenutzt zu lassen. Nochmal: Es geht nicht um das vollständige »Liegenlassen« aller Möglichkeiten, aber um das bewusste Nichtvollständig-Ausschöpfen dieser Möglichkeiten. Großzügigkeit verbietet keinesfalls, die Natur für ökonomische, soziale und kulturelle Zwecke zu nutzen. Sie verbietet aber, dies »bis zum Anschlag« zu tun.

Es geht, anders formuliert, darum, *Slack* zu lassen. Für diesen englischen Begriff gibt es keine wirklich gute (und noch weniger eine wirklich elegante) Übersetzung. Er steht für ungenutzte Ressourcen: Zum Beispiel Personal, Zeit, Geld, Energie oder Material, das vorhanden ist und genutzt werden könnte – aber ungenutzt bleibt, zum Beispiel aus Sicherheitsgründen. »Slack« ist der Horror der durchschnittlichen Unternehmensberaterin – und dann wieder nicht: Denn die Identifikation und anschließende Eliminierung von Slack ist quasi der Kern der Unternehmensberatung, wie sie heute üblicherweise operiert. Leute, die dieser Tätigkeit nachgehen, kann man mit Dirk Kurbjuweit treffend als »Nischenkehrer, Umständlichkeitsglätter, Zufallsvernichter« bezeichnen.[94] Unternehmen wie Amazon treiben die Logik dieser Begrifflichkeit auf die Spitze, wenn »Genügsamkeit« verordnet und jeder »Schnickschnack« eliminiert wird.[95] »Slack« dagegen steht für Nischen, Umständlichkeiten, Zufälle – und in manchen Fällen auch »Schnickschnack«. Dazu passt übrigens, dass der Slack-Begriff als Adjektiv mit nicht eben leistungsorientierten Worten wie »schlaff«, »locker« oder »lustlos« übersetzt werden kann. Wie gesagt: Das wird uns im nächsten Kapitel mit einem Fokus auf das Ökonomische noch beschäftigen; hier geht es um die ökologische Dimension »liegenbleibender« Ressourcen, und deren Charakter sollte bis hierher evident geworden sein: In einer Welt, die mit ökologischen Katastrophenszenarien, unvorhersehbaren Kipp-Effekten und niemals auszurottenden Problemen des Nichtwissenkönnens konfrontiert ist, wird ein Bremsen materieller Expansionsprozesse zur Schlüsselaufgabe. Man kann die sehr, sehr fundamentalen Fragen und Probleme reflektieren, die sich hier ergeben – und womöglich bei Schlussfolgerungen landen, die utopisch zu nennen eine bodenlose Untertreibung wäre. Dennoch: Wie man das Bereithalten »überflüssiger« Ressourcen organisiert, wie maßvolle Verschwendung gesellschaftlich gestaltet werden kann, wie man wachstumstreibende Investitionsprozesse einhegt – diese geradezu skandalösen Fragen muss man früher oder später angehen und am Ende auch beantworten.

Hier und heute haben wir: das vehement nicht-nachhaltige Hier und Heute – und davon ist auszugehen und daran ist anzusetzen, wenn Zukunftsfähigkeit kein wirkungsloses Hirngespinst sein soll. Die Monumentalaufgabe »gesellschaftliche Eskalationsunterbrechung« ist zu reflektieren und anzugehen. Im vorliegenden Kapitel ist klar geworden, dass es dafür durchaus realistische Ansatzpunkte gibt: eine Nachhaltigkeit, die Spiel-Räume schafft, Sicherheitsabstände etabliert und Konzepte wie Schonung und Slack in die gesellschaftliche und ökonomische Praxis integriert – und nicht zuletzt eine grundlegende Transformation unseres Umgangs mit Tieren einleitet. Das lässt sich in eine Terminologie einordnen, die im ökologischen Nachhaltigkeitsdiskurs recht etabliert ist und die um einen äußerst wichtigen Begriff zu ergänzen ist.

Effizienz, Konsistenz, Suffizienz und Opulenz: Eine Neuinterpretation von Verschwendung

Wir haben oben die im Nachhaltigkeitsdiskurs etablierte Unterscheidung zwischen Effizienz-, Konsistenz- und Suffizienz-Strategien kennengelernt: Effizienzorientierte Ansätze setzen wesentlich auf technische Lösungen zur besseren Ausnutzung von Ressourcen; Konsistenzstrategien auf die (ebenfalls wesentlich technisch umgesetzte) Integration von Produktions- und Konsumtionsprozessen in natürliche Kreisläufe; Suffizienz zielt auf eine Entlastung der Umwelt, die wesentlich durch das Überdenken von Zielen und die Einschränkung von Konsum ausgelöst werden soll. Die ersten beiden Ansätze kann man mit dem Postwachstumsökonomen Niko Paech als »technischen Weg« zur Nachhaltigkeit bezeichnen, die letztgenannte Strategie beschreibt einen eher kulturellen Weg.[96]

Der eher technisch-ingenieursmäßige Zugang der Konsistenz bezieht sich als einziger dieser Ansätze positiv auf den Verschwendungsbegriff – freilich ausschließlich mit Blick auf die angeblich »verschwenderische Natur« und auf technisch-organisatorische Prozesse, die aufgrund ihrer »konsistenten« Ausrichtung verschwenderisch mit natürlichen Ressourcen umgehen können, ohne dass dies nicht-nachhaltig ist.[97] »Verschwendung« im Kontext von Großzügigkeit ist freilich kein (nur) technisch-administratives Thema, sondern dezidiert ein kulturell-gesellschaftliches. Großzügigkeit, wie sie hier verstanden wird, versteht sich als Teil eines »kulturellen Weges« in die Nachhaltigkeit.

Dafür sind Philosophie und Ethik wichtiger als Physik und Ingenieurswissen. Wir haben bereits gesehen, dass die Verschwendung bei Aristoteles als Übermaß interpretiert wird – also sozusagen als schlechte »Abweichung nach oben« von der Großzügigkeit. Geiz dagegen ist bei Aristoteles die »Abweichung nach unten« – Geiz ist ein Mangel. Was dort deutlich wurde: Seit Aristoteles' Zeiten haben sich diese Parameter geändert: Wir leben in geizigen Zeiten. Schon vorher hatten wir gesehen, dass mit Georges Batailles Anti-Ökonomie ein radikales Gegenprogramm zum Geiz existiert: Bataille fordert Verschwendung und erhebt sie zum Kernelement einer souveränen Lebensweise.

Nach dem Durchgang durch die ökologischen Aspekte der Großzügigkeit erweist sich die brennende Aktualität Batailles nochmals in besonderer Weise. Die Lage der Dinge erfordert nicht nur eine Überwindung einer zum systemischen Geiz pervertierten Fixierung auf Effizienz, Produktivität und Nutzen, sondern eine – positive – Neuinterpretation von Verschwendung. Denn sie ist – so geradezu verrückt das im Kontext ökonomischen Normdenkens klingen muss – Voraussetzung für eine ökonomisch, ökologisch, sozial und kulturell nachhaltige Entwicklung. Nachhaltigkeit braucht in einem rechten Maße Effizienz, Konsistenz und Suffizienz – aber ganz wesentlich auch maßvolle Verschwendung: also *Opulenz*.

Zentral für diese Neuinterpretation der Verschwendung ist die Gelassenheit, nicht jede unausgeschöpfte Effizienzverbesserung und jeden Verzicht auf Produktivitätssteigerungen als geradezu anstößige Katastrophe zu sehen. Effizienz, das haben wir gesehen, hat große Vorteile und war in der Wirtschaftsgeschichte ein wichtiger Entwicklungs- und Wachstumstreiber. Wir haben aber auch gesehen, wie gefährlich eine Überbetonung des Effizienzleitbildes ist. Der heutige Status von Effizienzsteigerung und Verschwendungsvermeidung als Hauptaufgabe von Ökonomik, BWL und Unternehmensberatung bedroht Resilienz und erweist sich bei näherer Betrachtung als ökonomistisch verbrämter Geiz.

Was aber kann gelassener Effizienzverzicht konkret bedeuten? Nun: Sicher bedeutet er betrieblich etwas anderes als gesamtwirtschaftlich. Ökonomisch gesprochen: Auf der Mikroebene ist Großzügigkeit etwas anderes als auf der Makroebene. Auf dieser gesamtwirtschaftlichen Ebene scheint die Sache klar, wenn man auf die oben beschriebene ökologische Situation blickt: Der Verzicht auf Effizienz, das bewusste Erlauben von Redundanz, das Nicht-Nutzen vorhandener Naturressourcen ist unabdingbar für jede Gesellschaft, die Nachhaltigkeit, Versorgungssicherheit und Resilienz anstrebt. Dass diese Ziele eine Wende zur Großzügigkeit erfordern, gilt aber nicht nur in ökologischer, sondern auch in ökonomischer Hinsicht. Es ist bereits absehbar, dass es hier eine neue Sensibilität für die Risiken einer internationalen Arbeitsteilung gibt, die zwar effizient, aber in Krisenfällen hoch sensibel und wenig resilient ist. Corona-Krise, Krieg und Klimadesaster haben diese Entwicklung deutlich befördert.

Und damit verlassen wir die ökologische Seite der Großzügigkeit – und landen wieder beim ökonomischen Aspekt der Sache. Wir haben bereits gesehen, wie radikal und geradezu »anti-ökonomisch« die Großzügigkeit wirtschaftliche Normalitäten in Frage stellt, indem sie die existenzbedrohende Dimension ökologischer Probleme ernst nimmt und die Wirksamkeit von »Gegenmaßnahmen« ins Zentrum nachhaltigkeitspolitischer Erwägungen stellt. Mit diesem Programm stehen, das wurde bereits deutlich, ökonomische Zentralbegriffe wie Effizienz, Knappheit und Wachstum in Frage. Nun gilt es, dieser Infragestellung genauer nachzugehen und zu erörtern, wie ökonomisches Denken auch jenseits ökologischer Erwägungen transformationsbedürftig wird, wenn man Großzügigkeit als Zukunftsstrategie ernst nimmt.

5. Großzügigkeit und wirtschaftliche Rationalität

Resilienz, Fehlerfreundlichkeit und Überraschungsfähigkeit als »unökonomische« Zukunftstugenden

An dieser Stelle ist es am Platze, nochmals den Terminus des »Unökonomischen« zu verdeutlichen. Es geht hier nicht darum, die Ökonomik und ökonomisches Denken für irrelevant, gefährlich oder sonst wie unwünschbar zu erklären. Es geht um die *Dominanz* einer bestimmten Ausprägung dieses Denkens. Nicht »ökonomisches Denken« ist unser Problem – sondern dass dieses Denken andere Denkungsarten und Weltzugänge verdrängt. Das geht nicht nur auf Kosten gedanklicher, konzeptioneller und praktischer Diversität, sondern bedeutet eben auch ganz reale Risiken in ökologischer, wirtschaftlicher und sozialer Hinsicht. Wie schon mal gesagt: Effizienz hat uns reich gemacht – jetzt droht sie, uns ärmer zu machen.

Nun könnten Ökonomen an meiner Kritik kritisieren, dass ich ganz falsch ansetze und einem Missverständnis aufsitze: Denn ob es ökologische Leitplanken, ordnungspolitisch abgesicherte Sicherheitsabstände bei der Naturnutzung oder bestimmte kulturelle und andere »Verschwendungsrituale« gibt – all das stehe außerhalb des wirtschaftswissenschaftlichen Zuständigkeitsbereichs. Die Ökonomik komme gleichsam nach der Politik: *Zuerst* bestimmen Gesellschaft, Politik und Recht, was gewollt wird – und erst *danach* kommt die Wirtschaftswissenschaft ins Spiel und nimmt sich der Frage an, wie das Gewollte und Gewünschte möglichst effizient zu organisieren sei. Diese Vorstellung passt auch gut zum Selbstverständnis der Ökonomik als wertfreie Wissenschaft, die viel auf ihre ethische Neutralität gibt.

Diese Vorstellung ist ebenso weit verbreitet, wie sie falsch ist. Und sie ist falsch, weil sie naiv ist. In Tat und Wahrheit ist es eben nicht so, dass die Ökonomik und das von ihr beförderte und verbreitete Denken gleichsam an der Seitenlinie stehen, wenn es um politische Entscheidungen und gesellschaftlichen Wandel geht. Das Gegenteil ist der Fall: Die Wirtschaft und die Wissenschaft von der Wirtschaft sind »mitten drin« – und eben nicht nur dann, wenn es um das »wie« geht, sondern auch um das »was«. Wer das nicht sehen kann, muss ökonomisch schon sehr verbildet oder verblendet sein.

Wer heute über das Verhältnis von Großzügigkeit und Wirtschaft spricht, kommt am Resilienzbegriff nicht vorbei. Denn insbesondere die Folgen der Corona-Krise haben dazu geführt, dass die Frag-Würdigkeit von Effizienz immer intensiver diskutiert wird. Plötzlich wurde ein anderer Begriff *en vogue*, der auf Feldern wie Materialwissenschaft, Psychologie und Ökologie schon seit längerem thematisiert wird: Resilienz – die Fähigkeit, Krisen gut zu überstehen und auch nach Rückschlägen oder Katastrophen weitermachen zu können, also nach Schocks gleichsam »zurückzufedern«. Resilienz hat heute einen guten Klang – von Gesundheit über Handel bis hin zum Militär gibt es kaum einen Bereich, in dem Resilienz nicht mit wachsender Aufmerksamkeit thematisiert wird.

Man sollte freilich auch dieses Zauberwort kritisch sehen – schon allein, weil es eben als neues Zauberwort gehandelt wird. Die Soziologin Stefanie Graefe schreibt in ihrem Buch über *Resilienz im Krisenkapitalismus* von der Aufgabe, »den Katastrophismus zu kritisieren, ohne dabei die Katastrophe aus dem Blick zu verlieren«[1] – eine Haltung, die ohne Zweifel sehr gut zum Umgang mit einer Lage passt, die vom Klimadesaster und anderen tiefgreifenden Krisen geprägt ist. Im Zeichen der Resilienz seien wir aufgefordert, schreibt Graefe, »uns nicht anzupassen und abzufinden mit der Welt, in der wir leben, sondern im Gegenteil darauf zu bestehen, dass wir sie verändern können – nicht etwa, weil wir vollständig souverän und rational oder aber ausgesetzt, ohnmächtig und unwissend wären, sondern weil ›wir‹ beides sind: autonom *und* abhängig, verletzlich *und* (trotzdem) handlungsfähig, unwissend *und* vernunftbegabt.«[2] Dieses kritische Verständnis von Resilienz ist auch hilfreich, wenn man ihr Verhältnis zur Effizienz reflektiert.

Das heißt auch, zu sehen, dass man nicht beides haben kann: Effizienz *und* Resilienz. Man kann effizient wirtschaften, dann fehlt aber der Spielraum, ohne den es Resilienz nicht geben kann. Oder man wirtschaftet resilient, dann aber begeht man definitionsgemäß die ökonomische Todsünde der Verschwendung. Gewiss – auch hier kommt die Frage nach dem rechten Maß ins Spiel: Man könnte argumentieren, für die Resilienz reiche es ja, ein bisschen weniger effizient zu handeln: Das stimmt – es kommt darauf an, die richtige Balance zu finden. Hier mit Extremen zu argumentieren, ist aber nicht nur anschaulich, sondern auch realitätsnäher: Denn mangelnde Resilienz ist ein

Schlüsselproblem unserer Zeit – ebenso wie der Zwilling dieses Problems, die Fixierung auf ökonomische Effizienz.

Puffer, Lager, Redundanzen, Slack – das sind nun mal (neben der Vielfalt, auf die wir noch zu sprechen kommen) unverzichtbare Voraussetzungen für Resilienz. Und solange das wirtschaftliche Denken von der Effizienz dominiert wird, solange Ökonominnen die reichtumsfördernde Kraft der Effizienz vor das Ziel der Resilienz stellen und solange Unternehmensberater ihre Schlüsselfunktion in der Vernichtung von Redundanzen sehen – solange wird Resilienz den Kürzeren ziehen bei Entscheidungen in Unternehmen, Verwaltungen und Universitäten.

Wenn also Resilienz angestrebt wird und das Leitbild der Effizienz dadurch gehörig an Kraft verliert – ist das nicht »teuer« für die Gesellschaft? Sicher ist: Der Verzicht auf – oder exakter: der maßvolle Einsatz von – Effizienz wird Geld und Zeit kosten. Wenn Resilienz in Zeiten von Klimaerhitzung, globalen Pandemien und internationalen Spannungen wichtiger wird und dieser Priorisierung auch Taten folgen, wird ein Preis dafür zu entrichten sein – und das ist weder gesellschaftspolitisch noch betriebswirtschaftlich trivial. Dass es eine bisweilen panische Empfindlichkeit mit Blick auf steigende Preise von Treibstoffen und Nahrungsmitteln gibt, ist oft individuell gut begründet. Das Beispiel von öko-sozialen Steuerreformen – gleich Preiserhöhungen für Energie und/oder Material – zeigt freilich, dass diese Problematik mit klugen Ausgleichsmaßnahmen gemanagt werden kann.

Dazu kommt, dass der Verzicht auf Effizienz potentiell erhebliche Vorteile hat, deren Kommunikation womöglich wichtiger werden wird im Vergleich zur heute verbreiteten Fokussierung wirtschaftsjournalistischer Berichterstattung auf das Wachstum des Bruttoinlandsprodukts, die Veränderungen von Börsenindizes und die Entwicklung des Preisniveaus. Gewiss: BIP, Dow Jones und Inflation sind wichtige und unverzichtbare Elemente eines informierten wirtschaftspolitischen Diskurses. Das Problem ist auch hier eine diskursive Dominanz, die Denken und Phantasie nicht beflügelt, sondern einschränkt. Eine Weitung des Blicks, mit dem dann auch wichtige Zukunftstugenden jenseits ökonomischer Parameter sichtbar würden, wäre eine Verbesserung.

Vielfalt, Fehlerfreundlichkeit und Überraschungsfähigkeit sind wichtige Zukunftstugenden, die sich üblicherweise nicht unmittelbar in wirtschaftliche Kennzahlen übersetzen, aber von höchster ökonomischer Relevanz sind. Wir sind hier erneut mit dem entscheidenden Unterschied zwischen Effizienz und Effektivität konfrontiert. In einer von ökologischen Bedrohungen, sozialen

Konflikten und politischen Unsicherheiten geprägten Welt ist ein effektiver Umgang mit Unsicherheiten von existenzieller Bedeutung – und *Voraussetzung* für effizientes Handeln. Wie im vorigen Kapitel im Anschluss an Herman Daly formuliert: ein »optimaler Untergang« bleibt ein Untergang. Risiken kann man nur vermeiden oder managen, wenn man sie kennt – echte Unsicherheit ist aber etwas ganz anderes und erfordert auch einen anderen Umgang mit der Lage. Damit geht ein Bedeutungsgewinn des Resilienzbegriffs einher.

Der Ökonom Markus Brunnermeier schreibt gleich zu Beginn seines viel beachteten Buches *Die resiliente Gesellschaft*: »Anstatt lethargisch Risiken zu vermeiden, soll die Gesellschaft idealerweise resilient gegenüber negativen Schocks sein.«[3] Den Verweis auf die Lethargie kann man wohl als Kritik an Ansätzen wie dem hier vorgebrachten lesen, die Prinzipien der Vorsicht walten lassen und sich also nicht nur auf Resilienzmanagement verlassen wollen. Brunnermeier sieht Resilienz nicht nur als Nachhaltigkeits-, sondern auch als Wachstumsfaktor.[4] Das Wachstumsziel bleibt in seinem Ansatz unhinterfragt. Immerhin sieht auch er die Bedeutung von Kipppunkten und die Gefahr, die Gesellschaft könne »eine Schwelle überschreiten, jenseits derer es kein Zurück mehr gibt.«[5]

Wichtig ist Brunnermeiers Hinweis, dass Risiken niemals vollständig auszuschließen sind und dass Nachhaltigkeit erfordert, gewisse Risiken einzugehen.[6] Das wird schon mit Blick auf die wichtigen Nachhaltigkeitsfaktoren Innovation und Investition deutlich: Ohne den Mut zum Risiko lassen sich weder neue Ideen durchsetzen noch deren Umsetzung finanzieren. Ohne Ideen, ohne Wagnis, ohne Risiko keine Zukunftsfähigkeit – damit ist auch der Ansatz der Großzügigkeit kompatibel. Direkt an diesen Punkt anschlussfähig ist die Bedeutung von Spielräumen und Puffern in Brunnermeiers Resilienzökonomik. Es sei unbedingt dafür zu sorgen, dass Gesellschaften nach Schocks »immer wieder aufstehen« könnten: »Dafür benötigen wir ein Sicherheitsnetz aus Puffern, Redundanzen und Schutzzonen.«[7] Anders gesagt: Resilienz braucht »Slack«.

Dieser Terminus ist, für viele wohl überraschend, ein durchaus etablierter Begriff der Betriebswirtschaftslehre. Wir haben das im vorigen Kapitel bereits mit Blick auf ökologische Zukunftssicherung gesehen: Wenn mehr da ist als man braucht, wenn etwas ungenutzt bleibt, kann das aus Sicherheits- und anderen guten Gründen durchaus sinnvoll sein. Wenn Effizienz und Expansion alles, Sicherheit und Qualität aber wenig sind, kann die Sache schiefgehen – sehr schief, wie wir spätestens seit Corona und dem Krieg in der Ukraine wissen. »Slack« ist ökonomisch ebenso sinnvoll wie ökologisch. (Und persönlich, wie wir im nächsten Kapitel noch sehen werden.) Und technisch, wie Ingenieurinnen schon lange beherzigen: In jede Brücken-, Flugzeug- und andere Technikkonstruktion, bei der es gefährlich werden kann, sind Sicherheitsabstände eingebaut, also Puffer. Eine Brücke kann üblicherweise weit mehr tragen als die zugelassene Last. Dass Passagierflugzeuge nicht wie Steine vom Himmel fallen, sobald ein Triebwerk ausfällt, hat mit dieser Form von Sicherheitsüberschuss zu tun. Das alles werden, bei aller hier involvierten Ineffizienz, die meisten Menschen als beruhigend und positiv bewerten.

In eine ähnliche (aber nicht gleiche) Richtung zielt das, was der Journalist Wolf Lotter »Überraschungsfähigkeit« nennt. Lotter schreibt unter der Überschrift »Störzonen« in der Zeitschrift *Brand eins* über Zufälle, Sicherheitsreserven, Alternativen und auch über den Faktor Ambiguitätstoleranz. Die, so formuliert Lotter, »erschließt Komplexität, Vielfalt, Alternativen. Überraschungen sind Entdeckungen aus den unendlichen Möglichkeiten dieser Welt. Ambiguitätstoleranz kann geübt werden, indem man sich regelmäßig mit Andersdenkenden konfrontiert. Die Fähigkeit, Widersprüche auszuhalten, führt gelegentlich dazu, dass man erkennt, was in ihnen steckt. Neugierde wächst, das ist schon der nächste Schritt.«[8] Mit dieser Neugierde kann man sich auf die nicht-naive Suche nach Alternativen zur Effizienzfixierung machen – sogar an Orten, wo man sie nicht vermuten würde.

Großzügigkeit, betriebswirtschaftlich gedacht

Dass Effizienzdenken einer Revision unterzogen werden muss, wurde im November 2020 bei einer Veranstaltung zum Themenfeld Resilienz, Innovation und Nachhaltigkeit diskutiert. Dort wurde auch von Unternehmensberatern die klare Notwendigkeit formuliert, das Verhältnis von Effizienz und Resilienz anders als bisher zu denken.[9] Angesichts der schon erörterten Rolle von Unternehmensberatungen als hochbezahlte Redundanz-Vermeider ist das überaus bemerkenswert. Dass auch der Mainstream der Beraterbranche das Effizienzleitbild hinterfragt, zeigt den drastischen Einschnitt, den die Corona-Krise und der Bedeutungsgewinn von Resilienz auch für die Praxis von Management bedeutet. Wohl nie vorher wurden auch im wirtschaftlichen Mainstream die Grenzen des Effizienzparadigmas so intensiv problematisiert wie in den frühen Zwanzigerjahren des 21. Jahrhunderts.

Aber treten wir kurz einen Schritt zurück. »Slack« – Ressourcen, die nicht im Namen der Effizienz genutzt werden, sondern ungenutzt bleiben – ist in der Betriebswirtschaftslehre seit den frühen 1960er Jahren ein Begriff. Slack ist dort zwar nicht Mainstream, er ist aber auch keine obskure Abirrung. In ihrem erstmals 1963 erschienenen Buch *A Behavioral Theory of the Firm* setzen sich Richard M. Cyert und James G. March mit diesem Begriff auseinander. In der deutschen Ausgabe der zweiten Auflage dieses Klassikers lesen wir über Slack und die Tatsache, dass dieser in der »konventionellen Wirtschaftstheorie [...] gleich Null (zumindest im Gleichgewicht)« sei.[10] Diese Beobachtung kann nicht überraschen, ist doch die konventionelle Ökonomik, wie wir gesehen haben, wesentlich an der Eliminierung von Slack durch Effizienz orientiert.

Für unser Thema ist interessant und relevant, dass Slack gleichwohl eine positive Funktion haben kann – zumal in schwierigen Lagen.[11] Cyert und March weisen auf den wichtigen Umstand hin, dass »der durch organisationalen Slack geschaffene Puffer es den Unternehmungen *ermöglicht, in Notzeiten zu überleben.*«[12] Die Funktion ist hier also ähnlich wie auf dem Feld der Ökologie: Slack ist ineffizient, kann aber buchstäblich lebens- und existenzerhaltend sein, wenn die Lage bedrohlich ist. Die Vorstellung, dass auch ein optimaler Untergang ein Untergang bleibt, findet hier ihren Widerhall: Wo die Existenz gefährdet ist, tritt Effektivität vor Effizienz.

Auch der Managementwissenschaftler L.J. Bourgeois III betont in seinem Aufsatz *On the Measurement of Organizational Slack* das Existenzsichernde und das Exzessive, das dem Slack innewohnt. Er bezeichnet in diesem klassischen Beitrag den organisationalen Slack als »Absorbtionsmechanismus« und als »Polster überschüssiger Ressourcen« und betont: »Jedes Unternehmen, das keine internen Schockabsorber in seine Arbeitsabläufe eingebaut hat, wird von Beeinträchtigungen betroffen sein.«[13] Bourgeois weist bezeichnenderweise darauf hin, dass für ihn Effizienz und Erfolg nicht dasselbe sind.[14]

Und er macht eine Anmerkung, deren Relevanz für unser Thema kaum überschätzt werden kann: »Die Schaffung von Pufferressourcen [also Slack; FL] zwischen voneinander abhängigen Organisationseinheiten reduziert die Notwendigkeit, die Aktivitäten dieser Einheiten so eng zu koordinieren, wie es notwendig wäre, wenn es keinen Spielraum zwischen dem Produktionsplan einer Abteilung und dem der nachfolgenden Abteilung gäbe.«[15] Slack ist also nicht nur ein Sicherheitsfaktor – er reduziert auch Koordinations- und Kontrollaufwand. Das liegt exakt auf der Linie des im vorigen Kapitel entfalteten »ökologischen« Arguments, das Wolfgang Sachs' Schiffsmetapher so brillant auf den Punkt bringt: Slack trägt in gewisser Weise zur Entspannung bei, weil man nicht dauernd am Rand der Möglichkeiten operiert, sondern hinreichend Abstand zu deren Grenzen hält. Wir sehen, dass dieses Argument nicht nur mit Blick auf die Umwelt, sondern auch hinsichtlich der Funktionsweise von Unternehmen funktioniert.

Bourgeois macht noch einen weiteren Punkt, der perfekt zu den Notwendigkeiten einer effektiven Nachhaltigkeitspolitik passt, wenn er darauf verweist, dass Slack »Ressourcen für kreatives Verhalten« bereitstellen kann.[16] Anders formuliert, ist das Vorhandensein von Slack ein Innovationsfaktor. »Wenn Spielraum [also Slack, FL] entsteht,« schreibt er, »kann es sich das Unternehmen buchstäblich leisten, mit neuen Strategien zu experimentieren, z. b. durch die Einführung neuer Produkte, den Eintritt in neue Märkte und so weiter.«[17] Auch hier ist der klare Bezug zu Nachhaltigkeit und Großzügigkeit offensichtlich: Das ineffiziente Vorhandensein von Slack kann die Entstehung von Kreativität, Ideen und Innovation fördern. Dass das nicht nur mikroökonomisch, sondern auch gesamtgesellschaftlich und ökologisch relevant ist, liegt auf der Hand.

Seit einiger Zeit werden die Grenzen der Effizienz auch jenseits der theoretischen Debatte über organisationalen Slack und auch über ökologische Probleme hinaus immer offensichtlicher. Wesentliche Treiber waren hierfür die Corona-Pandemie und der russische Angriff auf die Ukraine und die damit einhergehenden wachsenden Zweifel an Handelsbeziehungen mit autoritären Regimen. Sogar der gewiss nicht sonderlich revolutionär veranlagte *Harvard Business manager* hat im Zeichen der Corona-Krise auf bestehende Lieferkettenrisiken hingewiesen und bereits vor der Krise die »Grenzen der Effizienz« thematisiert.[18] Die Abschaffung von Verschwendung sei »der Heilige Gral der Betriebswirtschaftslehre«, übertriebene Effizienz sei problematisch und potenziell gefährlich, nicht zuletzt mit Blick auf die gesellschaftlichen Auswirkungen unternehmerischen Tuns. Im *Harvard Business manager* liest man tatsächlich: »Ein supereffizientes, dominierendes Geschäftsmodell erhöht das Risiko eines katastrophalen Scheiterns.«[19] Effizienz, so wird dort sehr deutlich hervorgehoben, hat ihren Preis.

Das gilt auch mit Blick auf das Personalmanagement. Der Trend zur Optimierung droht, Beschäftigte zu entmachten und damit am Ende höchst unproduktive Wirkungen zu entfalten. In dieser Diagnose ist die Warnung von einer Übertechnisierung von Abläufen aufgehoben. Wenn Effizienzstreben und digital vorangetriebene Optimierung dominieren, kann das nicht zuletzt auf Kosten der Innovationsfähigkeit gehen: »Ja, die Algorithmen sparen im Durchschnitt Benzin und Geld, aber Innovationen, die von den Arbeitnehmern ausgehen, werden nicht stattfinden, wenn wir uns von der

Eigenverantwortung verabschieden und die mit der Optimierung verbundene Planung und Kontrolle einführen.«[20]

Aus den zahlreichen betriebswirtschaftlich orientierten Veröffentlichungen im ersten Jahr der Corona-Krise zum Thema Resilienz stechen zwei Themenbereiche heraus: Führung und Lieferketten.[21] Beim Thema Führung – und das heißt hier auch Selbst-Führung – stand oft die Frage im Vordergrund, was gute Führung leisten muss und was es braucht, damit sie gelingen kann. Hieran anschlussfähig ist die Großzügigkeit als Gegenprogramm zur individuellen Selbstoptimierung. Das Lieferketten-Thema hat insoweit grundsätzliche Bedeutung, als hier Argumente Beachtung fanden, die man bisher eher aus der Nachhaltigkeitsdebatte kannte: Diversität und Redundanz sind resilienzrelevant.[22] Grundsätzlich gilt, dass diese beiden Faktoren für ökologische, wirtschaftliche und organisatorische Resilienz unerlässlich sind. Diversität heißt hier, über eine Vielfalt an Optionen zu verfügen und so im Krisenfall auf andere Handlungsalternativen umsteigen zu können. Redundanz steht für das Vorhandensein überschüssiger Ressourcen, auf die bei einer Krise zurückgegriffen werden kann.

»Slack« ist nicht nur ökologisch sinnvoll und betriebswirtschaftlich bedeutsam, sondern auch volkswirtschaftlich relevant. Es braucht nicht nur Komplexität, sondern auch Einfachheit. Nassim N. Taleb, Autor des Bestsellers *Der Schwarze Schwan*, bringt das so auf den Punkt: »Die hochkomplexe Wirtschaft hat selbst schon eine Hebelwirkung: die Vervielfachung der Leistungsfähigkeit. Solche Systeme überleben dank Flauten und Redundanzen.«[23] Nicht nur Öko- und Wirtschaftssysteme können im Hinblick auf Belastungen unterschiedlich resilient sein: Unterschiedliche gesellschaftliche und gemeinschaftliche Organisationsformen realisieren verschiedene Resilienzgrade. Extrem arbeitsteilige und technisierte Strukturen sind äußerst verletzlich – und auf Wechselseitigkeit und bürgerschaftlicher Assoziation basierende Systeme sind im Vergleich dazu oft resilienter.[24] Wenn immer am Rand der Belastungsgrenzen oder Leistungskapazitäten operiert wird, laufen unweigerlich Risiken mit, die bei einem Abweichen vom Expansionskurs umgehend zu negativen Kettenreaktionen führen. Die Finanzkrise hat dies eindrucksvoll gezeigt. In sehr vielen der sogenannten Schwellen- und Entwicklungsländer hatte der wirtschaftliche Einbruch in den reichen Industrieländern desaströse Konsequenzen. Die Entwicklungen der letzten Jahre haben die Wahrnehmung dieser Fragilität noch zugespitzt.

Auf der Suche nach der richtigen Balance zwischen Effizienz und Resilienz

Selbst wachstumsorientierte Ökonomen wie Markus Brunnermeier sehen die Schattenseiten von Handel und Globalisierung. Wirtschaftliche Integration, schreibt er, kann zulasten der Resilienz gehen – zumal wenn Firmen ihre Lieferketten nicht diversifizieren und somit starke Abhängigkeiten entstehen.[25] »Verlangsamte Globalisierung« und »Reshoring« sind mithin wichtige Themen.[26] In der Tat sind »Nearshoring« und »Friendshoring« spätestens seit Corona wichtige Begriffe der Debatte über Nutzen und Schaden von internationalen Handelsbeziehungen. Unter der Überschrift »Kostenminimierung versus Resilienz« blickt Brunnermeier wie folgt in die Zukunft: »Wirklich neu an den globalen Lieferketten wird wahrscheinlich sein, dass bei der Auswahl von Zulieferern nun die Belastbarkeit an erster Stelle steht, nicht die Kostenminimierung.«[27]

Auf den Punkt gebracht: Resilienz wird wichtiger, Effizienz verliert an Bedeutung. »Großzügigkeit« wird zum Faktor im internationalen Handel. Für Brunnermeier ist klar, dass in Zukunft technologische Entwicklungen die Globalisierung treiben werden, während politischer Druck eher in Richtung De-Globalisierung wirken wird.[28] Durch Corona wurde immer deutlicher, dass es keine gute Idee ist, bei essentiellen Gütern und Herstellungsprozessen auf ein Land oder gar eine Region oder eine Fabrik angewiesen zu sein. Hier ist Diversität angezeigt – eine Mehrzahl von Zulieferern mindert die Abhängigkeit von einzelnen Akteuren. Gleichzeitig haben die bisherigen Strukturen natürlich ihren Grund – sie waren sehr kosteneffizient. Eine wichtige Aufgabe liegt also darin, eine *Balance* zu finden zwischen Resilienz und Vielfalt auf der einen, Kosteneffizienz und Konkurrenzfähigkeit auf der anderen Seite: »Die Herausforderung für Unternehmen wird darin bestehen, ihre Lieferketten resilienter zu machen, ohne ihre Wettbewerbsfähigkeit zu schwächen.«[29]

Dieses Spannungsfeld ist auch beim anderen Resilienzfaktor relevant: Redundanz. Höhere Lagerbestände sind neben der Diversifikation das Mittel der Wahl, um die Produktion resilient zu organisieren – je höher die Lagerbestände sind, desto länger kann man bei einer Störung der Lieferkette weiterarbeiten. Von der Inkompatibilität von Lagerhaltung mit Just-in-Time-Produktionsprozessen abgesehen: Hohe Lagerbestände sind ebenfalls ein Kostenfaktor – folglich gilt es auch hier, die richtige Balance zu finden mit Blick auf die Kosten, den Zeitaufwand und die Risiken, die durch lieferkettenbedingte Produktionsausfälle entstehen würden.[30] Was einmal mehr deutlich wird: Man kann nicht gleichzeitig Resilienz und Effizienz steigern. Die Herausforderung liegt in der Suche nach dem richtigen Mix.

Plötzlich ist Effizienzstreben damit nicht mehr so »normal« und fraglos akzeptiert wie bisher. Der in der Debatte über die ökonomischen Folgen der Corona-Lage allgegenwärtige Begriff der Resilienz steht somit auch für die krisenbedingte Infragestellung des lange kaum hinterfragbaren Effizienzleitbildes. Die Krise, so formuliert es Florian Roth, ist eine »Gelegenheit, um zu sagen: Wir können nicht alles nur auf kurzfristige Effizienz trimmen.«[31] Man kann das so zuspitzen: »Krisengewinnler sind dies immer auf Kosten anderer – *insgesamt*, sowohl für die Gesellschaft als auch für eine Organisation, rücken jedoch Erhaltungsziele gegenüber Maximierungsstrategien in den Vordergrund.«[32] Wenn es um Überlebenssicherung geht, verändern sich Prioritäten. Auch dies hat die Corona-Krise eindrücklich gezeigt.

Besonders deutlich wird das auf dem Gebiet des internationalen Handels. Hier haben mittlerweile effizienzkritische Positionen, die noch vor wenigen Jahren als absurd gegolten hätten, eine erhebliche Sichtbarkeit erreicht. Das zeigt, wie schnell fest etablierte Leitbilder brüchig werden können, wenn drastischer Wandel ein rasches Umdenken und verändertes Handeln erfordern. Auch für diesen Diskurs kann man feststellen: Effizienz bleibt wichtig, aber sowohl in der wirtschaftlichen Theorie als auch in der Praxis wird immer deutlicher, dass sie Grenzen hat. Schauen wir genauer hin.

Internationaler Handel: Gibt es ein rechtes Maß?

Wie im Kontext von Krieg und Corona in den letzten Jahren über internationalen Handel, Resilienz und gegenseitige Abhängigkeiten diskutiert wurde – das wäre noch vor einem Jahrzehnt völlig undenkbar gewesen. Zu den Hochzeiten des Globalisierungsdiskurses schien sonnenklar, dass es zur Ausnutzung komparativer Kostenvorteile, zur Realisierung von Effizienzgewinnen in der internationalen Arbeitsteilung und zu »Wandel durch Handel« keine plausiblen Alternativen gibt. Heute ist das anders, und die neue Diskurslage könnte man in der Terminologie dieses Buches mit »Großzügigkeit statt Effizienz« oder zumindest »Effizienz und Großzügigkeit« auf den Punkt bringen.[33]

Wie wichtig es ist, in Wertschöpfungsketten nicht nur von einem Standort abhängig zu sein und wie ratsam es ist, bei Lieferschwierigkeiten über Lagerbestände und gangbare Alternativen zu verfügen, haben die jüngsten Krisen eindringlich gezeigt. Redundanz ist also nicht abzuschaffen, sondern maßvoll zu organisieren. Und: Der Resilienzfaktor Vielfalt muss im 21. Jahrhundert einen viel höheren Stellenwert bekommen als bisher. Monokulturen mögen effizient sein – sie sind aber auch sehr fragil. Das gilt bekanntlich in ökologischer Hinsicht – und, wie man seit langem weiß, auch für die Zusammensetzung von Teams.

Für Deutschland, so wird immer deutlicher, ist mit der vielzitierten Zeitenwende auch das Ende eines makroökonomischen Erfolgsmodells gekommen. Es basierte, so analysieren immer mehr Fachleute, auf drei Faktoren: geringe Militärausgaben, billige Energieträger aus Russland, hohe Exporte nach China. Zumal die Beziehungen zu China werden seit Beginn des russischen Angriffskrieges in der Ukraine heftig diskutiert. Worum es dabei wesentlich geht, ist aus der hier vorgebrachten Perspektive: Großzügigkeit – verstanden als bewusster Verzicht auf Effizienz im Namen von Resilienz und Sicherheit. In diesem Sinne lässt sich auch die Rede von der »strategischen Autonomie« auf europäischer Ebene verstehen, die klar auf Einschränkungen des »freien« Handels setzt, um die Europäische Union krisenfester zu machen. (Was an dieser Stelle vielleicht zu betonen ist: Das hier gesagte verlöre nicht an Bedeutung, sollte China ernsthafte [womöglich kriegerische] Versuche unternehmen, sich Taiwan vollständig anzueignen – im Gegenteil.)

»Wehrhafte Marktwirtschaft« war im Herbst 2022 ein Beitrag in der *Frankfurter Allgemeinen Sonntagszeitung* überschrieben. Gerald Braunberger formuliert darin: »In einer Welt zunehmender geopolitischer Spannungen ist es nicht genug, die Soziale Marktwirtschaft um eine ökologische Komponente zu erweitern. Die Soziale Marktwirtschaft muss ebenso wehrhaft sein.«[34] Braunberger will zwar »keine Rückkehr zu einem harten Protektionismus« und fordert die Minimierung von Wohlfahrtsverlusten. *Dass* es diese Verluste geben darf, wenn sie der Sicherheit dienen, sagt er freilich in aller Deutlichkeit: »Eine wehrhafte Marktwirtschaft akzeptiert dort Einschränkungen des freien Wirtschaftens, wo es um die äußere Sicherheit geht.«[35] Freihandel, so kann man das verstehen, steht unter dem Vorbehalt sicherheitspolitischer Erwägungen. Für unser Thema kann man die Lage so beschreiben: Wie Sicherheit und Resilienz Voraussetzungen für wohlstandsfördernden internationalen Handel sind, sind Großzügigkeit und Spielräume Grundlage für wirtschaftliches Handeln, in dem Effizienz eine maßvolle Rolle spielt.

Was mit Corona begann, ist durch den Ukraine-Krieg und auch durch die Entwicklungen in China gleichsam eskaliert: Die Zweifel an einem Handelsmodell, das theoretisch an komparativen Kostenvorteilen orientiert ist und praktisch eine massive Globalisierung bedeutet hat, sind stark gewachsen.

Deutschland, so eine wohl für den Diskurs repräsentative Aussage, »hat sich so effizient wie kaum ein anderes Land die Vorteile internationaler Arbeitsteilung zunutze gemacht und überall dort eingekauft, wo es vor allem billig ist.«[36] Heute wird intensiv über resilienzfördernde Maßnahmen diskutiert, die allesamt auf Kosten der Effizienz gehen und damit im Sinne dieses Buches als großzügig charakterisiert werden können: »Diversifizierung der Lieferanten, Erhöhung der Lagerbestände, Puffer in den geplanten Lieferzeiten.«[37] Slack und Vielfalt dominieren heute die Handelsdiskussion wie früher Kostenvorteile und Globalisierungsgewinne.

Gerade mit Blick auf China zeigt sich dabei die Bedeutung nicht-ökonomischer Erwägungen für ökonomische Zukunftsvisionen. Die lange unhinterfragte Bedeutung Chinas für Deutschlands Handelsmodell dringt jetzt ins Bewusstsein auch einer breiteren Bevölkerung, und auch andere europäische Länder reflektieren ihre Abhängigkeit von der Volksrepublik. China liefert zahllose essentielle Vorprodukte für die deutsche Industrie und dominiert die Versorgung mit seltenen Erden.[38] Wichtige deutsche Firmen sind beim Export in höchstem Maße abhängig vom chinesischen Markt. Zwei von fünf weltweit verkauften Volkswagen wurden in China abgesetzt. 2021 betrug der Anteil von Direktinvestitionen in China an den Gesamtdirektinvestitionen 14 Prozent – sehr viel im Vergleich zu den 2 Prozent Anteil im Falle der USA. Und vier deutsche Firmen stehen seit 2018 alleine für ein Drittel aller Investitionen aus der EU.[39]

Man könnte angesichts dieses Gesamtbildes meinen, mit dem Plädoyer für Großzügigkeit offene Türen einzurennen – ganz anders als auf einem Feld wie der Umweltpolitik. Das deutet vielleicht darauf hin, dass entgegen aller Bekenntnisse ökologische Themen nach wie vor nicht den Stellenwert wirtschaftlicher Zielsetzungen haben. Dabei, das sollte deutlich geworden sein, ist das eine nicht ohne das andere zu haben. Und was man für Resilienz und Krisenfestigkeit braucht – das ist in ökologischer und ökonomischer Hinsicht eindeutig strukturverwandt. Am Ende seines bereits zitierten resilienzökonomischen Bestsellers *Die resiliente Gesellschaft* betont Markus Brunnermeier aus einer *ganz* anderen Perspektive die existenzielle Notwendigkeit von »mehr Ideen« und schreibt: »Nach Vogel-Strauß-Manier den Kopf in den Sand zu stecken oder am Status quo festzuhalten sind keine wirklichen Lösungen. Um resilient zu sein, muss man flexibel reagieren, zusätzliche Puffer haben und offen für die Chance bleiben, nach Rückschlägen wieder aufzustehen.«[40] Es sollte auch deutlich geworden sein, wie gefährlich eine übermäßige Effizienzorientierung ist, indem sie Flexibilität limitiert, Puffer ausradiert und durch ihre enge Perspektive den Blick für Chancen und Möglichkeiten einzuengen vermag. Um dies zu verdeutlichen, lassen wir Umwelt- und Handelsfragen im nächsten Abschnitt beiseite und wenden uns den Feldern der Kultur-, Bildungs- und Gesundheitspolitik zu.

Kulturlosigkeit, Dummheit und Krankheit als Kollateralschäden ökonomischen Denkens: Eine zugespitzte Mesoökonomik der Effizienzkritik

Wenn man unter Mesoökonomik die Betrachtung von wirtschaftlichen Praktiken versteht, die zwischen mikro- und makroökonomischen Perspektiven liegen und den Blick auf sektorale Fragen werfen, ist dieser Abschnitt ein mesoökonomischer: Es geht um die Sektoren Kunst, Bildung und Gesundheit. Schauen wir uns statt des Makroproblems des (un-)wirtschaftlichen Wirtschaftswachstums und des Mikrophänomens individuellen (Un-)Glücks also die Schicht dazwischen an: die Mesoebene der sogenannten sektoralen Entwicklungen. Richten wir unseren Blick also auf drei Lebensbereiche, die in der letzten Zeit mehr und mehr unter wirtschaftlichen Druck geraten sind und dabei nicht gerade an Statur gewonnen haben.

Von Musik und Museen war schon kurz die Rede: als im strengen Sinne verschwenderische, aber gleichzeitig lebensnotwendige Dinge, die ökonomisch unvernünftig sein mögen, aber zu einem guten Leben dazugehören. Im Kontext der Nachhaltigkeit könnte man feststellen: Zum Überleben brauchen wir kulturelle Aktivitäten nicht – aber um ein gutes Leben zu haben, können wir auf sie nicht verzichten. Wir brauchen nicht nur Essen, Kleidung und ein Dach über dem Kopf – sondern auch Musik, Museen, Kinos und andere Kulturprodukte. Dass dieser Bedarf in unterschiedlichen Gesellschaften und zwischen Personen stark variieren kann und viel mit Bildung, Einkommen, Interessen und anderen sozioökonomischen Faktoren zusammenhängt, ist klar. Und auch dass die Möglichkeiten, diesen Bedarf zu befriedigen, krass ungleich verteilt sind, ist evident. Für uns reicht aber die Vorstellung, dass es diese Bedarfe gibt und dass sie über »bloß existenzielle« Notwendigkeiten hinausgehen. Kunst hat mit Verschwendung und Großzügigkeit in der Regel mehr zu tun als mit Knappheit und ökonomischer Logik. Geld und Zeit für Kultur zu verwenden, gehört zu den besten Anwendungen der Großzügigkeit.

Nun, fast immer: Die Exzesse eines globalisierten Kunstmarktes mögen manchem schon als Beleg gelten, dass von »ökonomischer Rationalität« hier ohnehin nur in Anführungsstrichen die Rede sein kann. Die für Außenstehende reichlich opaken Praktiken dieses Teils des Kulturbetriebs könnten etwas mit Verschwendung zu tun haben. Hier bewegen wir uns nicht nur jenseits von Gut und Böse, sondern auch jenseits von Effizienz und Großzügigkeit, weil eigentlich keines dieser Kriterien anwendbar anmutet. Hier scheint es wesentlich um Geldanlage, Spekulation und Profitmaximierung zu gehen. Bei einem global angelegten Markt, an dem wesentlich (Super-)Reiche partizipieren, ist das womöglich keine Überraschung. Vielleicht von der Frage abgesehen, wie die hier umgesetzten Geldmassen einer gerechten Besteuerung zugeführt werden können, ist das für unser Thema von begrenzter Relevanz.

Interessanter ist das Phänomen, dass auch im »ganz normalen Kulturbetrieb« ökonomische Werte wie Effizienz, Reputation und Konkurrenz wichtiger werden. »Kulturlosigkeit« mag dafür zugegebenermaßen ein zu starkes Wort sein – hinweisen soll es darauf, dass es zu kulturellen Verlusten kommen kann, wenn ökonomische Gewinne im Vordergrund stehen. Dazu nur ein Beispiel: eine Veranstaltung zum 175. Geburtstag des Komponisten Felix Mendelssohn Bartholdy, die im November 2022 in Leipzig stattfand. Die sächsische Kulturministerin sprach dort weniger über Kultur und mehr über Wirtschaft, indem, wie die *Frankfurter Allgemeine Zeitung* genüsslich formuliert, sie es vorzog, »mit den Marketingparolen von der ›Musikstadt Leipzig‹ und Sachsen als dem ›Land der Musik‹ die förderliche Langzeitwirkung Mendelssohns auf den Tourismus zu würdigen. Gradlinig und ehrlich verkürzte sie also die Leistungen Mendelssohns auf deren heutige Wirtschaftlichkeit.«[41]

Bei der Würdigung eines Künstlers seine ökonomische Bedeutung in den Vordergrund zu stellen, ist natürlich kein unschuldiger Akt – sondern symptomatisch für eine Gesellschaft, in der wirtschaftliche Kriterien zulasten von Werten geht, die sich nur schwer ökonomisch fassen lassen und die das Utilitaristische in gewisser Weise transzendieren. Wie begrenzt und begrenzend eine übersteigerte Orientierung an ökonomischer Rationalität ist, lässt sich auch an den Politikfeldern Gesundheit und Bildung zeigen.[42] Wenn man sich diese Felder anschaut, die – wie andere auch – unter der Überschrift »Effizienzsteigerung« zu »reformieren« versucht wurden und werden, können gehörige Zweifel am Sinn von Effizienz aufkommen.

Wenn Mittel zur Erreichung bestimmter Ziele knapp sind, ist der effiziente Umgang mit diesen Mitteln eine rationale Strategie. Wenn man besser ausgebildete Studierende und besser versorgte Patienten will, ist es sinnvoll, die für Bildung und Gesundheit zur Verfügung stehenden Mittel effizient einzusetzen. So weit, so plausibel. Problematisch wird die Sache, wenn Augenmaß und angemessene Mittelverwendung verdrängt werden – wenn Effizienzorientierung als Effizienzverbissenheit aus dem Ruder läuft, wenn Effizienz andere Kriterien des Umgangs mit Mitteln verdrängt und selbst zum handlungsleitenden Ziel wird. Im Anschluss an das oben zitierte Buch *Thinking like an Economist* könnte man sagen (und dabei nur leicht übertreiben): Hier sieht man, was dabei herauskommt, wenn man (nur) denkt wie ein Ökonom.

Wie real die Gefahr ist, mit effizienten Mitteln fragwürdigen Zielen nachzujagen, zeigt sich am Beispiel der Gesundheit. Zur rigorosen Implementierung einer tiefgreifenden Effizienzlogik, die wirklich alle Bereiche des Gesundheitswesens erfasst, scheint es keine Alternative zu geben. Technischer Fortschritt in Kombination mit demographischem Wandel führt tendenziell zu höheren Kosten, und zwar so viel höher, dass es auf der Hand zu liegen scheint, Effizienz anzustreben. Geld sparen durch ein besseres Verhältnis von Ressourceneinsatz und Ergebnis erscheint vielen offenbar als ultimatives Gebot für Veränderungen des Gesundheitswesens.

Wenn man als Betroffener mit diesem Wesen zu tun hat oder wenn man zum Beispiel in einem Krankenhaus arbeitet, wenn man hautnah mit den – welch ein Wort in diesem Zusammenhang – nicht-monetären Aspekten dieser Veranstaltung in Berührung kommt, sieht die Sache anders aus: Krankheit, Leid, Angst, Einsamkeit, Tod. Kurz gesagt: Man kommt darauf, dass Effizienzsteigerungen ein *Maß* brauchen und Grenzziehungen erfordern – und die liegen in den nicht-monetären Aspekten. Eine rein betriebswirtschaftliche Logik – wie wir bereits wissen: meist ganz wesentlich auf die Vermeidung von Verschwendung gerichtet – stößt auf Beschränkungen, wenn sie in Bereichen angewendet wird, die voll sind von Dingen, die sich eben nicht wirklich quantifizieren lassen, schon gar nicht monetär.

Das gilt für die Natur (hier gibt es Tonnen von Literatur zu den Grenzen von Bewertungsmöglichkeiten), für die Bildung (wir kommen sogleich darauf zurück) und eben auch für die Gesundheit. Man kann versuchen, Momente der Zuwendung, das Halten einer Hand, das Da-Sein in schwierigen Situationen zu quantifizieren, zu evaluieren, zu managen – dann hat man aber auch mit den Folgen zu kämpfen, die eine ins Besinnungslose reichende Verbreitung des Effizienzglaubens nun mal mit sich bringt. Das ist viel weniger normativ gemeint als empirisch – die Empirie von Krankheit, Pflege und Sterben zeigt, wie zwingend es ist, die Betriebswirtschaft in ihre Schranken zu weisen. Kurz gesagt: Effizienz macht krank, wenn sie übertrieben wird.

Und dumm macht sie dann ebenfalls. Auch die Bildung gerät bekanntlich unter zunehmenden ökonomischen Druck. Auch wenn die Sache »durch«, also ohnehin schon beschlossen und auch umgesetzt ist, darf man den sogenannten »Bologna-Prozess« als Beispiel nehmen, also das Projekt der Schaffung eines einheitlichen europäischen Hochschulraums. Dieses bildungspolitische Abenteuer zeigt die Doppeldeutigkeit der Rede vom »ökonomischen Druck«. Denn einerseits verändern sich die Hochschulen, weil sich das Verhältnis von zu erfüllenden Aufgaben und zur Verfügung stehenden Ressourcen negativ auf die Funktionsweise von Universitäten auswirkt. Andererseits zeigt sich hier aber auch, dass ökonomischer Druck zugleich heißen kann, dass wirtschaftliche Interessen an Bedeutung gewinnen. Bei »Bologna«, das wird von den beteiligten Akteuren auch gar nicht bestritten, geht es wesentlich um Wettbewerbsfähigkeit. Dieses Ziel soll sozusagen bildungspolitisch flankiert werden. Hier liegt nicht die einzige, aber doch eine wesentliche Funktion des Bologna-Prozesses: Bachelor, Master, Qualitätsmanagement und das European Credit Transfer System (ECTS) haben etwas mit der Sicherung von »Standortqualität« zu tun.

Auch wenn man ein Ziel wie die internationale Vergleichbarkeit als hohen Wert einschätzt, lassen sich die mit dem ECTS-System verbundenen Abstrusitäten kaum übersehen. Quantifizierung zwecks Qualitätsverbesserung scheint auch diesem Prozess zugrunde zu liegen. Leider sind, wie der Bielefelder Geisteswissenschaftler Georg Mein in einem ebenso präzisen wie amüsanten Aufsatz über *Humanressourcen* zeigt, die zu sichernden Qualitäten – freundlich formuliert – überhaupt nicht klar definiert.[43] Bedenkenswert ist in diesem Zusammenhang nicht zuletzt die Frage, ob Dinge wie Bildung, Wissen, Urteilskraft aus eigenem Recht anstrebenswerte Ziele sind oder ob die Universitäten vor allem als ökonomisch nützliche Durchlauferhitzer fungieren sollen, nach dem Motto »So klug wie unbedingt nötig, so dumm wie irgend möglich«.

Dass dabei gerne mal Bildung und Ausbildung »verwechselt« werden, ist oft beklagt worden und muss hier nicht im Detail ausgeführt werden. Bemerkt werden darf aber, dass Redundanz – wie gesagt: definitionsgemäße Ineffizienz – Teil jedes Lern-, Bildungs- und Ausbildungsprozesses ist. Es braucht curriculare und unabsichtliche Stoffwiederholungen und die Kenntnis von Dingen, die nicht unmittelbar verwertbar sind. Es war nicht eben klug, das abschaffen zu wollen, zum Beispiel durch die berüchtigte »Modularisierung« von Studiengängen. Wie konnten Bildungsbürokratinnen, die doch mehrheitlich Hochschulabschlüsse haben, die Relevanz von Redundanz vergessen? Man weiß es nicht.

Ist man als Kritiker dieser Zustände automatisch unzeitgemäß, gleichsam eingeklemmt zwischen wildromantischen Hochschulphantasien von 68er-Traditionalisten und karrieregeilen Durchlauferhitzerstudierenden? Ist man unmodern, wenn man glaubt, dass die Köpfe an der Universität »spielen« können sollen (Jürgen Mittelstrass), dass Umwege auch hier die Ortskenntnis erhöhen, dass Redundanz zum Lernen gehört, dass man den Weg zum Studienabschluss besser weitgehend offenhält und dass zur Studienerfahrung ganz selbstverständlich auch noch etwas anderes gehört als das Studieren?

Das »Spielen können« ist nicht nur für die Lehre relevant (und unverzichtbar), sondern auch für die Forschung. Mindestens so sehr wie der Lehrwürde der Forschungsbetrieb davon profitieren, wenn Wissenschaftspolitik auf Großzügigkeit statt auf übertriebene Effizienz setzen würde. Zumindest ansatzweise existiert diese Großzügigkeit bereits – nämlich überall dort, wo Grundlagenforschung betrieben wird, ohne dass ein Nutzen, ein Endzweck, eine ökonomische Verwertbarkeit absehbar ist. Der österreichische Physik-Nobelpreisträger Anton Zeilinger hat nach seiner Ehrung vehement zum Ausdruck gebracht, wie wichtig für seine Erkenntnisse und Laufbahn die Möglichkeit des zweckfreien Nachdenkens gewesen ist. Zeilinger rief mehrfach zur absichtsvollen Nutzlosigkeit auf. Er betonte, dass Forschung »nicht allein aus dem Nutzen definiert werden kann« und hob hervor, dass er und seine ebenfalls mit dem Nobelpreis ausgezeichneten Kollegen davon überzeugt gewesen seien, dass ihre Arbeit »nie für irgendetwas gut sein wird.«[44] Nobelpreiswürdige Spitzenforschung ist, so gesehen, aus streng ökonomischer Perspektive pure Verschwendung. Weniger polemisch formuliert ist der von Zeilinger beschriebene Zusammenhang ein zentrales Argument für Großzügigkeit in der Forschung(spolitik).

Über Forschung und Lehre schwebt freilich oft das Instrument – manche sagen: das Folterinstrument – der Evaluation. Mit der Ressource Zeit, könnte man sagen, wird bei Evaluationen unter der Zielsetzung der Effizienz sehr großzügig umgegangen. Wird dort, wo es doch wesentlich um effizientes »Humanressourcenmanagement« gehen soll, im Wesentlichen Zeit ritualartig verschwendet, was faktisch der Vernichtung von Geld und Aufmerksamkeit Vorschub leistet? Gewiss: Oft erfüllen auch Evaluationen tatsächlich einen verbessernden Zweck. Aber sehr oft eben *nicht*, und man kann durchaus andere Dinge produktiver und unterhaltsamer finden als das Ausfüllen von Evaluierungsbögen oder das Beantworten von Fragen, die von Leuten gestellt werden, die sich zwar als Evaluationsprofis gerieren, vom Thema selbst aber oft erschütternd ahnungslos sind. In der Gesamtschau zeigt sich jedenfalls, dass Evaluation im Wissenschaftsbetrieb ganz wesentlich das Musterbeispiel einer Aktivität ist, die als rational daherkommt und die doch bei näherem Hinschauen alle Charakteristika eines zeitgenössischen Verschwendungsrituals offenbart.[45] Diese Beobachtung leitet vorzüglich über zu den makroökonomischen Aspekten unseres Themas.

Dahin gehen, wo es wehtut: Makroökonomik der Verschwendung

Mir ist völlig klar, dass schon das Zusammenspannen der Begriffe »Makroökonomik« und »Verschwendung« in einem Atemzug bei vielen großes Befremden auslösen muss. Theoriegeschichtlich interessierte Menschen denken bei dieser Wortkombination vielleicht noch an John Maynard Keynes' berühmt-berüchtigtes Bild der vom Schatzamt eingebuddelten, mit Banknoten gefüllten Flaschen.[46] Ansonsten muss ich bestenfalls mit Verwunderung, schlimmstenfalls mit Entsetzen rechnen. Bei Makroökonomik geht es schließlich um gesamtwirtschaftliche Zusammenhänge – und Größen wie das Bruttoinlandsprodukt, um Arbeitslosigkeit, um Konsum, Sparen und Investition. Wie soll das zusammengehen und zusammenhängen mit Effizienzkritik, Spielräumen und ökologischen Sicherheitsabständen? Man kann sich das Kopfschütteln der Ökonomen ebenso lebhaft vorstellen wie der Widerstand, den der »gesunde Menschenverstand« gegen die folgenden Überlegungen leistet. Dennoch: Es muss sein.

Im vorigen Kapitel – genauer: im dortigen Abschnitt über Eskalationsunterbrechung – wurde die makroökonomische Dimension eines ökopolitischen Ansatzes beschrieben, der auf Schonung und Großzügigkeit setzt. Wenn man die ökonomischen Implikationen dieser Denkrichtung bedenken will, kommt man nicht daran vorbei, *noch* weiter zu gehen und gedanklich dorthin zu gehen, wo es wehtut. Postwachstumsökonomen argumentieren, dass es nicht nur Knappheit, sondern auch Fülle gibt. Manche Autorinnen und Autoren weisen mit guten Gründen darauf hin, dass »Postwachstum« nicht knappheitsfixiert sein muss, sondern auch einen Ansatz darstellt, der mit Überflusslagen umzugehen weiß.

Der bekannte Postwachstumsökonom Giorgios Kallis argumentiert vor diesem Hintergrund dafür, Wachstumsmöglichkeiten nicht zu nutzen und ist in seiner Argumentation insoweit kompatibel mit dem Paradigma der Großzügigkeit.[47] Er bedient sich im Unterschied zum vorliegenden Buch allerdings einer marxistisch inspirierten Diagnose der Wachstumsproblematik. Und seine Schlussfolgerungen laufen wesentlich auf kollektive Prozesse hinaus: Es geht vor allem um kollektive Selbstbeschränkung und auch um die kollektive Organisation von Verschwendung. Aus der hier vorgestellten Perspektive auf Großzügigkeit ist dieser Zugang nicht zwingend: Zwar ist evident, dass die im vorigen Kapitel skizzierten Prozesse der Begrenzung und der Schaffung von Spiel-Räumen politisch und insoweit »kollektiv« zu organisieren sind. Aber es ist nicht einzusehen, warum »Verschwendung« nicht auch individuell vonstattengehen kann. Solange politisch gesetzte ökologische Leitplanken eingehalten werden, ist innerhalb dieser Leitplanken keine »Mikrosteuerung« notwendig – ganz abgesehen davon, dass sie weder wünschenswert noch möglich wäre.

Gleichwohl lässt sich einem zentralen Thema nicht ausweichen – und hier lässt sich von Autoren wie Georges Bataille und auch von einigen Postwachstumsökonomen etwas lernen: dass man sich, wenn man in einer endlichen Welt nachhaltig und großzügig wirtschaften will, mit dem Verhältnis von Sparen, Investieren, Wachsen und Verschwenden befassen muss. Aus normalökonomischer (und wohl auch alltagspraktischer) Perspektive tun sich hier unerhörte Denkräume auf – die man aber eben betreten muss, will man nicht komplett an den Herausforderungen vorbeiargumentieren. Und es hilft auch nichts, mit Verweis auf bewährte ökonomische Vernunft, auf Opportunitätskosten und den vermeintlichen Zynismus angesichts verbreiteter Armut zu versuchen, den anstehenden Fragen auszuweichen. Denn eine volle endliche Welt erfordert ganz andere Zugänge als eine »Cowboy-Wirtschaft«, in der es (vermeintlich) keine Expansionsgrenzen gibt.

In einer »vollen Welt« wie der unseren, in der ökologische Begrenzungen praktisch täglich an Relevanz gewinnen, gibt es an unbequemen, ja absurd anmutenden makroökonomischen Themen kein Vorbeikommen. Das gilt umso mehr, wenn man – wie hier vorgeschlagen – Eskalationsunterbrechung, Spielräume und Slack für unverzichtbare Elemente einer zukunftsfähigen Wirtschaft hält. Es geht hier (natürlich) nicht darum, Modelle zu bauen oder durchzurechnen, wie sich die im vorigen Kapitel skizzierten Begrenzungsstrategien auf makroökonomische Größen auswirken würden. Das überschritte nicht nur deutlich die Kompetenz des Autors, sondern wäre aufgrund der involvierten Unsicherheiten auch hochgradig unseriös.

Die Folgen einer großzügigen Nachhaltigkeitspolitik auf das Bruttoinlandsprodukt könnten, wie schon angedeutet, ein überschätztes Thema sein. Was man freilich nicht unterschätzen darf, ist die Dynamik der von Schumpeter so wunderbar auf den Begriff gebrachten »schöpferischen Zerstörung«, die Kernelement kapitalistischen Wirtschaftens ist.[48] Was in den Blick zu nehmen ist: Wie diese ökonomische Dynamik wirkt, wenn ökologisch begründete Versuche der Expansionsbegrenzung politisch ins Werk gesetzt werden. Dann ist man bei Batailles Anti-Ökonomie und den Hinweisen der Postwachstums-Theoretiker, die auf die Spannung zwischen Reduktions- und Stabilisierungszielen und einer wuchtigen Expansionsdynamik hinweisen, die entstehen kann: entstehen *muss*, wenn man nicht glaubt, dass diese Dynamik gleichsam von alleine erlahmen wird.

Wenn sie es täte: umso besser – zumindest auf (sehr) lange Frist. Wenn die ökonomische Evolution hier gleichsam den ökologischen Begrenzungen entgegenkommen würde, könnte das viel »Druck rausnehmen«. Wenn das aber nicht so ist, muss das organisiert werden – auch wenn das absurd klingt. Natürlich ginge das nicht einfach – die simple ökonomische Gedankenwelt gewisser Weltverbesserungsautoren hilft hier leider keinen Millimeter weiter.[49] Aber »ran« an das Problem muss man eben doch, und das heißt paradoxerweise: Eine Wirtschaft, deren physische Expansion aus ökologischen Gründen politisch limitiert wird, muss in dem Maße, wie hier keine technologisch befeuerte Entkopplung möglich ist, in ihrer expansiven Dynamik gebremst werden. Wie im vorigen Kapitel skizziert, heißt das konkret: Es muss überlegt werden, wie Ersparnisse in einer Weise verwendet werden, die nicht ökologisch kontraproduktive Investitionen nach sich zieht. *Wie* das erfolgt, erscheint sehr schwer vorstellbar und von den Realitäten des Hier und Heute geradezu Lichtjahre entfernt. *Dass* es hier innovativer – und heute unbekannter – Lösungen bedarf, ist sonnenklar. Was auch klar sein sollte: Natürlich wird der Staat hier eine ordnungspolitische Funktion zu übernehmen haben – aber das heißt mitnichten, dass hier eine kommandowirtschaftliche Staatswirtschaft Platz greifen muss. Gerade wenn man an den Markt als Entdeckungsverfahren glaubt, darf man hier auf eine nachhaltige Kombination aus kluger Ordnungspolitik und innovativem Unternehmertum hoffen.

Die missverstandene Digitalisierung

Man hört immer wieder, mit der Digitalisierung ändere sich »alles«. Digitaler Wandel, wird gerne erzählt, wandele die Wirtschaft, die Kultur, die Gesellschaft überhaupt, uns alle. Nicht selten wird spekuliert, eine digitalisierte Ökonomie sei ob ihrer »Immaterialität« eine umweltfreundliche Wirtschaft. Und schließlich stelle die digitale Transformation übliche Wirtschaftsmodelle gleichsam auf den Kopf, weil Knappheit an Relevanz verliere und sich durch Technik eine historisch einmalige Fülle herstellen ließe. Was heißt das für ein Programm der Großzügigkeit, das ja wesentlich an den materiellen Grundlagen der Wirtschaft orientiert ist und das darüber hinaus mit dem Begriff »Fülle« operiert?

Zunächst zur ökologischen Dimension.[50] Die Verbreitung digitaler Technologien kann, was die Natur angeht, extreme Wirkungen ganz unterschiedlichen Charakters haben. Sie kann umweltschonend wirken, zum Beispiel weil sich neue Nutzungsmodelle etablieren, indem Produkte kleiner werden oder weil ihre Herstellung material- und energieeffizienter wird. Oder sie kann Umweltprobleme verstärken, zum Beispiel durch die klimatischen Auswirkungen des enormen Energieverbrauchs von Server-Farmen, anderen digitalen Infrastrukturen und Endgeräten, von denen es Abermillionen gibt und deren Zahl minütlich massiv zunimmt. Allein entscheidend für den Zustand der Umwelt ist am Ende, ob zum Schluss netto der eine oder der andere Effekt überwiegt.[51]

Man kann die durchdigitalisierte Gesellschaft für die Verwirklichung einer öko-effizienten und damit umweltfreundlichen Dienstleistungsgesellschaft halten. Diese Haltung dominiert bislang den politischen Diskurs, spielt aber auch in Publikationen wie dem *Ecomodernist Manifesto*, Ralf Fücks' Buch *Intelligent Wachsen* oder Andrew McAffees Text *Mehr aus weniger* eine wichtige Rolle.[52] Politikerinnen, die immer gerne auf effiziente Win-win-Situationen setzen und betonen, dass Ökologie und Ökonomie harmonisch zusammenpassen, sehen vor allem die positiven Wirkungen digitaler und anderer Technologien. Diese *Storyline* hat einen großen Vorteil: Sie verspricht Nutzen für alle und Nachteile für niemanden – Digitalisierung ist purer Fortschritt, auch ökologischer Fortschritt.

Der Nachteil dieser Erzählung: Nach allem, was wir wissen, ist sie falsch.[53] Die Wachstumseffekte neuer Technologien und ganz besonders die Tatsache, dass sie alte Technologien zwar manchmal ersetzen, meistens aber »obendrauf kommen«, lassen die ökologische Digitalisierungs-Erfolgsstory unplausibel aussehen. Und der viel- und auch im vorigen Kapitel zitierte Rebound-Effekt tut ein Übriges: Er kann dazu führen, dass individuelle Effizienzgewinne am Ende *insgesamt* zu *mehr* Umweltverbrauch führen und eben *nicht* zu seiner Reduktion. Der Berliner Rebound- und Digitalisierungsexperte Tilman Santarius macht auf verschiedene Dimensionen dieser Problematik aufmerksam.[54] Seine Einsichten sind wenig ermutigend: Digitalisierung ist nie nur virtuell, sondern hat eine (ge)wichtige physische Dimension; sie ist mit giftigem

Elektroschrott und dem Verbrauch von seltenen Erden und sehr viel Energie verbunden. Die Beschleunigung der Gesellschaft durch Technologie wirkt nicht nur sozial, sondern eben auch ökologisch. Die gesamtgesellschaftliche »große Beschleunigung«, das darf man für wahrscheinlich halten, nimmt durch Digitalisierung zusätzlich an Fahrt auf. Digitaler Wandel ist vermutlich keine umweltfreundliche Utopie, sondern erhöht die Geschwindigkeit des globalen Umweltverbrauchs.

Das deutet sich auch an, wenn man sich Konzepten widmet, die eine digitale Gegenwart und Zukunft skizzieren, ohne im Geringsten an ökologischen Themen interessiert zu sein. Auf den ersten Blick höchst relevant für unser Thema ist die These, die Digitalisierung führe zu Fülle oder »Unknappheit«. Sicher ist, dass Knappheit in einer durch digitale Produkte und Dienstleistungen geprägten Wirtschaft einen anderen Status hat als beispielsweise in einer klassischen industriell dominierten Ökonomie. Fraglich bleibt freilich, ob mit diesem Wandel tatsächlich eine fundamentale Veränderung einhergeht oder ob die hier herrschende Fülle nur ein sektorales Phänomen ist.

Der Informatiker Kai-Fu Lee und der Schriftsteller Quifan Chen sehen in ihrem vielbeachteten Buch *KI 2041. Zehn Zukunftsvisionen* eine durch Künstliche Intelligenz befeuerte Wirtschaft, die durch Überfluss und Fülle geprägt ist.[55] Im Kapitel *Der Traum vom Überfluss* sieht Kai-Fu Lee ein »Zeitalter des Überflusses« aufziehen, das durch massive Kostensenkungen bei Energie, Material und Produktion ermöglicht werde.[56] In einem fast schon hysterischen Optimismus phantasiert er eine durch KI geprägte, höchst rosige Zukunft herbei, wie folgender Satz verdeutlichen mag: »Der Weg in eine perfekte Gesellschaft ist deshalb so holprig, weil Wirtschaftsmodelle für Situationen konzipiert wurden, in denen nicht etwa Überfluss, sondern Knappheit herrscht.«[57]

Lee erwartet eine Welt der »Postknappheit«, in der Technik gleichsam grenzenlosen Fortschritt ermöglicht. Mithilfe von KI und anderer digitaler Innovationen würden alle – nicht nur digitale – Produkte im Überfluss zur Verfügung stehen. Folglich seien »alle Mechanismen, um mit Knappheit zurechtzukommen«, obsolet – und auch die Wirtschaftsmodelle, die für die alte Welt der Knappheit gemacht wurden.[58] Daher brauche es neue Modelle und eine »neue Ordnung«. Das hier gezeichnete Bild einer ganz anderen Welt lässt ökologische Begrenzungen letztlich völlig unberücksichtigt. Dass nicht (Un-)Knappheit, sondern Begrenztheit die Wirtschaft der Zukunft prägen könnte, wird nicht bedacht.

Immerhin sieht Lee, dass es Fülle jenseits ökonomischer Faktoren geben kann – auch wenn seine Schlussfolgerung etwas hölzern wirkt: »Neue Modelle eines Wirtschaftssystems jenseits von Knappheit und Geld sollten der Befriedigung der höheren menschlichen Bedürfnisse – etwa nach Liebe und Zugehörigkeit, Wertschätzung und Selbstverwirklichung – Priorität einräumen.«[59] Von der durchaus fragwürdigen Rede von »höheren« Bedürfnissen abgesehen: Es ist nicht zu sehen, warum man auf die Segnungen der Künstlichen Intelligenz warten sollte, um die zitierten Faktoren ernst zu nehmen. Zugespitzt: Liebe, Zuwendung und Freundschaft sind schon heute in Hülle und Fülle vorhanden – ganz ohne Technik.

Plausibler als die These einer technisch hergestellten allumfassenden Fülle ist die Überlegung, dass Nicht-Knappheit sektoral an Bedeutung gewinnt, wenn digitale Geschäftsmodelle die Wirtschaft prägen. Diese These verfolgt Philipp Staab in seinem Buch *Digitaler Kapitalismus* mit dem sprechenden Untertitel *Markt und Herrschaft in der Ökonomie der Unknappheit*. Staab analysiert darin Positionen, die von einer »relativen Unknappheit digitaler und digitalisierter Güter« ausgehen und die es als zentrale Herausforderung des Kapitalismus sehen, »Güter, die eigentlich im Überfluss vorhanden sind, in kapitalistisch handelbare Waren zu verwandeln.«[60] Diese Unknappheit entsteht, weil digitale Güter praktisch keine Grenzkosten haben. Unter diesen Bedingungen Knappheit *herzustellen*, wird dann zur Voraussetzung für unternehmerische Gewinnerzielung. Was daraus aus Staabs Sicht folgt, steht der paradiesischen Vision von Lee und Chen praktisch diametral gegenüber: »Die Fähigkeit der Angebotskontrolle macht den digitalen Kapitalismus der Plattformen seinem Wesen nach weniger zu einem Post-, als vielmehr zu einem Hyperkapitalismus.«[61]

In der Tat kann man auf digitalen Märkten der »Unknappheit« ein Zusammenspiel von technologischen, marktlichen und finanziellen Entwicklungen beobachten, die nicht in Richtung einer umfassenden Fülle zeigen, sondern im Gegenteil bestätigen, dass die Digitalisierung wirtschaftliche und gesellschaftliche Prozesse vor allem beschleunigt und verdichtet. Damit ist man wieder bei der Schimäre eines »virtuellen« Wirtschaftens, das Wohlstand schafft, ohne die Umwelt übermäßig zu beanspruchen. Wenn man das kritisch reflektiert und die ökologische Dimension auch digitaler Technik mitdenkt, muss man den ökonomischen Umgang mit Unknappheit höchst skeptisch sehen – denn hier und heute tragen unternehmerische Strategien zum Umgang mit diesem Problem eher zu einer Beschleunigung der Naturnutzung bei als zu ihrer Reduktion. Das schließt nicht aus, dass Digitalisierung unter den richtigen Rahmenbedingungen zur Nachhaltigkeit beiträgt – aktuell aber ist das offenbar nicht der Fall.

»Postknappheit« und »Unknappheit«, wie sie im Kontext der Digitalisierung diskutiert werden, haben mit der oben beschriebenen Perspektive der Fülle herzlich wenig zu tun. Großzügigkeit speist sich nicht aus der Utopie einer technisch hergestellten Nicht-Knappheit und ist auch vom geschäftlichen Problem, diese in Profite zu verwandeln, recht weit entfernt. Sie ist eher Gegenprogramm zu einem Digitalisierungsoptimismus, der die Lösung nahezu aller gesellschaftlichen Probleme durch Technik herbeiphantasiert. Großzügigkeit ist gewiss kein technikfeindliches Programm – aber sehr wohl ein technikskeptisches Unterfangen. Sie lässt sich nicht durch Technik erreichen, zumindest nicht nur durch Technik. Viel wichtiger sind die sozialen und kulturellen Dimensionen des gesellschaftlichen Wandels. Wie Großzügigkeit das Verhältnis von Sozialem, Kultur und Technik berührt, ist Gegenstand des nächsten Kapitels. Wir wenden uns dort einem Phänomen zu, das durch Digitalisierung an Kraft und Brisanz gewonnen hat: Mit dem Blick auf individuelle Selbstoptimierung wird deutlich werden, welche Rolle Großzügigkeit für einen nachhaltigen Wandel nicht nur ökologisch und ökonomisch, sondern auch sozial und kulturell spielen kann – und für Individuen.

6. Jenseits von Selbstoptimierung und digitaler Kontingenzvernichtung

Die Krise der Achtsamkeit in der Aufmerksamkeitsökonomie

Wir wechseln also das Thema – und auch wieder nicht. Zwar wenden wir uns jetzt einem neuen »Anwendungsfeld« der Großzügigkeit zu. Aber was hier verhandelt wird, ist eng und unverbrüchlich mit den Gegenständen der beiden vorigen »Anwendungskapitel« verknüpft: Wie sich eine Gesellschaft mit Blick auf ihre Naturverhältnisse verhält, welchen Status Ökonomie und Ökonomik in ihr haben – das bestimmt ganz wesentlich mit, wie sich die Mitglieder dieser Gesellschaft hinsichtlich ihrer Lebensgestaltung verhalten. Und umgekehrt: Ob diese Lebensgestaltung eher auf Geiz oder Großzügigkeit hin angelegt ist, beeinflusst selbstredend, was auf gesellschaftlicher Ebene ökologisch und wirtschaftlich passiert. Zu einem neuen alten Thema also.

Weil es dabei wesentlich um individuelle Erfolgsstrategien, effiziente Lebensgestaltung und persönliche Befindlichkeiten geht, droht eine gewisse Nähe zur Literaturgattung des Selbsthilfebuches, deren Präsentation in durchschnittlichen Publikumsbuchhandlungen gehörigen Platz einnimmt. Dass das nicht zufällig der Fall ist und mit der gesellschaftlichen Situation des Hier und Heute zusammenhängt, wird uns hier noch beschäftigen. Dabei werde ich auf jeden Fall vermeiden, selbst gute Ratschläge zu erteilen. Das Genre Selbsthilfe soll nicht kopiert, sondern als Hintergrundrauschen einer auf Effizienz gepolten Gesellschaft mitgedacht werden. Dabei begegnen wir sozialwissenschaftlichen (vor allem: soziologischen) Analysen, aber auch Texten, die auf der offenbar dünnen Grenzlinie zwischen Wissenschaft und Lebenshilfe operieren.

Dinge wie Lebenshilfe, Selbstoptimierung und andere in diesem Kapitel behandelte Themen gehen womöglich gut gebildete und gut situierte Menschen in besonderer Weise an. Zu glauben, dass die im folgenden erörterten Fragen nur die Lebenswelt einer hochqualifizierten, ökonomisch gut gestellten und ökologisch interessierten Mittelschicht betreffen, wäre aber ein Missverständnis. Denn was hier verhandelt wird, betrifft in einem buchstäblichen Sinne die ganze Gesellschaft. Digitalisierung, Selbstoptimierung und Potenzialentfaltung stehen für empirische Entwicklungen und Leitbilder, die wesentlich prägen, wohin die Gesellschaft sich entwickelt. Und nicht zuletzt: Die im Folgenden erörterten Gegenstände sind zentrale Faktoren für die Möglichkeiten und Grenzen einer Transformation der Nachhaltigkeit. Mit Blick auf Individuen ist Großzügigkeit nicht als gönnerhaftes Spenden reicher Leute zu verstehen, sondern eine Haltung und Praxis, die sich in allen Bevölkerungsteilen finden lässt und deren Verbreitung wesentlich zur Eindämmung nichtnachhaltiger Entwicklungen beitragen könnte.

In diesem Sinne ist es sinnvoll, der Achtsamkeit Aufmerksamkeit zu schenken. Das unumgehbare Referenzwerk zur Achtsamkeit ist Jon Kabat-Zinns *Zur Besinnung kommen*. Dieser elegante Titel wird durch den sperrigen Untertitel *Die Weisheit der Sinne und der Sinn der Achtsamkeit in einer aus den Fugen geratenen Welt* konterkariert, der aber immerhin deutlich macht, dass dieses Buch zumindest auch als Ratgeber gedacht ist. Jedenfalls ist Kabat-Zinn sicherlich ein ernstzunehmender Vertreter dessen, was unter dem Begriff Achtsamkeit oder *Mindfulness* seit einigen Jahren bei so unterschiedlichen Themen wie Lebensqualität, Nachhaltigkeit und Beruf eine immer wichtigere Rolle spielt. »Man kann sich Achtsamkeit als nichturteilendes Gewahrsein von Moment zu Moment vorstellen,« schreibt Kabat-Zinn, »ein Gewahrsein, das kultiviert wird, indem man auf eine bestimmte Weise aufmerksam ist, das heißt im gegenwärtigen Augenblick und so wenig reaktiv, so wenig urteilend und so offenherzig wie möglich.«[1]

Es geht also um eine lernbare Präsenz in der Gegenwart, die nicht aktivitätsorientiert, sondern auf Wahrnehmung angelegt ist. Diese Offenheit und Nicht-Aktivität ist eine Verbindung zur Großzügigkeit, bei der es wesentlich um Weite, um »Lassen« (im Sinne von Handlungsverzicht) und das Zulassen von (auch: gedanklichen) Umwegen geht. Achtsamkeit und Großzügigkeit sind insoweit höchst kompatibel. Die Konjunktur der Achtsamkeit als Methode vermag den Wandel, der hier unter dem Begriff der Großzügigkeit beschrieben wird, fördern und stärken. Für den Begriff der *Aufmerksamkeit* gilt dies, wie wir sogleich sehen werden, mitnichten. Mit gutem Grund spricht Kabat-Zinn hier davon, *auf eine bestimmte Weise aufmerksam* zu sein – denn mit der Aufmerksamkeit, wie sie üblicherweise verstanden wird, hat Achtsamkeit eigentlich nichts zu tun: Gemeint ist die Aufmerksamkeit als zeitgenössische ökonomische, politische und gesellschaftliche »Währung«, die heute manche für bedeutsamer halten als das monetäre Tauschmittel.

Achtsamkeit und Aufmerksamkeit klingen also verwandt, sind aber deutlich zu unterscheiden: Achtsamkeit heißt eine fokussierte Präsenz im Augenblick, Aufmerksamkeit steht dagegen für die Beachtung und Sichtbarkeit, die einem Gegenstand oder einer Person zuteilwird. Achtsamkeit hat sich im Kontext von Selbsthilfe- und Selbstoptimierungsliteratur durchaus zu einem Modewort entwickelt, das viel Aufmerksamkeit erfährt. Für die Aufmerksamkeit gilt das nicht: Der Begriff der »Aufmerksamkeitsökonomie« wird oft und gern anekdotisch verwendet, aber selten mit einer Tiefenschärfe, die gesellschaftliche Veränderungen zu erklären vermag. Das ist erstaunlich, denn wie zu zeigen sein wird, sind Aufmerksamkeit und Aufmerksamkeitsökonomie zentral für ein Verständnis westlicher Gegenwartsgesellschaften – ganz besonders, wenn man Themen wie Selbstoptimierung, (Un-)Verfügbarkeit und Großzügigkeit reflektieren will.

Schon bei Adam Smith taucht die gegenseitige Beachtung als zentrales Element gesellschaftlichen Zusammenlebens auf. In der *Theorie der ethischen Gefühle* geht es Smith dabei wesentlich um die gegenseitige Beobachtung in der menschlichen Kommunikation. Dass andere uns beobachten, wird hier aber nicht als ökonomischer Faktor behandelt, sondern als Grundlage ethischen Verhaltens. Gleich im ersten Satz der *Theorie* schreibt Smith: »Mag man den Menschen für noch so egoistisch halten, es liegen doch offenbar gewisse Prinzipien in seiner Natur, die ihn dazu bestimmen, an dem Schicksal anderer Anteil zu nehmen, und die ihm selbst *die Glückseligkeit dieser anderen zum Bedürfnis machen*, obgleich er keinen anderen Vorteil daraus zieht, als das Vergnügen, Zeuge davon zu sein.«[2] Derlei wird diejenigen überraschen, die beim Namen Smith nur an den *Wohlstand der Nationen*, Volkswirtschaftslehre und natürlich die »unsichtbare Hand« denken. Jedenfalls ist bei Smith die gegenseitige Beobachtung die Quelle moralischer Gefühle. Aufmerksamkeit gebiert hier ethisches Verhalten, nicht egoistische Konkurrenz um die Beachtung anderer. Diese Konkurrenz ist heute freilich ein dominanter Wirtschaftsfaktor.

»Der Handel mit Aufmerksamkeit«, schreibt die Soziologin Judy Wajcman, »ist zur wichtigsten Industrie des zeitgenössischen Kapitalismus geworden.«[3] Georg Franck hat dies bereits seit den 1990er Jahren analysiert und auf den Begriff gebracht. In seinem bahnbrechenden Buch *Ökonomie der Aufmerksamkeit* heißt es: »Die ideelle Ökonomie ist dabei, die Führung zu übernehmen. Nicht nur, daß die Wertschöpfung der geistigen Arbeit die der körperlichen in allen entwickelten Volkswirtschaften bei weitem überrundet hat; nicht nur, daß das *Einkommen an Beachtung* dabei ist, dem Geldeinkommen den Rang abzulaufen; auch das Zentrum der gesellschaftlichen Macht ist im Umzug begriffen.«[4] Auch wenn man nicht an ein »Zentrum« der Macht glaubt: Dass Aufmerksamkeit und Beachtung gesellschaftliche und ökonomische Schlüsselwährungen sind, muss man in den Zwanzigerjahren des 21. Jahrhunderts wohl niemandem erklären.

Mit der Durchsetzung der Aufmerksamkeitsökonomie, auch das hat Franck schon früh gesehen, geht nicht zuletzt eine veränderte Bedeutung von Armut und Reichtum einher, die nicht mehr *ausschließlich* in Geldeinheiten gemessen werden, sondern zunehmend im Sinne von Beachtung. Der Reichtum daran, schreibt Franck in *Mentaler Kapitalismus*, »macht es möglich, auffällig mehr an Beachtung einzunehmen, als man selber ausgeben könnte. Die Habenichtse hingegen bekommen für die Acht, die sie auf die Besitzenden geben, nichts zurück. Sie werfen den Reichen Beachtung nach, ohne von denen eines Blickes gewürdigt zu werden. Das ist es, was das soziale Kapital bewirkt. So entsteht die soziale Distanz.«[5] Diese Logik hat eindeutigen Bezug zur Funktionsweise der oben beschriebenen positionellen Güter, die sich durch Wachstum nicht substanziell vermehren lassen. Geld und Güter sind vergleichsweise leicht vermehrbar, für die Aufmerksamkeit gilt dies nicht: Sie ist, wie Franck schreibt, »organisch begrenzt«.[6]

Trotz dieser intrinsischen Begrenztheit ist Aufmerksamkeit ein Ziel sehr vieler Menschen – zumal im Berufsleben. Die tiefe Leere dieser Orientierung hat der Philosoph Michael Andrick in einem Buch mit dem sprechenden Titel *Erfolgsleere* aufgespießt und durchgearbeitet. Ihm gelingt dabei eine Analyse reicher Gegenwartsgesellschaften, die einiges für unser Thema bereithält. Man muss nicht alle Aspekte seiner mit dem Untertitel *Philosophie für die Arbeitswelt* versehenen Analyse teilen, um ihr für unser Thema etwas abzugewinnen.[7] Andrick spitzt seine Diagnose in fast derber Deutlichkeit zu (freilich in einer großartigen Prosa, der nichts Derbes anhaftet). Bei ihm kreist die gesamte *berufliche* Existenz moderner Subjekte darum, den anderen gefallen zu müssen und insoweit ehr-geizig zu sein. Vom beruflichen »Funktionärsdasein« strikt zu scheiden ist die Existenz als Mensch – dessen »Handwerk des Lebens« ist in dieser Perspektive etwas völlig anderes.

Das Wort »Aufmerksamkeitsökonomie« kommt im Buch so wenig vor wie eine Referenz zu Georg Franck. Dennoch hat Andricks Diagnose sehr viel mit der »Währung« Aufmerksamkeit zu tun, deren Aufwertung mit einer Abwertung von Achtsamkeit (ebenfalls ein Wort, das Andrick nicht verwendet) einhergeht. Andrick untersucht, was er die »Ordnung des Ansehens« nennt.[8] Er sieht im Zentrum dieser Ordnung die »Ehre – verstanden einfach im Sinne von Ansehen oder Status.«[9] Ein »äußerlicher Ehrbegriff« ist für ihn das schlechthinnige »soziale Integrationsmittel« der kapitalistischen Arbeitswelt.[10] Man sei in dieser Welt gezwungen, dauernd darauf zu achten, wie die anderen auf einen reagieren und ob man deren Handlungserwartungen entspricht. Dieser Zwang zur Beobachtung passt natürlich ebenso zur Ökonomie der Aufmerksamkeit, wie er mit einer Kultur der Achtsamkeit unvereinbar ist. Faktisch führt diese Konstellation dazu, dass wir sozusagen dauernd gestört werden und dass wir nicht zu dem kommen, was man für wichtiger halten kann als Arbeit. Sie bedeutet, so formuliert Andrick, »dass wir stetig einer zehrenden Ablenkung unserer Aufmerksamkeit von der Arbeit an uns selbst, vom Handwerk unseres besonderen Lebens, ausgesetzt sind.«[11]

Es ist evident, dass wir hier über die Arbeitswelt hinaus sind und die gesellschaftliche Realität insgesamt angesprochen ist. Die »Navigation des Einzelnen im Geflecht der vermuteten Ansichten der Anderen«, so schreibt Andrick denn auch, »ist die grundlegende sittliche Realität der Neuzeit.«[12] Ehr-Geiz ist eben viel mehr als ein Karrierethema: Seine Bedeutung ist zentrale Eigenschaft einer aufmerksamkeitsökonomisch geprägten Gesellschaft. Ich kann das nicht treffender schreiben als Andrick: »Ehrgeiz ist das soziale Betriebssystem unserer Institutionen, weil Selbstunsicherheit das vorherrschende Ergebnis unseres Aufwachsens in der Ordnung des Ansehens ist; wir sind alle zu Kundschaftern und Managern fremder Erwartungen ausgebildet worden.«[13] Die »Inhaltslosigkeit der äußerlich verstandenen Ehre« führt in eine »Leere der Ehre«, weil das dauernde Schielen auf die Ansichten anderer Menschen faktisch ohne Substanz ist. »Am Grunde der Leere des Selbst eines eifrigen Funktionärs«, so Andrick, »liegt die moralische Leere der äußeren Ehre – des Ansehens, des Kredits und des *Status in den Augen anderer.*«[14]

Sind wir jetzt weit weg von der Großzügigkeit? Nur scheinbar. Der Ehrgeiz ist schon terminologisch nicht mit maßvoller Großzügigkeit vereinbar – denn er ist eben *eine Form des Geizes.*[15] Und: »Erfolgreich ist, wer das Nachdenken über sich selbst im Lichte seiner Erfahrung zurückstellt und sein Denken und Tun auf das Funktionieren im Arbeitskontext hin engführt, d.h. ›optimiert‹.«[16] Diese Optimierung, und damit sind wir wieder mitten in unserem Thema, ist offensichtlich das Gegenteil einer Großzügigkeit, die Sinn hat für Langsamkeit, Optionen des Nichthandelns, Mitbedenken von Zusammenhängen und Überraschungen.

Demgegenüber ist Ehrgeiz, so Andrick, »die planvolle Optimierung des Bildes anderer von meiner Person«.[17] Es ist die Aufmerksamkeit des beruflichen Umfeldes, die hier bewirtschaftet wird. Dass man mit Umwegen die Ortskenntnis erhöht, ist hier nicht vorgesehen: »Um das Bestehende möglichst effizient zu nutzen, ist die vollkommene Abwendung von unberechenbaren Momenten wie neuer Erfahrung oder unerwarteten Einsichten geradezu notwendig.«[18] Im Grunde ist das eine erzkonservative Einstellung, mit der sich Wandel und Transformation kaum organisieren lassen, denn: »Der Ehrgeizige ist unfähig zur Gestaltung der Verhältnisse, aber optimal zu ihrem Betrieb geeignet.«[19] Das modernere Berufsleben bringt, so gesehen, gerade nicht die viel beschworene Innovationsfähigkeit hervor, weil innerhalb eines vorgegebenen Rahmens optimiert wird, dieser Rahmen selbst aber nicht hinterfragt wird. Innovation entstehe nicht, wenn Leute »in einem Überbietungskampf der Äußerlichkeiten aufeinandergehetzt werden.«[20] Das ist gut gesagt – gleichzeitig ist die Frage, ob das nicht eher eine Wunschvorstellung ist als eine plausible Realitätsbeschreibung. Zumal mit Blick auf die digitale Wirtschaft kann man finden, dass Innovationen aktuell vielleicht doch mehr mit Kampf als mit Solidarität zu tun haben.

Jedenfalls beklagt Andrick das »kulturelle Herz der Dunkelheit aus schaler Routine, *unverschämter Gleichgültigkeit und Effizienz*«, die die Industrienationen über die Welt gebracht hätten.[21] Seine radikale und allerhöchst pointierte Analyse redet nicht von Nachhaltigkeit – und ist in ihrer Vehemenz und Breite doch ein Beitrag zu diesem Diskurs. Und auch Großzügigkeit wird explizit überhaupt nicht angesprochen – einen starken Bezug gibt es durch die zitierte Kritik an Effizienz und Optimierung dennoch. Und ein anderer Verweis auf die engen Grenzen des Ehrgeizes verweist auf die Relevanz von Großzügigkeit für eine Verbesserung der Verhältnisse. Denn »der Ehrerweis an andere [erfordert] in jeder konkreten Situation unsere ganze Aufmerksamkeit, erlaubt keinen befreienden Zynismus oder gar ironische Leichtigkeit«.[22] Großzügigkeit wäre ein Beitrag zu einer solchen Leichtigkeit. Dem steht freilich nicht nur auf den Feldern Ökologie und Ökonomie, sondern im Sozialen eine tiefgehende Orientierung an Effizienz, Expansion und Optimalität entgegen.

Effizienzkultur. Selbstoptimierung zwischen systemischem Imperativ und persönlichem Herzenswunsch

Die aufmerksamkeitsökonomische Gestalt westlicher Gegenwartsgesellschaften geht also auf Kosten individueller Achtsamkeit. Vor diesem Hintergrund ist die Konjunktur von Selbstoptimierungsstrategien zu sehen, die gleichsam das Gegenteil von Großzügigkeit anstreben und um die es in diesem Abschnitt gehen soll. Wir haben bereits gesehen, wie dramatisch schlecht es um Tiere bestellt ist, die mit Menschen in Berührung kommen und auch gezeigt, inwieweit Großzügigkeit hier kurzfristig ein Mittel der Milderung und langfristig eines der grundlegenden Veränderung sein könnte. Was wir ebenfalls festgestellt haben: Sehr viele und immer mehr Menschen wollen es anders, als es heute ist – der gesellschaftliche Diskurs zeigt beim Thema »Umgang mit Tieren« eher in Richtung Großzügigkeit als in Richtung Effizienz. Im Hinblick auf das Thema dieses Abschnitts wird es unübersichtlicher.

Denn dass eine ubiquitäre Selbstoptimierung vielen Menschen nicht guttut und ihrer Lebensqualität nachhaltig abträglich ist: Dafür sprechen zwar jede Menge Fakten und Beobachtungen. Doch subjektiv ist die Sache – soweit man das real existierende Verhalten der Betroffenen zum Maßstab nimmt – komplizierter, weil viele Menschen das offenbar *wollen*: Zeiteffizienz, Dauer(selbst)beobachtung und *Quantified-Self*-Apps sprechen eine deutliche Sprache. »Erschöpfungsstolz« ist eben mehr als ein Modewort – es ist auch ein treffsicherer Begriff für das Selbstbild und den Lebensstil vieler Erwachsener in reichen Gegenwartsgesellschaften. Eine Differenzierung zwischen Lebensstil, Lebensführung, Lebensart und anderen Begriffen kann man sich hier übrigens ersparen. Für unseren Zweck ist hinreichend, einen weiten Blick auf die Lebensrealität in westlichen Konsumdemokratien zu richten. Diese Realität ist von einem sehr speziellen Umgang der Gesellschaftsmitglieder mit sich selbst und mit ihrer Zeit geprägt.

In einer soziologischen Analyse technologisch gestützter Zeitoptimierung heißt es: »Effizienz – verbunden mit individueller Disziplin, höherem Management und gesteigerter Produktivität – bildet heute eine der mächtigsten organisationalen Ideologien westlicher Kultur.«[23] Von der Frage abgesehen, was genau »höheres Management« hier bedeutet, kann man festhalten: Die hier skizzierte »Ideologie« ist ein Leitbild, das weit – sehr weit – über den Organisationskontext hinausreicht und viele – sehr viele – Aspekte des postmodernen Lebens formt und prägt. Effizienz und (Selbst-)Optimierung sind Zeichen einer Lebens- und Wirtschaftsform, in der die Aufforderung »Mehr herausholen!« nahezu dogmatischen Status besitzt. Die zitierte Analyse fährt fort: »Die zunehmende Geschwindigkeit der technologischen Innovationen verheißt Produktivitätssteigerungen in allen Bereichen unseres Lebens. Dieser Produktivitätskult und unser obsessives Bestreben, jede Minute gewinnbringend einzusetzen, konstituieren eine moralische Ordnung, sie bilden das große unangefochtene Ideal unseres Zeitalters.«[24]

Großzügigkeit ist der Versuch, genau dieses Ideal anzufechten. Sie kann als Gegenbegriff zur digital befeuerten (Selbst-)Optimierung dienen. Denn hier wirkt das Effizienzparadigma gleichsam auf individueller Ebene. Im Zusammenspiel mit der Ubiquität digitaler Technologie wirkt sich dieses Paradigma fatal auf die Lebensqualität vieler Menschen aus: Die Effizienz digitaler Prozesse vernichtet Redundanz und reduziert Überraschungen, Umwege und Unverfügbarkeiten. Darum geht es hier. Worum es hier *nicht* geht: die moralische Beurteilung bestimmter Lebensstile. Es sollte schon deutlich geworden sein, dass eine Pluralität von Lebensstilen mit der Idee der Großzügigkeit höchst kompatibel ist. Selbstoptimierung und digitale Beschleunigung sollen hier mithin nicht verurteilt, sondern verstanden und in den Kontext von Effizienzkritik und Großzügigkeit gestellt werden.

Großzügigkeit ist ein Gegenbild zur aktuellen Lage, in der gesellschaftliche Strukturen und individuelle Befindlichkeiten nicht nur von einer tiefsitzenden Konsumorientierung (und aktuell auf breiter Front auch von großen Zukunftssorgen) geprägt sind, sondern auch von aufmerksamkeitsökonomischen Faktoren – und nicht zuletzt, wie wir bei Andrick gesehen haben, von einer effizienzorientierten Arbeit an sich selbst. Diese Form der Optimierung, schreibt die Soziologin Anja Röcke in ihrem Buch über die *Soziologie der Selbstoptimierung*, ist »eine wirkmächtige Tendenz der Gegenwart« und »inhärenter Bestandteil eines auf Leistung, Erfolg und Selbstverwirklichung ausgerichteten Wertekanons gegenwärtiger westlicher Gesellschaften.«[25]

Den Zusammenhang zwischen Makro- und Mikroebene gilt es zu betonen, zumal er die Sache komplizierter macht: Wie wir schon gesehen haben, sind die Charakteristika und die Attraktivität einer »imperialen Lebensweise« (Brand/Wissen) und die normative Kraft der »nachhaltigen Nicht-Nachhaltigkeit« (Blühdorn) eben *beides* – gesellschaftlicher Systemimperativ *und* individuelle Wunschvorstellung. Das gilt auch für das Thema dieses Kapitels: »Im Bildungsbereich, im Hobby- wie im Profisport, in der Arbeitswelt, aber auch in der alltäglichen Lebensführung befeuern Digitalisierung, Quantifizierung, Produktivitäts-, Leistungs- und Effizienzdruck Prozesse der Selbstoptimierung.«[26] Diese Optimierung ist eben *nicht* einfach Ausdruck von Ausbeutung, Verdinglichung oder Entfremdung in einem alles bestimmenden kapitalistischen Konkurrenzsystem: »Viele Menschen *wollen* an sich arbeiten, wollen das Bestmögliche erreichen, wollen an die Grenze des körperlich oder auch mental Machbaren gehen oder sogar darüber hinaus – und in manchen Fällen sogar dann, wenn sie genau dies eigentlich ablehnen.«[27]

Hier liegt eine bemerkenswerte Paradoxie, die es mit Blick auf unser Thema zu betonen gilt – und die zu einigem passt, was oben zum Verhältnis von Maß und Überschreitung festgestellt wurde. Für viele ist Selbstoptimierung – und zwar nicht nur beim Sport – eine gute Sache, die durchaus Freude, Erfüllung und Bestätigung bringt.[28] Gleichzeitig – und das können auch »Fans« der Selbstoptimierung kaum bestreiten – »verweist Selbstoptimierung *nicht* auf ein Leben in Genuss und Muße, sondern in Arbeit und Anstrengung.«[29] Von nachhaltigen und »suffizienten« Werten, Entschleunigung und Rückbau ist die Idee der Selbstoptimierung also denkbar weit entfernt. Natürlich kann man sich auch in Richtung Nachhaltigkeit optimieren – zum Beispiel mit Blick auf Ernährung, Mobilität und Freizeit: Aber auch diese Optimierung bleibt in ihrer engen Ausrichtung am »Besten« reichlich einseitig.

Ein großzügiges rechtes Maß, das *beides* kennt – Genuss, Muße, Ruhe *und* Arbeit, Mühe, Stress – ist hier und heute für die allermeisten Menschen nicht in Sichtweite. Nicht umsonst lässt sich Selbstoptimierung mit dem Gedanken in Verbindung bringen, dass es kein Recht auf Faulheit gebe.[30] In der Tat steht das Leitbild der Selbstoptimierung in krassem Widerspruch zur Botschaft von Werken wie Paul Lafargues *Das Recht auf Faulheit* oder Bertrand Russels *Lob des Müßiggangs*. »Burnout und Klimawandel haben dieselbe Ursache: Wir arbeiten zu viel und zu intensiv« – diese Erkenntnis des Wiener Nachhaltigkeitsforschers Fritz Hinterberger ist nicht sehr verbreitet.[31] Suffizienz ist in einem auf Leistung, Effizienz und Optimierung gepolten Umfeld kein Wert, der gesellschaftlich eine besonders helle Strahlkraft hat.

Im Gegenteil: Soziologisch spricht einiges dafür, dass wir heute geradezu eine »neue Stufe des menschlichen Perfektionsstrebens und des modernen ›Steigerungsspiels‹« erreicht haben.[32] Dieses Streben und Steigern ist strukturell mit der oben ausführlich untersuchten »Knappheits-Effizienz-Wachstums-Endlos-Schleife« verwandt. Zentrales Element dieser Gemeinsamkeit ist die Ziel- und Endlosigkeit des Unterfangens. Dabei ist mit Anja Röcke zwischen Selbstverbesserung und Selbstoptimierung zu unterscheiden: »Bei der Selbstoptimierung kommen zur Idee der Verbesserung ein instrumenteller Selbstbezug sowie eine Form der Unabschließbarkeit und der infiniten Möglichkeit zur Überbietung und möglicherweise vollständigen Transzendierung gegebener Parameter und Begrenzungen hinzu.«[33] Anders gesagt: Die Optimierung des Selbst setzt auf Entfaltung von Potenzialen und Fähigkeiten, ganz wesentlich aber auch auf Grenzüberschreitung. Diese Logik von Maßlosigkeit und Expansion führt nicht nur – wie bereits ausführlich dargestellt – zur Gefahr einer ökologischen Überforderung und ökonomischen

Fehlorientierung, sondern riskiert auch in sozialer Hinsicht Nachhaltigkeit, Resilienz und Lebensqualität.

Zu den hier involvierten Paradoxien zählt ganz wesentlich die Spannung »zwischen dem Eigenwertcharakter und der Leere eines rein formalen, auf prinzipielle Überbietung setzenden Maßstabes«.[34] Das Problem dieser Leere ist ihre Maßlosigkeit, die dort, wo Anstrengungen der Optimierung materielle Prozesse auslösen, früher oder später an ökologische Grenzen führen. Ausnahmsweise darf hier ein Zitat wiederholt werden: Ralf Konersmann sagt über die Effizienz, sie sei »ein Maß ohne Maß – ein Maß, das alles Handeln der Erwartung unterstellt, dass man die Schraube immer weiter drehen kann und die Optimierung keine Grenzen kennt. Die Welt der Effizienz ist eine Welt der Komparative.«[35] Dieses maß- und grenzenlose Weiterdrehen kennt kein prinzipielles Ende – dies als Gefahr zu bezeichnen, ist keine moralische Verurteilung individueller Selbstoptimierungsprozesse, sondern mit Blick auf die ökologischen Konsequenzen unserer Wirtschaftsweise eine gut fundierte empirische Aussage.

Das »Gegenprogramm« Großzügigkeit ist ein Zugang zur Welt, dessen grundlegend sozialer Charakter sich mit den a-sozialen und unpolitischen Handlungsanleitungen von Glücks-, Selbstoptimierungs- und individualistischer Resilienzliteratur nicht verträgt. Das Private ist in einem wichtigen Sinne eben höchst politisch – und in diesem Sinne hängen »private« und »öffentliche« Großzügigkeit eng miteinander zusammen. Das gilt in beide Richtungen: Großzügig zu leben ist in einer geizigen Leistungs- und Konsumgesellschaft gewiss schwerer als in einer, die auf Schonung, Slack und Spielräume setzt. Umgekehrt kann, ohne das Thema individualisieren zu wollen, eine großzügige Lebensweise zu ökologischer und ökonomischer Nachhaltigkeit beitragen.

Die Unterschätzung des Wechselverhältnisses von gesellschaftlicher Struktur und individueller Befindlichkeit erscheint, wenn man auf Ideen von Selbstmanagement und persönlicher Resilienz schaut, nicht als unabsichtlicher konzeptioneller Fehler, sondern als höchst absichtsvolle und bewusste Perspektive. So ist der Einsatz von Apps zur Selbstoptimierung und -überprüfung klarerweise »eine höchst individualisierte Antwort auf ein kollektives Problem«.[36] Die Individualisierung gesellschaftlicher Probleme kennt man aus der Nachhaltigkeit, wenn zum Beispiel postuliert wird, der Einkaufszettel sei so wichtig wie der Wahlzettel und man müsse mit seinen Konsumhandlungen zur Rettung der Welt beitragen.[37] Bei der Selbstoptimierung soll man sich quasi selbst retten – aber eben in Absehung der gesellschaftlichen Rahmenbedingungen. Sehr frei nach Adorno: Ob es ein gutes (oder optimiertes) Leben in schlechten Verhältnissen geben kann, wird hier dezidiert nicht gefragt. Effizienzglaube geht hier Hand in Hand mit der Auffassung, jeder sei seines Glückes Schmied.

Hier dominiert ein tiefes Vertrauen in die Plausibilität ökonomischen Denkens, aber auch ein profunder Machbarkeitsglaube. Diese Haltung hat offensichtlich gesellschaftliche Konsequenzen und steckt im Kern praktisch aller Selbstoptimierungsansätze. Erfolg und Scheitern liegen in dieser Sicht stets beim Individuum. Die Ziele, auf die Unternehmen ebenso ausgerichtet werden wie Individuen, sind laut Ulrich Bröckling »strikt relational und damit unabschließbar: Die Einsicht, dass es ein Genug – an Qualität, Flexibilität, Motivation, persönlichem Wachstum – nicht geben kann, erzeugt den Sog zum permanenten Mehr.«[38] Was hier im »managerialen« Geiste vermittelt wird, ist klar: eine Orientierung an Effizienz und Expansion. Verschwendung ist zu vermeiden, Wachstum zu organisieren. So etwas wie Großzügigkeit ist hier bestenfalls ohne Bedeutung, schlimmstenfalls ein Feindbild.

Das Verhältnis individueller Selbstoptimierung steht noch in einem anderen Verhältnis zu gesellschaftlichen Rahmenbedingungen: Man könnte von einem Kompensationseffekt sprechen. Verbreitete Unsicherheit, das Wissen um das Nichtwissen, die Unübersichtlichkeit einer zunehmend von Krise, Krieg und Knappheit geprägten Welt treiben gewiss nicht wenige Menschen zur Fitnesstrainerin, zum Resilienzcoach und zum Lebenshilferegal in der Buchhandlung. Das Wissen über Nichtwissen, schreibt Anja Röcke, »wirkt bei manchen politisch mobilisierend, bei anderen befördert es hingegen Apathie und Resignation. Für eine dritte Gruppe ist es der Grund, sich nur mehr mit sich selbst zu beschäftigen. Idee und Praxis der Selbstoptimierung werden hier also zur Antwort auf gesellschaftliche Unübersichtlichkeiten, denn sie bieten einen klaren Handlungsrahmen, Orientierung und Sinn«.[39] Michael Andrick spricht von einem »Versöhnungsangebot«:[40] »Die spezialisierten Einrichtungen der Industriegesellschaft«, schreibt er, »entlasten unser Leben vom Trauma der Ortlosigkeit und Einsamkeit, indem sie uns Zweckgemeinschaften mit klarer Struktur und mit einem Verhaltenskodex anbieten.«[41]

Selbstoptimierung resultiert also wohl nicht aus Zwang, aber doch aus Druck, und dieser Druck lässt sich eben letztlich nur gesellschaftlich verstehen. »Die Moderne«, schreibt Hartmut Rosa (auf dessen Zugang zum Thema wir noch ausführlich zurückkommen werden), »hat Welt in unvergleichlicher Weise und in unbegreiflichem Maße verfügbar gemacht. [...] Zugleich gibt es aber noch mehr Indizien dafür, dass Frustration und Depression zunehmen und auch politisch sich äußernde Enttäuschung darüber, dass das Leben nicht hält, was es verspricht, dass die moderne Gesellschaft nicht einlöst, was wir uns erhofft haben.«[42] Wenn gesellschaftliche Leitbilder aber nicht halten, was sie versprechen, wirft das manche Menschen auf sich selbst zurück. »Wo der Traum vom gesellschaftlichen Fortschritt ausgeträumt ist,« formuliert Anja Rücke, »bleibt nur mehr die Hoffnung auf die individuelle Selbstverbesserung und Selbstoptimierung.«[43]

Das gründlich gescheiterte Fortschrittsmodell westlicher Gesellschaften ist bekanntlich auf Effizienz und Expansion ausgerichtet. Die ökologisch so destruktive »große Beschleunigung« bleibt natürlich gesellschaftlich nicht folgenlos. Ein gesellschaftliches Fortschrittsmodell, das auf Knappheitsbekämpfung und Wirtschaftswachstum ausgerichtet ist, macht etwas mit der Orientierung und Lebenspraxis der Individuen. »Kompensation« könnte man dort vermuten, wo das Fortschrittsmodell scheiternd an seine Grenzen gerät und seine Versprechungen nicht einlöst. Anders gesagt: Das Scheitern der imperialen Lebensweise schlägt auf die Ebene der individuellen Selbstoptimierung durch. Ein wichtiges Wort in diesem Zusammenhang ist »Potenzialentfaltung«.

Das höchst irrige Dogma der Potenzialentfaltung

Die großzügige Idee, Potenziale *nicht* auszunutzen und dadurch einen Beitrag zum Erhalt dieser Potenziale zu leisten, kann man ökologisch wenden – und genau das haben wir in Kapitel 4 getan. Das dezidiert Un-Ökonomische dieser Idee haben wir in Kapitel 5 analysiert. Jetzt kommen wir zu einem Ansatz, der sich zwar nicht selten geradezu anti-ökonomisch geriert, in Tat und Wahrheit aber genau gegenteilig von einer wirtschaftlichen Logik tief beseelt ist. Anja Röcke formuliert in ihrem bereits zitierten Buch *Soziologie der Selbstoptimierung*: »Die Optimierung des Selbst steht im Mittelpunkt gegenwärtiger gesellschaftlicher Anforderungen und individueller Sinnwelten, zumindest in der westlichen Welt. Es grassiert ein Glauben an individuelle Potenziale, die gehoben werden müssen und keinesfalls verschenkt werden dürften«.[44]

Die Ideologie und Idiotie dieses Glaubens gilt es zu dekonstruieren. Das ist auch deshalb notwendig, weil er gleichsam auf andere Felder ausstrahlt und sich nicht auf das Ökonomische beschränkt, sondern einer destruktiven Verwirtschaftlichung gesellschaftlicher Verhältnisse Vorschub leistet. Wenn »die politische Potenzialbeschwörungsmaschinerie anspringt«, so der Soziologe Stephan Lessenich, »dann haben die Bürgerinnen und Bürger mit einem weiteren Schub der Ökonomisierung ihrer Lebensverhältnisse zu rechnen.«[45] Unter der politischen Logik des Potenzialbegriffs seien alle aufgefordert, »sich in ein produktives, nützliches, marktfähiges Mitglied der Gesellschaft zu verwandeln.«[46] In dieser Gedankenwelt ist es als höchst negativ zu bewerten, sich nicht an Effizienz und Nützlichkeit zu orientieren und darauf zu verzichten, alles aus sich herauszuholen.

Ein buchstäblich publikums-wirksamer Champion dieser Gedankenwelt ist der als Gehirnforscher firmierende Biologe Gerald Hüther.[47] Er ist, berichtet Jan Grossart in der *Frankfurter Allgemeinen Zeitung*, »Geschichtenerzähler, auch wenn er als Hirnforscher, als Wissenschaftler durchs Land tourt.« Und: »Er verkauft Begeisterung.«[48] Und er mischt sich gerne in politische Debatten ein. Martin Spiewak schreibt in der *Zeit* in einem Beitrag über die Rolle von Bestsellerautoren in der Bildungsdiskussion: »Befreit von den Mühen der Empirie, betören Hüther und andere Bildungskritiker ihre Zuschauer wie einst die fahrenden Wunderdoktoren mit gewagten Diagnosen und Vorschlägen für bizarre Kuren zur Rettung des angeblich todkranken Patienten Schule.«[49] Der *Zeit* sagt Hüther auf Nachfrage, er habe »nie behauptet, Forschungen auf dem Gebiet von Bildung, Schule oder Pädagogik durchgeführt zu haben.«[50] Na dann. Wie hätte Loriot gesagt: Ach was?!

Man kann sich auch wundern, wenn ein sich als Hirnforscher bezeichnender Diskursteilnehmer von »fest im Hirn verankerten Überzeugungen« schreibt.[51] Prof. Dr. rer. nat. Dr. med. habil. Gerald Hüther (so die Autoreninformation auf einem Umschlagtext) sucht, schreibt er, »nach Menschen, die wirklich glücklich sind.« Und er findet sie, hat er doch die Fähigkeit, das Glück optisch zu orten: »Ich erkenne sie an einem besonderen Leuchten in ihren Augen.« Und einige Zeilen später bemerkt er: »Es macht mich sehr froh, dass es solche Menschen gibt.«[52] Das ist schön, aber höchst unschön, was hier in pseudoemanzipatorischer Rhetorik unter die Leute gebracht wird: Dass »wirklich glückliche« Menschen deshalb glücklich sind, weil sie ihr Potenzial entfalten – also planmäßig, effektiv und effizient daran arbeiten, ihr Potenzial nicht liegen zu lassen, sondern bis zum Letzten zu nutzen.

Der ökonomistischen Kälte, die der Potenzialentfaltungsbegriff evozieren kann, wird mit blumig-kitschiger Rhetorik begegnet. »Statt Ressourcenausnutzer zu bleiben, könnten wir auch Potentialentfalter werden«, schreibt Hüther und plädiert für neue »Erfahrungen« – zum Beispiel, dass es günstiger sei, »langfristig zu denken und nachhaltige Lösungen zu suchen, dass das vielleicht auch gemeinsam besser gelingt als allein, dass *mehr dabei heraus-*

kommt, wenn man andere einlädt, ermutigt und inspiriert, statt sie antreiben und kontrollieren zu müssen, dass das Leben mehr Freude macht, wenn man für sich selbst und für andere zu einem Potentialentfalter wird.«[53] Er spricht von »individualisierten Potentialerhaltungsgemeinschaften« und ihrer Effizienz: »Durch sich selbst optimierende kommunikative Vernetzungen auf und zwischen den verschiedenen Organisationsebenen gelingt es ihnen, nicht nur möglichst rasch und effizient, sondern auch möglichst umsichtig und nachhaltig auf neue Herausforderungen zu reagieren.«[54] Das Wortgeklingel zu Umsicht und Nachhaltigkeit kann nicht verbergen, dass »Potenzialentfaltung« gerade *nicht* in Opposition zum gesellschaftlichen Mainstream steht, sondern in diesem fest verankert ist. Optimalität wird sogar zum Leitbild von Mannschaftssportarten erhoben: »Eine Fußballmannschaft sollte also einen Teamgeist besitzen, der den Spielern hilft, optimal zusammenzuspielen und möglichst viele Fußballspiele zu gewinnen.«[55] Man fragt sich, was George Best, Johan Cruyff oder Diego Maradona zu diesem sportlichen Optimalitätsideal gesagt hätten... Dass sich diese Meister der Schönheit, Eleganz und Verschwendung auf Effizienz und Ergebnisoptimalität hätten verpflichten lassen, ist kaum denkbar.

Nun könnte man einwenden, ich machte zu viel Gewese um den Gedanken der Entfaltung von Potenzialen und Fähigkeiten. Schließlich hat der *Capability Approach* aus guten Gründen einen guten Ruf. Dieser vor allem vom Ökonomen Amartya Sen und der Philosophin Martha Nussbaum entwickelte Ansatz – den man auf Deutsch als Befähigungs- oder Verwirklichungsansatz bezeichnen kann – steht für eine elaborierte Messung und Darstellung von Wohlstand, die weit über den eindimensionalen Indikator »Bruttoinlandsprodukt« hinausgeht. Dabei geht es um Verwirklichungsmöglichkeiten und um die Bedingungen von Entwicklung. Im Zentrum stehen hier Fähigkeiten und Rahmenbedingungen und die Frage nach den Voraussetzungen guten Lebens. Sogar das deutsche Grundgesetz spricht (in Artikel 2 Absatz 1) vom »Recht der freien Entfaltung der Persönlichkeit«. Warum also die scharfe Kritik am Lob der Entfaltung? Nun, darum: Es ist ein Unterschied, ob man Bedingungen fordert und fördert, unter denen Menschen sich entfalten *können* – oder ob man die Forderung postuliert, dass sie sich entfalten *müssen*, um ein gutes Leben zu führen. Natürlich ist es gut und richtig, Entfaltungsmöglichkeiten zu schaffen. Aber es scheint im Lichte des hier Gesagten schlecht und falsch, einen Zwang zu konstruieren und es als Scheitern zu brandmarken, wenn Möglichkeiten ungenutzt bleiben.

6. Jenseits von Selbstoptimierung und digitaler Kontingenzvernichtung

Wenigstens als gedankliche Lockerungsübung erscheint es hilfreich, die Losung »Potenziale müssen voll ausgenutzt werden« zu hinterfragen. Denn erstens könnte man mit guten Gründen ganz grundsätzlich vermuten, dass »Glück« nicht durch Effizienz entsteht, sondern aus Großzügigkeit erwächst. Und zweitens ist bemerkenswert, wie wenig die letztlich abgrundtief ökonomistische Haltung reflektiert wird, die in diesem Leitmotiv steckt. Wir haben bereits mehrfach gesehen, dass ein großzügiger Zugang zur Welt ausdrücklich und absichtsvoll *darauf verzichtet*, vorhandene Potenziale bis zum Anschlag auszunutzen. Es kommt im Gegenteil darauf an, Potenziale in einem gewissen Maße *nicht* zu nutzen und dadurch zu schützen. Das ist, auch das haben wir gesehen, aus ökonomischer Sicht ein Skandal. Redundanzen zu erlauben, Synergien nicht zu heben, Ressourcen ungenutzt liegen zu lassen, auf Effizienz zu verzichten – das alles ist sehr, sehr weit weg von der herrschenden Sicht auf wirtschaftliche Zusammenhänge.

Es ist freilich auch sehr weit weg von einer Sicht, die sich scheinbar – aber eben nur *scheinbar* – von der ökonomischen Perspektive absetzt und für sich beansprucht, den Menschen ins Zentrum zu stellen und ihm zu helfen. Diese Sicht fungiert unter der Überschrift »Potenzialentfaltung«. Die Nähe zum für das Postulat der Nachhaltigkeit so wichtigen Ziel der »Potenzialerhaltung« ist hier weniger interessant als die Differenz: Erhaltung zielt auf Sicherung ab, Entfaltung auf Nutzung. Die kulturell äußerst tief verankerte Sicht auf diese Nutzung ist glasklar: Wer sein Potenzial nicht voll ausschöpft und insoweit unter seinen Möglichkeiten bleibt, ist – gescheitert. Als gelungen wird eine Existenz betrachtet, wenn die Fülle des Lebens umfänglich genutzt wird – der Gedanke, es könnte etwas Gutes in einer Unterschreitung seiner Möglichkeiten liegen, klingt höchst absurd.

Er ist es aber nicht. Absurd ist dagegen eine Position, die den gesellschaftlichen Konsens noch zuspitzt und die volle Ausnutzung von Potenzial geradezu zum Königsweg für beruflichen Erfolg, individuelle Zufriedenheit und persönliche Resilienz hochstilisiert – und das als Alternativprogramm zum Mainstream unter die Leute zu bringen versucht. Das Gegenteil ist der Fall: Die Potenzialentfaltungsideologie unterläuft den Mainstream nicht – sie spitzt ihn zu. Darin liegt nichts Entspanntes, nichts besonders Lebensbejahendes, nichts Großzügiges. Nein: Es geht um die volle Ausnutzung des Vorhandenen mit dem ganz offensichtlichen Ziel, Nutzenmaximierung zu betreiben. Der potenzialentfaltende Mensch steht mit dem viel gescholtenen (und meist krass missverstandenen) *Homo oeconomicus* nicht auf Kriegsfuß – sondern ist mit ihm identisch.

»Potenzialentfaltung« heißt also »Rausholen, was da ist«. Anders formuliert: Vorhandene »Ressourcen« – Kompetenzen, Fähigkeiten, Kenntnisse, Talente, Begabungen – sollen nicht brachliegen gelassen werden, sondern *genutzt* werden: Es soll über sie *verfügt* werden. Wenden wir uns jetzt einer Idee zu, die im Gegenteil die *Un*verfügbarkeit betont. Wie wir sehen werden, ist dieser Ansatz nicht ohne Probleme – aber dem Leitbild der Großzügigkeit doch deutlich näher als die Vorstellung, Potenziale müssten genutzt, verwertet und verfügbar gemacht werden.

Unverfügbarkeit als Ingredienz guten Lebens?

Der Begriff der Unverfügbarkeit bekommt für unser Thema gerade vor dem Hintergrund des Leitbilds der Potenzialentfaltung eine besondere Bedeutung. Denn wenn man genau hinschaut, kann man nicht beides haben – Potenzialentfaltung strebt Verfügbarkeit an und ist mit Unverfügbarkeit nicht gut vereinbar: Sie stört gewissermaßen. Die doppelte Bedeutung von Unverfügbarkeit wird hier deutlich. Leben ist nicht durch planvolle Entfaltung aller verfügbaren Potenziale gekennzeichnet, sondern durch Verschwendung, Zufälle und eben: die Unverfügbarkeit von Dingen, die man gerne planen oder herstellen möchte, die sich aber nicht realisieren. John Lennon wurde hierzu schon im ersten Kapitel zitiert: »Life is what happens while you're busy making other plans.« Jenseits dieser lebensphilosophischen Bedeutung kann man Unverfügbarkeit auch in einem eher technischen Sinne verstehen und aktiv herstellen: Ein Naturschutzgebiet zum Beispiel limitiert (zumindest partiell) die Verfügbarkeit einer bestimmten Fläche für menschliche Aktivitäten.

Wenn Hartmut Rosa über Unverfügbarkeit schreibt, geht es nicht um diese absichtsvolle Begrenzung von Nutzung und Verfügung. Dabei schwingen nicht nur seine umfangreichen Arbeiten zu den Themen Beschleunigung und Resonanz mit, sondern auch die Unverfügbarkeit als Wert an sich, als vorhandene und *anstrebenswerte* Eigenschaft der Welt. Es ist klar, dass Großzügigkeit, wie sie in diesem Buch verstanden wird, mit diesem Programm kompatibel ist. Großzügigkeit lässt sich nicht nur auf Unverfügbarkeiten ein, sie stellt diese sehr oft auch aktiv her und lässt Platz für Räume des Möglichen. Dabei ist Großzügigkeit ein Gegenbild zu einer sehr modernen Fassung ökonomischen Denkens. Rosas Ideenwelt greift weiter und versteht sich als Grundsatzkritik moderner Gesellschaftsformationen überhaupt.

6. Jenseits von Selbstoptimierung und digitaler Kontingenzvernichtung

Dabei macht er keine Gefangenen. Sein Buch *Resonanz* hat über 800 Seiten und setzt denkbar generell an. Die Moderne ist ihm die »Geschichte einer Resonanzkatastrophe«, aber auch eine »Geschichte gesteigerter Resonanzsensibilität«.[56] Die Resonanz gilt ihm dabei als ultimativer Bewertungsanker. Resonanz solle, schreibt Rosa, »den Maßstab für ein gelingendes Leben liefern, einen Maßstab, der es erlaubt, Lebensqualität nicht mehr nur indirekt an der Steigerung von materiellem Wohlstand, Optionen und Ressourcen, sondern direkt an der Qualität der Weltbeziehung zu messen.«[57] Gut ist ein Leben (nur?) dann, wenn es »reich an Resonanzerfahrungen« ist. Unverfügbarkeit ist dabei ein zentrales Element von Resonanz.

Rosa macht als Charakteristikum der Moderne aus, dass die Welt zum »Aggressionspunkt« wird: »Alles, was erscheint, muss gewusst, beherrscht, erobert, nutzbar gemacht werden.«[58] Dieser Modus verhindert, so die Lesart des Soziologen, gelingende Lebendigkeit, die auf »Resonanz« angewiesen sei. Freilich ist Resonanz eine Metapher, die sich nicht von selbst versteht – zumal der Begriff seit einiger Zeit herhalten muss »als Projektionsfläche einer Ratgeberliteratur, die Rezepte zur Welt- und Selbstbeglückung empfiehlt.«[59] Die physischen und sensorischen Aspekte des Resonanzbegriffs erscheinen dabei recht unterbelichtet, oder wie der Kulturwissenschaftler Holger Schulze im *Merkur* schreibt, »seltsam irrelevant; anekdotische Verweise auf Resonanz im Alltag müssen genügen.«[60] Von dieser Fragwürdigkeit der Resonanz-Metapher abgesehen, lässt sich eine gewisse Nähe von Rosas Überlegungen zur Großzügigkeit erkennen, die man als Gegenbild zur (Selbst-)Optimierung sehen kann und die mit Schonung, Slack und Spielraum mehr auf Entspannung und weniger auf Kontrolle setzt. Damit ist Großzügigkeit nicht nur ein ökologisch-ökonomisches Programm, sondern auch ein Beitrag zur Diskussion um eine Lebensweise, die Nachhaltigkeit und gutes Leben verbindet.

Als Beitrag zu dieser Debatte lässt sich auch Rosas Resonanzparadigma und die Betonung von Unverfügbarkeit lesen. Rosa konstatiert: »Das Alltagsleben durchschnittlicher spätmoderner Subjekte in den Zonen, die der sogenannten ›entwickelten westlichen‹ Welt zugerechnet werden, konzentriert sich und erschöpft sich mehr und mehr in der Abarbeitung von explodierenden To-do-Listen, und die Einträge auf dieser Liste bilden die Aggressionspunkte, als die uns die Welt begegnet: der Einkauf, der Anruf bei der pflegebedürftigen Tante, der Arztbesuch, die Arbeit, die Geburtstagsfeier, der Yogakurs: erledigen, besorgen, wegschaffen, meistern, lösen, absolvieren.«[61] Rosa fasst hier ein Lebensgefühl zusammen, das in westlichen kapitalistischen Demokratien tatsächlich weit verbreitet und für das »Alltagsbewältigungsverzweiflungsmodus« wohl ein trefflicher Begriff ist.[62] Großzügigkeit als der explizite Verzicht auf die Ausschöpfung aller Potenziale und die Nutzung aller Möglichkeiten steht diesem Modus ganz offensichtlich entgegen.

Rosa sieht »in Resonanz Treten« als »Grundmodus lebendigen menschlichen Daseins«.[63] Resonanz und Unverfügbarkeit lassen sich, der Großzügigkeit nicht unähnlich, als Gegenbilder zu Effizienz und Expansion sehen. Resonanz heißt bei Rosa ganz wesentlich, den »Panzer der Verdinglichung« zu verlassen, »mit dem wir in einer auf Steigerung und Optimierung, auf Berechnen und Beherrschen ausgerichteten Welt in der Regel operieren«.[64] In Inhalt und Rhetorik streift Rosa bisweilen eine Art sozialkitschige Kapitalismuskritik, aber seinen Hinweis auf die Bedrohungen eines guten Lebens durch Effizienz- und Expansionsorientierung darf man ernst nehmen.

Aus dieser Perspektive existiert keine Methode, mit der sich Resonanz sicherstellen ließe. Eintreten und Dauer der Resonanz, so Rosa, sind nicht vorhersagbar – sie sei »konstitutiv unverfügbar« und in diesem Aspekt dem Einschlafen verwandt: »Je intensiver wir es wollen, umso weniger gelingt es uns.«[65] Es ist dieser Aspekt, der die Resonanz in ein kritisches Verhältnis zu Effizienz und Expansion setzt: »Weil Resonanz konstitutiv *ergebnisoffen* ist, steht sie in einem grundlegenden Spannungsverhältnis zur sozialen Logik der unablässigen Steigerung und Optimierung, und ebenso zu einer korrespondierenden Welthaltung, in der die Welt stets als Punkt der Aggression erscheint.«[66] Hier kann man erneut eine gewisse Verwandtschaft des Rosaschen Resonanzparadigmas mit der Idee der Großzügigkeit erkennen, wie sie in diesem Buch verstanden wird. Auch die Großzügigkeit verdankt sich einer Kritik von Steigerung und Optimierung, oder anders gesagt: von Expansion und Effizienz. Das lässt sich an verschiedenen Bereichen des Lebens verdeutlichen.

Geburt, Tod und (fast) alles dazwischen

Was »Verfügbarmachen« bedeuten kann, lässt sich trefflich beim Thema Geburt zeigen. Nicht umsonst ist eine weit verbreitete Umschreibung für eine Schwangerschaft »guter Hoffnung sein«. Schwanger sein *heißt* guter Hoffnung zu sein.[67] Das kann man schon bei Kierkegaard nachlesen – und eben auch in unzähligen Ratgebern zum Thema. Dass die Begriffe Hoffnung und Schwangerschaft so eng miteinander verbunden sind, hat mit dem Neuen zu tun, das in die Welt zu kommen sich ankündigt – aber auch mit der

6. Jenseits von Selbstoptimierung und digitaler Kontingenzvernichtung

Unsicherheit, die damit verbunden ist: Die Wahrscheinlichkeit, dass eine Schwangerschaft *nicht* gut ausgeht, war in der Vergangenheit immens und ist auch heute noch weit höher, als dem Durchschnittswohlstandsmenschen klar sein dürfte. Eine Schwangerschaft ist eben nicht nur dann ein Risiko, wenn es sich um eine »Risikoschwangerschaft« handelt. Die Sache ist wunderschön *und* riskant *und* bringt etwas Neues in die Welt – *deshalb* spricht man von »guter Hoffnung«: Wohl an wenig anderen Dingen im Leben (vor allem: dem Tod) lässt sich deutlicher zeigen, was Unverfügbarkeit bedeutet.

Hartmut Rosa macht am Beispiel der Geburt deutlich, wie dieses Feld der Unverfügbarkeit von Beginn an von Versuchen durchzogen sein kann, Verfügbarkeit herzustellen – als Stichworte mögen hier genügen: Pränataldiagnostik, Fruchtwasseruntersuchung, Ultraschall, In-vitro-Fertilisation. Gewiss bewirken all diese Dinge Gutes – sie haben aber auch dazu beigetragen, dass die Angst vor der Geburt seit Jahren ansteigt.[68] Es geht hier dezidiert nicht darum, die Technisierung von Schwangerschaft und Geburt moralisch zu kritisieren – sondern darum, die Spannung zwischen grundlegender Unverfügbarkeit und immer intensiveren Versuchen der Verfügbarmachung aufzuzeigen.

Diese Spannung entsteht schon bei der Frage, ob man überhaupt Kinder haben will. Was früher als gottgewollte Fügung (!) erschien und weitgehend zufällig bestimmt wurde, lässt sich heute – in Grenzen – »planen«. »Familienplanung« ist also kein unschuldiger Begriff, sondern hat etwas mit Verfügbarmachung zu tun. Verhütungsmittel und Reproduktionsmedizin sind Instrumente von Verfügbarmachungsversuchen. Dass Empfängnis heute – in Grenzen – planbar ist, bringt dabei auf paradoxe Weise die Verfügbarkeit und die Unverfügbarkeit zusammen. Denn die heutzutage kontingente Frage, ob man Kinder haben will, führt anders als früher nicht wenige Menschen in Abwägungs- und Entscheidungsprozesse, die mit einer fundamentalen Unverfügbarkeit konfrontiert sind: Denn man weiß nicht und *kann* nicht wissen, worauf man sich einlässt, wenn man Kinder in die Welt setzt oder wenn man darauf verzichtet. Der Philosoph Michael Andrick trifft den Nagel auf den Kopf, wenn er schreibt, dass »es nicht vorab zu verstehen [ist], dass eigene Kinder *alles* verändern – und dass deshalb die Frage, ob es mit oder ohne Kinder ›besser‹ sei, eine unsinnige Frage ist.«[69] In der Tat. Die Technologien der Verfügbarmachung, die hier eine Rolle spielen können, helfen dabei nicht.

An dieser Stelle muss man wohl oder übel auf die Frage kommen, ob man angesichts der Lage der Welt in diese noch Kinder setzen darf. Diese Frage stellen sich Menschen wohl schon länger, aber die Debatte über Nachhaltigkeit und Klima hat sie zugespitzt – mit durchaus spürbaren atmosphärischen Konsequenzen. Der Journalist Philipp Krohn schreibt dazu in seinem Buch *Ökoliberal*: »Das Kinderkriegen, die privateste und persönlichste Lebensentscheidung, [...] moralisch aufzuladen, vergiftet den Diskurs. Und es führt an der Sache vorbei: Der Trade-off besteht nicht zwischen Kindern und Ressourcen. Es geht um nachhaltige und nicht-nachhaltige Lebensstile.«[70] In der Tat: Der Gedanke der Selbstabschaffung ist nicht sonderlich zielführend, wenn Nachhaltigkeit der Gesellschaft das Ziel ist. Ich habe mich an anderer Stelle hinreichend deutlich zu diesem Thema geäußert, weshalb ich mir hier ein langes Selbstzitat aus dem Buch *Hoffnung* erlaube:

»Dass neues Leben ein Grund zur Freude und ein Anlass für Hoffnung ist, darf man wohl als Konstante der Menschheitsgeschichte bezeichnen. Vor diesem Hintergrund zeigt der Wahnsinn des ›Antinatalismus‹ umso deutlicher, auf welchem Niveau der öffentliche Diskurs nicht nur über das Klima angekommen ist – aber vor allem dort. ›Das Kleinkind ist gerade dabei, einen Imagewandel vom rentenpolitischen Nützling zum klimapolitischen Schädling zu durchlaufen‹ – so sagt es Christian Geyer in der *Frankfurter Allgemeinen Zeitung*. Antinatalismus steht für die Auffassung, dass man aus ethischen Gründen – also zum Beispiel mit Blick auf die menschengemachte Klimaerwärmung – keine Kinder in die Welt setzen sollte. Die ja nicht eben neue Frage ›Wie kann man nur Kinder in diese Welt setzen?‹ wird hier klar mit ›gar nicht!‹ beantwortet. Wo andere von Zukunftsfähigkeit und Enkeltauglichkeit reden, wollen die Antinatalisten lieber aussterben. Man kann die Bevölkerungszahl auf einem begrenzten Planeten für einen hoch relevanten Zukunftsfaktor halten – und trotzdem den Antinatalismus als eine geistig-politische Verirrung ersten Ranges und ein ultimatives Symbol abgrundtiefer Hoffnungslosigkeit betrachten.

Gewiss ist ein dümmlich-naiver Optimismus à la ›Wir sollten uns über jedes Kind freuen – wo ist das Problem?‹, wie er zum Beispiel in Werner Bootes unsäglichem Film *Population Boom* aus dem Jahr 2013 zum Ausdruck kommt, unangemessen und unverantwortlich. Natürlich sollte man jedes einzelne Kind freudig begrüßen – aber trotzdem die Makrogröße ›Bevölkerung‹ im Auge haben, wenn man an einer guten Zukunft interessiert ist. Antinatalismus überdreht die Thematik allerdings in einer Weise, die es schwer macht, ihn überhaupt ernst zu nehmen. Die aktuelle Klimadiskussion hat dieser Denkrichtung freilich eine gewisse Sichtbarkeit im öffentlichen Diskurs verschafft. In der Extremform läuft die Sache darauf hinaus, die Menschheit absichtsvoll aussterben zu lassen, damit andere Lebewesen und ›die Erde‹ gedeihen mögen. Michael Braungart hat schon vor einigen Jahren davor gewarnt, dass die Überhöhung der Natur dazu führt, den Menschen als schlecht und gefährlich darzustellen. Genau das passiert hier: Aus Sicht von Antinatalisten und anderen Fundamentalistinnen ist der Mensch lediglich ein destruktiver Parasit, dessen Existenz unrettbar zu einer Zerstörung von Mutter Erde führt. Zugespitzt: Wir müssen (aus)sterben, damit ›Gaia‹ leben kann. Was für ein Schwachsinn.«[71] Soweit des Selbstzitat.

Klar ist heute: Kinderkriegen ist ein Nachhaltigkeitsthema – ökologisch und wirtschaftlich, aber eben auch mit Blick auf das Thema dieses Kapitels. Hans Jonas bezieht sich in seinem Hauptwerk *Das Prinzip Verantwortung* ganz ausdrücklich aufs Kinderkriegen: Die elterliche Verantwortung für das Kind ist für Jonas das »Urbild aller Verantwortung« – und zwar ein zeitloses, das unabhängig von geschichtlichem und geografischem Ort gilt und jedem Menschen unmittelbar einleuchtet.[72] Uns interessiert hier weniger, dass die Verantwortung für Kinder aus Jonas' Sicht das Paradebeispiel dafür ist, dass Sein (ein Kind ist da) zum Sollen (du sollst Verantwortung übernehmen) führen kann: »Sieh hin und du weißt.«[73]

Für unser Thema relevanter ist dies: Ein Kind zu haben, ist die ultimative Zuspitzung von Unverfügbarkeit, von Kontrollverlust, von Chaos. Paradoxerweise liegt hier ein Teil des Glücks, das ein Kind bedeutet. Elternschaft bedeutet eine heftige Intensivierung von fast allem, was man im Leben tut. Große Freude und große Sorge, die vielzitierte Schlaflosigkeit, Neuerfindung der Beziehung zum Lebenspartner – all das sind unabweisbare Kollateraleffekte von Elternschaft. Dabei sind durchaus paradoxe Veränderungen im Spiel. Das zeigen nicht zuletzt die zahlreichen Geschichten der respektgebietenden Effizienzsteigerungen von berufstätigen Eltern. Und das Zerschellen von Planungen und Strukturen am Alltag mit Kindern und das resultierende Chaos haben eben auch eine ordnende Wirkung. Die beiden Geisteswissenschaftler Svenja Flaßpöhler und Florian Werner behaupten gar entgegen der verbreiteten Auffassung, Kinder brächten Chaos und Unruhe: »Das Gegenteil ist der Fall. Kinder bringen Ordnung, Rhythmus, Musik in die Welt.«[74]

So oder so ist ganz ohne Romantisierung das Thema »Kinder« für die Befassung mit Unverfügbarkeit und Großzügigkeit interessant: Hier laufen Vorstellungen von Effizienz, Optimierung, Kontrolle, Planung und Management regelmäßig brutalst ins Leere. Natürlich kann man den Umgang mit ihnen effizient organisieren und sich Optimalität zum Leitbild nehmen – gewiss tun das nicht wenige Eltern mit Blick auf Gesundheit und Bildung. Aber hier kommen die Schattenseiten der Effizienz wohl besonders deutlich zum Vorschein. Gewiss ist es möglich, Babys hektisch zu wickeln, die Gutenachtgeschichte schneller vorzulesen und Kinder am langen Arm in Richtung Kindergarten oder Schule zu zerren: Diese etwas absurden Beispiele deuten an, dass Effizienz zu einer quantitativ besseren Ausnutzung von Zeit beitragen kann – und gleichzeitig die Lebensqualität substanziell verschlechtern. Dass auch hier technische Gerätschaften, Apps und andere Hilfsmittel immer präsenter werden, spitzt diese Lage womöglich weiter zu.

Es geht hier, das sei nochmals betont, nicht um eine moralinsaure Technikkritik. Großzügigkeit ist technikskeptisch, weil sie die Suche nach dem rechten Maß bedeutet. Damit ist sie aber keinesfalls technikfeindlich. Das gilt auch für die Verfügbarkeitstechnologien auf dem Feld der Reproduktion. Wie heftig ein Kaiserschnitt oder wie buchstäblich wundersam (manche würden sagen: unheimlich) die In-Vitro-Fertilisation anmuten mag: Niemand wird bestreiten, dass sie in unzähligen Fällen zu großem Glück geführt haben. Überhaupt gibt es jede Menge medizinischer Interventionen, die gewiss das Label »Verfügbarmachung« verdienen und die man weder unter Resonanzgesichtspunkten noch mit Blick auf das Leitbild der Großzügigkeit ernstlich kritisieren kann.[75] Verfügbarmachung ermöglicht Schönes – und paradoxerweise auch Unverfügbares.

Mit Großzügigkeit, Gefühl und Unverfügbarkeit hat das Kinderhaben jedenfalls mehr zu tun als mit Effizienz, Rationalität und Potenzialentfaltung. Gary Becker ist ein berühmter Ökonom, der wirklich alles mit dem völlig rationalen Verhalten der Kunstfigur des *Homo oeconomicus* erklärt: inklusive aller Lebensentscheidungen wie Berufswahl und Familiengründung. Als der *Chicago Boy* 1992 den Alfred-Nobel-Gedächtnispreis für Wirtschaftswissenschaften erhielt, fragte jemand, warum der Mann wohl verheiratet sei.[76] In diesem Zusammenhang ist das eine gute Frage, denn die meisten Menschen werden wohl Dinge, die mit Beziehung, Familie und Kindern zu tun haben, eher nicht im Reich kalt-rationaler Entscheidungen verorten wollen. »Das ganz normale Chaos der Liebe« (Ulrich Beck/Elisabeth Beck-Gernsheim) *ist* eben nicht effizient und verfügbar, sondern verschwenderisch und unverfügbar. Für ein Leben mit Kindern gilt das in besonderer Weise.

Flaßpöhler und Werner sprechen in ihrem Buch *Zur Welt kommen* im Zusammenhang mit Empfängnis und Geburt über »prinzipielle Unverfügbarkeit«. Fruchtbarkeit, schreiben sie, »ist das Gegenteil von Planbarkeit, von Optimierung, Effizienz und Autonomie. Kurzum: Sie widerspricht den innersten Funktionsgesetzen und den höchsten Werten der Moderne.«[77] In der Tat: Bei diesem Thema ist das genaue Gegenteil von dem richtig, was Ökonomen wie Gary Becker behaupten. Kinderindieweltsetzen ist, zumindest nach ökonomischen und anderen rationalen Kriterien, einfach verrückt. »Welcher wahrhaft zweckrational denkende Mensch«, fragen Flaßpöhler und Werner, »wäre schon so wahnsinnig, ein Kind in die Welt zu setzen?«[78] Sie stellen diesen Umstand gar in den Kontext von Georges Batailles Anti-Ökonomie, die wir bereits als entscheidende Referenz für jedes Nachdenken über Großzügigkeit kennengelernt haben.

Hier gilt es innezuhalten, weil an diesem Punkt ein harter Plausibilitätstest für die Großzügigkeit lauert, wie sie hier verstanden wird. Ist es nicht das Allernormalste von der Welt, dass man buchstäblich *das Beste* für sein Kind haben will? Dass hier Rücknahme, Verzicht oder Verschwendung ganz fehl am Platze sind? Der durchschnittliche Mensch will nicht die zweitbeste Gesundheitsversorgung, die drittbeste Bildung und eine Ernährung, die ganz okay ist. Nein: Der Mensch will bei Gesundheit, Bildung und Ernährung in der Regel das Allerallerbeste für seinen Nachwuchs.

Folglich wird auf diesen und anderen Feldern gewissermaßen Optimalität angestrebt und Verfügbarkeit hergestellt. Hier zeigen sich also durchaus die Grenzen des Lobs der Unverfügbarkeit. Eine mögliche Antwort auf diese Spannung ist vielleicht, dass Großzügigkeit als Haltung auf diesem Feld dazu beitragen kann, dass am Ende tatsächlich »das Beste« herauskommt. Und, da »das Beste« in vielen Fällen gar nicht treffsicher operationalisierbar ist: dass Großzügigkeit zu einer gewissen Gelassenheit beitragen kann, die für alle Beteiligten wesentlich besser ist als das Jagen eines immer flüchtigen »Optimums«. Ein Beleg dafür dürfte sein, wie wichtig für Kinder (und Eltern) diejenigen Zeiten am Tag und in der Woche sind, die *nicht* »verplant« sind.

Dieses Jagen eines flüchtigen Ziels ist auch in einem anderen Bereich relevant, über den man produktiv mit den Begriffen Unverfügbarkeit und Großzügigkeit nachdenken kann: das weite Feld von Ferien, Urlaub, Reisen und Tourismus. Der Tourismus ist ein gigantischer Sektor der globalen Ökonomie, und er zeitigt heftige ökologische (Umweltzerstörung) und soziale (Auswirkungen von *Overtourism* auf Kultur und Lebensqualität) Folgen. Und: In diesem Wirtschaftszweig sind symbolische und materielle Aspekte in besonderer Weise verknüpft. Touristisch orientierte Blickregime – Matthias Klos spricht von »Imagineering« – schaffen ein Begehren, bekannte Bauwerke oder Orte in der Natur selbst zu besuchen.[79] Diese affektive Dimension realisiert sich aber nicht ohne physische Infrastruktur (man könnte von »Engineering« sprechen): kein Tourismus ohne Hotels, Internetverbindungen und Flughäfen. Die Verbindung von Symbolik und Materialität fügt sich in eine generelle

Wachstumsdynamik ein.[80] Tourismus ist integraler Bestandteil der »großen Beschleunigung«.

Wenn man die Reisebranche mit Konzepten wie Unverfügbarkeit und Großzügigkeit zusammendenken will, ist natürlich ein Satz unvermeidlich, den Hans Magnus Enzensberger schon Ende der 1950er Jahre aufgeschrieben hat: »Der Tourist zerstört das, was er sucht, indem er es findet.« Diese Einsicht passt zur ökologischen Dimension der Reisebranche und noch mehr zu den desaströsen kulturellen Auswirkungen des Übertourismus. Aber sie passt eben auch zum Thema der Verfügbarkeit, dessen paradoxe Rolle im Tourismus Hartmut Rosa wie folgt zuspitzt: »Das prinzipiell Unverfügbare soll warenförmig verfügbar gemacht werden, am besten im ›All-inclusive-Paket‹. Allerdings sollen, nein müssen, dabei Verletzungen und Verwundungen oder unwillkommene Selbsttransformationen von vorneherein ausgeschlossen werden. [...] Das Ziel des Urlaubers ist es, erholt und gestärkt, aber gewiss nicht unkalkulierbar transformiert oder womöglich verunsichert von der Reise zurückzukehren.«[81] In den Worten der Literaturnobelpreisträgerin Olga Tokarczuk: »Der Tourist möchte es exotisch, aber in Maßen.«[82] Man will sich entspannen, aber dabei die Kontrolle behalten und keinesfalls durcheinandergebracht werden. Großzügigkeit geht anders.

Cut! Jetzt kommt ein harter Schnitt. Noch klarer als bei Geburt, Aufzucht und Urlaub zeigt sich am Tod, was Unverfügbarkeit bedeutet. Verfügbar ist der nur in einem einzigen Fall: dem Freitod.[83] Beim nicht selbstgewählten und insoweit »normalen« Tod wird man Rosas Beobachtung wenig entgegenhalten können, dass auch auf diesem Feld versucht wird, Unverfügbarkeit zu minimieren und Verfügbarkeit herzustellen, wo immer das möglich ist. Patientenverfügungen, Erbschaftsregelungen, Versicherungen – Kontrollversuche, soweit das Auge reicht. Menschen, die anstreben, »zu Lebzeiten für alle Zu- und Wechselfälle des Alters gerüstet zu sein«, so Rosa, »machen sich und ihre nächsten in aller Regel nur unglücklich.«[84] Ich bin mir da weniger sicher und vermute, dass ungeklärte Erbschaftsangelegenheiten auch das Potenzial haben, Menschen unglücklich zu machen. Das Argument, dass Versuche der Kontrolle und Verfügbarmachung dem guten Leben abträglich sein können, kann man dennoch überzeugend finden. Man braucht Rosas Theorieansatz nicht zu folgen, um es für plausibel zu halten, dass es aussichtsreicher als Berechnung und Kontrolle ist, auf die »je eintretenden Zu- und Wechselfälle des Lebens hörend und antwortend zu reagieren«.[85]

Dieser Zugang zum Leben, den Rosa mit dem Begriff der Resonanz belegt, teilt mit dem Ansatz der Großzügigkeit eine profunde Skepsis gegenüber Optimierungsstrategien. »Man weiß nicht,« schreibt Rosa, »ob sich Resonanz ereignen wird, und noch viel weniger, was dabei herauskommen wird. *Das kann sich keine Firma und keine Behörde leisten*: Optimierung bedeutet, in kürzestmöglicher Zeit das bestmögliche Ergebnis zu erreichen und dabei die Kontrolle über den Prozess zu behalten. Berechnen und Beherrschen sind die Grundmodi der Prozesssteuerung in Wirtschaft, Politik, Pflege, Bildung usw.«[86] Eine wichtige Frage ist, wie unveränderlich diese Modi sind und inwieweit es gelingen kann, Großzügigkeit und Maß zu stärken. Klar ist jedenfalls, und diese Differenz gilt es zu betonen: Während Effizienz wesentlich auf Verfügbarmachung ausgerichtet ist, steht die Großzügigkeit für eine Orientierung am Hinnehmen und Zulassen von Unverfügbarkeit und teilweise auch für die aktive Organisation von Unverfügbarkeit.

Die Grenzen der Resonanz. Über Augenleuchten und Transformationstheorie

Wir haben jetzt so ausführlich auf Resonanz und Unverfügbarkeit geblickt, dass man womöglich von Verschwendung sprechen könnte. Aber die Befassung mit diesen Begriffen ist einfach *zu* nahe gelegen, um sie gleichsam links liegen zu lassen. Hartmut Rosas Entwurf einer Resonanztheorie hat, indem sie sich klar als Gegenbild zu den von ihm so ausführlich untersuchten Phänomenen wie Beschleunigung, Innovation und Wachstum positioniert, klare Bezüge zum Leitbild der Großzügigkeit. Zumal wenn Rosa von einem »Paradigmenwechsel von der Steigerungslogik zur Resonanzsensibilität« spricht, wird diese Verbindung deutlich. In ökologischer, wirtschaftlicher und sozial-kultureller Hinsicht gibt es unübersehbare Gemeinsamkeiten. Dennoch ist die Frage, ob man für die Großzügigkeit die Rosasche Großtheorie »Resonanz« inklusive des zentralen Elements der Unverfügbarkeit wirklich braucht.

Resonanz ist und bleibt ein schillernder Begriff, der Rosas Theorie zunächst intuitiv überzeugend erscheinen lassen kann, ohne die Sache wirklich dingfest zu machen. Diese Frage nach Nutzen und Nachteil einer Resonanztheorie stellt sich auch deshalb, weil sich der im vorliegenden Buch gewählte Ansatz explizit von einem drohenden Wissenschaftspopulismus absetzen will. Und aus dieser Perspektive lässt sich eine gewisse Nähe zwischen Rosas Schriften und den Texten des oben gewürdigten Gerald Hüther nicht übersehen. Beide pflegen gefühlig-emotionale Rhetorik und sind dabei sehr darauf bedacht, ihr Publikum »abzuholen«. Das ist so lange unproblematisch, wie es nicht auf Kosten der Plausibilität geht. Dass Potenzialentfaltung geradezu ein trojanisches Pferd ökonomischen Denkens und insoweit selbstwidersprüchlich ist, haben wir gesehen.

Wenn man sich gegen allzu gefühlige Zugänge zum Thema abgrenzen will, ist auch bei Rosa Vorsicht angesagt: Zumal wenn er in *Resonanz* offenbart, er habe »nur halb im Scherz vorgeschlagen, einen *Leuchtende-Augen-Index* zur Bestimmung von Lebensqualität zu entwickeln«.[87] Wie gesagt: Gerald Hüther hält ebenfalls nach diesem Glücksindikator Ausschau. Auch wenn es natürlich stimmt, dass Wahrnehmung und Interpretation von »Augenleuchten« für die allermeisten Menschen »eine empirische Realität und keine esoterische Phantasie« ist[88] – die Frage bleibt, was man theoretisch mit dieser Einsicht machen soll. Für meinen Geschmack begibt man sich hier auf (zu) dünnes Eis.

Auch deshalb kann und muss man fragen, ob Rosas Theoriebau hinreichend belastbar ist, um als konzeptionelles Gerüst nicht nur für das Nachdenken über die Gesellschaft, sondern auch für die Transformation dieser Gesellschaft zu dienen. Dabei kann der schon zitierte Anspruch, »den Maßstab für ein gelingendes Leben liefern« zu wollen, irritieren. Holger Schulze weist im *Merkur* darauf hin, dass Rosa die Verantwortung für dieses Gelingen gerne beim Einzelnen ansiedelt, »der aufgrund mangelnder Konsumintelligenz sein Leben halt völlig falsch führt.«[89] Nun wird man dem Soziologen Rosa nicht unterstellen, sich nicht für die Gesellschaft zu interessieren. Es fällt aber in der Tat auf, dass – gerade auch beim Thema der Unverfügbarkeit – die einzelnen Individuen im Fokus stehen. Ein »gelingendes Leben« führt nun mal die Einzelperson – nicht die Gesellschaft. Großzügigkeit, wie sie hier verstanden wird, betont dagegen den gesellschaftlichen (und ökologischen) Kontext – ganz ohne den Anspruch, auch nur annähernd Kriterien für ein richtiges oder falsches Leben zu liefern.

Darüber hinaus ist fraglich, ob Verfügbarmachen wirklich so negativ zu bewerten ist, wie das im Kontext der Resonanztheorie geschieht. Bei allen Risiken und Nebenwirkungen, die die technische und institutionelle Herstellung von Verfügbarkeit angeht: Auf dem Gebiet der Gesundheit liegt die Vermutung nahe, dass die Vorteile der Verfügbarmachung ihre Nachteile überwiegen. Auch wenn man – wie wir das in Kapitel 5 getan haben – das Effizienzparadigma im Gesundheitswesen kritisch betrachten, so ist es doch eindeutig nicht *nur* schlecht, dass es Methoden und Apparate gibt, die darauf gerichtet sind, Verfügbarkeit herzustellen: Wer einmal im Krankenhaus gelegen hat, wird diese Vorteile vermutlich ebenso zu würdigen wissen wie die Schattenseiten einer Ökonomisierung der Gesundheit. Und mit Blick auf das Lebensende kann man die Auffassung vertreten, dass Verfügbarmachung sogar etwas mit Freiheit und Würde zu tun haben kann.[90]

Außerdem ist Unverfügbarkeit, wie schon gesagt, auch noch in einem Sinne zu verstehen, der nicht auf sozial-emotionale Befindlichkeiten abstellt, sondern auf ökologisch-politische Maßnahmen. Diese Variante der Unverfügbarkeit mag im Vergleich zu Rosas Interpretation des Begriffs fast technisch anmuten. Sie hat aber trotzdem (große) Relevanz für die Großzügigkeit, die ja wesentlich auf die Organisation von Schonung, Slack und Spielräumen gerichtet ist. Beispiele sind Naturschutzgebiete, der Verzicht auf die Nutzung vorhandener Ressourcen (nicht zuletzt: fossile Energieträger) und ganz generell die politisch organisierte Nicht-Nutzung bestehender Möglichkeiten. Überall geht es hierbei darum, Verfügbarkeit zu verhindern oder einzuschränken und in *diesem* Sinne aktiv für Unverfügbarkeit zu sorgen.

Noch wichtiger ist für unser Thema eine andere Differenz zur Großzügigkeit. Rosas Theorie bekommt durch das Insistieren auf den Anspruch, wahre Kriterien für gelingendes Leben zu liefern, etwas Spießiges. Es wird zwar viel analysiert bei Rosa, aber eben auch verurteilt bis hin zur Verteufelung. Verschwendung, Spaß und Unordnung kommen hier durchaus wenig vor. »Der moralistische Habitus«, so Schulze, verbiete Rosa »den erratischen Sprung in spielerische, auch gezielt selbstwidersprüchliche, suggestiv-imaginative und auf diese Weise erkenntnisreiche Argumentationen, die tatsächlich erzählen, dichten, erfinden: Das wäre ein Schreiben, das tatsächlich resonieren könnte.«[91] Hier liegt wohl eine zentrale Differenz zwischen Resonanz und Großzügigkeit: Bei beiden spielt das *Maß* eine zentrale Rolle – aber bei der Großzügigkeit nicht als ratgeberischer Imperativ, sondern als *Suche* nach der Mitte, bei der auch die Extreme zu ihrem Recht kommen. Zusammenfassend kann man sagen, dass es eindeutige und nicht zu ignorierende Berührungspunkte zwischen Großzügigkeit und Unverfügbarkeit gibt – aber eben auch klare Differenzen. Zumal wenn Rosa postuliert, Resonanz sei »mehr als nur Kontingenz«, erscheint die hier vorgelegte Idee der Großzügigkeit wesentlich bescheidener. Wie oben gesagt, erlaubt die Kenntnis historischer Kontingenz und die fundamentale Offenheit der Zukunft die Hoffnung, Normalität zu verändern. »Mehr« braucht es dazu nicht.

Wir sind aber noch nicht fertig mit der sozial-kulturellen Dimension der Großzügigkeit. Vor dem Hintergrund der Auseinandersetzung mit Aufmerksamkeit, Selbstoptimierung, Potenzialerhaltung und Unverfügbarkeit ist auf die technologische Transformation zu schauen, die Gegenwartsgesellschaften seit einigen Jahrzehnten durchlaufen. Spannungen zwischen Effizienz und

Entspannung, Kontrolle und Großzügigkeit, zwischen Verfügbarkeit und Unverfügbarkeit werden durch technische Entwicklungen verstärkt. Das gilt zum Beispiel für die ubiquitäre Nutzung von Computern und Mobiltelefonen, die elektronische Aufrüstung der Selbstoptimierung und eine Digitalisierung aller möglichen Tätigkeitsfelder.

Zeichen der Zeit: Keine Ferien im Funkloch?

Digitale Technologien sind heute bekanntlich Kernelemente von Theorie und Praxis westlicher Gegenwartsgesellschaften. Neben den profunden ökonomischen und ökologischen Folgen generieren sie auch soziale Konsequenzen, die beim Thema Selbstoptimierung besonders deutlich werden. Technologien, beobachtet die Soziologin Judy Wajcman, werden einerseits für alles Mögliche verantwortlich gemacht, andererseits wird ihnen fast jede Problemlösung zugetraut: »Die hektische Geschäftigkeit im Alltag lässt sich [durch Apps] also mit dem passenden Algorithmus kontrollieren. Das Leben wird somit zu einer Ansammlung von beliebig feingliedrig unterteilbaren Aufgaben und Erledigungen und damit gleichsam unendlich optimierbar.«[92] Man könnte fast von einem Taylorismus des Alltags sprechen, mit dem diese optimierten Einzelschritte das Leben (mit)bestimmen.

Das gilt wohl auch für Menschen, die sich nicht als Technofreaks verstehen würden. Digitalisierung und die ubiquitäre Verfügbarkeit von Daten »macht« etwas – nicht zuletzt die Daten über sich selbst. Hartmut Rosa beschreibt das so: »Es erweist sich als eine lebenspraktische Illusion zu glauben, man ließe sich von den Daten, sind sie erst einmal verfügbar, nicht zu entsprechenden Verhaltensänderungen verleiten.«[93] Einfach mal ausschalten, könnte man dem entgegnen – und wäre damit bei der Großzügigkeit. Und in der Tat liegt hier ein zentrales Anwendungsfeld einer Großzügigkeit, die das rechte Maß anstrebt und es sich dabei erlaubt, Potenziale nicht zu nutzen, Mögliches nicht zu tun, Gelegenheiten nicht zu ergreifen. Mit Blick auf (digitale) Technologien könnte man sagen: Großzügigkeit kann zu einer gewissen Gelassenheit im Umgang mit diesen Technologien beitragen. Großzügigkeit könnte damit ein starkes Gegenbild zur Normalität werden, die von einer Beschleunigung und Verdichtung durch Technik geprägt ist.

Denn: Ganz ähnlich wie Potenzial genutzt werden muss und nicht verschwendet werden darf, führt die Idee der (Selbst-)Optimierung dazu, dass Zeit produktiv und effizient zu nutzen ist. Im Banne von Digitalisierung und

Beschleunigung gilt: »Die Zeit ist nichts weiter als ein vollständig standardisiertes Maßsystem, Zeit zu vergeuden ist schlecht, und die Produktivität muss grundsätzlich maximiert werden.«[94] Das führt zu Abstrusitäten (zugegeben: das ist buchstäblich Geschmackssache) wie »Liquid Food« für IT-Menschen: »In ihrem unbändigen Verlangen nach Effizienz bleibt ihnen keine Zeit mehr für normale Mahlzeiten.«[95] Ein großzügiger Umgang mit »Ressourcen« wie Zeit oder Nahrung scheint in diesem Rahmen wohl weder vorstellbar noch wünschenswert.

Hier soll ausdrücklich nicht eine imaginierte »gute alte Zeit« angerufen werden. Von der durchaus zweifelhaften »Güte« alter Zeiten abgesehen ist auch hier ein Zurückdrehen der Geschichte weder möglich noch anstrebenswert. Die Digitalisierung ist mit uns und wird in ihrer Präsenz und Wirkung eher noch mächtiger werden. Die Frage ist hier: Was macht man daraus, was machen *wir* daraus? In Zeiten von Erschöpfungsstolz dominiert nach wie vor die Effizienz: »Beschäftigtsein wird wertgeschätzt, während die Verfügbarkeit von zu viel Zeit als *Scheitern* angesehen wird.«[96] Zeit zu haben heißt: versagt zu haben. Ein leerer Terminkalender, Muße und ein großzügiger Umgang mit Zeit – all das gilt nicht als Wohlstandsindikator, sondern hat eher den Geschmack sozialer Stigmatisierung. Aber: Wenn nicht alles täuscht, ändert sich hier etwas. Was wir im vorigen Kapitel zum Thema Globalisierung und Handel festgestellt haben, gilt ähnlich für das Feld von Beruf und Karriere: Was noch vor einem Jahrzehnt als sensationelle Abweichung gegolten hätte, ist heute fast schon Mainstream oder zumindest Gegenstand von Diskussionen. Die *Frankfurter Allgemeine Sonntagszeitung* schrieb schon erschrocken von der »Generation Weichei«.[97] Aber vielleicht haben wir es hier auch mit einer »Generation Großzügigkeit« zu tun, die an Freizeit, Verantwortung und Klimaschutz mehr interessiert ist als an Gehalt, Dienstwagen und Aufstiegsmöglichkeiten. Zumindest zeigt sich hier in Ansätzen, dass eine ökonomisch geprägte Normalität bereits Risse bekommt.

Zurück zur Technik: Digitalisierung wirkt weit über das Thema des Zeitmanagements hinaus. So ist es eine ebenso drängende wie offene Frage, wie eine Gesellschaft, die immer mehr auf Technik setzt, mit den Möglichkeiten digitaler Überwachung umgeht.[98] Die Enthüllungen von Edward Snowden und anderen haben gezeigt, dass die Lage schon heute sehr unerfreulich ist. *Wie* unerfreulich es werden kann und mit welcher Geschwindigkeit, deutet sich zurzeit in China an: Das dortige »Sozialkredit-System« vereinigt rigorosen Überwachungswillen und elaborierte Technik. Ein allumfassendes Rating-System ist in der Volksrepublik zunehmend Grundlage für Entscheidungen über Kreditwürdigkeit, Wohnungsvergabe, Reisemöglichkeiten und andere Fragen. Das Magazin *Wired* berichtete darüber schon 2017 unter dem treffenden Titel *Big data meets Big Brother*.[99] Der Text lässt erahnen, dass die in der genialen TV-Serie *Black Mirror* durchgespielten Szenarien keineswegs absurde Phantasien sind, sondern viel mit unserem Hier und Heute zu tun haben...

Bis heute scheint Sorglosigkeit zu dominieren, wenn es um die Möglichkeiten der Nutzung von Daten und Maschinen für Überwachung, Lenkung und Kontrolle von Menschen und Gesellschaften geht. Manchmal scheint es, als habe es Snowdens Enthüllungen nie gegeben. Wenn Überwachung, digitale Medien und eine Technisierung des Alltags allgegenwärtig werden, begünstigt dies »nicht die Entwicklung einer Fähigkeit zu weisem Leben, tiefgründigem Denken und großherziger Liebe«.[100] Man könnte auch sagen – mit dem erneuten Hinweis versehen, dass das empirisch gemeint ist, nicht moralisch: Digitale Technik befördert Aufmerksamkeit, Geschäftigkeit und Oberflächlichkeit – und geht potenziell auf Kosten von Achtsamkeit, Muße und Tiefgründigkeit. Weil das ein so wichtiger Punkt ist, vertiefen wir im Folgenden die Überlegungen anhand eines wichtigen Anwendungsfalles der Digitalisierung: Reden wir über die *Smart City*.

Das Verschwinden des Zufalls oder: Macht Stadtluft noch frei?

Umwege erhöhen die Ortskenntnis. Das ist mehr als ein launiges Bonmot: Wer im Leben immer nur gerade Wege geht und sich höchst effizient durch die Welt bewegt, gewinnt womöglich an Geschwindigkeit, aber sicher nicht an Übersicht, Achtsamkeit und – Ortskenntnis. Wo Umständlichkeiten beseitigt und Umwege begradigt werden, geht es effizient zu, aber eben auch potenziell langweilig und wenig resilient. Leben und Politik in einer komplexen Welt sind aber ganz wesentlich Such- und Lernprozesse, wenn sie nachhaltig sein sollen. Experimente, Zufälle und Umwege sind dabei unverzichtbar. Wie diese durch technologische Entwicklungen unter die Räder kommen können und welche Folgen das haben kann, lässt sich am Modebegriff und -konzept »Smart City« zeigen.

Smart City – das klingt offenbar klüger als »Schlaue Stadt« – ist ein etabliertes Zauberwort, wenn es um Stadtentwicklung und -marketing geht. Und wie es sich für ein Zauberwort gehört, ist es ziemlich universell einsetzbar. Wenn man den Begriff konkretisieren will, landet man bei recht allgemeinen Zielen, die von Ökologisierung über Inklusion und Innovation zu Effizienz und

6. Jenseits von Selbstoptimierung und digitaler Kontingenzvernichtung 173

Digitalisierung und ganz allgemein »Fortschritt« reichen. Natürlich möchte niemand dumme Städte, aber auch das Leitbild der »smarten« Stadt hat seine Schattenseiten. Und die betreffen wesentlich Themen, die uns hier schon intensiv beschäftigt haben: nämlich die Orientierung an Technologie, Effizienzsteigerung und die Abhängigkeit von digitalen Prozessen und Infrastrukturen.

Und einmal mehr begegnen wir der Frage des rechten Maßes. Und auch bei Smart Cities scheint es, dass dieses bisweilen verfehlt wird oder, schlimmer noch, in Wirklichkeit gar keine Rolle spielt. Es geht nicht um ein rechtes Maß, sondern um Optimalität. Die kann ökologisch günstig sein – was aber freilich nicht notwendigerweise so sein muss. Wichtig wäre zumindest, den ökologischen Fußabdruck digitaler Anlagen und ganz wesentlich den Energieverbrauch zu berücksichtigen, den eine Digitalisierung von immer mehr Prozessen mit sich bringt. Auch stellt sich deutlich die Frage, wer eigentlich wirtschaftlich von der »Smartness« urbanen Zusammenlebens profitiert. Die Rolle multinationaler Konzerne und die sozioökonomischen Verteilungswirkungen der Smart Cities weisen, soweit ich sehen kann, nicht notwendigerweise in eine Richtung, die Partizipation erhöht und Fortschritt für eine große Mehrheit sicherstellt.

Für unser Thema noch relevanter ist die Frage nach den Auswirkungen, die digital befeuertes Optimierungsstreben für das Zusammenleben in urbanen Räumen hat. Was mit den Unmengen an Daten passiert, die Smart Cities produzieren, ist das eine. Das andere ist die Problematik der Überwachung der Stadtbevölkerung. Es braucht keine tiefe Kenntnis des Sozialkredit-Systems, mit dem Chinas Regierung seine Bevölkerung überwacht, um das Gefahrenpotenzial einer flächendeckenden durchdigitalisierten Stadt zu erahnen. Eine Smart City ist auch in einem demokratischen Land womöglich ein Ort, der von Sensoren, Bewegungsmeldern und Kameras geprägt ist.

Der FAZ-Journalist Niklas Maak hat 2020 in seinem Buch *Technophoria* ein Bild von dem gezeichnet, worum es hier schon in naher Zukunft gehen könnte. Das Buch ist als fiktionaler Text eher langweilig und könnte auch den Titel *Technophobia* tragen – aber ideell ist er sehr ergiebig, weil er an vielen Stellen höchst aufschlussreiche Gedanken entfaltet: Deshalb gibt der Text für uns auch mehr her als sozialwissenschaftliche Analysen oder kommunalpolitische Lobpreisungen der Smart City. Maak spekuliert sehr gegenwartsgrundiert darüber, was Technologie im Allgemeinen, künstliche Intelligenz im Speziellen und ganz besonders Idee und Praxis einer Smart City für die Zukunft bedeuten können. *Technophoria* ist ein Roman und also wesentlich spekulativ – was

Maak nicht daran hindert, hart an den Realitäten technologischer Expansion dranzubleiben.

Eine der Figuren macht sich Gedanken über seine Geschäfte: »was sie da verkauften, da machte er sich keine Illusionen, waren Produkte – aber immerhin die größten Produkte in der Geschichte eines maroden Spätkapitalismus, heroische, geniale Versuche, die Idee der massiven Produktexpansion in eine Zukunft zu retten, in der alles grüner und vorsichtiger und weniger sein sollte; die Smart City und ihre ständige Auf- und Nachrüstung mit neuer KI war die einzige Chance, wirklich Geld zu verdienen und die langsam zusammenbrechende Welt der Konsumprodukte des 20. Jahrhunderts zu ergänzen um ein neues Milliardenvolumen, das größte Konjunkturprogramm der großen Industrienationen«[101] – die Smart City erscheint also als Verbindung von Urbanität, Nachhaltigkeit, Technologie und Kapitalakkumulation.

Maak arbeitet mit seinem Roman vorzüglich heraus, was dieses Konstrukt für unser Thema so interessant macht: Dieses Leitbild steht eben nicht für Großzügigkeit und Kulturwandel in Richtung Nachhaltigkeit, sondern für Effizienz und Technikorientierung. Auch wenn »grüne« Themen wie Klimaschutz in keinem Smart-City-Pamphlet fehlen: Nachhaltigkeitsthemen werden auch in diesem Kontext vor allem effizienz- und expansionsorientiert gedacht und basieren auf einem Vertrauen, dass Technik am Ende hinreichen wird, um die Probleme reicher Gegenwartsgesellschaften in den Griff zu bekommen. Auch wenn soziale Innovationen hier ein Thema sind – und die Smart City selbst ist ja auch eine solche soziale Innovation –, dominiert der Glaube an Technologie, Digitalisierung und maschinelle Problemlösungskapazitäten.

»Im Grundsatz«, so eine andere Figur des Romans zum Thema »Stadt«, »geht es um Effizienzsteigerung, darum, Lebensqualität durch digitale Vernetzung spürbar zu erhöhen. Bürger wie Anleger könnten davon doppelt profitieren – von der Verbesserung der Lebensqualität selbst und von den Wachstumsraten der Unternehmen, die sich auf solche Lösungen spezialisiert haben.«[102] Und kurz darauf führt die Romanfigur aus, »dass man mit der Smart City so viel Energie spare, dass die Mieten für alle automatisch günstiger werden, dass überhaupt die Smart City, die Vernetzung von Häusern und Transportmitteln der einzige Weg sei, den Klimawandel zu stoppen, dass die Verschwendung von Energie in der heutigen Stadt unmoralisch sei und wir Verantwortung für unsere Kinder und so weiter...«[103] Vernetzung gegen Verschwendung, Effizienz für Wachstum – der Nachhaltigkeits-Bullshit von

Verantwortung und Technikbegeisterung lässt sich offenbar vorzüglich auf die Smart City anwenden, wie hier in schönster Klarheit vorgeführt wird. Die Smart City erscheint bei Maak als gigantische Maschine, die vor allem Daten generiert und gleichsam im Tausch dafür seinen Bewohnerinnen und Bewohnern hohe Lebensqualität und nachhaltigen Komfort verspricht. Die Methode, mit der das erreicht werden soll, ist Effizienz. Großzügig, verschwenderisch, spielerisch ist hier gar nichts. Das Chaotische und Verschwenderische der »alten« Stadt wird zum Verschwinden gebracht, als Preis für die Perfektion der neuen Stadt drohen Kälte und bleierne Langeweile. Auf den Punkt gebracht: »Alte Stadt: Chaos, Improvisation, Energie durch Kollision. Neue Stadt: gezielte Steuerung, totale Vernetzung, Vermeidung von Kollisionen, Reduktion von Ressourcenverbrauch, alles umfassende Planung.« Und, absolut zentral: »Die Möglichkeit des Verstoßes, des Exzesses selbst wird aufgeboben.«[104] Das erinnert an die Maßlosigkeit mancher Ideen, durch Sparen und Beschränkung eine nachhaltige Entwicklung zu erreichen.

Die Abschaffung von Überschreitung, Exzess und Verschwendung bringt Maak auch auf folgendes Bild: »Die gläsernen Nullenergiehäuser hockten energielos in der Abendhitze. Weiter hinten lag, unter einer gelblichen Smogglocke, die alte, chaotische Stadt mit ihren Schornsteinen und Fenstern und flackernden Fernsehern und Pelletöfen und Autobahnrasern und Rauchern und Fleischfressern. Lichtverschwendern. Krachmachern. Regelbrechern. Vorschriftsignorierern. Bald alles vorbei.«[105] Hier ist alles aus der Welt geschafft, was oben als Spielraum und Slack beschrieben wurde. Alles Nicht-Nachhaltige ist scheinbar eliminiert. Technik schafft es aus der Welt, ebenso wie sie alles Spielerische, Überflüssige, Kontingente vernichtet. Wieder darf man Dirk Kurbjuweits Charakterisierung von Unternehmensberatern als »Nischenkehrer, Umständlichkeitsglätter, Zufallsvernichter« zitieren. Die Idee der Smart City treibt diese Tätigkeiten gleichsam geographisch auf die Spitze – und genau das bringt *Technophoria* auf den Begriff.

Es ist oft gesagt worden, dass die Gesellschaft des 20. Jahrhunderts um das Automobil herum organisiert war und die des 21. Jahrhunderts um das Smartphone. Maak bezieht das auf den Wandel von Urbanität: »Das Handy war das erste Ding nach dem Auto, dem sich alles unterzuordnen hatte, über das alles kontrolliert werden konnte, die Stadt des 20. Jahrhunderts hatte autogerecht zu sein, die *smarte* Stadt des 21. Jahrhunderts war vor allem smartphonegerecht.«[106] Urbane Räume könnten in Zukunft unter der Überschrift Smart City eine »totale Privatisierung der Stadt«[107] erleben, aber auch eine Verbreitung und Verdichtung von Überwachungsmöglichkeiten, wie sie heute in China und anderswo bereits »erfolgreich« ausprobiert und angewandt werden. Maaks Fiktion bringt eine Sorge auf den Begriff, die man mit guten Gründen nicht nur mit Blick auf China und andere autoritäre Staaten haben kann: »Die Smart City war ein riesiger Roboter, ein technischer Organismus, durch den sich die Menschen wie datentransportierende Blutkörperchen bewegen«.[108] Es geht hier vor allem um Kontrolle, um Steuerung, um Optimierung – darum, möglichst viele Bereiche des Lebens möglichst umfangreich zu *managen*.

Hier wird nicht das Ziel verfolgt, ein detailliertes Bild einer »großzügigen Stadt« zu zeichnen und über die Notwendigkeit großzügiger Grünflächen zu philosophieren – die Smart City dient lediglich als Beispiel für eine Entwicklung, in der Digitalisierung ganz wesentlich dazu führt, individuelle Lebensführung und gesellschaftliches Zusammenleben in einer auf Effizienz ausgerichteten Weise zu prägen. Wie sich abzeichnet, ist »smart« nicht großzügig, sondern eher das Gegenteil. Was beim Konzept der Smart City potenziell verloren geht: Spielraum – Raum für Spielen, für Ungenauigkeiten, für Ineffizienzen. Wo bleibt, könnte und sollte man fragen, in einer schlauen Stadt, die Freiheit, die doch eigentlich ein Hauptargument war, in einer modernen Stadt zu leben? »Stadtluft macht frei« – gehört das der Vergangenheit an?

Mit Maak kann man vermuten, dass die Digitalisierung der Kommunikation in der Smart City ein neues Level erreichen wird. Schon in den letzten Jahren wurde diese Digitalisierung bekanntlich erheblich vorangetrieben – und vieles spricht dafür, dass Technologien wie Künstliche Intelligenz und *Virtual Reality* diesen Trend noch beschleunigen werden. Schon heute ist digitale Kommunikation in einer Weise gestaltet, die eine gehörige Portion Großzügigkeit vertragen könnte. Was heißt das?

Eine Kultur der Reversibilität in den sozialen Medien?

Die Geschichte ist oft erzählt worden: Die *New York Times* betitelte ihren Bericht über diese Story treffend mit *How One Stupid Tweet Blew Up Justine Sacco's Life*.[109] Justine Sacco setzte im Dezember 2013 vom Flughafen London-Heathrow einen Tweet ab, den man wohl nicht übersetzen muss: »Going to Africa. Hope I don't get AIDS. Just kidding. I'm white!«. Als sie viele Stunden später in Johannesburg landete, war sie den sozialen Tod gestorben. Eine Äußerung, die man sehr blöd finden, als Anlass zur Empörung nehmen oder einfach nur als geschmacklosen Witz einordnen kann, stellte Saccos Leben auf den Kopf.

6. Jenseits von Selbstoptimierung und digitaler Kontingenzvernichtung

Was während des Flugs passiert, fasst die *New York Times* so zusammen: »Saccos Twitter-Feed war zu einer Horrorshow geworden. ›Angesichts des ekelhaften rassistischen Tweets von @JustineSacco spende ich heute an @care‹ und ›Wie hat @JustineSacco einen PR-Job bekommen? Ihr Niveau an rassistischer Ignoranz gehört auf Fox News. #AIDS kann jeden treffen!‹ und ›Ich bin ein IAC-Angestellter und ich möchte nicht, dass @JustineSacco jemals wieder in unserem Namen kommuniziert. Ever.‹ Und dann eine von ihrem Arbeitgeber, IAC, dem Eigentümer von The Daily Beast, OKCupid und Vimeo: ›Dies ist ein unverschämter, beleidigender Kommentar. Der betreffende Mitarbeiter ist derzeit auf einem internationalen Flug nicht erreichbar.‹«[110] Sacco war Aufmerksamkeit einer höchst destruktiven Art zuteilgeworden.

Derartige Geschichten – womöglich nicht alle so dramatisch, aber doch ähnlich – ließen sich viele erzählen. Die Mischung aus politisch korrekter »Wachheit«, einem unbedingten Willen zu Empörung und schnellem Urteil sowie technologischen Möglichkeiten, Äußerungen mit hoher Reichweite und hoher Geschwindigkeit zu tätigen und zu bewerten: Dieser Cocktail ist eine explosive Mischung, der – siehe oben – zu tragischen Schicksalen führen kann, vor allem aber gesellschaftlich höchst destruktive Folgen zeitigt. Was hier völlig verloren gegangen ist: Der großzügige oder auch nur ironische Umgang mit im öffentlichen Raum getätigten Äußerungen.

Gewiss, Saccos Tweet kann man geschmacklos finden – aber es spricht eben auch vieles dafür, dass er ironisch gemeint war und diese Ironie nicht zur Kenntnis genommen wurde.[111] Die »Zerstörung von Zusammenhängen« ist laut Harald Welzer das wichtigste Prinzip der »Skandaltechnologie« – deshalb seien soziale Netzwerke auch nicht ironiefähig: Ohne Kontext sei Ironie nämlich unmöglich.[112] Das Grundproblem liegt darin, dass die Digitalisierung des öffentlichen Diskurses ein Ironiedefizit und einen Blödheitsüberschuss bedeutet. Das ist schlecht und nicht gut. Ironie ist – schlag' nach bei Richard Rorty – das beste Mittel gegen den »gesunden Menschenverstand« (für die Menschen in Österreich: gegen den Hausverstand), also sehr, sehr dringend nötig für eine Debatte, die über digitale Banalitäten und Blödheiten hinausgeht.

Manche Entschuldigungen für »verfehlte« öffentliche Äußerungen erinnern an die Selbstbezichtigungen in den düstersten »sozialistischen« Experimenten des 20. Jahrhunderts. Sicher: Diese waren viel ernster und liefen nicht selten auf den tatsächlichen Tod der Betroffenen hinaus. Deren grausliches Schicksal soll hier in keiner Weise relativiert werden. Worauf ich hinaus will, ist die Logik, die hier im Spiel ist – und dort sind Ähnlichkeiten unverkennbar. Das wirft die Frage auf: Wie blöd sind wir eigentlich? Man muss also über das Verhältnis von maschineller Intelligenz und menschlicher Dummheit reden. Diese Dummheit, folgt man Autoren wie Robert Misik, ist ja nicht zuletzt durch digitale Netzwerke hoffähig geworden (weshalb der Begriff *Smart*phone bei näherer Betrachtung ein Hohn ist).

Damit steht durchaus die Demokratiefähigkeit der digitalen Gesellschaft auf der Tagesordnung. Wenn man die sehr, sehr tiefen menschlichen Abgründe an Bösartigkeit und Dummheit betrachtet, die sich auf Twitter, Instagram und anderen Möglichkeiten der netzbasierten Selbstoffenbarung auftun, muss man sich ernste Sorgen machen. Hetze, reflexartiges Reagieren auf Überschriften und eine erschütternde Unfähigkeit zur sprachlichen Mäßigung und zum sinnerfassenden Lesen legen trauriges Zeugnis ab vom Zustand der Gesellschaft und vom Zustand einiger ihrer Bewohnerinnen. »Offline sind wir ja ganz nett,« fasst Misik die Situation zusammen, »aber online werden wir Monster.«[113]

Oder Engel. Nirgends wird so vehement und folgenlos gegutmenschelt wie im Internet. Das Netz sei, wie Melanie Mühl in der *Frankfurter Allgemeinen Zeitung* bemerkt, »eine einzige Einladung, Allianzen für das vermeintlich Gute zu schmieden.« Nichts sei leichter als das, »denn mehr als ein paar Betroffenheits-Postings werden einem nicht abverlangt, um zum Kreis der Guten zu gehören.«[114] In der Tat. LinkedIn, Twitter und andere Netzwerke sind sehr erfolgreiche globale Institutionen zur Verbreitung folgenloser Betroffenheit und ethisch oder ökologisch inspirierter Gefühlsduselei im Zeitalter politischer Korrektheit.[115] Gratismut findet man dort im Überfluss. Das Netz liefert also beides: hier Shitstorm, Skandale und Sex, dort Betroffenheit, Gutmenschentum und elektronisch verbreitete Spießigkeit. Stets geht es um online abgesonderte Gefühlsäußerungen. Viel Meinung, wenig Ahnung – das gilt im Netz noch mehr als in der analogen Welt.

Die Lösung zu diesem Problemkomplex gibt es wohl nicht. Aber ein Ansatz zur Verbesserung der Lage wäre eine Kultur der Großzügigkeit, in der Fehler eingestanden, Äußerungen zurückgenommen und Entschuldigungen angenommen werden können. Auch hier hat Großzügigkeit etwas mit Rücknahme, Maß und Nicht-Tun zu tun. Sich im Netz großzügig(er) zu verhalten, das könnte heißen: Nicht jede Äußerung zum sofortigen Anlass ungebremster Empörung nehmen und stattdessen der Möglichkeit Raum geben, dass Beiträge im Netz erklärt, korrigiert oder zurückgenommen werden. Großzügigkeit wäre hier eine Verbündete der Gelassenheit – und umgekehrt. Auch in heiklen Situationen die Fassung bewahren zu können wäre ohnehin eine produktive demokratiefördernde Kompetenz: Im Netz wäre sie besonders nötig. Gewiss gilt auch hier, dass sich niemand dauernd und ausnahmslos mäßigen kann – aber die Realität von online geführten Debatten zeigt, dass der Diskurs im Internet diese Kompetenz ganz besonders braucht.

Das klingt natürlich schrecklich naiv und schreit nach der Frage, wo denn ein Geist von Großzügigkeit und Gelassenheit im Netz bitteschön herkommen soll. Es ist überhaupt nicht absehbar, wie oder gar von wem die Kultur der Netzwerkkommunikation zivilisiert werden könnte. Aber der Begriff der Kultur deutet womöglich an, wie Großzügigkeit hier an Bedeutung gewinnen könnte: langsam, leise und politisch (mit)gestaltet. Großzügigkeit als »Charaktereigenschaft« einer nachhaltigen oder gelingenden Gesellschaft hat nicht *den* systematischen Ort, von dem aus sie sich verbreiten könnte. Das mag unbefriedigend sein, ändert aber nichts an der Aufgabe, Großzügigkeit gegen Effizienz, Expansion und Eskalation stark zu machen.

In der Gelassenheit, die online so dringend vonnöten ist, steckt das »Lassen«: der Verzicht auf etwas, das möglich wäre. Diese Verzichtsleistung, die oft mit ökologischer Frugalität in Verbindung gebracht wird, weist über Umweltthemen aber ebenso hinaus wie über das Verhalten im Internet. Und wieder sind wir bei der Frage der Reziprozität, denn in ihr steckt die Verbindung stiftende Vorstellung der Gegenseitigkeit, aber auch der potenziell destruktive Gedanke von Rache und Vergeltung. Großzügigkeit im sozialen und politischen Raum hat das Potenzial, diese zerstörerische Kraft einzudämmen. Hier kann Großzügigkeit heißen, Vergeltung durch Vergebung zu ersetzen. Darum geht es im folgenden Kapitel.

7. Vergeltung und Vergebung

Schulderlasse, Schuldenerlasse und Gegenseitigkeit: Vom Recht zur Ökonomie und zurück

Ein »großzügiger« Umgang mit Fehlern, Verantwortung und Schuld (und Schulden) kann, wie hier zu zeigen sein wird, ein zentraler Beitrag für eine gelingende Gesellschaft sein. Wir bewegen uns hier auf juristischem Gebiet – aber auch auf ökonomischem, wenn es zum Beispiel um Schuldenerlasse für Staaten oder insolvenzrechtliche Regelungen geht. Auch hier begegnen uns grundlegende Begriffe wie Reziprozität, Gerechtigkeit und Zeit. Diese Wiederbegegnung ist kein Zufall, denn diese Konzepte grundieren gleichsam unseren Umgang mit Mitmenschen und Mitwelt. Und auch hier hat Großzügigkeit ganz wesentlich etwas damit zu tun, über die Reziprozitätsnorm hinauszugehen und zuzulassen, mehr zu geben oder weniger zu nehmen als »gerechterweise« angemessen wäre.

Das kann wesentlich dazu dienen, eine Schleife aus Tat, Rache, nochmaliger Rache und so weiter zu durchbrechen. Man kann zwar auch den Satz »Auge um Auge« im Sinne einer Eskalationsbremse sehen – Auge für Auge heißt immerhin Gleiches für Gleiches, nicht *Mehr* für Gleiches.[1] Doch selten sind Taten und Revanchen so leicht operationalisierbar wie beim Auge. Deshalb ist das Verhindern einer Eskalationsdynamik gleichsam eine endlose Herausforderung. Wir haben das ähnlich schon bei den Themen Ökologie und Ökonomie gesehen. Hier zeigt sich, wie relevant dieses Problem auch in rechtlicher Hinsicht ist, denn, wie die Juristin Martha Minow schreibt: »Bestrafung kann ein Opfer niemals heilen, so dass der Wunsch nach immer mehr Bestrafung sich gleichsam ohne Grenze steigern kann.«[2]

Der Gerechtigkeitsbegriff ist gleichwohl stark an die Reziprozitätsidee gekoppelt – und da diese in praktisch allen Gesellschaften tief verwurzelt ist, ist ihre »Überschreitung« nicht trivial, sondern in der Regel eine große Herausforderung. Sehr konkret sieht man dies an Versuchen, eine von Ungerechtigkeit und Grausamkeit geprägte Vergangenheit hinter sich zu lassen. Wenn Menschen, die sich unaussprechliche Dinge angetan haben, in der Zukunft friedvoll zusammenleben sollen, erfordert das enorme Anstrengungen, für die Großzügigkeit womöglich ein zu mildes (oder ein zu krasses) Wort ist. Wir kommen darauf zurück.

Im Folgenden werden vor allem die Vorzüge der Großzügigkeit ausgeleuchtet. Wichtig ist aber der Hinweis, dass es hier nicht darum geht, ein naives Verständnis von Vergebung, Gnade und Großzügigkeit zu befördern. Auch hier gilt, dass Großzügigkeit wesentlich ein Ringen um die gute Mitte ist. Für dieses Kapitel heißt das: Sie ist selbstverständlich nicht mit dem Verzicht auf Strafe gleichzusetzen – wohl aber mit einer starken Einschränkung von Rache. Nicht unähnlich der oben beschriebenen »Schleifen« und der Notwendigkeit, sie zu unterbrechen, geht es auch hier darum, destruktive Dynamiken zu verhindern oder wenigstens einzuhegen.

Mit der Anwendung der Großzügigkeit auf einen juristisch-ökonomisch-politischen Themenkreis wird, wie man so sagt, ein großes Fass aufgemacht. Sehr schnell ist man hier bei anthropologischen, philosophischen und nicht zuletzt rechtlichen Grundsatzfragen, deren Beantwortung weit über den Rahmen dieses Buches (und die Kompetenz und Lesekapazität seines Autors) hinausgeht. Doch auch hier geht es nicht um Details – historische Feinheiten sind hier vernachlässigbar, weil es um die grundsätzliche Funktion der Großzügigkeit geht. Ich liefere also im Folgenden (natürlich) keine ausführliche Literaturauswertung zum Themenkreis »Vergeltung und Vergebung«. Weil ich diesen nur mit Blick auf die Großzügigkeit betrachten will, darf ich mir sozusagen literarisches Rosinenpicken erlauben. Einmal mehr bin ich großzügig und stelle Richtungssicherheit über Genauigkeit.[3]

Wie wir sehen werden, bewährt sich die Großzügigkeit auch hier: Denn neben der Anschlussfähigkeit an ihre bisherigen Anwendungen wird im Folgenden deutlich werden, dass im Kern der Spannung zwischen Vergeltung und Vergebung etwas steckt, das über die Großzügigkeit hinausweist und das relevant ist für die Bedingungen der Möglichkeit einer sozial-ökologischen Transformation der Gesellschaft. Es besteht eine bedeutsame Verbindung zwischen der – nennen wir sie so – sozialökologischen und der juristischen Großzügigkeit. Denn auch hier spielt das »Lassen« eine zentrale Rolle. Geht es beim großzügigen Umgang mit der Natur um Schonung, Slack und Spielraum, verhält es sich im juristisch-politischen Raum ganz ähnlich: Es geht um Ver-Schonung und Spiel-Raum, der hier bedeuten kann, Zukunftssicherung durch Vergangenheitsbearbeitung zu betreiben.

Mit diesem Kapitel begeben wir uns erneut in die Nähe glücksversprechender Ratgeberliteratur (wenn auch nicht so nahe wie im vorigen Kapitel). Aber wir begegnen auch dem Kino. Diametral gegenüber stehen sich dabei die blumigen Lebenshilfebücher, die eine konfliktfreie Befreiung vom eigenen Opferstatus versprechen auf der einen Seite – und auf der anderen Seite Quentin Tarantinos bekanntlich höchst erfolgreiche cineastische Gewaltphantasien, in denen blutige Rache eine unverzichtbare Rolle spielt. Mr. Blonde rächt sich in *Reservoir Dogs* an der Polizei, Marsellus Wallace rächt in *Pulp Fiction* seine Vergewaltigung, *Django* im gleichnamigen Werk seine Versklavung – und bekanntlich ist *Inglorious Basterds* eine einzige Rachephantasie, in der am Ende die gesamte Nazibande in Flammen aufgeht (natürlich in einem Kino). Und so weiter.

Die Bitterkeit des Zorns und die Süße der Rache

»Verbitterung«, damit wird Nelson Mandela oft zitiert, »ist wie Gift trinken und erwarten, dass deine Feinde daran sterben.«[4] Mandela wurde als Anführer des erfolgreichen Widerstands gegen das südafrikanische Apartheid-Regime zum Architekten des friedlichen Wandels in seiner Heimat. Er wird immer wieder als vorbildliches Beispiel einer Haltung der Großzügigkeit angeführt, deren praktische Wirkung gemeinhin als zentrales Element der Transformation Südafrikas gilt. Mandela, schreibt Martha Minow, »lebte Großzügigkeit vor, die sich auf die Zukunft konzentrierte und nicht auf den Groll der Vergangenheit.«[5] Die Verbindung von Großzügigkeit und Zukunftsfähigkeit, die wir schon untersucht haben, wird bei Themen wie Zorn, Rache, Vergeltung und Vergebung in besonderer Weise deutlich.

Eine unverzichtbare Referenz zu diesem Themenbereich ist Martha Nussbaums Buch *Zorn und Vergebung. Plädoyer für eine Kultur der Gelassenheit*. Der Originaltitel macht die Verbindung zur Großzügigkeit noch deutlicher, er lautet *Anger and Forgiveness: Resentment, Generosity and Justice*. Schon weil sich hier eine führende Stimme des Philosophiediskurses explizit mit den praktischen Implikationen von Großzügigkeit befasst, lohnt die Auseinandersetzung mit diesem Werk – auch wenn viele seiner Aussagen hier verworfen werden. Nussbaum argumentiert vehement gegen den Zorn, den sie für ein schädliches und zu vermeidendes Gefühl hält. Ihre kompromisslose Ablehnung des Zorns ist aus meiner Sicht zu streng. Für Nussbaum ist Zorn unabweisbar an einen Vergeltungswunsch gekoppelt, den sie individuell und gesellschaftlich für schädlich hält. Zum Begriff des Zorns, schreibt die Philosophin, gehöre »die Vorstellung der Vergeltung oder des Zurückzahlens«[6] – und nicht zuletzt deshalb sei Zorn abzulehnen. Dass Zorn auch ein Treibmittel für gesellschaftlichen Fortschritt sein kann – zum Beispiel für den Widerstand gegen Unterdrückung, Ungerechtigkeit und Krieg –, wird von Nussbaum zwar gesehen, aber letztlich als nicht ausreichend relevant beurteilt.

»Dem Täter etwas anzutun«, schreibt Nussbaum, »bringt keinen Toten wieder zurück, heilt kein gebrochenes Bein und macht keinen sexuellen Missbrauch ungeschehen.«[7] Deshalb sei Zorn höchst irrational und dumm, hier sei »magisches Denken am Werk.«[8] Immerhin konzediert sie, dass das Gefühl des Zorns als Reaktion auf erlittenes Unrecht eine höchst verbreitete Emotion ist, die tiefe evolutionäre Wurzeln hat. Und sie sieht auch die Befriedigung, die Menschen aus Rache und Vergeltung ziehen können. Menschen, so formuliert sie, »ziehen Vergnügen aus Erzählungen, in denen der Täter leidet, wodurch vermeintlich ein Ausgleich geschaffen wird für die verübte schreckliche Tat. Die Ästhetik kann jedoch genauso in die Irre führen wie unsere evolutionäre Vorgeschichte. Aus unserer Genugtuung folgt nicht, dass solche Sichtweisen auch einleuchtend sind.«[9]

Das mag stimmen, unterschätzt aber die Kraft und Verbreitetheit dieses Genugtuungsgefühls. Die bereits zitierten Werke von Quentin Tarantino sind ja nur vier von unzählig vielen Beispielen, wie groß das Vergnügen an Rache, Revanche und Vergeltung ist, das Menschen empfinden können. Viel wichtiger als die moralische oder moralphilosophische Bewertung eines Gefühls sollte sein, wie man realistischerweise mit ihm umgeht. Nussbaums »Zornverbot« erinnert in ihrer Vehemenz und Kompromisslosigkeit an die oben untersuchten moralinsauren Maßhalteappelle und Verzichtsideen, wie sie im Nachhaltigkeitsdiskurs verbreitet sind. Hier wie dort entsteht ein Plausibilitätsproblem, wenn im Namen einer besseren Zukunft Verhaltensweisen gefordert werden, die vom realen Leben denkbar weit entfernt sind. Jeder Ansatz, der gleichsam einen »neuen Menschen« erfordert, ist aber zum Scheitern verurteilt. Nussbaum selbst schreibt: »Die Vorstellung, dass Vergeltung ein sinnvolles Unternehmen ist und die Verletzung auszugleichen vermag, ist *allgegenwärtig* und sehr wahrscheinlich evolutionär vererbt.«[10] Und: »Die Neigung zu Zorn und Rache ist tief in der menschlichen Psyche verwurzelt.«[11]

Das lässt sich auch historisch zeigen. Hans Kelsen veranschaulicht in einer Studie über *Vergeltung und Kausalität*, wie tief der Vergeltungsgedanke in Religion und Philosophie des antiken Griechenlands eingelassen war. Ob in der *Ilias*, der *Odyssee* oder im Denken Platons – überall spielt Vergeltung eine zentrale Rolle, wenn es um die Frage der Gerechtigkeit geht.[12] Mit Blick auf Platon spricht Kelsen von einer »Vergeltungsmechanik«.[13] Und jenseits von Kino und Klassik zeigt ein auch nur oberflächlicher Blick in die Geschichte, wie sich die Macht der Reziprozitätsnorm in bisweilen exzessiven Dynamiken von Gewalt und Gegengewalt, von Tat und Revanche ausdrückt. Von der Evolutionsbiologie über Geschichte und Philosophie bis hin zu zeitgenössischen Kulturprodukten zeigt sich also in aller Deutlichkeit: Rache *ist* »süß«. Nicht auf Dauer und nicht für alle, aber dass es ein tiefes Bedürfnis nach Rache, Revanche und Rückzahlung gibt, ist offensichtlich.

Ebenso offensichtlich ist auch, dass es hier – wie vielleicht bei wenigen anderen Themen – heftige regionale und kulturelle Differenzierungen gibt. Was in einer Gesellschaft als Reaktion auf das Racheproblem funktionieren kann, muss nicht auch in einer anderen Gesellschaft gelingen.[14] Dieser Pluralität müssen wir hier aber nicht nachgehen, weil es wesentlich um westliche Gegenwartsgesellschaften geht. Jedenfalls gilt es, die Tiefe und Breite der Reziprozitätsnorm nicht zu unterschätzen. Gerade wenn man an Großzügigkeit, Gnade und gutem Leben interessiert ist, kann Naivität nur fehl am Platze sein. Das Bedürfnis nach Rache und Revanche ist ernst zu nehmen – das ist Voraussetzung für plausible und belastbare Ideen zur Befriedung der Gesellschaft. Auch hier läuft das auf das Finden einer Balance, einer Mitte, eines rechten Maßes hinaus.

Staatsschulden, Studentenkredite und Insolvenzrecht

Wenden wir uns zunächst der ökonomischen Dimension von Vergeltung und Vergebung zu. Stets steht hier die Idee eines Neubeginns (»fresh start«) im Mittelpunkt, der durch großzügige Regelungen erleichtert oder erst ermöglicht werden soll. Und: Auf diesem Feld wird besonders deutlich, dass sich Großzügigkeit dadurch kennzeichnet, dass über den Wert der Reziprozität hinausgegangen wird. Das gilt im Ökonomischen, aber auch auf dem Gebiet des Strafrechts und bei Prozessen, die Gesellschaften grundsätzlich verändern. Wie wir noch sehen werden, ist Vergebung im politischen Raum eine Schlüsselkategorie, wenn eine Gesellschaft eine Art »Neustart« machen will.

Es geht hier – in der Terminologie dieses Buches – darum, Großzügigkeit walten zu lassen, um eine gute Zukunft zu ermöglichen. Und auch hier wird sozusagen an der Vergangenheit gearbeitet, um die Zukunft zu gewinnen. Das geht von der Mikroebene studentischer Kredite über Insolvenzrecht bis zur Makroebene der Verschuldung von Staaten. Studierende, die überschuldet ins Berufsleben starten, womöglich ohne realistische Chance auf zukünftige Schuldenfreiheit, sind nicht nur für die Betroffenen und ihre Angehörigen eine Belastung, sondern auch für die Gesellschaft, in der sie leben. Ein Erlass von Schulden kann hier ein Beitrag sein, Individuen *und* Gesellschaft von Belastungen zu befreien, die eine zukünftige Entwicklung erschweren, behindern oder gar verunmöglichen.

Das Insolvenzrecht und das Rechtsinstitut des Privatkonkurses sind ebenfalls Wege, vergangene Belastungen zu reduzieren oder aus der Welt zu schaffen und damit einen Neustart zu ermöglichen. Auch hier gilt: Betroffen von der Be- und Entlastung sind nicht nur Individuen, sondern auch die Gesellschaften, in denen diese Individuen leben. Das gilt in beide Richtungen: Wenn eine ganze Generation von Studierenden unter der Last zurückzuzahlender Schulden leidet oder gescheiterte Unternehmerinnen nicht die Chance auf einen Neubeginn haben, »macht« das etwas mit der Gesellschaft. Und umgekehrt wirkt sich natürlich die durch Überschuldung limitierte Handlungsfähigkeit eines Staates profund auf die Lebensbedingungen seiner Bürgerinnen und Bürger aus.

Bei all diesen Instrumenten geht es darum zu verhindern, dass Entscheidungen, die in der Vergangenheit getroffen wurden, eine gedeihliche Zukunft verunmöglichen. Unabhängig davon, wie Schuldenerlasse oder Insolvenzregelungen im Einzelnen gestaltet sind: Stets wird dabei zu einem gewissen Maß darauf verzichtet, dass bestehenden Verpflichtungen nachgekommen wird. Darin liegt eindeutig eine Abweichung von der Reziprozitätsnorm, die hier ja besonders einfach zu begreifen ist: Wenn ich 10.000 Euro erhalten habe, muss ich 10.000 Euro zurückzahlen (und in den allermeisten Fällen auch noch Zinsen und Gebühren zahlen). Die hier erörterten Regelungen sind also in dem Sinne großzügig, dass sie zugunsten von natürlichen oder juristischen Personen auf die Einhaltung von Reziprozität teilweise verzichten. Dieser Teilverzicht wird üblicherweise nach Regeln oder Beschlüssen vollzogen werden, denen eine Abwägung zugrunde liegt, die auf eine schlüssige Balance der involvierten Interessen abzielt. So gesehen, steht auch diese Form der Großzügigkeit in der Mitte zwischen Verschwendung (es wird maßlos auf rechtlich zustehende Finanzmittel verzichtet) und Geiz (es wird maßlos – zum Beispiel um den Preis des ökonomischen Untergangs der Betroffenen

– auf der Einhaltung von Zahlungsverpflichtungen bestanden). Einmal mehr geht es um das rechte Maß.

Dabei ist das erwähnte Zusammenspiel von individueller und gesellschaftlicher Ebene zu berücksichtigen. Wie gesagt: Wenn verschuldeten Personen Schulden erlassen werden, wirkt das auf die Gesellschaft – und umgekehrt wirkt der Erlass von Staatsschulden auf die Mitglieder des betreffenden Gemeinwesens. Wenn auf breiter Front studentische Schulden annulliert werden oder wenn gesetzliche Regelungen zur Insolvenz von Personen oder Unternehmen den Schuldenabbau erleichtern, dient das beispielsweise auch der wirtschaftlichen Dynamik eines Landes. Und wenn ein überschuldetes Land von Schulden befreit wird, werden diejenigen, die einer solchen Befreiung zustimmen müssen, mehr im Blick haben als die finanzielle Situation des betreffenden Staates – zum Beispiel die Chance auf zukünftige wirtschaftliche Beziehungen.

Bei all dem ist ein Grundproblem zu berücksichtigen, das bei all den hier skizzierten ökonomischen Anwendungen relevant ist und das man als *moral hazard* bezeichnet. Dieses »moralische Risiko« entsteht, wenn Fehlanreize gesetzt werden. Großzügigkeit verfehlt ihr Ziel, wenn sie Leichtsinn, Verantwortungslosigkeit und überhöhte Risikobereitschaft fördert. Wenn Handeln und Haftung entkoppelt werden, drohen eben diese Gefahren. Jeder Ansatz, der Schulden erlässt und so Neuanfänge ermöglicht, muss sie berücksichtigen. Haftung und Verantwortung müssen mithin Eckpunkte eines Umgangs mit Staatsschulden, Studentenkrediten und Insolvenzen sein. Und: Wer Schulden streicht, streicht damit definitionsgemäß auch Vermögen. Großzügigkeit darf also nicht mit der naiv-leichtfertigen Aufhebung von Verpflichtungen gleichgesetzt werden. Dass Menschen für ihre Handlungen und Unterlassungen Verantwortung übernehmen, ist für die Sicherung der Zukunft ebenso wichtig wie Vergebung und Großzügigkeit.

All das wird in die Suche nach angemessenen Lösungen einfließen: Es geht bei der Suche nach der großzügigen Mitte ganz wesentlich um eine reflektierte Güterabwägung. Damit ist auch klar, dass es »zu viel des Guten« oder »ein Zuviel der Großzügigkeit« geben kann. Man wird keine Studierendenentschuldung veranlassen, die Banken und andere Finanzinstitutionen in eine Schieflage bringt. Auch ist zu berücksichtigen, dass Schuldenerlasse für einen begrenzten Personenkreis möglicherweise zu Unmut bei Personen führen wird, die nicht zu diesem Kreis gehören. Man wird möglichst keine Insolvenzregeln schaffen, die ein unangemessen leichtsinniges Verhalten von Personen oder Unternehmen befördern. Und beim Erlass von Staatsschulden wird man darauf achten, dass der gewonnene finanzielle Spielraum zum Beispiel die Infrastruktur eines Landes verbessert und nicht dazu genutzt wird, dass ein Diktator seine Flotte an Luxusjachten ausbaut. Letzteres wäre Verschwendung. Die Wahrheit liegt in der Mitte. Und diese Mitte kann man als Großzügigkeit bezeichnen.

Wie gezeigt: Der Gedanke, einen Neuanfang zu ermöglichen oder zumindest Entwicklungsmöglichkeiten für die Zukunft zu verbessern, liegt im Kern der hier genannten Fälle ökonomischer Großzügigkeit. Ziel ist es, in der Vergangenheit getroffene falsche Entscheidungen nicht zur Bürde für die Zukunft werden zu lassen. Zugespitzt könnte man sagen: Ein großzügiger Umgang mit der Vergangenheit kann ein Beitrag zur Zukunftsfähigkeit sein. Großzügigkeit kann die Vergangenheit natürlich nicht ungeschehen machen – aber sie kann helfen, mit dieser Vergangenheit zukunftsgerichtet umzugehen. Diese Zielsetzung wird auch deutlich, wenn wir uns in den nächsten Abschnitten von ökonomischen Anwendungsfeldern zu eher juristischen und politischen Themen bewegen.

Gerechtigkeit, Gnade, Großzügigkeit: Jenseits von Rache und Reziprozität?

Nordirland. Ruanda. Südafrika. Chile. Argentinien. Kambodscha. Die Nachfolgestaaten des untergegangenen Jugoslawiens. Deutschland. Was all diese sehr unterschiedlichen Länder gemeinsam haben: eine Vergangenheit, die schwer auf der Zukunft lastet. Und Versuche, das zu ändern – also die Vergangenheit in einer Weise zu bearbeiten, dass eine gute Zukunft möglich wird. Schon eine oberflächliche Kenntnis der genannten Länder zeigt: Hier liegt ein politisches und theoretisches Minenfeld. Wo es um Unterdrückung, Morde, Folterungen und Vergewaltigungen geht, erscheint ein »richtiger« Umgang mit der Vergangenheit immer schwierig und nicht selten unmöglich. Wie ein Gemeinwesen mit Opfern und Tätern angemessen umgeht, ist eine außerordentlich sensible Frage. Prozesse der Versöhnung und Wiedergutmachung sind stets mit der Möglichkeit des Scheiterns konfrontiert.

Und doch wird man sich die Mühe machen müssen, auch in diesem heiklen Kontext über Großzügigkeit zu reflektieren. Denn, wie Martin Luther King es ausdrückte: »Wir müssen entweder lernen, als Brüder zusammenzuleben, oder wir werden alle zusammen als Narren zugrunde gehen.«[15] In der Tat – und das gilt übrigens auch mit Blick auf die Nachhaltigkeit: Ohne solidarische

Zusammenarbeit (die man geschwisterlich nennen darf) ist ein Zugrundegehen von Gesellschaften wohl in der Tat nicht aufzuhalten. Und natürlich gilt Kings Einsicht ganz besonders für das Thema dieses Kapitels.

Der Theologe und Ethiker Donald Shriver bringt es auf den Punkt: »Echte politische Erholung von katastrophalem, ungerechtem Leid erfordert *wirklich neue Beziehungen* zu Feinden und deren Nachkommen.«[16] Was Menschen einander angetan haben, lässt sich nicht ungeschehen machen. Und: Die Menschen, die einander etwas angetan haben, verschwinden ebenfalls nicht. Wenn zum Beispiel eine Gesellschaft nach dem Sturz eines Unrechtsregimes eine Transformation zum Guten schaffen will, sind die Menschen immer noch da: Täterinnen, Opfer, Mitläufer, Widerstandskämpfer, Schaulustige und so weiter. In einer solchen Situation, so drückt es die Juristin Martha Minow aus, müssen Gesellschaften »sich damit auseinandersetzen, wie viel sie anerkennen, ob sie bestrafen und wie sie sich erholen sollen. Der Umgang mit der fortdauernden Präsenz von Tätern, Opfern und Zuschauern nach dem Ende der Gewalt ist ein zentrales Problem, oder besser gesagt, eine Reihe von Problemen.«[17] Diese komplexe Reihe von Problemen erfordert gewiss eine komplexe Reihe von Lösungsversuchen: Vergebung ist dabei – wie die Reue – ein sehr wichtiger Faktor.

Ein in diesem Zusammenhang immer wieder zitiertes Beispiel ist die südafrikanische Wahrheits- und Versöhnungskommission der 1990er Jahre, die im Laufe der Zeit zum Vorbild für ähnlich gestaltete Initiativen geworden ist. Ziel dieser von Nelson Mandela eingesetzten und von Desmond Tutu geleiteten Institution war es, nach dem Ende des Apartheid-Regimes einen Beitrag zur Versöhnung zu leisten. Großzügig kann man schon die Tatsache finden, dass hier eben keine Straf- und Vergeltungskommission eingerichtet wurde, sondern eben ein Prozess initiiert wurde, bei dem Wahrheit und Versöhnung auf dem Programm standen. Das Ende der Apartheid hätte gewiss auch zu einem Bürgerkrieg führen können. Die Filmaufnahmen von Kommissionssitzungen (die man sich auf Youtube ansehen kann) sind herzzerreißend und machen auf erschütternde Weise deutlich, was die Betroffenen als Opfer des Apartheid-Regimes, aber auch als Auskunftspersonen in der Kommission durchmachen mussten.

Die Vergangenheit des Landes lastete auf dem Land, aber auch auf vielen Bürgerinnen und Bürgern. Dass nicht Gewalt, Rache und Vergeltung die Überhand gewonnen haben, kann man – bei allen sehr großen Problemen, die Südafrika hatte und nach wie vor hat – als politisches Wunder bezeichnen.[18] Ein Element dieses Wunders war die Wahrheits- und Versöhnungskommission, bei der es um die Vergangenheit ging – aber um der Zukunft willen. Es gibt wahrlich keinen Grund, die gegenwärtigen Zustände in Südafrika schönzureden. Dennoch lässt sich aus seiner Geschichte etwas lernen. »Eine Nation, die nach vorne schaut,«, schreibt Martha Nussbaum mit Blick auf den südafrikanischen Versöhnungsprozess, »braucht Vertrauen und gegenseitige Achtung. [...] Durch das Angebot der Amnestie hat Südafrika den Prozess aus dem Vergeltungszusammenhang herausgelöst, in dem er so leicht hätte angesiedelt werden können, was ebenso klug war, wie Vertrauenshaltungen zu fördern und nationalen Solidaritätsgefühlen Raum zu geben.«[19] Auch wenn es in der Wahrheits- und Vergebungskommission klare Regeln für die Amnestie gab – und eben keine »bedingungslosen« Straferlasse: Es ist leicht zu sehen, wie wichtig hier der Faktor der Großzügigkeit gewesen sein muss.

Die Großzügigkeit von Gnade und Vergebung

Wenn es um einen zukunftsgerichteten Umgang mit der Vergangenheit geht, kommt dem Begriff der Gnade eine Schlüsselrolle zu. Sie ist, wie Martha Nussbaum es auf den Punkt bringt, die »Verknüpfung des nachträglichen Handelns mit vorausschauendem Denken und Handeln.«[20] Nussbaum fasst treffend zusammen, wie die Gnade Vergangenheit und Zukunft verbindet: »Der gnädige oder milde Richter blickt in gewisser Weise zurück. Doch während er die Tatsache des Unrechts anerkennt und so die gesellschaftliche Bindung an Kernwerte zum Ausdruck bringt, richtet er seinen Blick zugleich auch nach vorn auf eine Welt der Wiedereingliederung. [...] Es gibt Empörung über das begangene Unrecht, doch an die Stelle des bloß nach Vergeltung trachtenden Geistes tritt ein großzügiger Geist.«[21] Es sei erneut betont, was hier deutlich wird: Großzügigkeit im vorliegenden Kontext ist mitnichten der *Verzicht* auf Bestrafung – aber sie ist Ausdruck einer Haltung und Praxis, die Strafe nicht als reziprokes Rachewerkzeug für vergangene Taten sieht, sondern als maßvolles und zukunftsorientiertes Instrument verwendet.

Dieser Geist kann im Strafrecht wirken, aber nicht zuletzt auch im politischen und privaten Bereich, wie Nussbaum betont.[22] Eine Abkehr von »Inquisition«, Protokoll und moralischer Buchführung sind im Privaten, aber eben auch im Politischen solche Geisteshaltungen, die sich an Gelassenheit und Großzügigkeit orientieren. Ein buchhalterischer Geist zumal hängt zu sehr an der Vergangenheit, um die Zukunft zu gewinnen. Aufrechnen, Abrechnen, Heimzahlen, Zurückzahlen, Buch führen – all das sind nicht umsonst ökonomische Begriffe, die das Kalkulatorische einer rückwärtsgewandten Vergeltungsmentalität charakterisieren. »Transaktionale Vergebung« ist aus Nussbaums Sicht nicht anstrebenswert. Gemeint ist damit eine Vergebung, die nicht voraussetzungslos erfolgt, sondern an Bedingungen geknüpft ist und insoweit die Reziprozitätsnorm gerade nicht transzendiert. Nussbaum kritisiert vehement eine »protokollierende Denkweise« und stellt dieser Großzügigkeit, Liebe und Humor entgegen.[23] Diese sieht sie in bedingungsloser Vergebung realisiert, mehr noch aber bei dem, was sie »*bedingungslose Liebe und Großzügigkeit*« nennt.[24] Das ist ein entscheidender Punkt: Großzügigkeit geht in dieser Lesart über Vergebung *hinaus*: »In seinem besten Zustand ist der persönliche Bereich durch eine Großzügigkeit gekennzeichnet, die *die Vergebung überflügelt* und ihre verfahrenstechnischen Überlegungen daran hindert, feste Gestalt anzunehmen.«[25]

Vergebung ist in Nussbaums Lesart *nicht* das Gegenteil von Vergeltung, weil der dahinterstehende Schuldmechanismus derselbe sei. Was sie »transaktionale Vergebung« nennt, fordere »eine Aufführung von Reue und Erniedrigung, die selbst Abrechnungsfunktion hat und so einen Typus der Vergeltung darstellen kann.«[26] In dieser Interpretation durchbricht Vergebung nicht die Schleife von Tat, Rache und Revanche. Für Nussbaum ist transaktionale Vergebung an zu viele Bedingungen geknüpft, um wirklich zukunftsgerichtet zu sein. So vehement sie den Zorn verurteilt, so streng ist sie mit Blick auf diese aus ihrer Sicht unzureichende Form der Vergebung. Echt, produktiv und nach vorne gerichtet, so muss man Nussbaum verstehen, ist Vergebung nur dann, wenn sie nicht an bestimmte Konditionen geknüpft ist.

Mir scheint das ebenso wie ihre Position zum Zorn als zu hart, zu akademisch und zu lebensfremd. Auch hier ist der Unterschied zwischen Theorie und Leben, zwischen Schreibtisch und Geschichte relevant. Denn auch für Zorn und Vergebung gilt, was die Philosophin Maria-Sibylla Lotter mit Blick auf die Verantwortung feststellt: »Was etwas bedeutet, zeigt sich auch in der Praxis, die eventuell philosophisch weniger reflektierten Maßstäben und Regeln folgt.«[27] In der Tat. Gerade auf dem Feld von Vergeltung und Vergebung ist die Praxis oft »dreckiger« und vielgestaltiger als die »saubere« und in diesem Fall womöglich besonders graue Theorie. Gewiss ist bedingungslose Vergebung eine kraftvolle Sache. Aber auch wenn man Bedingungen wie Bedauern, Entschuldigung, Unrechtsbewusstsein oder Selbstverpflichtung kritisch sehen kann – deshalb die nicht bedingungslose Vergebung ganz und gar zu verwerfen, erscheint lebensfremd. Gewiss kann man das, was Religion und religiöse Institutionen aus und mit der Vergebung gemacht haben, bedenklich finden – vor allem die Nutzung von Vergebungsritualen wie der Beichte als Machtmittel ist sicher nichts, was zu Frieden und Fortschritt geführt hat. Aber die Auffassung, dass es bei der Vergebung »*ausschließlich* um die Frage des Umgangs mit der Vergangenheit geht«[28], ist schlicht falsch. Vergebung – in welcher Form auch immer – hat immer auch einen Zukunftsaspekt. Frieden und Fortschritt sind ohne Vergebung eben oft nicht zu erreichen: Auf die reine Lehre kommt es dabei nicht an – sondern auf die Fähigkeit der Vergebung, ungute und zerstörerische Kreisläufe von Rache und Vergeltung zu unterbrechen. Diese Funktion kann Vergebung auch dann ausüben, wenn die von Nussbaum kritisierten Elemente vorhanden sind. Es kann gut und schön und richtig sein, wenn Großzügigkeit die Vergebung überflügelt – aber auch »ganz normale Vergebung« enthält ein Element von Großzügigkeit. Auch hier sind wir mit der Frage des rechen Maßes konfrontiert und der zentralen Einsicht, dass Großzügigkeit die Suche nach diesem Maß einschließt. Man kann, anders gesagt, die Vergebung großzügiger interpretieren als Nussbaum das tut. Maß und Balance sind hier viel wichtiger als terminologische Schärfe und philosophische Rigorosität.

Vergeben heißt nicht vergessen: Erinnerung, Strafe und Zeit

Wenn es um die Aufarbeitung gestürzter Unrechtsregimes geht, ist es vielleicht besonders heikel, von Großzügigkeit zu sprechen. Wenn Krieg, Unterdrückung und Ungerechtigkeit geherrscht haben, wenn ganze Landstriche verwüstet sind, wenn lebensnotwendige Infrastrukturen zerstört wurden – kann man da mit Hilfe von Großzügigkeit in eine neue, gute Normalität finden? Und: Wie soll Großzügigkeit und Vergebung möglich sein, wo Folterungen, Vergewaltigungen und Morde stattgefunden haben? Hier von Großzügigkeit auch nur zu sprechen, grenzt ans Obszöne. Großzügigkeit zu praktizieren, scheint denkunmöglich, die Forderung nach Vergebung weltfremd. Und doch sollte man sich, wie angedeutet, die Mühe der Reflexion von Großzügigkeit in diesem Kontext unterziehen. Es gibt mindestens zwei Gründe, sich der folgenden schmerzhaften Denkbewegung auszusetzen. Erstens: Es ist schwer vorstellbar, dass ein gesellschaftlicher Friede nach unvorstellbar schrecklichen Taten erreicht werden kann, ohne dass es irgendeine Bewegung zumindest in Richtung Vergebung gibt. Zweitens: So unwahrscheinlich das klingt – es gibt nicht eben wenige historische Fälle, in denen es sehr ernsthafte Versuche gegeben hat, diese Richtung einzuschlagen.

Diese Beispiele zeigen auch, wie wichtig hier der Faktor »Zeit« ist. Dass sie alle Wunden heilt, wird in sehr vielen Fällen nicht zutreffen. Martin Luther King hat in diesem Zusammenhang vom »Mythos der Zeit« gesprochen und insistiert, dass die Zeit »neutral« sei.[29] Zugespitzt könnte man sagen: Die Erinnerung als Voraussetzung für Verzeihung kann gar nicht lange genug dauern. Und: Verzeihung hat ihre Zeit, und sie *braucht* ihre Zeit. Von Gewalt- und Kriegsopfern zu verlangen, möglichst schnell (»effizient«) und gründlich (»effektiv«) zu vergeben, damit das Leben weitergehen kann – das dürfte, freundlich formuliert, kontraproduktiv und wenig vielversprechend sein: gerade, wenn das Ziel eine Art »Neubeginn« ist.

»Vergessen und vergeben« ist eine nicht unübliche Wendung – die aber ganz offensichtlich in eine falsche Richtung weist. Donald Shriver bringt es auf den Punkt: »Das Gegenteil ist der Fall: ›Erinnern und Vergeben‹ wäre ein treffenderer Slogan. Vergebung beginnt mit dem Erinnern und einer moralischen Beurteilung von Unrecht, Ungerechtigkeit und Verletzung.«[30] Denn entgegen dem Vorurteil, dass Vergeben und Vergessen zusammengehören, ist Vergessen gerade nicht eine Verbündete der Vergebung: Ohne *Erinnerung* kann es in den meisten Fällen keine Vergebung geben. Das gilt sowohl für individuelle wie für kollektive Prozesse der Vergebung: Es gibt sie nicht ohne den Blick in die Vergangenheit und eben auch nicht ohne eine normative Bewertung des Geschehenen.

Die Bedeutung der Möglichkeit, begangenes Unrecht aus- und anzusprechen, sollte nicht unterschätzt werden. Denn ein eiliges Beschweigen des Unrechts, um »reinen Tisch« zu machen, dürfte sich als nicht nachhaltig erweisen – schon weil eine Verweigerung der Anerkennung der Leiden die Betroffenen erneut in eine Opferposition bringen würde.[31] Diese Erkenntnis ist eine wichtige Grundlage der Wahrheits- und Versöhnungskommission, deren Funktionsweise Martha Nussbaum so beschreibt: »[A]uf eine Äußerung der Empörung folgen großzügige und auf die Zukunft gerichtete Überlegungen.«[32] Aussagewilligen Tätern wurde dabei versichert, dass sie schließlich »als gleichberechtigte Bürger in einer neuen Nation aufgenommen würden statt als Kriminelle stigmatisiert zu werden.«[33] Das klingt vor dem Hintergrund des grausamen Apartheid-Regimes vielleicht »zu gut«. Auch ist die Bewertung der Arbeit der Kommission umstritten. Aber dennoch steht wohl außer Zweifel, dass hier nach einer äußerst belasteten und belastenden Vergangenheit ein Weg der Zukunftsgestaltung versucht wurde, der wesentlich auf Großzügigkeit und Vergebung beruht.

Wichtig für ein adäquates Verständnis der Vergebung ist schließlich die Bedeutung für diejenigen, die anderen ihre schlechten Taten vergeben. Man könnte argumentieren, dass sie das nicht tun, weil die Täter das »verdienen« – sondern weil sie selbst nicht zur ressentimentgeladenen Person werden wollen.[34] Man könnte auch von einem therapeutischen Nutzen sprechen.[35] Allgemeiner formuliert: Es spricht einiges dafür, dass man vergibt, um sich selbst etwas Gutes zu tun – ganz unabhängig davon, was das mit dem Täter »macht«. Sicher kann dieser Akt dann »wirken«, und zwar möglicherweise auf den Täter und auch auf die Gesellschaft – aber die Motivation kannst höchst »egoistisch« sein. Laut einem Mitglied der südafrikanischen Wahrheitskommission, selbst mehrere Jahre unter dem Apartheidregime inhaftiert, ist Großzügigkeit gegenüber Tätern damit zu erklären, dass es »so viel zu tun gibt in der Zeit, die einem von der Freiheit bleibt.«[36]

Vergebung im Recht: Juristische Großzügigkeit

Der Ansatz der *Restorative Justice*, in dessen Geist die südafrikanische Kommission – und im Anschluss daran zahlreiche Kommissionen dieser Art – initiiert wurde, weist über die Arbeit dieser Gremien hinaus. Der Begriff lässt sich nur unelegant mit »Wiedergutmachungsjustiz« übersetzen – und selbst diese Übertragung bleibt unexakt. Jedenfalls basiert dieser Zugang wesentlich auf Vergebung und Großzügigkeit und setzt dabei stark auf diskursive Elemente. Restorative Justice, schreibt Martha Minow, »strebt danach, die *Vergebung in den Justizprozess zu integrieren*, anstatt nur dessen Auswüchse zu korrigieren, und sie versucht, Opfer, Täter und Mitglieder der Gemeinschaft in die Bemühungen einzubeziehen, Dinge in der Gegenwart und in der Zukunft richtigzustellen. [...] [R]estorative-Justice-Prozesse neigen dazu, sich mehr auf die Zukunft als auf die Vergangenheit und auf die Gemeinschaft als auch auf das unmittelbare Opfer und den Täter zu konzentrieren.«[37] Man könnte hier von einer zukunftsorientierten Integration der Großzügigkeit durch Diskurs sprechen.

Wie all das jenseits von dramatischen gesellschaftlichen Umbrüchen relevant werden und sozusagen in normale juristische Prozesse eingebaut werden kann, ist ein weites Feld.[38] Klar ist, dass es auch hier wesentlich um die Schaffung und Gestaltung von Spielräumen geht. Recht – Gesetze, Institutionen, Richterinnen – bestimmt wesentlich mit, inwieweit Menschen zur Vergebung bereit sind. Rechtliche Institutionen, das betont auch Minow, »beeinflussen menschliche Beziehungen.«[39] Recht schafft mehr als formale Regeln – es kreiert auch eine »Stimmung« hinsichtlich der Möglichkeit von Vergebung. Ein rigoroses Rechtssystem wird weniger Vergebungsmöglichkeiten schaffen als ein großzügiges, das Amnestien, Erlasse und Verständigungsprozesse betont.

Der Nutzung von juristischen Spielräumen kann hier eine wichtige Funktion zukommen. Dort, wo das Recht den Akteuren des Rechtssystems Ermessensspielräume zulässt, kann Vergebung Platz finden, indem dieser Spielraum bei Entscheidungen in Richtung Nachsicht, Milde und Gnade interpretiert wird. Rechtssysteme können also, schreibt Minow, »die Ausübung des Ermessensspielraums der Justiz in Richtung Nachsicht statt Strafe ermöglichen und unterstützen.«[40] Dabei ist zu beachten, dass der Spielraum für Ermessen immer auch Spielraum für befangene oder diskriminierende Entscheidungen sein kann. Absichtlich oder unabsichtlich können Kriterien wie ethnischer Hintergrund, sozialer Status oder Geschlecht Einfluss nehmen – also Faktoren, die für rechtliche Entscheidungsprozesse keine Rolle spielen sollten.[41]

Martha Minow traut der Vergebung sichtlich sehr viel zu, wenn sie schreibt: »Die Schaffung von mehr Möglichkeiten zur Vergebung innerhalb des Rechts könnte dazu beitragen, dass sich das Recht in *Richtung Gerechtigkeit* entwickelt; sie könnte auch Einzelpersonen und Gesellschaften zu Respekt und Großzügigkeit bewegen, die durch Entschuldigung, Wiedergutmachung und Verzicht auf die strengsten Forderungen des Rechts zum Ausdruck kommen. *Das Recht beeinflusst* auf die eine oder andere Weise *Gefühle*. Es kann die Vergebung ebenso unterstützen wie die Rache.«[42] Das ist für die Frage höchst relevant, wie nach der Beendigung von Unrechtsregimen ein gesellschaftlicher Neustart möglich sein soll ohne Vergebung und die dafür notwendige Großzügigkeit. Denn, wie gesagt: Die Gesellschaft wird stets auch aus Menschen bestehen, die in irgendeiner Form »mitgemacht« haben in der alten Ordnung. Das ist mit Blick auf Südafrika ebenso klar wie im Falle Nachkriegsdeutschlands, bei der Terrordiktatur der Roten Khmer in Kambodscha oder bei den staatssozialistischen Regimes im ehemaligen Warschauer Pakt. Was immer man an rigoroser Strafverfolgung oder Aufräumen in Institutionen ins Werk setzen mag – dass Opfer und Täter in der zukünftigen Gesellschaft zusammenleben müssen, ist unausweichlich.

Umso wichtiger ist, dass bei Prozessen der Vergebung kein Druck auf die Opfer ausgeübt wird, im Namen des Gemeinwohls doch bitte Vergebung zu üben – sonst droht auch hier eine neue Viktimisierung.[43] Ganz ähnlich ist bei rechtlich vorgesehenen Prozessen von Gnade und Vergebung zu beachten, dass es »zu viel Großzügigkeit« geben kann. »Juristische Vergebung«, schreibt Martha Minow, »kann bei Opfern Ressentiments schüren.«[44] Die *Verweigerung* von Vergebung, das sollte nicht unbedacht bleiben, kann Ausdruck von Stärke, Selbstbewusstsein und Würde sein. Das hat nicht zuletzt in der #MeToo-Bewegung eine wichtige Rolle gespielt, die sich gegen sexuelle Übergriffe in unterschiedlichen Gesellschaftsbereichen positioniert und die sehr wirksam für ein anderes Klima im Umgang mit diesem Thema gesorgt hat.[45]

Juristische Großzügigkeit hat aber auch eine ökonomische Dimension. Wie angedeutet, können auch Prozesse des Schuldenmanagements übers Ziel hinausschießen, etwa wenn Steuergelder verschwendet werden oder Schuldenerlasse als unfair empfunden werden.[46] Vergebung, das sollte nicht vergessen werden, hat Risiken und Nebenwirkungen. Großzügigkeit im Rechtssystem wirkt sich im schlimmsten Fall negativ auf die Glaubwürdigkeit dieses Systems aus. Minow schreibt: »Wenn Gerichte oder Staatsanwälte auf gerechtfertigte rechtliche Konsequenzen zugunsten individueller Vergebung durch Rechtsakteure verzichten und wenn sie das Recht nutzen, um individuelle Vergebung zu unterstützen oder auf sie zu drängen, könnten sie sehr wohl riskieren, die Vorhersehbarkeit, Regelbefolgung, Abschreckung, Fairness und Objektivität des Rechts zu untergraben oder zu gefährden.«[47] Derartige Risiken sollte man bedenken, wenn man für Großzügigkeit im Recht plädiert – und einmal mehr ist hier zu betonen, dass die Großzügigkeit nichts mit prinzipieller Straffreiheit, Nachlässigkeit oder Laxheit zu tun hat und alles mit Maß, Mitte und Balance. Recht in Richtung Großzügigkeit zu verändern, ist ein komplexer Suchprozess. »Die Herausforderung besteht darin,«, so formuliert es Martha Minow, »die Unterstützung des Rechts für die Vergebung zu verstärken und gleichzeitig die Rechtsstaatlichkeit zu wahren.«[48]

Diese Wahrung der Rechtstaatlichkeit als Grundlage für Großzügigkeit ist zu betonen. Minow, die in ihren Schriften vehement für Vergebung und Großzügigkeit im Rechtssystem eintritt, schreibt: »Ein Unrecht sollte wiedergutgemacht werden; ein absichtlicher Schaden sollte eine Konsequenz nach sich ziehen. Dieser Gedanke ist für das Recht von zentraler Bedeutung: Die Verfolgung von Rechten und die Korrektur von Unrecht sind das Kerngebiet des Rechts.«[49] Dieses Kerngebiet (der originale Begriff *heartland* bringt die Sache noch besser auf den Punkt) wird hier nicht in Frage gestellt. Was zur Diskussion gestellt werden soll, ist die Funktion, die Großzügigkeit, Vergebung und Milde in einer zukunftsfähigen Gesellschaft haben können, die es ohne ein zukunftsfähiges Rechtssystem nicht geben kann.

Zu beachten ist in diesem Bewusstsein auch ein Moment der Unverfügbarkeit. Wo es um Schuld und Vergebung geht, sind mitunter heftige Emotionen involviert, die sich nicht steuern oder kontrollieren lassen. Das ist gewiss bei Scheidungs- oder Mordprozessen so, kann aber auch eine Rolle spielen, wenn es um eher ökonomische Verfahrensgegenstände geht. Und ganz sicher sind Emotionen dort unvermeidbar, wenn Täter und Opfer von Unrechtsregimen aufeinandertreffen. Kommunikation und Vergebung sind hier wesentlich unkontrollierbar und tragen somit auch das Risiko der Eskalation. Vergebung und Großzügigkeit sind mithin keine Wohlfühlveranstaltungen, sondern harte Arbeit, die sich potenziell negativ auf die Betroffenen auswirkt.

So wichtig also Versöhnungsprozesse für eine gute gesellschaftliche Zukunft sind, so heikel und ergebnisoffen ist ihre Durchführung mit Blick auf die Zukunft der betroffenen Opfer, Täter und Angehörigen. Die oben zitierte Juristin Martha Minow kam nach eigenen Angaben zum Thema der Vergebung »aufgrund der äußerst schwerwiegenden Fragen nach den *Grenzen des Rechts* angesichts von Massenmord, Vergewaltigungen, Kindesentführungen und Völkermord. Solche Taten entziehen sich der Vorstellungskraft, ganz zu schweigen von der Großzügigkeit des Geistes, die zur Vergebung gehört.«[50] In der Tat kommt man hier nicht nur an die Grenzen des Rechts, sondern auch an die Grenzen der Vorstellungskraft und die Grenzen der Großzügigkeit.

Wie wichtig diese Grenzen sind, zeigt sich an Beispielen, in denen Großzügigkeit, Milde und Vergebung übertrieben werden oder wo die Realität einem großzügigen Handeln enge Grenzen setzt. Kriegerische Auseinandersetzungen treiben solche Grenzen ebenso hervor wie der Umgang mit diktatorischen Unrechtsregimen. Gandhi wollte Hitler mit Gewaltlosigkeit und Liebe begegnen – ganz offensichtlich falsch, unangemessen und »schlichtweg absurd«.[51] Nelson Mandela, so schreibt es Martha Nussbaum, habe sich strategisch an Gewaltlosigkeit und Verhandlungslösungen orientiert, er sagte aber auch, »dass diese Strategien aufgegeben werden müssen, wenn sie über einen längeren Zeitraum nicht zum gewünschten Erfolg führen.«[52] Zeit und Geduld sind Faktoren von Aussöhnung und Zukunftssicherung, aber eben nicht unbegrenzt. Das gilt *ex ante*, wenn es um die Abschaffung eines Unrechtsregimes geht, aber auch *ex post*, wenn es um die Bearbeitung einer schrecklichen Vergangenheit geht.

Gefühle und Symbole

Am Ende ihres Buches über Gewalt, Völkermord, Rache und Vergebung schreibt Martha Minow: »Zwischen Rache und Vergebung liegt der Weg der Rückbesinnung und der Bejahung und der Weg der Auseinandersetzung mit dem, was wir sind, und dem, was wir werden könnten.«[53] Diese Auseinandersetzung mit unserer Identität und unseren Möglichkeiten ist zentral für die Frage, was Großzügigkeit mit Blick auf den »produktiven« Umgang mit Unrecht, Gewalt und Unterdrückung bedeuten kann.

Damit wird deutlich, dass das Thema dieses Kapitels – mehr noch als diejenigen der vorigen – eng mit der gesellschaftlichen Atmosphäre zu tun hat, die in einem Gemeinwesen herrscht. Wie oben gesagt: Recht beeinflusst Gefühle. Umgekehrt gilt aber auch: Gefühle beeinflussen Recht. In der Rechtsprechung werden immer wieder Fälle von Richtern bekannt, die durch die brutale Härte ihrer Urteile auffallen, die keinen Deut von Großzügigkeit und Gnade erkennen lassen. Die Akzeptanz von Härte oder Milde ist ohne Zweifel dadurch beeinflusst, ob ein gesellschaftliches Klima herrscht, das von Angst vor Kriminalität oder durch ein verbreitetes Gefühl der Sicherheit geprägt ist. Auch die Legislative ist in hohem Maße von der gesellschaftlichen Stimmung (mit-)beeinflusst. Die gesetzlichen Grundlagen zum Beispiel des deutschen Atomausstiegs, der Gestaltung von Asylverfahren oder von klimapolitischen Maßnahmen sind nicht zuletzt durch politische Gefühle geprägt. Zugespitzt: Gesetze können Stimmung machen, aber Stimmung macht auch Gesetze.

Nun könnte man gut Wienerisch einwenden: no na net – *na und*? Teil der Antwort ist die Beobachtung, dass man gerade bei vermeintlich »weichen« Themen wie Versöhnung, Schonung und Großzügigkeit an atmosphärischen Fragen offenbar nicht vorbeikommt – und dass das eben nicht banal ist. Im vorigen Kapitel haben wir auch gesehen, wie relevant das zum Beispiel für die Selbstoptimierungsaktivitäten vieler Menschen ist. Dort haben wir freilich am Begriff der Resonanz auch gesehen, dass man sich hier konzeptionell auf dünnes Eis begibt. Stimmung ist ebenso wie Resonanz ein Begriff, der mit Akustik, Tönen und Hören in Verbindung steht. Ähnlich wie die Wirkung von Charisma oder die emotionalen Wirkungen bestimmter Wetterlagen sind derlei konzeptuelle Transfers mit Vorsicht zu genießen – und gleichzeitig ist anzuerkennen, dass sie bei aller Unschärfe etwas beschreiben, dessen Realität und Wirkung sich kaum bestreiten lässt.

Hans Ulrich Gumbrecht macht in seinem Buch *Stimmungen lesen* auf den Unterschied zwischen zwei englischen Begriffen für »Stimmung« aufmerksam.[54] »Mood« ist eher ein inneres Gefühl, »climate« bezieht sich eher auf Personen und Gruppen von Menschen. Gewiss kann beides zusammenhängen, aber hier geht es klar um »climate« oder das, was man auch als Atmosphäre bezeichnen könnte. Gumbrecht schreibt: »›Stimmungen lesen‹ kann nicht heißen ›Stimmungen entziffern‹, denn Stimmungen haben oder sind keine Bedeutungen.«[55] Auch wenn er das literaturwissenschaftlich meint, kann man das soziologisch wenden: Stimmungen, Resonanz und Atmosphäre *bedeuten* nichts – auch wenn Hartmut Rosa das anders sehen mag. Das heißt freilich nicht, dass sie nicht *wirken*. Wie eine Gesellschaft sozusagen »gestellt« ist, welche Leitbilder auf Resonanz (nicht im Rosaschen Sinne) stoßen, was mehrheitlich für wichtig oder irrelevant gehalten wird – all das »macht« etwas mit den Möglichkeiten des Wandels. Ob Recht ein Instrument der Vergebung sein kann, hat also etwas mit Stimmung zu tun – ebenso wie die Frage, welche gesellschaftliche Relevanz die Ökologie und das Klima haben oder welche Bedeutung Resilienz und Großzügigkeit in ökonomischer Hinsicht erlangen.

Martha Minow schreibt in *When should law forgive?*: »Recht kann ein Instrument sein, um Leiden in Chancen zu verwandeln.«[56] Damit das funktionieren kann, bedarf es freilich oft einer Ingredienz, die nicht häufig vorkommt: die »Fähigkeit, den Drang nach Rache in eine *Suche nach etwas Größerem* umzuwandeln.«[57] Allgemeiner formuliert: Wenn Leiden, Mangel, Zukunftssorgen in Chancen, Wandel und Transformation verwandelt werden sollen, bedarf es eines weiteren, größeren Rahmens. Wenn eine bessere Zukunft angestrebt wird, bedarf es offenbar nicht zuletzt einer Symbolisierung dieses Rahmens.

Maria-Sibylla Lotter verweist in ihrem Buch *Scham, Schuld, Verantwortung* auf die Tatsache, »dass Verantwortung gewöhnlich nicht nur eine Angelegenheit zwischen Schädiger und Geschädigtem ist, sondern die Gemeinschaft und ihre Symbolik involviert.«[58] Wie Recht geschaffen, interpretiert und angewendet wird, wirkt sich eben nicht nur auf Opfer und Täter aus, sondern potenziell auf die ganze Gesellschaft. Die hier skizzierte Bewegung in Richtung Vergebung und Großzügigkeit betrifft die unmittelbar Beteiligten, weist aber darüber hinaus. Recht hat auch eine wesentliche symbolische Funktion. Martha Minow formuliert dies so: »Offizielle Vergebungsakte wie Begnadigungen oder Amnestien können einen praktischen und symbolischen Nutzen haben.«[59]

Diese symbolische Dimension ist nur scheinbar weich, wirkungslos und wenig wichtig. Mit Bernd Hansjürgens und Gertrude Lübbe-Wolff kann man feststellen, dass politische Symbolik »kein sinnvolles Objekt prinzipieller Beanstandung« ist. Symbolpolitik ist ein verbreitetes Unwerturteil, und gewiss gibt es politische Handlungen, die »nur« symbolisch sind und »echte« Handlungen gleichsam substituieren. Aber die Symbolisierung von Problemen und Lösungsansätzen ist für demokratische Prozesse unverzichtbar. Gelingende Symbolisierung, so Hansjürgens und Lübbe-Wolf, sei »eine wesentliche Voraussetzung erfolgreicher Politik, und zwar um so mehr, je weniger die bearbeitungsbedürftigen Probleme und die Konsequenzen ihrer politischen Bearbeitung oder Nichtbearbeitung für den einzelnen unmittelbar fühlbar und durchschaubar sind.«[60]

Das verweist auch zurück auf die Relevanz, die Emotionen für das Thema dieses Kapitels und darüber hinaus für das Anliegen dieses Buches haben. Dabei hat man es in gewisser Weise einmal mehr mit dem Phänomen der Unverfügbarkeit zu tun – Emotionen, auch politische Emotionen, lassen sich nicht verordnen, juristisch festlegen oder politisch (zumindest nicht treffsicher) mobilisieren. Relevant sind sie dennoch. In *Politische Emotionen* schreibt Martha Nussbaum: »Alle politischen Prinzipien, gute wie schlechte, bedürfen der emotionalen Unterfütterung, damit sie langfristig Bestand haben, und alle gut funktionierenden Gesellschaften müssen Schutzmauern gegen Spaltungen und Hierarchien errichten, indem sie Emotionen wie Mitgefühl und Zuneigung fördern und pflegen.«[61] Das mag in seiner Zuspitzung liberal gesinnten Personen kalte Schauer über den Rücken jagen – dass Emotionen im beschriebenen Sinne Wirkung und Relevanz entfalten, bleibt relevant. Mit Mahatma Gandhi und Martin Luther King ist Martha Nussbaum, wie sie in ihrem Zorn-Buch betont, der Überzeugung, dass »es sich lehren und erlernen lässt, wie man mit anderen in Beziehung tritt, und dass es kein unrealistischer Idealismus ist, ein öffentliches Gefühlsklima herstellen zu wollen.«[62]

Man wird Nussbaum hier nicht unterstellen wollen, dass es ihr um Umerziehung im Sinne ihrer Ideale geht. Mit der »Herstellung« sind offenbar weder sinistre Propagandaoffensiven noch Umerziehungslager gemeint. Mit dem Bezug auf Gandhi und King ist klar, dass es um eine gesellschaftliche Bewegung in Richtung Verständigung, Gewaltlosigkeit und Gemeinschaftlichkeit geht. Dass Menschen mit Blick auf diese Ziele voneinander lernen können, ist eine Hoffnung, ohne die man jede Vorstellung von Fortschritt und Zukunftsfähigkeit fahren lassen kann. Das gilt ganz besonders dann, wenn man mit dem Zustand der Welt nicht zufrieden ist und man grundlegenden gesellschaftlichen Wandel für notwendig hält. Das Leben, um noch einmal Martha Nussbaum zu zitieren, »hält ja überraschende Phasen der Freude und Großzügigkeit bereit und das sind Eigenschaften, die gut zu dem Vorhaben passen, etwas zu erschaffen, das besser ist als das Bestehende.«[63] In der Tat.

Der Punkt ist, dass diese Phasen nicht von alleine kommen, sondern dass man dafür arbeiten muss.

Spaltungen, Neuanfänge, Transformationen

Spaltung, Polarisierung, Riss, Bruch, Lager – diese und andere Begriffe stehen für die Diagnose, westliche Gesellschaften seien zerrüttet. Diese Diagnose ist im zeitgenössischen Politikdiskurs weit verbreitet. Sie geht oft mit der Verwendung unterschiedlicher Begriffspaare einher, die stets eine Art Zweiteilung der Gesellschaft behaupten: *Somewheres* und *Anywheres*, Kommunitaristinnen und Kosmopoliten, Verteidiger und Entdeckerinnen sind Beispiele. Häufig wird eine gegenseitige Abneigung zwischen diesen Blöcken angenommen und Differenzen mit Blick auf diverse Identitäten, unterschiedliche Interessen und verschiedene Mentalitäten werden behauptet.[64] Diese und andere Diagnosen sind, wie gesagt, höchst verbreitet – und gleichzeitig höchst umstritten. Vielen gelten die erwähnten Konflikte als demokratische Normalität, und soziologische Analysen deuten darauf hin, dass eine tatsächliche Spaltung der Gesellschaft weder besteht noch droht. Krasse Differenzen auf Feldern wie Corona, Migration, Gender und Klima gibt es – aber derlei Einstellungen kommen eben nicht »im Paket«.[65] (Meine Alltagserfahrung ist dezidiert eine andere – Einstellungen zu den genannten Themen *kommen* regelmäßig im Paket. Aber ich will hier nicht meine anekdotische Alltagsevidenz über soziologische Empirie stellen.)

Nordirland. Ruanda. Südafrika. Chile. *Das* sind Länder, die mit Spaltungen, Polarisierungen, Rissen, Brüchen und unversöhnlichem Lagerdenken gründliche Erfahrungen gemacht haben. Sie haben tiefgreifende und oft brutale religiöse, ethnische und politische Konflikte erlebt (und tun das teilweise noch immer). Wie wir gesehen haben, wurde vor dem Hintergrund von derlei historischen Erfahrungen auch durch einen produktiven Umgang mit der Vergangenheit angestrebt, einen Neubeginn zu organisieren und die Destruktivität der Geschichte einzuhegen. Vergebung, Großzügigkeit und Diskurs können vor dem Hintergrund schrecklicher historischer Ereignisse dazu beitragen, Spaltungen zu überwinden oder zu mildern und zumindest zu versuchen, den Weg in eine bessere Zukunft einzuschlagen.

Was haben nun diese historischen »Fälle« mit dem Hier und Heute zu tun? Gewiss – Großzügigkeit und Vergebung haben in geschichtlichen Extremsituationen ihre Eignung für eine zukunftsfähige Entwicklung bewiesen. Aber wozu braucht eine Gesellschaft, die sich selbst offenbar nur irrtümlich als gespalten empfindet, großzügige Theorien und Praktiken, die im sozialen Raum Vergebung und Verzeihung stärken? Einen Teil der Antwort könnte überraschenderweise der Ausspruch eines deutschen Politikers liefern: »Wir werden einander viel verzeihen müssen.« Der Satz stammt von Jens Spahn, Gesundheitsminister im letzten Kabinett von Angela Merkel. Der Politiker hat ihn im Kontext der Corona-Krise verwendet. Der Satz traf so sehr den Nagel auf den Kopf, dass er fast schon zum geflügelten Worte wurde; Spahn selbst hat mittlerweile ein Buch mit diesem Titel veröffentlicht.[66]

Diese Aussage spielt natürlich auf die gesellschaftlichen Zuspitzungen an, die Corona und die resultierenden politischen Maßnahmen ausgelöst hat. Nicht wenige sahen und sehen in diesen Zuspitzungen ein weiteres Indiz für eine Spaltung der Gesellschaft. Auch Spahn selbst bedient sich dieses Narratives.[67] Sein Buch ist ein typischer Bekenntnistext eines Politikers, der sich als Mann der Zukunft präsentieren will. Aber von der Eigenwerbungsrhetorik abgesehen hat Spahn einen Punkt, wenn er die »Unerbittlichkeit« des politischen Diskurses beklagt und betont, dass Entscheidungen unter Unsicherheit nahezu zwangsläufig dazu führen, dass Fehler gemacht werden – Fehler, für die man später womöglich um Verzeihung bitten muss.[68]

Damit deutet sich an, dass auch eine Gesellschaft, in der sich Spaltungstendenzen, Polarisierungen und Risse in Grenzen halten, Vergebung und Großzügigkeit womöglich gut gebrauchen kann. Sicher: Das Hier und Heute westlicher Gegenwartsgesellschaften ist mit der Drastik und Dramatik der historischen Erfahrungen in den erwähnten Ländern nicht zu vergleichen. Gleichzeitig deutet die Rede von »Polykrisen« und der vielbeschworene Begriff der Zeitenwende an, dass der Westen ohne eine »große Transformation« nicht zukunftsfähig werden kann. Krieg in Europa, Klimadesaster, Artenvielfaltskrise, fehlende Resilienz in den Handelsbeziehungen – diese und andere Themen machen deutlich, dass ein grundlegender Wandel der bestehenden Lebensweise unabweisbar ist. Zugespitzt: Auch die reichen Länder des Westens brauchen in gewisser Weise einen Neubeginn, einen *fresh start*. Das heißt: Eine Gesellschaft, in der die Vergangenheit weder die Individuen noch die Gesellschaft als Ganzes an einer guten Zukunft hindern soll, braucht Großzügigkeit. Das haben wir in den vorigen Kapiteln mit Blick auf Ökologie, Wirtschaft, Kultur und den Umgang mit Technologie gesehen. Und dieses Kapitel hat deutlich gemacht, dass das auch für das Recht und den Umgang mit Schuld und Schulden gilt.

III. Schlussbetrachtungen

8. Perspektiv-Wechsel

Auf der Suche nach Großzügigkeit

Für ein Buch wie das vorliegende wäre es jetzt geradezu ein »klassischer« Abschluss, von den Grundlagen und den Anwendungen zu Schlussfolgerungen zu kommen, die sich um die konkrete Umsetzung der hier vorgebrachten Ideen drehen, auf »Chancen und Risiken« dieser Ideen eingehen und feierlich mit einem Aufruf zum Handeln enden. Ich will das anders machen, und zwar aus verschiedenen Gründen. Der wichtigste Grund, warum ich hier (fast) nichts darüber sage, wie Großzügigkeit sich von einer Idee zu einer konkreten Veränderung entwickeln kann, ist folgender: Ich weiß es nicht.

Es gibt eine Flut an Texten, die – wie dieses Buch – Kritik an den Verhältnissen üben und auf dieser Grundlage Vorschläge zur Verbesserung oder gar Rettung der Welt machen. Oft stehen dabei Diagnose und Therapie in einem erschütternden Missverhältnis zueinander.[1] Regelmäßig folgen auf die Analyse des Zustands Überlegungen, die sich grob in zwei Kategorien unterteilen lassen: Entweder wird der grundlegende Umsturz der Verhältnisse gefordert (besonders beliebt: Abschaffung oder Überwindung des Kapitalismus) oder es wird suggeriert, jeder und jede habe als Individuum die Möglichkeit, mit Verhaltensänderungen oder (wenn es hoch kommt) mit gesellschaftlichem Engagement den Lauf der Dinge »nachhaltig« zum Besseren zu wenden. Die vorigen sieben Kapitel sollten hinreichend deutlich gemacht haben, dass hier weder das eine noch das andere für plausibel gehalten wird. Wie zu Beginn angedeutet: Reform-, Transformations- oder gar Revolutionsideen, die soziologisch naiv, psychologisch unplausibel oder politisch gefährlich sind, bringen uns nicht weiter.

Wie zu Beginn des Buches skizziert, ist dabei ein Populismus am Werk, der falsche Versprechungen macht und, wie bei genauerem Hinsehen überdeutlich wird, buchstäblich das Publikum an der Nase herumführt. Ich halte es für unethisch (und auch reichlich langweilig), trügerische Orientierungen, falsche Hoffnungen und weltfremde Veränderungsideen unter die Leute zu bringen. Wie gezeigt, ist diese Problematik schon 1937 von Grete De Francesco tiefgründig untersucht, auf den Begriff gebracht und als »Jonglieren mit dem Vertrauen der Hoffenden« kritisiert worden.[2] Diese Jonglage ist dem Ernst der Lage in keiner Hinsicht angemessen. Dass diese Lage einen heftigen Wunsch nach Orientierung, Trost und Hoffnung gebiert, ist das eine – diesen Wunsch mit billigen Lösungs- und Erlösungsphantasien zu bedienen, ist etwas anderes. Auch wenn man Wahrheit für ein hinterfragenswertes Konzept hält, darf man mit Ingeborg Bachmann der Auffassung sein, dass den Menschen die Wahrheit zuzumuten ist.

Das heißt aber auch, dass man zugeben darf und zugeben sollte, wenn man kein Handlungswissen im Gepäck hat und stattdessen nur Kritik und bestenfalls Orientierungswissen anbieten kann. Zumal wenn man so grundlegende Konzepte wie Effizienz und Expansion hinterfragt und als schädlich kritisiert und wenn man Gegenbilder wie Großzügigkeit und Fülle ins Spiel bringen will, muss man sich dieser Problematik stellen. Das durchaus ärgerliche Missverhältnis von Diagnose und Therapie ist auch hier schlagend, aber nicht zu ändern. Die tiefe Frustration über die Spannung zwischen dramatischer Weltlage und lauwarmen Veränderungsbemühungen kann man teilen, ohne sich davon zum Schweigen bringen zu lassen. Ich bin religiös völlig unmusikalisch, halte es aber dennoch für inspirierend, trotz der desaströsen Weltlage mit Papst Franziskus von der »Schönheit der Herausforderung« zu sprechen.[3]

Deshalb ist im Schlussteil des Buches kein Reformprogramm zu lesen, wie man die Großzügigkeit, wie sie hier dargelegt wurde, in ökologische, ökonomische, soziale, rechtliche, kulturelle und politische Praxis überführt. Konturen von Veränderungsschritten sind ja im vorigen Teil sichtbar geworden, und viel konkreter geht es hier und heute nicht. Das Hier und Heute ist aber der einzig relevante Ausgangspunkt für eine praktische Verbesserung der Welt. Was also tun, wenn man jede Menge Kritik und mit der Großzügigkeit auch einen Begriff hat, den man für diskussionswürdig hält, ohne die genauen nächsten Schritte zu kennen? Ich schlage vor, das Klein-Klein der Umsetzung zunächst beiseitezulassen und einen Perspektivwechsel vorzunehmen. Es folgt hier also kein Weiterdenken des bisher Gesagten, sondern in gewisser Weise ein Neu-Denken. Wie sich hoffentlich zeigen wird, kann man auf diese Weise gedankliche Räume öffnen, die nicht nur ideell nach vorne weisen, sondern auch dabei helfen können, die Großzügigkeit irgendwann konkret werden zu lassen.

8. Perspektiv-Wechsel

Die Schlussbetrachtungen dieses Buches beginnen also mit einem Perspektivwechsel. Gerade weil das Plädoyer für Großzügigkeit so quer zur herrschenden Normalität steht, lohnt dieser Wechsel der Blickrichtung: und zwar einer, der sich noch weiter als die letzten Kapitel vom »Mainstream« der Nachhaltigkeitsdebatte entfernt – und das Thema der Großzügigkeit nochmal mit einem Blick fürs Grundsätzliche betrachtet. Ich setze hier also neu an und bediene mich dabei, anders als in den vorigen Kapiteln, weniger bei Feldern wie Transformationsforschung oder Effizienzkritik, sondern bei Diskursen, die auf den ersten Blick eher fernab dieser Bereiche liegen. Ziel dieser Übung ist, aus hoher Flughöhe die Großzügigkeit noch einmal grundsätzlich zu betrachten und buchstäblich in Frage zu stellen. Mir scheint, dass eine solche Operation ein Beitrag zu einem nicht-naiven Verständnis von Großzügigkeit sein und neue Ideen hervorbringen kann. Ganz offensichtlich ist das vorliegende Buch ja auch eine Suche nach Inspirationen für das Weiterdenken von Großzügigkeit. Mit diesem Kapitel werden die Fanggründe noch einmal erheblich ausgeweitet.

Was heißt das: nicht-naiv? Damit ist gemeint, dass sich jede Idee zur Nachhaltigkeit, jeder Beitrag zur Transformation und natürlich auch das hier vorgebrachte Leitbild der Großzügigkeit hier und heute bewähren muss und nicht irgendwann in ferner Zukunft: und dass man diesen Umstand ernst nehmen muss. Sicher, die Wirkung von all dem mag in der Zukunft liegen – aber beginnen kann die Arbeit nur in der Gegenwart. Das bedeutet: Die Probleme mögen noch so drängend sein, die Lage noch so katastrophal, die Situation noch so heillos – jeder Versuch, es besser zu machen, muss sich an den Gegebenheiten des Hier und Heute bewähren. *Deshalb* nimmt dieses Kapitel gleichsam einen neuen Anlauf – über den Tellerrand des Nachhaltigkeitsdiskurses zu schauen, so die Hoffnung, erhöht die Plausibilität und Belastbarkeit des Arguments für Großzügigkeit.

Konkret heißt dies, dass in den nächsten Abschnitten die Großzügigkeit im Lichte geistes- und sozialwissenschaftlicher Großbegriffe betrachtet wird. Im Folgenden geht es also darum, anhand der Begriffe Sprache, Wirklichkeit, Technik, Freiheit, Ordnung, Normalität und Fortschritt durchzudenken, was Großzügigkeit hier und heute bedeuten kann und was ihre möglichen Wirkungen sein könnten. Dabei geht es mir (natürlich) nicht darum, die Debatten zu diesen Großbegriffen nachzuzeichnen oder einzuordnen – das würde das Buch und noch mehr seinen Autor heillos überfordern. Der Anspruch ist vielmehr, Begriffe und Ideen gleichsam wie Werkzeuge herzunehmen und auszuprobieren, was sie für einen Diskurs über Großzügigkeit leisten können.

Dabei wird sich zeigen – so viel darf schon hier verraten werden –, dass so unterschiedliche Denker wie Friedrich Georg Jünger, Friedrich August von Hayek und Hans Blumenberg sehr produktive – und nicht selten geradezu verblüffende – Überlegungen zu einem nicht-naiven Diskurs über Großzügigkeit beisteuern können. (Diese Übung mag man auch gerne als kleinen Beitrag gegen die im Nachhaltigkeitsdiskurs so verbreitete Lagerbildung nehmen.) Die im Folgenden konsultierten Theoretiker sind nicht eben als revolutionäre Gesellschaftsveränderer bekannt (Hayek vielleicht, aber eben nicht im Sinne der Nachhaltigkeit). Gerade deshalb erscheint mir reizvoll, diese Denker ins Spiel zu bringen. Die Genannten werden also mit dem Ziel, gesellschaftliche Verhältnisse gegen den Strich zu bürsten, gegen den Strich gebürstet. Hier wird mithin nicht Systematik angestrebt, sondern gute Argumente, gute Ideen und, ja, auch gute Formulierungen, die unseren Gegenstand neu ausleuchten und mit Kritik oder mit Plausibilität anreichern können.

Sprache. Metaphern der Orientierung

Denn: Die Suche nach Großzügigkeit ist ganz wesentlich eine sprachliche Suche. Auf dem Feld der Nachhaltigkeit wird das bisweilen übersehen: Erkenntnisse, Ideen und Vorschläge müssen gut zur Sprache gebracht werden, wenn sie wirken sollen. Der Nachhaltigkeitsforscher Wolfgang Sachs hat dies treffsicher auf den Punkt gebracht: Auf Zählen *und* Erzählen kommt es an, wenn man die Welt »nachhaltig« besser machen will.[4] Man braucht also naturwissenschaftliche Verfahren zur Messung von Umweltbelastungen, soziologische Auswertungen politischer Eskalationsprozesse, ökonometrische Studien über die Folgen von klimapolitischen Maßnahmen und die Auswirkungen unterschiedlicher Handelsregime – Zahlen. Und man braucht Bilder, Geschichten, Metaphern, überhaupt Symbole – und *Erzählungen*.

Dazu gehört auch: Ein offener Diskurs über Großzügigkeit könnte einen wichtigen Beitrag leisten, die Debatte über Nachhaltigkeit insoweit voranzubringen, als höchst lustfeindlichen und damit weltfremden Positionen eine klare Alternative gegenübergestellt wird. Für die Transformation zur Nachhaltigkeit ist, wie man heute so schön sagt, ein überzeugendes Narrativ notwendig. Und »überzeugend« heißt eben auch: attraktiv, zumindest aber interessant. Es geht also um »schöne« Zukunftsvisionen. Mit Blick auf Zukunftsbilder stellt Martha Nussbaum Martin Luther King und Mahatma Gandhi gegenüber. King rede vom »Aufbau der wunderbaren Zukunft«, während Gandhi wegen »seiner entsagenden Haltung [...] fortgesetzt das gleiche Bild einer durch die Einfachheit ärmlicher bäuerlicher Verhältnisse geprägten Zukunft [malte], was auf die meisten Menschen nicht sonderlich anziehend wirkte«[5] – der Wiedererkennungswert mit Blick auf die Nachhaltigkeit ist frappierend. Nicht wenige stellen sich offenbar ärmliche urbane oder dörfliche Verhältnisse vor mit dem Zweck, in ökologischen Grenzen zu leben – eine Erzählung, die die Akzeptanz dieser Grenzen mit einer Vision von Fülle, Schönheit und Großzügigkeit kombiniert, hat mit Sicherheit größere Chancen, für eine substanzielle Zahl von Menschen attraktiv zu sein. Gerade wenn, wie noch zu zeigen sein wird, Normalität ein entscheidender Veränderungs- beziehungsweise Beharrungsfaktor ist, kommt diesem Umstand eine wichtige Rolle zu.

Der Ökonom Friedrich August von Hayek, dem Pseudogenauigkeit bekanntlich ein Graus war, sagt in seiner Nobelpreisrede, er »gestehe, daß mir ein richtiges, wenn auch unvollkommenes Wissen, das vieles unbestimmt und unvoraussagbar läßt, lieber ist als ein vorgeblich exaktes Wissen, das wahrscheinlich falsch ist.«[6] Diese Bescheidenheit könnte man auch als epistemologische Großzügigkeit titulieren, und diese Haltung scheint mir von sehr großer Bedeutung für eine nicht-naive Konzeption von Nachhaltigkeit und Großzügigkeit: Wir wissen sehr, sehr viel über den bislang ungebremsten Ausstoß von Kohlendioxid, über das Drama des flächendeckenden Artensterbens und über andere, existenzbedrohende ökologische Probleme. Aber wie wir uns aus diesem Desaster in Richtung einer nachhaltigen Entwicklung bewegen, wissen wir sehr oft eben *nicht*. Sicher: Wir wissen um die Relevanz neuer Technologien und Verhaltensweisen auf Feldern wie Ernährung, Mobilität und Wohnen für eine solche Transformation. Aber wie dieses Wissen sich in gesellschaftliche Realität übersetzt, ist unbekannt. Das gilt es in Rechnung zu stellen, wenn man nicht nur an einer gut klingenden Theorie, sondern einer plausiblen Praxis der Nachhaltigkeit interessiert ist. Eine solche Praxis ist fundamental auf die Entstehung und Mobilisierung von Ideen angewiesen, die es heute noch gar nicht gibt.

Auch deshalb ist die sprachliche Gestalt von Analysen und Vorschlägen relevant. Sprache entfaltet bekanntlich *Wirkung*: sozial und kulturell, aber auch ökonomisch, und nicht zuletzt: politisch. »In der Politik«, sagt der Soziologe Pierre Bourdieu, »ist nichts realistischer als der Streit um Worte. *Ein Wort an die Stelle eines anderen setzen heißt, die Sicht der sozialen Welt zu verändern und dadurch zu deren Veränderung beizutragen.*«[7] Dennoch sind Begrifflichkeiten, Metaphern und Sprache überhaupt ein unterschätzter Faktor im gesellschaftlichen Ringen um Nachhaltigkeit.⁸ Wie über Wirtschaft, Umwelt und Kultur gesprochen wird, welche Geschichten über ein Thema erzählt, in was für einem »Frame« umstrittene Sachverhalte dargestellt, welche Metaphern für gesellschaftliche Tatbestände verwendet werden – all das macht einen Unterschied für die »Bearbeitung« ökologischer, ökonomischer und sozialer Problemlagen. Metaphern zumal erweisen sich als wirkmächtiges Element, das politische Debatten maßgeblich beeinflusst – und (wirtschafts-)wissenschaftliche, wie die Arbeiten von D. McCloskey gezeigt haben.⁹ Wenn zum Beispiel eine stagnierende Wirtschaft als »krank« bezeichnet wird, unterstützt das die Tendenz, die »Krankheit« mit allen Mitteln heilen zu wollen. Und wie schon gesagt: Wo Natur und Menschen als »Naturkapital« oder »Humanressource« tituliert werden, macht das etwas mit dem Umgang mit Natur und Menschen.

Und ob das Klimadesaster als Klimadesaster oder nur als Klimawandel bezeichnet wird, macht ebenfalls einen Unterschied. Wie der Journalist Philipp Krohn hervorhebt: Es ist kein lediglich linguistisches Problem, wenn die Klimawissenschaft im öffentlichen Diskurs die besseren Fakten, aber die schlechtere Sprache hat.¹⁰ Und wenn im »Postwachstumsdiskurs« auf der Suche nach Alternativen zum Wachstum dauernd von, nun, Wachstum gesprochen wird, wird implizit stets ein traditioneller Fortschrittsbegriff angerufen¹¹ – und damit eine dominante Weltsicht bestärkt, dass es entscheidend darauf ankomme, Wachstum zu sichern und nicht etwa einen effektiven Schutz der Natur zu gewährleisten, die unverzichtbare Grundlage jeden Wohlstands ist. Begriffe wie Wachstum, Schrumpfung oder Fortschritt sind in diesem Sinne niemals neutral.

Jede Metapher hebt bestimmte Dinge einer Sache hervor und verdeckt andere. Wenn ich hier wiederholt von Belastungsgrenzen spreche, klingen Bilder von Last und Überlastung an, womöglich aber auch ein Gefühl von Übersichtlichkeit.¹² Dieses Gefühl freilich ist trügerisch: Ökologische Grenzen der Tragekapazität sind nicht einfach »da«, ich kann sie nicht besichtigen wie eine Staatsgrenze. Gleichzeitig ist es sehr plausibel, die Begrenztheit der Natur als Grenze zu konzeptualisieren, die man besser nicht überschreitet – sondern stattdessen versucht, ihre Einhaltung zu sichern. »Grenzen zu setzen«, schreibt Philipp Krohn, »ist eine Form, Kontrolle zu erlangen. Der ökonomische Umgang mit der Nachhaltigkeitskrise [...] hat viel mit Kontrolle und Kalkulierbarkeit zu tun: Preise setzen, um Grenzen einzuhalten.«¹³

Diese Bemühungen um Kontrolle sind existenziell wichtig, haben aber im begrenzten Wissen und in der Komplexität der Welt selbst wieder ihre Grenzen. Diese Grenze ist ebenfalls ein Argument für die Großzügigkeit, verstanden als das Bemühen um effektiven Schutz der Natur durch Schonung, Slack und Spielraum. Auch dieser Spielraum ist natürlich eine Metapher. Und auch das Wort von der Großzügigkeit lädt in seiner Vielschichtigkeit zum Interpretieren und Hinterfragen ein. Dass sich viele Menschen die Großzügigkeit vor allem als Tugend oder Charaktereigenschaft vorstellen, macht ihre Verwendung im politisch-gesellschaftlichen Kontext zu einer heiklen Operation. Ich bleibe dennoch bei diesem Bild: Denn was hier als großzügige Politik imaginiert wird, hat natürlich auch Bezüge zum individuell großzügigen Umgang mit anderen Menschen, mit Tieren und mit der Natur.

Stetig wiederkehrende Aspekte der so interpretierten Großzügigkeit sind Schonung, Spielraum und Slack, verstanden als das Vorhandensein ungenutzter »Ressourcen« (wie Material, Energie, Fläche, Zeit und Geld). Immer geht es hier um die Grundidee, im Sinne einer guten Zukunft vorhandene Handlungsoptionen nicht zu nutzen. Wie wir gesehen haben, lässt sich diese Vorstellung im ökologischen Kontext vorzüglich veranschaulichen, sie ist aber auch eindeutig ökonomisch und sozial relevant. Alles »bis zum Anschlag« zu nutzen, ist eine zukunftsgefährdende Art des Zugriffs auf die Welt. Wie man bei Herman Daly (und oben im Kapitel 4) nachlesen kann: Man kann sich beim Beladen eines Schiffs noch so sehr um die optimale Lage der Ladung bemühen – wenn diese Ladung zu schwer ist, wird das Schiff untergehen: Auch ein optimaler Untergang ist ein Untergang.

Die Tragefähigkeit eines Schiffes hat Grenzen, wie auch die Tragekapazität der Erde begrenzt ist. Diese Grenzen ernst zu nehmen und sie nicht zu überschreiten, ist Grundvoraussetzung für jede zukunftsfähige gesellschaftliche Entwicklung. Weil die Natur unverzichtbare Basis von allem ist, was gesellschaftlich und wirtschaftlich passiert, ist ihr Schutz und ihre Erhaltung sehr buchstäblich eine fundamentale Notwendigkeit. Großzügigkeit heißt ganz wesentlich, in diesem Sinne Grenzen einzuhalten und dabei sich dabei nicht an Optimalität, Effizienz und Expansion zu orientieren, sondern an Resilienz, Effektivität und Erhaltung.

Wolfang Sachs hat das mit einer unschlagbaren Metapher auf den Punkt gebracht. Seine Beschreibung ist so vielsagend, dass sie hier ein zweites Mal zitiert wird: Die Besatzung eines Schiffes, schreibt Sachs, »auch nachdem sie sich darauf verständigt hat, sich nicht selbst durch immer weitere Zuladung zu versenken, hat zwei Möglichkeiten. Entweder sie versucht, bei jedem Wetter, bei allen Strömungen und bei jedem Wellengang das Schiff so voll wie gerade noch möglich zu packen. Sie wird dafür das Schiff zum Beispiel mit einem satellitengestützten System der Meeresbeobachtung ausrüsten, im Schiffsbauch und auf Deck Sensoren und Überwachungsapparaturen installieren, systemisch denkendes Personal einstellen, und Kabinen und Aufbauten kontinuierlich so umbauen, daß das Schiff immer bis haarscharf an der Grenze seiner Tragekapazität ausgelastet bleibt. Oder aber die Besatzung verliert das Interesse daran, immer hart bis an die Grenze der Belastbarkeit ranzufahren, und richtet sich auf dem Schiff nach ihrem Gutdünken und ihrer Lebensphilosophie so ein, daß man sich nur am Rande um Belastungsgrenzen zu kümmern braucht, also weder die ganze Einrichtung auf optimale Nutzung zuschneiden, noch eine Kybernetik der Selbstbeobachtung aufbauen muß.«[14]

Man könnte die Schiffsmetapher noch weiterführen und sagen, dass wir Richtung Nachhaltigkeit navigieren müssen. Das wäre freilich ein gründlicher Denkfehler – und zwar einer, der implizit oder explizit im Diskurs über Zukunftsfähigkeit weit verbreitet ist. Navigieren ist hier aber gar nicht möglich, weil Navigation definitionsgemäß voraussetzt, dass man nicht nur seinen aktuellen Standort kennt, sondern auch genau weiß, wo man hinwill – ohne genaue Kenntnis des Ziels also keine Navigation. Dieses Kriterium wird aber von der Idee der Nachhaltigkeit nicht erfüllt – und auch nicht vom Leitbild der Großzügigkeit. Wie gesagt: Wir wissen nicht und *können* nicht wissen, wie eine nachhaltige Gesellschaft aussieht. Eckpunkte einer nachhaltigen Gesellschaft wie Klimaneutralität, Erhaltung der Artenvielfalt und eine drastische Reduktion des Müllaufkommens lassen sich zwar benennen. Auch kann man stark vermuten, dass die Mitglieder nachhaltiger Gesellschaften weniger Fleisch essen werden als es heute üblich ist, dass sie sich anders fortbewegen als im Modus des Massenindividualverkehrs und dass sie achtsamer mit Böden und Landschaften umgehen – aber schon das ist nur wahrscheinlich: Sicher ist es nicht. Deshalb gilt: Nachhaltige Entwicklung ist kein Navigations-, sondern ein *Suchprozess* mit unklarem Ausgang. Wie die Sache genau aussieht, wird sich in einer offenen, heute nicht wissbaren Zukunft zeigen. Dasselbe gilt für die Großzügigkeit: Wir wissen nicht und können heute nicht wissen, wie Großzügigkeit sich praktisch entfalten könnte, was die genauen Wirkungen wären und wie sie sich weiterentwickeln würde.

In dieser Offenheit ist die Wahl aufgehoben, die Sachs' Bild verdeutlicht. Sie lautet: So »voll« und so viel wie möglich und technisch hochgerüstet – oder durch einen Kulturwandel geprägt, der einen hinreichenden Abstand zu den Grenzen der Tragfähigkeit ermöglicht. Was diese Metapher ebenfalls auf den Begriff bringt: Auch die zweite Variante braucht Technik – aber sie führt nicht zu einer Technikabhängigkeit wie die erste. Was hier über ein Schiff gesagt wird, gilt natürlich auch für das vielzitierte »Raumschiff Erde«: Eine nachhaltige Entwicklung wird es nicht ohne technische Innovationen geben – aber Technik allein reicht eben nicht aus, um zukunftsfähig zu wirtschaften. Es braucht noch etwas anderes. Mit dieser fundamentalen Offenheit der Zukunft und dem prinzipiellen Nicht-Wissen über künftige Ziele und Mittel ist eine Großzügigkeit, die auf Schonung, Slack und die Schaffung und Erhaltung von Spielräumen setzt, weitaus kompatibler als selbstgewisse Aussagen über die »richtige« Technik der Zukunft oder über das, was Einzelne bitteschön heute im Namen des Morgen zu tun oder zu unterlassen haben.

Wirklichkeit. Der Realismus der Großzügigkeit und die Grenzen des Geschichtemachens

Das alles scheint sehr weit weg zu führen, aber nicht unbedingt *irgendwo* hin. Machen wir also einen weiteren Schritt zurück und wenden wir uns dem Großbegriff der Wirklichkeit zu. Dabei geht es (natürlich) nicht um epistemologische Grundlagenarbeit. Auch hier geht es mir nicht um Genauigkeit, sondern um Richtungssicherheit. Eine nicht-naive Konzeption von Großzügigkeit tut in diesem Sinne gut daran, sich an der Wirklichkeit (!) messen zu lassen. Das gilt zumal dann, wenn sie nicht zuletzt konstruktivistisch hergeleitet wird, wie ich das oben getan habe. Wer die Relevanz von Sprache betont und mit Wissenschaftlern wie Fleck und Kuhn argumentiert, begibt sich in konstruktivistisches Fahrwasser. Und die Rede von der »ökonomischen Konstruktion der ökologischen« offenbart allzu offensichtlich, dass die Welt hier für eine konstruktivistische Angelegenheit gehalten wird. Das heißt freilich nicht, dass die Realität der Wirklichkeit bestritten wird. Was es heißt: Dass der gesellschaftliche Umgang mit dieser Wirklichkeit nur über Diskurse funktioniert. Was bedeutet das genau?[15]

Ganz wesentlich dieses: Auch der Umgang mit der Natur und die Entstehung, die Organisation und die Veränderung dieses Umgangs sind durch und durch gesellschaftliche (und nicht zuletzt: sprachliche) Veranstaltungen. Das betont beispielsweise der Politikwissenschaftler Maarten Hajer unter Berufung auf Foucault und mit Blick auf Umweltpolitik.[16] Eine »realistische« Position vergisst, dass wir es, wenn wir über Nachhaltigkeit oder die Natur reden, niemals mit dieser Natur selbst, sondern ständig mit Zeichen (Sätzen, Metaphern, Bildern) zu tun haben, die diese Natur symbolisieren. Wenn wir – ich komme auf diese Beispiele zurück – nicht gerade aus dem Fenster springen, der Fön in die Badewanne fällt, uns ein Meteorit auf den Kopf fällt, wir Opfer einer Überschwemmung werden oder uns ohne Wasservorrat in eine Wüste begeben, müssen wir uns an diese Zeichen halten, nicht an eine letztlich nicht greifbare Wahrheit. Das geht ans Grundsätzliche.

Nämlich an die Spielregeln der Wahrheitsproduktion. Jede Gesellschaft, schreibt Michel Foucault in *Dispositive der Macht*, »akzeptiert bestimmte Diskurse, die sie als wahre Diskurse funktionieren läßt; es gibt Mechanismen und Instanzen, die eine Unterscheidung von wahren und falschen Aussagen ermöglichen und den Modus festlegen, in dem die einen oder anderen sanktioniert werden; es gibt bevorzugte Techniken und Verfahren zur Wahrheitsfindung; es gibt einen Status für jene, die darüber zu befinden haben, was wahr ist und was nicht.«[17] Dies hat beschränkende Wirkung darauf, wer was mit welchen Konsequenzen sagen und schreiben kann. »Niemand«, so Foucault in *Die Ordnung des Diskurses*, »kann in die Ordnung des Diskurses eintreten, wenn er nicht gewissen Erfordernissen genügt, wenn er nicht von vornherein dazu qualifiziert ist. Genauer gesagt: Nicht alle Regionen des Diskurses sind in gleicher Weise offen und zugänglich; einige sind stark abgeschirmt (und abschirmend), während andere fast allen Winden offenstehen und ohne Einschränkung jedem sprechenden Subjekt verfügbar erscheinen.«[18]

Der Nachhaltigkeitsdiskurs ist durch diese Einsicht bisher nicht sehr beeindruckt worden und frönt eher einem recht naiven Glauben an die Wahrheit bestimmter Realitätsbeschreibungen und darüber hinaus auch bisweilen erschütternd einfältig vorgetragenen Auffassungen darüber, was »natürlich«, »normal« und »richtig« sei. Genau darum geht es hier: Naturalisierung und Normalisierung und halbwegs primitiven Wahrheitsansprüchen die Stirn zu bieten und zu insistieren, dass die Dinge komplizierter liegen und dass es wichtig ist, das zur Kenntnis zu nehmen. Nicht-naive Großzügigkeit muss genau das tun – gerade deshalb, weil (ökonomische) Wirklichkeitskonstruktionen und gesellschaftliche Normalitätsbegriffe für ihre Realisierungschancen so wichtig sind.

All das scheint im Kontext mit ökologischen Fragestellungen besonders schwer einzusehen zu sein. Aber gerade hier zeigt sich die Relevanz eines Ansatzes, der sich an »Konstruktionen« abarbeitet. Es ist zum Beispiel höchst bedeutsam, wie Probleme – zum Beispiel Artensterben und Klimaerwärmung – entstehen: jedenfalls *nicht* einfach dadurch, dass etwas passiert. Nein, so wenig wie Begrenztheit an sich schon zu Knappheit führt, so wenig resultiert aus einem Ereignis an sich schon, dass es ein Problem darstellt. Wenn wir es als Unerfreulichkeit, Problem oder Katastrophe *bewerten*, dann wird es eben dazu. Ohne eine gesellschaftliche Zuweisung sind Ereignisse kein

Problem, und seien sie noch so schrecklich: Die Bedeutung »schrecklich« kommt nämlich erst im zweiten Schritt. Dass Umwelt*veränderungen*, die man wissenschaftlich beobachten kann, für sich noch keine Umwelt*probleme* sind, ist von entscheidender Bedeutung für die Möglichkeiten und Grenzen von Weltrettungsstrategien und Nachhaltigkeitsleitbildern, wie zum Beispiel in Ingolfur Blühdorns *Post-Ecologist Politics* nachzulesen ist.[19]

Probleme entstehen also dadurch, dass die Gesellschaft bestimmte Veränderungen als Problem wahrnimmt, kommuniziert und bearbeitet. (Das Wort wahrnehmen trifft es bekanntlich gut: Etwas wird für wahr genommen). Zugespitzt: Dass der Klimawandel eine Klimakatastrophe ist, sagen wir – nicht die Natur. Darauf kann man auch kommen, wenn man Niklas Luhmann heranzieht. Seine soziologische Systemtheorie (auf die auch Blühdorn sich bezieht) läuft darauf hinaus, dass Gesellschaften selbst nach recht konstruktivistischen Prinzipien funktionieren. Dabei geht es um einen begrifflichen Zugriff auf die Gesellschaft, der den Blick ermöglicht auf manches, was den Nachhaltigkeitsdiskurs prägt. Zum Beispiel, warum »Steuerung« so schwierig ist und es nicht ausreicht, über Wissen zu einem bestimmten Problem zu verfügen.

In dieser Sicht der Dinge ist die Gesellschaft in Funktionssysteme aufgeteilt, zum Beispiel: Wirtschaft, Politik, Kunst, Recht, Wissenschaft, Religion. Diese Systeme, um es einfach zu formulieren, funktionieren anhand ihrer jeweils eigenen Regeln, Codes und Medien und haben es – um das Mindeste zu sagen – schwer, miteinander zu kommunizieren. Personen und Institutionen und Gegenstände sucht man in dieser Welt vergebens – Gesellschaft ist aus dieser Perspektive Kommunikation und *nur* Kommunikation und *nichts* anderes. Systeme sind Netzwerke, die ihre eigene Welt konstruieren und konstituieren und sich entsprechend entwickeln und verhalten. Das klingt nicht eben intuitiv eingängig, sondern kompliziert – und das ist es auch.

Für viele Nachhaltigkeitsbewegte mag das Folgende darüber hinaus auch noch empörend sein, mindestens kontraintuitiv: »Es mögen Fische sterben oder Menschen, das Baden in Seen oder Flüssen mag Krankheiten erzeugen, es mag kein Öl mehr aus den Pumpen kommen und die Durchschnittstemperaturen mögen sinken oder steigen: solange darüber nicht kommuniziert wird, hat dies keine gesellschaftlichen Auswirkungen.«[20] Das ist ein häufig verwendetes Luhmann-Zitat aus seinem Buch *Ökologische Kommunikation*, das einen konstruktivistischen Blick auf Umweltprobleme vorzüglich auf den Punkt bringt. Diese konstruktivistische Situation gilt für Systeme und für Menschen.

Wir können Welt und Wort nicht gleichsam nebeneinanderhalten und einfach ihre Korrespondenz überprüfen. Und das gilt entgegen einem überaus weit verbreiteten Vorurteil auch für die ökologischen Bedingungen unseres (Über-)Lebens. Ein tieferes Verständnis des ökologischen Problems, so Ingolfur Blühdorn, »kann man nicht dadurch erreichen, dass man überprüft, ob eine Ölpest wirklich Seevögel umbringt oder ob der zivilisatorische Fortschritt wirklich die Artenvielfalt reduziert. *Die viel wichtigere Frage ist, warum und in welchem Ausmaß solche empirisch messbaren Phänomene und Entwicklungen als Probleme und Krisen konzeptualisiert werden können.*«[21] Was wir tun und lassen, hängt von unseren Interpretationen ökologischer, ökonomischer und sozialer Phänomene ab.

All dies heißt nun *nicht*, dass die Existenz realer Umweltprobleme bestritten wird. Wenn wir aufhören, über Treibhauseffekt und Tierleid zu debattieren, bleiben diese Probleme trotzdem bestehen – fraglich ist aber, was in diesem Kontext dann »Problem« überhaupt bedeuten könnte. Denn Phänomene, die gesellschaftlich nicht verarbeitet werden, existieren für die Gesellschaft – für uns – einfach nicht. Der »Treibhauseffekt« existiert für die Gesellschaft, weil darüber kommuniziert wird – die Zunahme der CO_2-Konzentration in der Erdatmosphäre würde auch ohne die Kommunikation darüber existieren, bliebe aber ohne gesellschaftliche Resonanz. *Das ist der Punkt:* Die Folgen des CO_2-Ausstoßes wären auch ohne Diskurs darüber »da«, aber nicht als gesellschaftlich wahrgenommenes »Problem«. Es gibt »da draußen« eine biophysikalische Realität, die von menschlichem Denken, Wünschen und Wollen völlig unabhängig ist – hierin ist ökologisch orientierten Autoren wie Mathis Wackernagel und William Rees zuzustimmen.[22] Der hier relevante Punkt ist aber, dass wir uns in der Auseinandersetzung mit der Realität auf bestimmte Bilder beziehen, also auf bestimmte Repräsentationen, die im gesellschaftlichen Diskurs entstanden sind.

Um diesen Punkt nochmal zu betonen: All das heißt natürlich nicht, dass es die Wirklichkeit nicht gibt. Die Sache ist eher eine des Zugriffs, und das ist für eine nicht-naive Großzügigkeit eben von großer Bedeutung. Doch auch eine so informierte Weltsicht hat buchstäblich Grenzen. In den Worten des Philosophen Hans Blumenberg: »Womit ich zusammenstoßen kann, mit der äußersten Folge des tödlichen Ausgangs, ist Wirklichkeit.«[23] Das gilt auch gesellschaftlich: Im vollen Bewusstsein, dass deren Diskurse immer nur über Repräsentationen und Interpretationen funktionieren und somit nicht »direkt« mit ökologischen Grenzen zu tun haben, existieren diese Grenzen doch sehr wohl und schlagen auf die Gesellschaft (und die Bedingungen des Diskurses) durch.

Wenn das Kohlendioxidbudget des Planeten überzogen wird, wenn Arten ungebremst ausgerottet werden, wenn Tiere unter erbärmlichen Bedingungen gehalten werden, hat das manifeste Konsequenzen, die sich völlig unabhängig vom Diskurs darüber entfalten: Wetterextreme, Resilienzverlust, Seuchengefahr. Natürlich gibt es keine gesellschaftliche Reaktion auf diese Probleme ohne Diskurs, aber physikalische und biologische Folgen sind sehr »real«. Ein konstruktivistisch informierter Realismus wäre wohl die angemessene Sichtweise auf die hier verhandelten Probleme.

Mit einer solchen Perspektive, welche die rohe Realität von Umweltveränderungen ebenso zur Kenntnis nimmt wie die Komplexität gesellschaftlicher Diskurse und Veränderungsbemühungen, könnte auch in den Blick geraten, was zu Beginn des Buches bereits problematisiert wurde und zu den zentralen Problemen des Nachhaltigkeitsdiskurses gehört: die Vorstellung, dass »wir« es in der Hand haben, Nachhaltigkeit umzusetzen, das Klima und überhaupt die Welt zu retten. Wieder und wieder wird im Genre der Weltrettungsliteratur suggeriert, der und die Einzelne könne bei genügend Anstrengung den Lauf der Dinge »nachhaltig« verändern. Das wird, wie gesagt, gerne gehört.

Es gibt, um eine Formulierung von Hans Blumenberg aus dem Zusammenhang zu reißen, eine »Anfälligkeit für intellektuelle Hochstapelei«.[24] Mit derlei Behauptungen werden falsche Hoffnungen gemacht, die am Ende nur der Selbstberuhigung dienen. Gewiss gab es immer wieder Gestalten, die den Gang der Geschichte massiv beeinflusst haben. Aber auch diese standen in Zusammenhängen, die vor ihnen existierten und der unvermeidliche Kontext ihrer Handlungen waren. Auch hier lässt sich etwas von Hans Blumenberg lernen: »Es ist nur eine freundliche Illusion, aus dem primär fremde Instanzen abwehrenden Satz, der Mensch mache die Geschichte, die ermunternde Folgerung abzuleiten, der einzelne stehe dem derart Gemachten anders als einem Naturprozeß gegenüber.«[25]

Was Blumenberg hier zur Sprache bringt, klingt fast, als sei es für die Nachhaltigkeit geschrieben – und für die Großzügigkeit: die »Überschätzung der Möglichkeit und Wirklichkeit intellektueller Handlungen.«[26] Ein Buch über Nachhaltigkeit, Transformation oder Großzügigkeit ist eine solche intellektuelle Handlung: Und sie nicht-naiv zu nehmen, heißt – ich betone das erneut – auch, den Unterschied zwischen Schreibtisch und Geschichte, zwischen (guter) Idee und gesellschaftlicher Praxis ernst zu nehmen. Dazu gehört, die immer wieder gehörte Ermutigung, »wir« könnten die Welt verbessern, wenn »wir« nur wollten, »wir« könnten die Nachhaltigkeit voranbringen, »wir« könnten auch anders, wenn, wenn, wenn... für das zu nehmen, was es ist: eine falsche Hoffnung. Der Satz, dass es der Mensch sei, der Geschichte mache – ist höchst ambivalent. Blumenberg: »Dieser Satz ist so richtig wie die daraus fließende Folgerung falsch, dann müsste er auch bewirken können, was er wolle, und verändern können, was er einmal gewollt habe.«[27] Diese Falschheit gilt es zu betonen, wenn man Großzügigkeit in nicht-naiver Weise voranbringen will. Und auch das gilt es zur Kenntnis zu nehmen: »Nichts ist beim Geschichtemachen so wenig ›realistisch‹ wie die guten Absichten oder die exakte Planung.«[28] In der Tat.

Diese Einsicht gilt es auch zu berücksichtigen, wenn es darum geht, Großzügigkeit als Gegenbild zur dominanten Orientierung an Effizienz und Expansion ins Spiel zu bringen. Ein nicht-naiver Ansatz thematisiert nicht nur diese Dominanz, sondern schätzt auch die Möglichkeiten des Individuums realistisch ein. Ganz wie Nicht-Nachhaltigkeit als gesellschaftliches Problem eben gesellschaftlich anzugehen ist und eben nicht individuell »gelöst« werden kann, verhält es sich auch mit der Großzügigkeit. Sicher hat Großzügigkeit eine (wichtige) individuelle Dimension, seine Wirkung als Leit- und Gegenbild zur Übermacht des Ökonomischen entscheidet sich aber in Diskursen und Institutionen, und in diesen hat der einzelne Mensch eben nur sehr begrenzte Einflussmöglichkeiten. Großzügigkeit ist in diesem Sinne politische und nicht zuletzt Kulturarbeit. Wenn der Mensch immer nur gemacht hätte, was er als Einzelner selbst machen konnte: Er wäre, wie Blumenberg so schön schreibt, »lange von der Oberfläche der Erde verschwunden«.[29] Das gilt auch für die Großzügigkeit als Beitrag zur Nachhaltigkeitstransformation: Sie ist wesentlich ein gesellschaftliches Unterfangen, das von Kampf, Streit und Arbeitsteilung geprägt sein muss – und von der Kritik an den Verhältnissen.

Kritik, auch das schreibt Blumenberg, »wetzt sich an dem, was schon nicht mehr selbstverständlich ist.«[30] Wir haben dies ähnlich schon beim Thema Tierwohl gesehen: Massentierhaltung war lange selbstverständlich, heute ist sie dies nicht mehr – sondern steht unter erheblicher Kritik. Es ist absehbar, dass diese Normalität sich (massiv) wandelt, etwas Selbstverständliches verliert hier seine Selbstverständlichkeit. Für die Großzügigkeit lässt sich das so gewiss nicht sagen: Das Streben nach Effizienz und Expansion kann einen sehr hohen Grad an Selbstverständlichkeit für sich in Anspruch nehmen. Großzügigkeit als deren Kritik scheint explizit *als Großzügigkeit* im Diskurs über Zukunftsfähigkeit praktisch nicht auf, das Anliegen selbst ist aber impliziter Bestandteil von Diskursen über Suffizienz, Wachstumskritik, Globalisierung und Transformation – zum Beispiel, wenn es um Naturschutz oder Handelspolitik geht.

Wenn man bei Blumenberg liest, die »Verheißung des immer Neuen« sei in die »Drohung des niemals Letzten« umgeschlagen[31] – dann kann man das aus dem Zusammenhang reißen und an die oben beschriebene Knappheits-Effizienz-Wachstums-Endlos-Schleife des modernen Kapitalismus denken. Dass sich hier eine Verheißung, also etwas Positives, zur Drohung, also zu etwas Negativem, wendet – das beschreibt trefflich unsere Situation, zumal die ökologisch-ökonomische Lage. Die diesem Prozess eingeschriebene End-Losigkeit wird, wie gezeigt, in einer endlichen Welt zum Problem. Was hier als Endlosschleife beschrieben wurde, wird im Nachhaltigkeitsdiskurs je nach Geschmack oder ideologischer Positionierung unterschiedlichen Ursachen zugeschrieben: der Gier des Menschen, der kapitalistischen Eigendynamik des »Mehrwert heckenden Werts« (Marx) oder – von eigentümlicher Schlichtheit – dem Zins. Wenden wir uns einer anderen Perspektive zu, die völlig außerhalb des modernen Nachhaltigkeitsdiskurses steht und die die Technik als entscheidenden Treiber ungebremster Naturzerstörung identifiziert.

Technik. Ihre Perfektion, ihre Irrationalität und ihre Gestaltung

Großzügigkeit ist ein Beitrag zur Einhegung dieser Naturzerstörung und zum »Abstandhalten« von ökologischen Grenzen, aber auch, wie wir gesehen haben, von anderen (sozialen) Grenzen. Und: Sie setzt Grenzen insbesondere dort, wo ökonomisches Denken nichtwirtschaftliche Ziele verdrängt und die Phantasie bei der Suche nach einer nachhaltigen Entwicklung beschränkt. Und: Sie leistet einen Beitrag, wenn nicht zur Beendigung, so doch zur Verlangsamung der Knappheits-Effizienz-Wachstums-Endlos-Schleife. Deren physische Dynamik einzuhegen, ist eine zentrale Aufgabe für die Sicherung der Zukunft. Das ist hervorzuheben: Es geht um eine gesellschaftlich ausgelöste *physische* Dynamik, also um das Wachstum von Dingen wie dem Verbrauch von Energie, der Nutzung von Materialien oder der Versiegelung von Flächen. Es hat sich herumgesprochen, dass diese und andere physische Prozesse langfristig gestoppt werden müssen, soll menschliches Leben auf dem »Raumschiff Erde« eine gute Zukunft haben.

Friedrich Georg Jüngers *Perfektion der Technik* strotzt vor kraftvollen Formulierungen zu dieser Problematik. Der konservative Kulturkritiker (ein Bruder Ernst Jüngers) denkt darin über die »Technizität der geschichtlichen Bewegung« nach.[32] Unter anderem heißt es dort: »Die Frage ist: Steht nicht gerade die Zunahme des Wissens um mechanisch exakte Vorgänge im Zusammenhang damit, daß der Mensch *auf eigentümliche Weise grenz- und bodenlos*, bedroht, gefährdet, in der ihm eigenen Sicherheit angegriffen wird?«[33] Durch die Technik trete das Mechanische in den Vordergrund, »und mit ihm zugleich der rohe Optimismus und jene zivilisatorische Überheblichkeit, die den Verlauf des technischen Zeitalters weithin kennzeichnet, bis zu dem Punkte, an dem der Mensch in seinem gedankenlosen Machtstreben gebrochen, niedergeworfen und zu neuem Nachdenken gezwungen wird.«[34] Besser kann man kaum ausdrücken, warum die Suche nach Alternativen zum Bestehenden existenznotwendig ist – zu Zeiten Jüngers, aber ganz dezidiert auch heute.

Werfen wir also einen Blick auf einen Text, der in der aktuellen Nachhaltigkeitsdebatte praktisch nicht präsent ist. Jüngers *Die Perfektion der Technik* ist, wie der Soziologe Stefan Breuer feststellt, »ein Buch von geradezu bestürzender Weitsicht, das die moderne Ökologiedebatte vorweggenommen hat.«[35] In der Tat kann man Jüngers Text, der erstmals kurz nach dem Zweiten Weltkrieg erschien, mit einer Mischung aus Faszination und Schrecken lesen. Wie geradezu hellseherisch das Buch ist, mag dieses Zitat belegen: »Wer immer und überall photographiert, der sieht nur noch photographierbare Ausschnitte.«[36] Ausschnitte sind freilich nicht die Sache Jüngers, er zielt aufs Gesamte, auf die Totale. Für unser Thema ist das Buch deshalb so relevant, weil es die Kraft und Gewalt von Technologie in einer einmaligen Weise auf den Begriff bringt und weil Jüngers Analyse deutlich hervortreten lässt, wo und wie Großzügigkeit ein Beitrag zur Zukunftsfähigkeit sein kann. Technik wird bei Jünger nicht als Lösung für Probleme beschrieben, sondern als grundlegende Ursache der aus dem Ruder laufenden und höchst (selbst-)zerstörerischen gesellschaftlichen Naturverhältnisse. Hier ist (natürlich) nicht der Ort, Jüngers Monumentalwerk ausführlich zu würdigen. Es drängt sich aber auf, einige der Gedanken auf die Möglichkeiten und Grenzen von Großzügigkeit zu beziehen.

Jünger stellt einen engen Zusammenhang zwischen Knappheit und Technologieentwicklung her: »Jeder Akt der Rationalisierung ist die Folge eines Mangels.«[37] Neben diesem Hinweis auf die dynamisierende Wirkung der gesellschaftlichen Wahrnehmung von Knappheit betont er – wie gesagt: vor über 70 Jahren – die destruktive Natur der Naturaneignung und bestreitet, dass es sich bei excessiver Naturnutzung überhaupt um Wirtschaft handele. In einer Weise, die an das Frühwerk des Ökonomen Kenneth Boulding gemahnt, kennzeichnet er den Naturzugriff als *rein konsumtive* Tätigkeit: »Der radikale Abbau von Erdöl, Kohle und Erzen kann nicht Wirtschaft genannt werden, so rational immer der Abbau betrieben werden mag. [...] Was hier Produktion genannt wird, ist in Wirklichkeit Konsum.«[38] Was üblicherweise als ökonomischer Entwicklungsprozess beschrieben wird, gilt Jünger also dezidiert *nicht* als Wirtschaft, denn es sei zwecklos, »dort von Ökonomie zu sprechen, wo nur noch die Raubbauverfahren des technischen Kollektivs arbeiten.«[39] »Unsere Situation ist keine ökonomische, sondern eine technische«, schreibt Jünger.[40]

Technisch befeuerte Naturausbeutung, so kann man Jünger also lesen, ist gar kein Wirtschaften, sondern eben: Raubbau. Mit Maschinen lasse sich nicht wirtschaften, ihre Wirtschaftlichkeit sei eine »Illusion« – und zwar eine, »die nur durch die beständige Ausweitung der Maschinerie, das heißt durch gesteigerte, Raubbau betreibende Ausbeutung aufrechterhalten werden kann.«[41] Dieser Raubbau sei eine gröbste Form der Misswirtschaft. Der Mensch möge »produzieren, was er will, und eine solche Fülle von Waren erzeugen, daß der *Anschein des Überflusses* entsteht, in Wahrheit braucht er die bewirtschaftete Substanz auf und *unterhöhlt den Grund aller geordneten Wirtschaft.*«[42] Fülle und Überfluss sind aus dieser Perspektive reine Trugbilder und führen nicht zu einer Lösung des ökonomischen Problems, sondern münden in seiner geradezu existenziellen Zuspitzung.

Die fortwährende Steigerung des Raubbaus schlägt also auf den Menschen zurück. Technik, so Jünger, akkumuliere »die Kräfte der Zerstörung, die sich mit elementarer Wucht gegen den Menschen selbst wenden, und zwar mit einem umso größeren Elan, als der technische Fortschritt der Vollendung zustrebt.«[43] Wie gesagt: Jünger schreibt zu einer Zeit, als es Debatten über Nachhaltigkeit, Klimawandel und Anthropozän schlicht nicht gab – und nimmt doch zentrale Topoi dieser Debatten vorweg. Über diese geht er aber insoweit hinaus, als er Technik und Ökonomie kontextualisiert und letztere dabei gleichsam als Täuschung entlarvt – zumindest insoweit, als wirtschaftliche Begriffe wie Entwicklung, Wohlstand und Effizienz höchst fragwürdig werden, sobald man sie im Kontext einer technisch befeuerten, raubbauenden Naturausbeutung betrachtet.

Diesen Punkt gilt es zu betonen, denn er steht spiegelbildlich zum hier vorgebrachten Plädoyer, dem Ökonomischen seinen Platz zuzuweisen, die Dominanz des Wirtschaftlichen zu brechen und insoweit eine *Bewegung weg von der Ökonomie* zu machen. Jünger beschreibt letztlich auch eine Bewegung weg von der Ökonomie, aber in genau die andere Richtung. Eine technisch hochgerüstete Raubbauwirtschaft ist das genaue Gegenbild einer großzügigen Wirtschaft, die sich die Natur nicht aneignet, sondern sich in diese einfügt. Was hier vor sich geht, ist »uneingeschränkte Substanzvernichtung«[44] – ein Modus, dem die Nicht-Nachhaltigkeit eingeschrieben ist und zu dem es keine Alternative zu geben scheint.

In einer Zeit, in der erneuerbare Energien und Kreislaufwirtschaft plausible Hoffnungsinnovationen sind, liest sich die Sache mit dem Raubbau gewiss anders als in den 1950er Jahren. Der Hinweis, dass der Verzehr von Beständen (Öl, Kohle, Erze), modern formuliert, definitionsgemäß nicht nachhaltig ist *und dies nicht sein kann*, bleibt aber wichtig. Im Zuge der industriellen Revolution hat bekanntlich der Übergang von einer »organischen Wirtschaft«, die wesentlich auf erneuerbaren Ressourcen fußte, zu einer »mineralischen Wirtschaft« stattgefunden, deren Ressourcenbasis weitgehend nichterneuerbar ist.[45] Diese Wirtschaftsform ist in Jüngers Sicht grundsätzlich eine räuberische. »Die Technik«, schreibt er, »schafft keinen neuen Reichtum, sie baut den vorhandenen ab, und zwar durch Raubbau, das heißt auf eine Weise, die jeder Rationalität ermangelt, aber mit rationalen Arbeitsverfahren.«[46] Das gemahnt deutlich an die bereits zitierte Einsicht Wolfgang Sachs', eine Ökonomie der Mittel müsse durch eine Ökologie der Ziele ergänzt werden, weil eine »Effizienzrevolution« sonst richtungsblind bleibe. Der Blick auf Jünger macht deutlich, dass noch so rationale, effiziente und wachstumsfördernde Technologien höchst unvernünftig sein können, wenn sie nicht auf prinzipiell erneuerbaren Flussgrößen basieren, sondern auf den prinzipiell irreversiblen Abbau von Beständen hinauslaufen. Insoweit nimmt *Die Perfektion der Technik* auch Erkenntnisse von ökologischen Ökonomen wie Nicholas Georgescu-Roegen, Kenneth Boulding und Herman Daly vorweg.

Dabei steht der hier bereits ausführlich reflektierte Begriff der Verfügbarmachung im Zentrum der Argumentation. Wo der Funktionsbegriff auftauche, so Jünger, »gibt es nichts Unverfügbares mehr, denn die Funktion ist ihrem Begriff nach Verfügung, zu ihr ist ein unverfügbares Sein nicht mehr hinzudenkbar.«[47] Jünger weist auf »Dinge« hin, die sich einer plausiblen ökonomischen Bewertung entziehen – solche, deren Schutz ganz wesentlich vom Leitbild der Großzügigkeit profitieren würde. Jüngers Überlegungen verweisen auf nicht-utilitaristische Werte, die einer ökonomischen Bewertung entfleuchen und in einer durch ökonomisches, effizienzfixiertes und wachstumsorientiertes Denken dominierten Welt ständig bedroht sind. Großzügigkeit, das sollte klar geworden sein, ist ein Einspruch gegen diese Bedrohung.

Dabei ist offensichtlich, dass es *nicht* um ein naives »Zurück zur Natur« gehen kann. Eine »romantische Negation der Technik«, so schreibt Jünger, sei »nicht mehr als eine bloße Postkutschen-Träumerei«.[48] Und er formuliert etwas, das (angesichts der Entstehungszeit der *Perfektion der Technik*) in erstaunlicher Weise an die Wirkungen des digitalen Zeitalters erinnert: Wir lebten, heißt es, »weder auf Inseln noch im Urwald; wir befinden uns dort, wo uns technische Apparatur und Organisation jederzeit erreichen kann. *Es gibt hier kein Zurück, es gibt nur ein Hindurch.*«[49] Das gilt auch hier und heute. Anders als Theoretiker wie Jonathan Crary – namentlich in seinem Buch *Scorched Earth*[50] – phantasieren, wird es eine umfassende »Abschaffung« der Digitalisierung nicht geben. Jünger bringt die Irreversibilität technologischer Entwicklung auf den Punkt. Natürlich kann es »Exnovation«, also den Rückbau oder den Verzicht auf bestehende Technologien geben – aber auch eine solche Entwicklung müsste durch das Bestehende »hindurch«. Die hier vorgestellte Konzeption von Großzügigkeit, die nicht technologiefeindlich, aber technologieskeptisch ist, muss diese Pfadabhängigkeit mitdenken, soll sie nicht an der von Jünger so eindringlich beschriebenen Eigendynamik technologischer Entwicklung scheitern. Weder Natur- noch Klima- noch Tierschutz fangen bei Null an, sondern in einem durch (digitale) Technik und ökonomische Rationalität dominierten Hier und Heute.

Es ist laut Jünger die Eigendynamik der Technik, die die Naturzerstörung vorantreibt, nicht der Wille von Managerinnen oder anderen Akteuren. »Der technische Fortschritt«, so Stefan Breuer mit Blick auf Jüngers Argumentation, »betreibt nicht die Geschäfte eines ihm übergeordneten Subjekts. Er folgt seinem eigenen Gesetz, und dieses lautet: Verzehr, Abbau, Vertilgung.«[51] Technik, formuliert Jünger, könne zwar Perfektion erreichen, »nie aber Reife«.[52] Den Prozess der technologischen Entwicklung beschreibt auch Jünger als ziel- und endlos. Die von ihm analysierte Eigendynamik erinnert an die oben beschriebene Knappheits-Effizienz-Wachstums-Endlos-Schleife, die auf gesamtgesellschaftlicher Ebene ja auch nicht das bewusste Resultat von Einzelentscheidungen ist, sondern das Ergebnis einer systemischen Dynamik, die kein Ende findet und die aus ihrer inneren Logik heraus auch kein Ende finden kann, wenn keine Bremskräfte auftreten, die entschleunigend wirken können. Großzügigkeit ist, wie ausführlich dargelegt, als genau so eine Bremskraft intendiert.

Großzügigkeit steht, so ist verschiedentlich angeklungen, für Weite, für Spielraum. Auch darin steckt die Opposition zu der von Jünger beschriebenen Entwicklungstendenz, der an einer Stelle schreibt: »Zeitlich gerät der Mensch in Bedrängnis, räumlich in die Enge.«[53] Und, auch das sollte deutlich geworden sein, Großzügigkeit ist ein Einspruch gegen die allgegenwärtige Ruhelosigkeit der Beziehungen innerhalb der Gesellschaft und der gesellschaftlichen Naturverhältnisse. Diese Ruhelosigkeit beschreibt Jünger so: »Schweigen und Ruhe sind mit dem technischen Kollektiv unvereinbar. Das Schweigen ist sein Feind, die Ruhe ist ihm tödlich.«[54] Der technische Fortschritt wende sich gegen alles, »was ruht, was Dauer und Stabilität besitzt«.⁵⁵ Was das konkret im Hier und Heute bedeutet, wurde bereits ausführlich dargelegt. Dabei wurde auch deutlich, dass Bedrängnis und Enge massive ökologische Folgen zeitigen, aber eben auch in sozialer Hinsicht große nicht-nachhaltige Wirkungen entfalten. Der Zusammenhang von ökologischem und sozialem »Burnout« liegt auf der Hand, und auch diese Beobachtung wird durch Jüngers fulminante Diagnose der Perfektion der Technik nachdrücklich untermauert.

Freilich ist zu bedenken, ob Technik an sich eine zerstörerische Dynamik innewohnt oder ob ihre Wirkung nicht vielmehr von den ökonomischen und kulturellen Bedingungen abhängt, in denen sie sich entwickelt. Was Technik als solche »will«, bleibt bei Jünger laut Stefan Breuer »reine Spekulation«: »Was die Technik an sich, unabhängig von der sie tragenden gesellschaftlichen Konfiguration ist, wissen wir nicht.«⁵⁶ Das ist ein wichtiger Punkt: Die *Bedingungen*, unter denen Technik wirkt, sind – wenn auch in Grenzen – veränder- und gestaltbar. Unter den gegebenen Bedingungen hat die technologische Entwicklung wesentlich im Sinne der von Jünger konstatierten Zerstörungsdynamik gewirkt. Die Digitalisierung wirkt sich hier ambivalent aus: Sie ist einerseits ein wesentlicher Beschleunigungsfaktor, lässt sich andererseits aber auch für ökologische Nachhaltigkeitsziele einspannen. Auch wenn Jünger die Rolle der Technik gegenüber der Wirtschaft deutlich wichtiger einschätzt als zum Beispiel Marx oder Horkheimer und Adorno, lehrt seine Untersuchung uns etwas über den Kontext des Ökonomischen.

Für unseren Zweck ist darüber hinaus relevant, dass die Folgen der in diesem Buch thematisierten Steigerung von Produktivität und Effizienz von Jünger konsequent zu Ende gedacht werden. Im Zentrum seiner Analyse steht die Ausbeutung der Natur – und die Stellung des Menschen in einer Welt, in der Nützlichkeit – also ganz wesentlich ökonomisches Kalkül – über allem steht. »Die nützlichste aller Welten«, so formuliert Jünger, wäre die, »die ich ganz nutzen, vernutzen, aufnutzen, verbrauchen kann. *Eine solche Welt wird vom Märchen als Schlaraffenland, von der Technik als Tankstelle gedacht.* Utilität ist Vernutzbarkeit. Warum kann der Mensch in einer solchen Welt nicht gedeihen? Weil unausbleiblich ist, daß er sich selbst in ihr vernutzt, weil er mitvernutzt wird.«⁵⁷ »Alles Rationale«, schreibt Jünger, »unterliegt den Begrenzungen und Einschränkungen, die unabdingbar sind. Es kann niemals Selbstzweck werden. *Wenn es eine Rationalisierung um des Rationalisierens willen gäbe, dann würde nichts im Wege stehen, die Hilflosen, die Kranken und die alten Leute totzuschlagen*, ja dergleichen Akte würden dann geradezu geboten erscheinen.«⁵⁸ Hier sieht man aus Jüngers Perspektive, »wohin eine bloße

Philosophie des Nutzens führt.« In der Tat, und genau hier sieht man einmal mehr, was die Dominanz eines ökonomischen, auf Effizienz und Expansion ausgerichteten Denkens bedeutet: die Verdrängung des Nicht-Ökonomischen, die auf Kosten von Natur, Mensch und Tier geht. Niemand fordert die Tötung ökonomisch »nutzloser« Menschen, aber – von den rutschigen Abhängen zeitgenössischer Sterbehilfedebatten einmal ganz abgesehen – es wird doch klar, was es hier zu kritisieren und zurückzuweisen gilt. Auf diese Herausforderung ist Großzügigkeit eine kräftige Antwort.

Auf den ersten Blick könnte es mit Blick auf Jüngers Werk so scheinen, als sei hier für die Zukunft der Großzügigkeit wenig zu holen – außer abgrundtiefer Hoffnungslosigkeit. In seinem Pessimismus kann es *Die Perfektion der Technik* leicht mit Horkheimers und Adornos *Die Dialektik der Aufklärung* aufnehmen. Dieses dunkeldüstere Meisterwerk lässt bekanntlich jede Hoffnung auf eine Verbesserung der Lage fahren. Vernunft, so Horkheimers und Adornos Diagnose, sei »vollends funktionalisiert«, und: »Sie ist zur zwecklosen Zweckmäßigkeit geworden, die eben deshalb sich in alle Zwecke spannen läßt.«[59] Und: »Was dem Maß von Berechenbarkeit und Nützlichkeit sich nicht fügen will, gilt der Aufklärung für verdächtig.«[60] Die Instrumentalisierung der Vernunft wirkt höchst destruktiv, und zwar auf den Menschen ebenso wie auf die Natur. »Selbst noch Unrecht, Haß, Zerstörung werden zum Betrieb,« schreiben Horkheimer und Adorno, »seitdem durch Formalisierung der Vernunft alle Ziele den Charakter der Notwendigkeit und Objektivität als Blendwerk verloren haben. Der Zauber geht aufs bloße Tun, aufs Mittel über, kurz, auf die Industrie. Die Formalisierung der Vernunft ist bloß der intellektuelle Ausdruck der maschinellen Produktionsweise.«[61] Dieses Verhängnis wird freilich, anders als bei Jünger, nicht der Technik selbst zugeschrieben, sondern gut marxistisch der Dynamik der Kapitalakkumulation.

Ein zentraler Unterschied zwischen *Dialektik der Aufklärung* und *Die Perfektion der Technik* liegt darin, dass Jünger – in einer geradezu atemberaubenden Vorwegnahme heute noch aktueller Themen – die ökologische Frage radikal durchdenkt. Man muss diese Radikalität nicht teilen, um in seinem Buch zentrale Hinweise und Stichworte für das Leitbild der Großzügigkeit zu finden. Vor allem die Eigendynamik technischer und ökonomischer Rationalität, die Jünger eindringlich beschreibt, sind für eine nicht-naive Konzeption der Großzügigkeit ein unbedingt zu berücksichtigender Faktor. In Jünger kann man die fulminant formulierte Bestätigung dafür finden, wie zentral die Begrenzung der Knappheits-Effizienz-Wachstums-Endlos-Schleife für eine zukunftsfähige Entwicklung ist. Dass das, um nochmal die Formulierung aus der

Dialektik der Aufklärung aufzunehmen, was sich nicht dem »Maß von Berechenbarkeit und Nützlichkeit« beugt, »verdächtig« ist – diese Formulierung trifft natürlich ins Herz des hier vorgebrachten Plädoyers für Großzügigkeit. Denn diese ist, wie gezeigt, wesentlich ein Ein- und Widerspruch gegen eine überbordende Berechnungs- und Nutzenlogik, deren prinzipielle Endlosigkeit in einer endlichen Welt prinzipiell nicht-nachhaltige Wirkungen entfaltet.

Mit dieser Nicht-Nachhaltigkeit steht gleichsam ökologischer Mangel inmitten von ökonomischer Fülle. Wenn man Jünger folgt, hat Technik uns nicht reich gemacht, sondern arm. Die Wohlstandsfolgen der technischen Entwicklung sind eine optische Täuschung, weil unser Wohlstand auf Substanzverzehr gebaut ist. Wenn man sich diese düstere Perspektive nicht zu eigen machen will – was dann? Was bleibt für eine nicht-naive Vorstellung von Großzügigkeit? Mindestens die Tatsache, dass Technik hier und heute eben *nicht* unabhängig von gesellschaftlichen Rahmenbedingungen wirkt. Ob und in welcher Höhe ein Staat Material und Energie besteuert, ob er nachhaltige Innovationen zu fördern versucht, ob er Nachhaltigkeit zum Kriterium für digitale Technologien macht – all das sind Faktoren für die Ausbreitungsrichtung und -geschwindigkeit neuer Technologien. Dazu kommt, dass es heute jede Menge guter Ideen zur Kreislaufführung von Materialien und zur Nutzung erneuerbarer Energien gibt. Ohne hier zu naiv zu sein: Es ist zumindest nicht prinzipiell ausgeschlossen, dass Technologie und Wirtschaften ohne Raubbau, Zerstörung und Substanzverzehr auskommen. Großzügigkeit ist der Versuch, genau diese Entwicklungsrichtung wahrscheinlicher zu machen.

Vielleicht ist es da sinnvoll, sich an folgenden Sachverhalt zu erinnern: »Daß selbst Personen ohne jeden Grund-, Aktien- oder sonstigen Reichtum stiftenden Besitz heute im Durchschnitt schneller von A nach B gelangen, länger leben und mehr von der Welt erfahren (können) als ein Adliger vor fünfhundert Jahren, ist ja auch etwas Technisches und macht, wenn man weiß, wie Extrapolation geht, eine Zeit vorstellbar, in der heutige Menschen ihre Nachfahren gar nicht mehr als Angehörige derselben Gattung erkennen würden.«[62] Das mit der Extrapolation kann man auch wesentlich kritischer sehen, aber ansonsten legt diese Äußerung aus dem Buch *Maschinenwinter* des Publizisten Dietmar Dath nahe, dass man die gewaltigen Möglichkeiten – auch die positiven Möglichkeiten – technischer Veränderungen besser nicht unterschätzt, wenn man über zukunftsfähige Entwicklung, sozialökologische Transformation und Großzügigkeit nachdenkt.

Das vorliegende Buch warnt ja vor einer *Überschätzung* dieser Möglichkeiten, und das mit bereits erläuterten guten Gründen. Wichtig ist, dass wir durch die vorhandene Technik »hindurch« müssen und dass uns »Postkutschen-Träumerei« nicht weiterbringt. Auch bei Dath lässt sich nachlesen, dass und warum wir nicht hinter den Stand der Technik zurückkönnen. Seine Botschaft lautet: Die Maschinen sind da und entwickeln sich weiter – und wir könnten sie zum Guten nutzen, wenn die Gesellschaft entsprechend eingerichtet wäre. Ist sie aber nicht. Dath ist nicht nur Technikoptimist, sondern glaubt auch fest an die Veränderbarkeit der Gesellschaft. Das ist eine Kombination, die im Nachhaltigkeitsdiskurs nur selten vorkommt. Dort streiten sich Technikoptimisten, die meist gesellschaftspolitisch steuerungspessimistisch eingestellt sind, mit Technikskeptikern, die oft an die steuernde Gestaltung des Gemeinwesens durch politische Entscheidungen glauben.

Dath wirft eine mit Blick auf die Wirkung von Technologie entscheidende Frage auf: »Haben wir nicht Maschinen gebaut, die den Mangel abschaffen sollten?«[63] Jüngers Antwort auf diese Frage ist klar: Maschinen und Technik schaffen den Mangel nicht ab und *können es auch nicht* – ganz im Gegenteil. Dath dagegen insistiert, dass der Technik eine andere Richtung und eine andere Verwendung gegeben werden kann. Man muss dabei seinen Planungs- und Steuerungsoptimismus nicht teilen, um weniger pessimistisch als Friedrich Georg Jünger oder die Kritische Theorie sein zu können. Anders gesagt: Man kann und soll die streckenweise unglaublich zeitgemäße Diagnose Jüngers ernst nehmen, wenn man nicht-naiv über eine Veränderung in Richtung Großzügigkeit nachdenken will. Transformativer Gestaltungswille muss sich der Eigendynamik technologischer Entwicklung stellen – zumal in einer durch Digitalisierung geprägten Wirtschaft, die in Jüngers Nachkriegsbuch natürlich überhaupt keine Rolle spielt.

Aber auch die Digitalisierung, so viel darf man wohl festhalten, ist kein Schicksal – ebenso wenig wie ungebremste Naturzerstörung. Angesichts des gerade abrollenden ökologischen Desasters ist doch zu konstatieren, dass sich *nicht* nichts tut. Es tut sich dezidiert zu wenig, aber Ideen wie Naturschutz, ökologische Steuerreform oder Emissionshandel zeigen deutlich, dass es möglich ist, den technischen Wandel zwar nicht zielsicher zu »steuern«, aber ihm doch in plausibler Weise eine zukunftsfähige Richtung zu geben. Auch ist es nicht prinzipiell undenkbar, dass ökologische Wirkungen und soziale Folgen zu Kriterien von Technikentwicklung allgemein und Digitalisierung im Besonderen werden. Und in diesem Kontext kann man auch das Leitbild der Großzügigkeit sehen, das eine Vernutzung der Natur »bis zum Letzten« aktiv vermeiden hilft. Dietmar Daths Freiheitsbegriff unterscheidet sich vermutlich von dem, der im vorliegenden Buch zugrunde gelegt wird. Dennoch sei folgende

Einschätzung Daths zitiert, die wunderbar zum nächsten Abschnitt überleitet: »Das einzige, was den Umschlag von Produktivkraftfortschritten in beschleunigte Zerstörung und Entrechtung verhindern kann, ist Freiheit.«[64]

Freiheit. Über Demokratie, Großzügigkeit und Liberalität

Beginnen wir auch hier sehr grundsätzlich. In diesem Buch war immer wieder vom Westen die Rede, genauer: von der westlichen Lebensweise. Diese Lebensweise, die man ob ihrer sozialen und ökologischen Auswirkungen auch als »imperial« bezeichnen kann, ist auf grundlegende Art nicht-nachhaltig. Der Zustand und der Wandel der westlichen Welt ist durch Begriffe wie Freiheit, Fortschritt, Moderne und Entwicklung geprägt, aber ganz wesentlich auch durch Leitbilder wie Effizienz und – von zentraler Bedeutung auch im Verhältnis zum Rest der Welt – Expansion. Der westliche Kolonialismus war eine geographische Expansionsbewegung. Die globale Wirkung des Westens war und ist wesentlich auch eine mentale Wirkung. Die Leitbilder der westlichen Staaten prägen auch heute den weltweiten politischen Diskurs, auch wenn sie durch den Aufstieg autoritärer Regime und Ideen nicht unangefochten sind. Gleichzeitig kann man mit Blick auf globale Migration feststellen: Menschen wollen eher in westlichen Demokratien leben als in undemokratischen Regimen. Der Westen ist nach wie vor eine Macht: politisch, wirtschaftlich und kulturell.

Wenn nun Effizienz und Expansion – oder anders gesagt: ein bestimmtes Verständnis von wirtschaftlicher Rationalität und die Interpretation wirtschaftlichen Erfolgs als Wachstum – so prägende Leitbilder sind: Ist es da nicht naiv und abwegig, an eine Veränderung in Richtung Großzügigkeit zu glauben? Laufen Effizienzkritik und Wachstumsskepsis nicht auf sehr grundsätzliche Art ins Leere in Gesellschaften, deren Selbstverständnis zutiefst ökonomisch geprägt ist? Nein. Denn zum Westen gehören eben auch Demokratie und Lernfähigkeit. Der Westen hat mehr als einmal bewiesen, dass er sich gleichsam neu erfinden kann – und das liegt wesentlich an seiner Fähigkeit zur Selbstkritik. Anders gesagt: Der Westen steht klar für bestimmte Dinge – aber diese Dinge sind eben nie in Stein gemeißelt. Wandel und Selbstbefragung gehören zu seinen konstitutiven Elementen. Für unser Thema ist relevant, dass sich die Selbstzweifel des Westens sogar auf fundamentale Elemente seines Selbstverständnisses beziehen. Mit Blick auf die lange Geschichte der westlichen Moderne könne kaum Zweifel daran bestehen, so der Soziologe Detlef Pollack, dass sie »bei allen weitgespannten Ansprüchen auf Wachstum und Expansion und teilweise gerade aufgrund dieser Steigerungsansprüche von Anfang an mit sich selbst haderte.«[65]

Gleichzeitig waren und sind diese Ansprüche nach wie vor dominant. Diese hier kritisierte Dominanz der Leitbilder Effizienz und Expansion hat nicht nur ökologische, wirtschaftliche und soziale Folgen, sondern wirkt sich auch im politischen Raum aus. Auch wenn es letztlich komplizierter ist, darf man zuspitzen: Der wirtschaftspolitische Wandel vom Keynesianismus zum Neoliberalismus hat hier in den letzten Jahrzehnten zu einer Normalitätsverschiebung geführt. Nach wie vor gibt es heute die »neoliberale Idee, nach der Unternehmen prinzipiell klug sind, Regierungen jedoch prinzipiell töricht«, wie der Politikwissenschaftler Colin Crouchs in seinem vielzitierten Buch *Postdemokratie* schreibt.[66] Wir lebten in einer Welt, »in der der Glaube an das überlegene Wissen erfolgreicher Unternehmer eine Ideologie darstellt, die niemand mehr hinterfragt«.[67] Daher rühre das schwache Selbstvertrauen öffentlicher Institutionen. Vor diesem historischen Hintergrund verweist der Ideengeschichtler Quentin Skinner 2012 in seiner Studie *Die drei Körper des Staates* darauf, dass auch Demokratien einen »totalitären Charakter annehmen können«, und fährt fort: »In jüngster Zeit hat ein wachsender neoliberaler Konsens dafür gesorgt, dass diese Befürchtung weitgehend durch Verachtung ersetzt wird, und wir werden nun dazu animiert, demokratische Staaten weniger als Verursacher von Unterdrückung, sondern vielmehr als *Instanzen bürokratischer Ineffizienz und Verschwendung* anzusehen.«[68]

Crouch und Skinner bringen hier sehr schön auf den Punkt, dass ein seit den 1980er Jahren weltweit zunehmend machtvolles Politikparadigma wesentlich auf Effizienz setzt. Auf Expansion auch, aber das unterscheidet den Neoliberalismus nicht vom Keynesianismus. Was im Rahmen einer neoliberalen Agenda in vielen Ländern exekutiert wurde, war wesentlich darauf aus, Ineffizienz und Verschwendung aus der Welt zu schaffen, und zwar dezidiert mit Politiken der Liberalisierung und Privatisierung und der Ausrichtung von Verwaltungen, Hochschulen, Museen und anderen Organisationen auf vermeintlich »unternehmerische« Managementmethoden. Die teilweise desaströsen Folgen dieses Politikansatzes auf Kultur, Gesundheit und Bildung wurden hier bereits skizziert, ein weiteres Wirkungsfeld dieser Art geiziger Politik ist die Mobilität unter besonderer Berücksichtigung des Eisenbahnwesens. Jedenfalls waren Geiz, Effizienzfixierung und der Glaube an die Macht »liberaler« Wirtschaftstheorien in den meisten westlichen Demokratien (in unterschiedlicher Ausprägung) jahrzehntelang Dreh- und Angelpunkt der Politik.

Nun, zu Beginn der 2020er Jahre ist es bekanntlich fast vorbei mit der neoliberalen Herrlichkeit. Die Glaubensbekenntnisse neoliberaler Akteure klingen heute oft falsch, mindestens schal. Die Erosion des neoliberalen Politikparadigmas begann Ende der 2000er Jahre mit der Finanzkrise und hat spätestens mit der Corona-Krise zu derart großen Rissen in ihrem Fundament geführt, dass nicht wenige das Ende des Neoliberalismus prognostizierten oder schon feierten. Ob das berechtigt war, muss hier nicht entschieden werden. Für unsere Suche nach einer nicht-naiven Großzügigkeit hält die Geschichte jedenfalls die Einsicht parat, dass ein letztlich naives (oder doch böswilliges?) Politikparadigma, das der Großzügigkeit diametral entgegensteht, massiv unter Druck geraten ist. Damit bestätigt sich auf dem Feld der Wirtschafts- und Finanzpolitik (und in anderen Bereichen), was wir bereits mit Blick auf politische Bemühungen zum Artenschutz und ganz besonders mit Blick auf die Handelspolitik gesehen haben: Der politische Fokus auf Effizienz ist in Bewegung geraten – Resilienz ist heute viel wichtiger als noch vor einem Jahrzehnt. Hier liegt ganz offensichtlich eine Konstellation vor, die für einen Bedeutungsgewinn der Großzügigkeit in strategischer Hinsicht sehr günstig ist.

Etwas anders sieht es mit einem weiteren Problem aus, auf das die Großzügigkeit reagiert: Eine ökonomische Konstruktion nicht nur der ökologischen, sondern auch der politischen Wirklichkeit ist, genau besehen, eine ernste Bedrohung der liberalen Demokratie. Wo Probleme und Lösungen ökonomisch »geframet« werden, geht etwas verloren, weil – ganz ähnlich wie bei Umweltthemen – andere, nicht-wirtschaftliche Werte und Ziele zurückgedrängt werden. Hier mag mancher ein Erbe der neoliberalen Ära sehen. Es ist freilich zweifelhaft, ob ein ökonomisches Framing an Dominanz verliert, wenn der Neoliberalismus an sein Ende kommt. Jedenfalls ist Großzügigkeit als Einspruch gegen eine Dominanz von Leitbildern der Effizienz und Expansion eindeutig auch ein Leitbild, dass in Opposition zur einer (nur) wirtschaftlichen Rahmung politischer Probleme und Prozesse steht.

Dass wirtschaftliche Rahmungen des Politischen ungute Folgen für die freiheitliche Demokratie haben, lässt sich in dem Buch *Demokratie als Zumutung* des Politikwissenschaftlers Felix Heidenreich nachlesen. Er geht von einem Gedanken aus, der die Bedeutung von Reziprozität für die demokratische Beteiligung hervorhebt: Es gebe nicht nur Ansprüche der Bürgerinnen und Bürger an die Demokratie, sondern auch einen Anspruch der Demokratie an die Bürgerinnen und Bürger. Zugespitzt: »Die Demokratie nimmt uns in

Anspruch. Sie ist immer auch eine Zumutung.«[69] Vor dem Hintergrund dieser titelgebenden Grundthese problematisiert Heidenreich die »Ökonomisierung des politischen Feldes« und spricht dabei auch über die »›metaphorische‹ Macht ökonomischen Denkens.«[70] Wie diese Macht im vorliegenden Buch unter anderem mit Blick auf die Natur untersucht wird, so lotet Heidenreich ihre Wirkungen auf das Politische aus.

Dabei problematisiert er die Vorstellung der Politik als Markt, auf dem manche anbieten (Politikerinnen zum Beispiel) und andere (die Bürger) nachfragen: »Die einen *machen ein Angebot*, die anderen entscheiden, was *geliefert* werden soll. Mit diesem Metaphernnetz entsteht ein fragwürdiges Bild von demokratischer Politik: Politik als eine Art Supermarkt oder Online-Bestell-Service. Die einen sind Produzenten, die anderen Konsumenten. So lautet die Ansprache.«[71] Und zwar eine bisweilen höchst erfolg- und folgenreiche Ansprache. Im politischen Framing der populistischen *Forza Italia* beispielsweise ortet Heidenreich eine Ökonomisierung, die an das oben skizzierte neoliberale Politikverständnis anschließt: »Das Land als Unternehmen, der Regierungschef als Manager, die Bürgerinnen und Bürger als Belegschaft.«[72] Es geht hier – anders bei den oben untersuchten ökonomischen Wirklichkeitskonstruktionen – weniger um Inhalte und mehr um Inszenierung, Symbolisierung und Kommunikation.

Zu glauben, dass sich das nicht auch inhaltlich auswirkt, ist freilich naiv. Heidenreich spitzt das so zu: »Wenn Bürgerinnen und Bürger als Konsumenten angesprochen werden, gerät die Demokratie auf die schiefe Bahn.«[73] Das gilt nicht zuletzt, weil Politik eben *nicht* Ökonomie ist. Der Einspruch der Großzügigkeit gegen die Ökonomisierung des Politischen erweist sich als höchst aktuell und dringlich, wenn man Heidenreichs Analyse folgt. »Demokratische Politik«, schreibt er, »kann nicht so schillernd, so ästhetisch, so unterhaltsam und vor allem so schnell sein wie die Welt der Konsumprodukte.«[74] Das entschleunigende Moment, das der Großzügigkeit innewohnt, erweist sich auch hier als Qualitätsfaktor. Trotz oder gerade wegen der drängenden Probleme der 2020er Jahre gilt: Weniger Tempo, weniger Ökonomisierung, weniger Effizienz und mehr Großzügigkeit sind Voraussetzungen für eine gelingende und freiheitliche Demokratie. Wenn zutrifft: »Die Ökonomisierung unseres politischen Imaginären treibt die Rollen ›Bürger‹ und ›Politiker‹ immer weiter auseinander«[75] – dann sollte man dieser Ökonomisierung aus sehr grundsätzlichen Gründen widerstehen und widersprechen.

Überraschenderweise lässt sich die ökonomische Engführung politischer Phantasie mithilfe eines Ökonomen dekonstruieren – und zwar ausgerechnet mit einem zentralen Stichwortgeber neoliberaler Politik: Friedrich August von Hayek. Er leistet eine Kontextualisierung von Zielen, die für die Großzügigkeit relevant ist: Für ihn ist es ein Irrtum, dass »es rein ökonomische Ziele gibt, die von den übrigen völlig zu trennen sind. *Doch so etwas existiert nur in dem pathologischen Fall des Geizhalses.* Die letzten Ziele, die vernunftbegabte Wesen durch ihre Tätigkeit zu erreichen suchen, sind *niemals* ökonomischer Art.«[76] Rein wirtschaftliche Ziele, so Hayek an anderer Stelle, gebe es höchstens für Geizhälse oder Menschen, für die »der Gelderwerb zum Selbstzweck geworden ist«.[77] Das ist unmittelbar anschlussfähig an Aristoteles' Eudämoniegedanken, nach dem das letzte Ziel allen die Glückseligkeit ist – auch ökonomisches Handeln dient diesem Ziel, sie ist lediglich Mittel zum Zweck. Deshalb ist es auch durch und durch unvernünftig, wenn man – individuell oder gesellschaftlich – die Ökonomik die Diskussion und Praxis gesellschaftlicher Zielsetzungen dominieren lässt. Bei genauer Betrachtung hat dieses Ökonomische also wesentlich den Charakter eines Mittels, das aber in vielen Fällen zum Ziel an sich geworden ist. Die Kritik der Dominanz des Ökonomischen, die durch Großzügigkeit gebrochen werden soll, hat hier ein wesentliches Argument.

Dass Großzügigkeit besser ist als Geiz, lässt sich hier ebenfalls vertiefen. Was bei Aristoteles ein Mangel und eine Abweichung von der guten Mitte der Großzügigkeit ist, fungiert bei Hayek als Pathologie: der Geiz. Nur ein Geizhals trennt ökonomische von anderen Zielen und lässt sie andere Ziele dominieren, nur ein Geizhals strebt nach ökonomischen Zielen um ihrer selbst willen. Geiz, so lernen wir auch hier, ist nicht nur überaus unsympathisch, sondern auch unvernünftig. Eine Gesellschaft zumal, die sich in ökologischen Grenzen einrichten muss, ohne soziale Verwerfungen und Einschränkungen der Freiheit in Kauf zu nehmen, kann mit Geiz gar nichts anfangen. Nun hätte Hayek gewiss auch nicht der Verschwendung das Wort geredet – an einer Stelle moniert er »das unverantwortliche Gerede über den ›möglichen Güterüberfluß‹«, den er für einen »Wunschtraum« hält.[78] Aber es ist klar, dass seine Überlegungen zur Freiheit nicht mit einem monomanischen Ökonomismus kompatibel sind, sondern das Wirtschaftliche stets in den Kontext anderer – wichtigerer – Ziele stellen.

Und wie für unser Thema geschrieben beschreibt Hayek das totalitäre Moment, das in moralisch grundierten Maßhalteappellen und in der undifferenzierten Verdammung von Verschwendung liegt: »Es entspricht vollkommen dem Geiste des Totalitarismus, daß er jede menschliche Tätigkeit verdammt, die um ihrer selbst willen und ohne einen weiteren Zweck betrieben wird.«[79]

Und weiter: »Die Wissenschaft um der Wissenschaft und die Kunst um der Kunst willen sind bei den Nationalsozialisten in gleichem Maße verrufen wie bei den Kommunisten und bei unseren sozialistischen Intellektuellen. Schlechthin jede Tätigkeit muß ihre Berechtigung aus einem bewußten sozialen Zweck herleiten. Es darf keine spontane, ungelenkte Tätigkeit geben, weil sie zu Ergebnissen führen könnte, die sich nicht voraussehen lassen und für die es im Plan keinen Platz gibt. *Es könnte daraus etwas Neues entstehen, das sich die Philosophie des Planers nicht hätte träumen lassen.* Dieser Grundgedanke gilt sogar für Spiele und Zerstreuungen.«[80] Auch wenn man hier Hayeks Hass auf Sozialisten getrost abziehen darf, bleibt doch ein wichtiger Hinweis: Wie eng Freiheit und Verschwendung zusammenhängen und wie wichtig es ist, bei »rationalen« Versuchen, das Irrationale aus der Welt zu schaffen, wachsam zu sein.

Man darf sich an das Bonmot aus dem Nachhaltigkeitsdiskurs erinnert fühlen, dass es manchen Leuten Vergnügen bereitet, anderen ihre Vergnügungen zu verbieten. Hier liegt eine zentrale Verbindung zwischen Nachhaltigkeit, Freiheit und Großzügigkeit. Großzügigkeit als »Mitte« betont explizit, dass eine gelingende Gesellschaft zwar – in Maßen – Effizienz braucht, aber – in Maßen – eben auch Verschwendung. Nun kann man, wie gesagt, Hayek sicher nicht als Testimonial für Verschwendung heranziehen, dafür war er vom ökonomischen Mainstream dann doch nicht weit genug weg. Aber die Verbindung zwischen der Verdammung von »unökonomischen« Tätigkeiten und totalitärem Geist ist für unser Thema von zentraler Bedeutung.

Aber ist es nicht höchst naiv, mit Hayek den geistigen Übervater des Neoliberalismus herbeizuzitieren – einer Denkrichtung, die Effizienz- und Wachstumsorientierung geradezu auf die Spitze getrieben hat? Nein. Kann man sich positiv auf jemanden berufen, der sich auf Finsterlinge wie den chilenischen Diktator Pinochet eingelassen hat und der wesentliche Inspirationsquelle für nicht eben nachhaltigkeitsaffine Politiker wie Margaret Thatcher und Ronald Reagan war? Ja. Denn: Mir geht es um die analytische und inspiratorische Kraft, die in Texten wie *Der Weg zur Knechtschaft* steckt, nicht darum, was Hayek selbst oder andere politisch aus seinem Werk gemacht haben.

Marxens Brillanz wird ja auch nicht konterkariert durch die Diktatoren, die sich auf ihn berufen haben. Der Publizist Henryk M. Broder sieht das ganz anders: »Es kommt nicht darauf an, was Bebel, Lassalle und Marx gemeint, sondern was Lenin, Stalin, Mao, Enver Hodscha und Walter Ulbricht daraus gemacht haben.«[81] Das klingt zwar gut, stimmt aber nicht: Denn was Bebel, Lassalle und ganz besonders Marx als Theoretiker denkerisch geleistet haben, besteht natürlich trotz all des Wahnsinns, der vorgeblich »in ihrem Namen« passiert ist. Man kann Stalins Mordorgien nicht Friedrich Engels zurechnen, und Maos Untaten ändern nichts daran, dass Marx ein brillanter Theoretiker des Kapitalismus war. So halte ich es auch mit Hayek. Denn für ihn lässt sich sagen, was Friedrich Georg Jünger über einen deutschen Philosophen sagt: »Einen so mächtigen Kopf wie Hegel darf man nicht an seiner Schule und seinen Schülern abmessen.«[82] In der Tat. Mich interessiert hier der Sozialwissenschaftler Hayek, nicht der politische Stichwortgeber.

Wenn man mit diesem Interesse auf Hayeks Texte blickt, trägt seine Freiheitskonzeption jenseits aller Abirrungen, die er sich politisch geleistet haben mag und abgesehen von dem, was (vermutlich zu seiner Freude) politisch aus seinem Werk gemacht wurde, etwas zu einer nicht-naiven Idee der Großzügigkeit bei – denn auch sein Freiheitsgebriff ist nicht naiv: »Freiheit, die nur gewährt wird, wenn im voraus bekannt ist, daß ihre Folgen günstig sein werden, ist nicht Freiheit. [...] Freiheit bedeutet notwendig, daß vieles getan werden wird, das uns nicht gefällt. [...] Gerade weil wir nicht wissen, wie die Einzelnen ihre Freiheit nützen werden, ist sie so wichtig.«[83] Das ist höchst kompatibel mit der hier präsentierten Vorstellung von Großzügigkeit, die (nicht zuletzt: ökologisches) Nicht-Wissen hervorhebt und Nachhaltigkeit als Suchprozess interpretiert, dessen Ende offen ist und dessen »guter« Ausgang eben niemals garantiert werden kann.

Das ist zu betonen: Großzügigkeit ist eine Kritik am naiven Glauben, dass Effizienz, Technik und Wachstum so etwas wie eine nachhaltige Entwicklung sicherstellen können. Sie setzt auf Kontingenz, Hoffnung und die Offenheit der Zukunft. Der Suchprozess »Nachhaltigkeit« lebt in diesem Sinne wesentlich von *Ideen* für eine bessere Zukunft und deren Umsetzung. Dass dies kein geregelter oder planbarer Prozess ist, bleibt im Diskurs über Nachhaltigkeit oft unterbelichtet. Es liegt nahe, diese Denkrichtung mit Hayeks folgender Formulierung in Verbindung zu bringen: »Der größte Teil des Wissens, auf das wir uns bei der Verfolgung unserer Ziele stützen, ist das *unbeabsichtigte Nebenprodukt* davon, daß andere die Welt in anderen Richtungen als wir selbst erkunden, weil sie anderen Zielen nachjagen; es wäre für uns nie verfügbar geworden, wenn nur diejenigen Ziele verfolgt würden, die wir für erstrebenswert hielten.«[84] Ohne dass diese Worte hier verwendet werden, geht es eineindeutig um Vielfalt, um Diversität. In der Diversität von Zielsetzungen und Handlungsweisen liegt der potenzielle Kollateralnutzen gesellschaftlichen Fortschritts.

Eine solche Pluralität wäre daher höchst wünschenswert. So ungut eine (nur) ökonomische Rahmung gesellschaftlicher Probleme ist, so wenig zielführend wäre eine (nur) ökologische Rahmung politischer Zusammenhänge. Auch hier geht es um Maß und Mitte. Zukunftsfähige Politik bringt beides zusammen: Eine Anerkenntnis ökologischer Grenzen, ein Wissen um die Relevanz der Freiheit als Wert an sich und als Voraussetzung für das Finden zukunftsfähiger Innovationen – und beides verbunden mit dem Wissen um die Bedeutung sozialer Fragen. Diese Verbindung von Grenzen und Freiheit ist zu betonen. Entgegen manchen Planungs- und Überwindungsphantasien im Nachhaltigkeitsdiskurs ist nicht absehbar, dass eine Systemalternative verfügbar ist, die eine friedliche und freiheitliche Transformation zur Nachhaltigkeit sicherstellen könnte.

Im Diskurs über Nachhaltigkeit gibt es freilich die Tendenz, Zielsetzungen wie Klimaneutralität und Artenvielfalt entweder gedankenlos über die Freiheit zu stellen – oder gar nicht erst zu bemerken, dass es hier eine Spannung zwischen unterschiedlichen Werten und Gütern geben könnte. Es wäre, wie der Ökonom Michael Hüther beobachtet, wünschenswert, »wenn wachstumskritische Diskurse offener und bewusster mit ihren freiheitsskeptischen Aspekten umgingen.«[85] »Der lange Pfad der Wachstumskritik in den vergangenen zwei Jahrhunderten«, schreibt Hüther, »lässt immer wieder vergleichbare Motive erkennen: die generelle, meist romantische, wenn nicht gegenaufklärerische Skepsis gegenüber der Veränderungsdynamik offener marktwirtschaftlicher Systeme, die kollektivethisch verankerte Sorge um den Naturverbrauch und die eher individualethisch orientierte Anklage der Gier.«[86] Diese »gegenaufklärerische Skepsis« ist gefährlich und lässt historische Erfahrungen oft ebenso unberücksichtigt wie die Tatsache, dass Nachhaltigkeit sich eben nicht unabhängig von anderen Zielsetzungen erreichen lässt. Auf unser Thema zugespitzt: Illiberale Nachhaltigkeit ist keine Nachhaltigkeit.

Der Journalist Philipp Krohn hat in seinem Buch mit dem programmatischen Titel *Ökoliberal. Warum Nachhaltigkeit die Freiheit braucht* treffend auf den Punkt gebracht, worum es hier geht. Eine gelingende Nachhaltigkeit verknüpft die Akzeptanz ökologischer Grenzen mit dem Ausleben politischer Freiheit. Nachhaltigkeit kann nicht nur politisch nur freiheitlich gelingen, sondern letztlich auch ökonomisch, weil die Transformation dringend Ideen und Innovationen braucht, die nur in einem freiheitlichen Kontext entstehen können. Die von Krohn skizzierte »Nachhaltigkeit aus der Freiheit« ist mit dem hier vorgebrachten Leitbild einer effizienzkritischen Großzügigkeit höchst kompatibel.[87] Großzügigkeit heißt, Schonung, Slack und Spielräume zu sichern – die Akzeptanz ökologischer Belastungsgrenzen ist damit ein entscheidender Punkt von großzügigen gesellschaftlichen Naturverhältnissen. Gleichzeitig ist sie nur demokratisch denk- und vollziehbar.

Eine zentrale Eigenschaft zukunftsfähigen Wirtschaftens, darin ist Krohn vehement zuzustimmen, wird von Marktliberalen regelmäßig »zu wenig verdeutlicht«: Nur *innerhalb* ökologischer Grenzen lässt sich frei wirtschaften.[88] In einer scheiternden Gesellschaft, hat mal jemand sinngemäß gesagt, kann es keine erfolgreiche Wirtschaft geben. Das ist ein so fundamentaler Punkt, dass seine Unterschätzung geradezu verblüffend ist. Wenn ökologische Entwicklungen wie Klimadesaster und Artensterben ungebremst abrollen, wird sich die Frage nach freiem, erfolgreichem, innovativem, ertragreichem Wirtschaften erübrigen. Gerade wenn man daran glaubt, dass marktliche Koordination einer Gesellschaft zum Guten gereicht, sollte man höchst interessiert daran sein, dass diese Gesellschaft innerhalb ökologischer Grenzen wirtschaftet.

Krohn entfaltet sein Argument für eine freiheitliche Nachhaltigkeitskonzeption nicht zuletzt anhand ökonomischer Ideen und beruft sich dabei wesentlich auf John Stuart Mill, Friedrich August von Hayek und Amartya Sen. Er legt überzeugend dar, wie deren Denken eine Interpretation und eine Praxis von Nachhaltigkeit inspirieren kann, die sozusagen auf einem freiheitlichen »Grenzregime« mit Blick auf die natürliche Umwelt basieren. Zu den überraschendsten Einsichten Krohns gehört, dass auch Hayek sich nicht nur »nachhaltig« interpretieren lässt, sondern der Ökonom sehr ausdrücklich auf – wie man heute sagen würde – ökologische Probleme Bezug genommen hat. Von Krohn kann man lernen, wie unterschätzt liberale Ökonomen sind, wenn es um Nachhaltigkeit geht. Wie wir gesehen haben, gilt das insbesondere bei Hayek auch mit Blick auf die Großzügigkeit.

Großzügigkeit steht mit der Freiheit noch in einer anderen – engen – Beziehung. Das Wort »Liberalität« bringt das wohl am besten auf den Begriff: Eine gelassene Haltung, die durch Toleranz geprägt ist und die andere Menschen »sein lässt« und in diesem Sinne mit einer gewissen Lockerheit verbunden ist.[89] Liberalität hat insoweit mit einem Geist der Nichteinmischung zu tun (worin man durchaus eine Nähe zu Hayek sehen kann). Auch hier spielt der Begriff des Maßes eine Rolle: Toleranz wird wohl von den meisten Menschen als maßvolle Haltung gesehen, die bisweilen mit Liberalität assoziierte Zügellosigkeit eher weniger. Aber auch hier gilt, dass nicht jede Zügellosigkeit, Verschwendung und Irrationalität ablehnungs- oder gar verdammenswert ist: Zum guten Leben gehören dezidiert auch diese und andere Unvernünftigkeiten. Liberalität steht dieser Unvernunft großzügig gegenüber. Und in einer Gesellschaft, die durch Krise, Anspannung und bisweilen Zuspitzung geprägt ist, darf man diese Haltung als Beitrag zur Zukunftsfähigkeit verstehen. Schillers »leben und leben lassen« ist für ein gutes Leben sicher ein besseres Leitmotiv als die Vorstellung, sich und anderen angesichts der ökologischen Bedrohung gar nichts mehr zu gönnen.

Der Begriff der Demut, wie Hayek ihn verwendet, passt sehr gut in dieses Bild. »Der Individualismus ist [...] eine Haltung der Demut angesichts dieses sozialen Prozesses [das »Wachstum des Vernunftwissens«; FL] und der Duldsamkeit gegenüber anderen Meinungen. Er ist das genaue Gegenteil jener intellektuellen Hybris, in der das Verlangen nach einer umfassenden Lenkung des sozialen Prozesses wurzelt.«[90] Die Botschaft dieser Sätze kann man auch vernünftig finden, wenn man die Balance zwischen Individuum und Gesellschaft anders einschätzt als Hayek. Er benutzt hier das heute etwas altertümlich anmutende Wort der Duldsamkeit, das nichts anderes bedeutet als Toleranz. Diese Toleranz anderen Meinungen, Einstellungen und Zielen gegenüber ist wichtig für eine Gesellschaft, die sich erfolgreich auf die Suche nach Zukunftsfähigkeit machen will. Ein im besten Wortsinn großzügiger Umgang mit dem anderen im politischen und wissenschaftlichen Streit wäre vor diesem Hintergrund eine Verbesserung der Lage. Hayek betont auch das »weitherzige Menschheitsideal des Liberalismus«.[91] Ein in diesem Sinne großzügiges Menschenbild ist sicher plausibler als die Vorstellung eines kalt kalkulierenden *Homo oeconomicus*, aber auch realistischer als die Idee des Menschen als Wesen, das an sich gut ist – wenn nur die Bedingungen stimmen. Auch hier gilt: Die Wahrheit liegt in der Mitte.

Eine in diesem Zusammenhang bemerkenswerte Aussage zur Quelle der Freiheit stammt von dem Philosophen Peter Sloterdijk, der schreibt: »Man hat die Freiheit zumeist an Orten gesucht, wo man sie unmöglich finden kann, im Willen, im Wahlakt oder im Gehirn, und hat ihre Quelle in der noblen Gesinnung, im Auftrieb, in der Großzügigkeit übergangen.«[92] Ein regenerierter politischer Liberalismus – ich ergänze: einer, der den schlechten Ruf des Neoliberalismus hinter sich lässt – müsse von der Erkenntnis ausgehen, dass »Menschen nicht nur habenwollende, giergetriebene, süchtige und brauchende Wesen sind, die freie Bahn für ihre Mangelgefühle und ihren Machthunger fordern. *Sie tragen ebenso das Potential zu gebenwollendem, großzügigem und souveränem Verhalten in sich.*«[93]

Großzügigkeit ist in dieser Sicht keine Abirrung von einer ansonsten überdominanten ökonomisch-geizigen Selbstsucht, sondern eine menschliche Eigenschaft, mit der man rechnen kann. Am Ende wendet sich Sloterdijk kritisch gegen die Exzesse des Neoliberalismus – und plädiert für mehr Großzügigkeit: »Wir verteidigen die Sache der Freiheit, indem wir daran arbeiten, das Wort Liberalismus, das leider zur Stunde eher für ein Leben auf der Galeere der Habsucht steht, wieder zu einem Synonym für Generosität zu machen – und das Wort Liberalität zu einer Chiffre für die Sympathie mit allem, was Menschen von Despotien jeder Art emanzipiert.«[94] Besser lässt sich kaum ausdrücken, wie zukunftsträchtig die Kombination von Großzügigkeit und freiheitlichem Denken ist. Man kann liberal sein, ohne neoliberal zu sein. »Nachhaltigkeit aus der Freiheit« (Krohn) ist keine weltfremde Utopie, sondern ein unverzichtbares Leitbild für eine Gesellschaft, die zukunftsfähig werden will.

Für unser Thema ist außerdem interessant, wie Sloterdijk aus einem Rousseau-Text herausliest, was sich als eine Interpretation der Freiheit als Recht auf Faulheit verstehen lässt. Er spricht von einer Freiheit »jenseits aller Leistungen und Verpflichtungen, auch jenseits möglicher Ansprüche auf Anerkennung durch andere.«[95] Freiheit erscheint hier also die völlige Abwendung von gesellschaftlichen Erwartungen. Für die Perspektive der Großzügigkeit ist vor allem die ökonomische Nichtverwertbarkeit dieser Haltung interessant. Wo Sloterdijk von einem »Zustand erlesener Unbrauchbarkeit« spricht und das »Fehlen jedes Bezugs auf Leistungen« betont, könnte man von einer Großzügigkeit gegenüber sich selbst sprechen. Sloterdijk destilliert mit seiner Rousseau-Lektüre fast ein anti-ökonomisches Selbstfindungsprogramm. Das Subjekt des *Fünften Spaziergangs* Rousseaus, so Sloterdijk, »hat nichts zu sagen, hat keine Meinung, es drückt sich nicht aus, es hat kein Projekt. Es ist weder kreativ noch progressiv, noch gutwillig. *Seine neue Freiheit zeigt sich in seiner ekstatischen Unbrauchbarkeit zu allem.* Der freie Mensch nach Rousseau macht die Entdeckung, daß er der unnützeste Mensch der Welt ist – und er findet das vollkommen in Ordnung.«[96]

Ordnung. Ein Rahmen für Großzügigkeit?

Eine nicht-naive Konzeption von Großzügigkeit muss einen Umstand bedenken, der im Diskurs über Nachhaltigkeit kaum eine Rolle spielt, für jedes Projekt gesellschaftlichen Wandels aber von absolut zentraler Bedeutung ist: dass gesellschaftliche Entwicklung nicht das Ergebnis menschlicher Planung ist, sondern das Resultat menschlichen Handelns. Wohl kaum jemand hat diese Botschaft des Historikers Adam Ferguson gründlicher durchdacht und ausge-

8. Perspektiv-Wechsel 239

leuchtet als Friedrich August von Hayek. Der (Nicht-)Verfügbarkeit von Wissen kommt dabei eine zentrale Bedeutung zu. Die »erste Voraussetzung« für das Verständnis der Gesellschaft sei, schreibt Hayek, dass »wir uns der unvermeidlichen Unkenntnis des Menschen von vielem, das ihm seine Ziele erreichen hilft, bewußt werden.«[97] Diese Einsicht ist zunächst einmal keine brutal individualistische Erkenntnis, sondern eine in höchstem Maße soziale Angelegenheit. Das begrenzte Wissen der einzelnen Akteure ist niemals einer zentralen Instanz zugänglich oder gar verfügbar – deshalb ist das Verständnis des Marktes als »Entdeckungsverfahren« so fundamental für Hayeks Bild von Ökonomie und Gesellschaft. Planung, so eine bekannte Formulierung aus Hayeks Nobelpreisrede, basiert letztlich auf einer »Anmaßung von Wissen«.[98]

Dass vor diesem ideologischen Hintergrund Verbote und Verzicht als (nachhaltigkeits-)politische Instrumente delegitimiert wurden, kann man mit guten Gründen beklagen. Es ist völlig klar, dass eine nachhaltige Entwicklung und ein wirkungsvoller Schutz der Umwelt *auch* Verbote und andere Beschränkungen braucht – und dass neoliberale Einwände hiergegen nicht selten auf einem deformierten Verständnis von Staat und Politik basieren. Der Ökonom Philipp Lepenies hat dies in seinem Buch *Verbot und Verzicht* durchgedacht, verfällt dabei aber leider in eine bisweilen etwas platte Kritik des Neoliberalismus. Freilich macht er einen wichtigen Punkt, wenn er feststellt: »Die fanatischen Gegner der Verbotspolitik kennzeichnet eine fatale Überzeugung: Der aktuelle Lebensstil muss nicht angepasst werden. Eine Politik ohne Verbote und Einschränkungen ist nicht nur möglich, sondern selbstverständlich.«[99] Er beobachtet treffend eine »extreme Haltung« einer letztlich asozial ausgerichteten Freiheit, die das Ausleben individueller Wünsche undifferenziert über Erwägungen des Gemeinwohls stellt.[100] Freiheit, die keinerlei Einschränkungen im individuellen Konsumverhalten kennt, ist in einer Welt, die ökologische Grenzen überschreitet, eine Freiheit ohne Verantwortung. Doch bei aller Instrumentalisierung neoliberalen Denkens kann man versuchen, aus Hayeks Ordnungsverständnis etwas zu lernen.

Was das alles mit Großzügigkeit als Alternative zu Effizienz- und Expansionsfixierung zu tun hat? Nun, mindestens dreierlei. Erstens hat die hier vorgelegte Vorstellung von Großzügigkeit nichts gemein mit einem in Nachhaltigkeitsdiskursen durchaus verbreiteten Planungs- und Regulierungsoptimismus. Wenn Firmen ihr Engagement in innovativen Forschungsprojekten einstellen, weil bestimmte Technologien verboten werden, ist das ein Beispiel für mangelnde technologische Offenheit, die angesichts der Lage in den allermeisten Fällen nicht eben klug erscheint. Philipp Krohn formuliert mit Blick auf unterschiedliche Antriebstechnologien: »Das Verbot eines sich Wissen anmaßenden Regulierers verhindert, dass Lernfortschritte erzielt werden, die zur Lösung von Problemen der Energieversorgung beitragen können.«[101] Mit Blick auf die Suche nach zukunftsfähigen Lösungen können Verbote aber immer nur das letzte Mittel der Wahl sein – was freilich auch bedeutet, dass sie in gewissen Fällen eben tatsächlich das Mittel der Wahl sind.

Statt auf detailgenaue Steuerungsversuche und freiheitsbeschränkende Verbote (wie gesagt: auch die muss es ohne Zweifel geben, aber mit Maß und Ziel) setzt Großzügigkeit, zweitens, dezidiert darauf, Spiel-Raum zu lassen: Für die Natur, aber eben auch für ökonomische Akteure. Es gibt Grenzen und *muss* diese geben, aber *innerhalb* dieser politisch gesetzten »Leitplanken« wird möglichst nicht eingegriffen. Großzügige Nachhaltigkeitspolitik regelt die Spielregeln, greift aber nicht in die Spielzüge ein.[102] Das ist, drittens, unmittelbar anschlussfähig an das Bild eines Rahmens, der die Bedingungen des Wirtschaftens bestimmt. Großzügigkeit könnte so Teil einer nachhaltigen *Ordnung* der Wirtschaft sein, damit die natürlichen Lebensgrundlagen effektiv geschützt werden.

Eine solche Ordnung ist, wie gesagt: ein Rahmen, kein detaillierter Plan – er lässt Spielraum, stellt also eine zentrale Komponente der Großzügigkeit zur Verfügung. Hayek nennt in *Der Weg zur Knechtschaft* als zentrales Argument für die Freiheit, dass »wir einen gewissen *Spielraum* für das nicht vorauszusehende spontane Wachstum reservieren sollten.«[103] Auch wenn man Wachstum für kein anstrebenswertes Ziel hält, lässt sich der Kerngedanke doch leicht auf Großzügigkeit übertragen und an das anschließen, was bisher mit dem Begriff des Spielraums argumentiert wurde: Dass es eben diesen Spielraum braucht, wenn eine zukunftsfähige *Entwicklung* möglich sein soll. Ohne Freiheit gibt es diesen Spielraum nicht, oder genauer und über Hayek hinausgehend: Dieser Spielraum *ist* eine Form der Freiheit, die Raum lässt für Experimente, Überraschungen und Fehler. Diese Offenheit ist Voraussetzung für Fortschritt, wie auch Hayek in einem Aufsatz betont hat: »Wenn wir fortschreiten sollen, müssen wir *Raum lassen* für eine fortwährende Revision unserer gegenwärtigen Vorstellungen und Ideale, die durch weitere Erfahrung notwendig gemacht wird.«[104] Freiheit sei »wesentlich, um *Raum für das Unvorhersehbare und das Unvoraussagbare* zu lassen«[105] – klarer lässt sich die Bedeutung von Spielräumen für gesellschaftliche Zukunftsfähigkeit kaum auf den Punkt bringen.

Was hier zum Vorschein kommt, ist nicht zuletzt eine gewisse friedensstiftende Funktion der Großzügigkeit als Mittelposition zwischen Verteidigern der imperialen Lebensweise und ökofundamentalistischen Positionen, die über die ökologischen Notlagen den Wert der Freiheit vergessen. Auch der Publizist und Aktivist Ralf Fücks ortet hier eine entscheidende Kampflinie im Ringen um Nachhaltigkeit: »Die Heftigkeit, mit der um Fleischkonsum und Autofahren gestritten wird, ist der Vorbote eines neuen Kulturkampfes zwischen den Anhängerinnen und Anhängern einer moralisch aufgeladenen Politik der Restriktion und jenen, die diese Politik als Angriff auf ihre Lebensform empfinden.«[106] In dieser Gemengelage ist eine Nachhaltigkeitspolitik der Großzügigkeit ein Beitrag zur Mäßigung einer Debatte, die mit wachsenden ökologischen Problemen und zunehmenden politischen Eingriffen zur Eindämmung dieser Probleme zu eskalieren droht.

Darin liegt ein wichtiges Argument für eine großzügige Nachhaltigkeitspolitik, die einen robusten Rahmen vorgibt, innerhalb dessen Menschen entsprechend ihren Wünschen und Fähigkeiten agieren können – ohne sich mit oft fruchtlosen und eskalierenden Moralfragen befassen zu müssen. »Ökoliberalismus«, so formuliert es Philipp Krohn, »sollte sich zur Aufgabe machen, das Individuum von persönlichen moralischen Abwägungen zu entlasten.«[107] Natürlich redet Krohn hier nicht einem unethischen Egoismus das Wort – der Witz ist, dass eine liberal inspirierte Nachhaltigkeitsagenda moralische Streitigkeiten im privaten Raum obsolet macht. Gewiss enthält die Gestaltung einer ökologisch verträglichen Rahmenordnung ethische Erwägungen – diese sind dann aber Gegenstand des politischen Diskurses und nicht die Privatangelegenheit von Menschen, die ihr Leben gestalten wollen.

Großzügigkeit im hier verstandenen Sinne bedeutet eben auch, nicht naiv auf Verbote, Pläne und detaillierte Vorschriften zu setzen. Was eine ökologische Ordnung braucht, sind Grenzen, Rahmen und Regeln. Es geht darum, schreibt Hayek, »ein möglichst rationales System von dauernden Rahmenbedingungen festzulegen, unter denen die einzelnen ihre mannigfaltigen Tätigkeiten gemäß ihren individuellen Plänen durchführen.«[108] Dieser »liberale Plan« setzt Grenzen und ermöglicht genau dadurch freiheitliches Handeln. Es ist einfach zu sehen, welche große Relevanz dieser Gedanke für unser Thema hat. Eine dermaßen gestaltete Ordnung wäre bis auf weiteres eine kapitalistische Ordnung, deren Eckpunkte eine staatliche Rahmung, Privateigentum und marktliche Koordinierung sind.

Für eine Gesellschaft, die innerhalb ökologischer Grenzen gut leben will, hält Hayeks Freiheits- und Ordnungsdenken also wichtige Impulse bereit. Ich möchte hier nicht erneut auf die Missverständnisse um den Begriff des Neoliberalismus eingehen.[109] Aber folgende Äußerung zeigt einmal mehr, dass man neoliberales Denken nicht umstandslos mit wirtschaftspolitischem Radikalismus à la Reagan und Thatcher gleichsetzen sollte: »Kein vernünftiger Mensch«, so Hayek, »kann sich ein Wirtschaftssystem vorstellen, in dem der Staat ganz untätig ist. Ein reibungslos arbeitendes Konkurrenzsystem braucht so gut wie jedes andere einen klug durchdachten und seinen Erfordernissen fortlaufend angepaßten rechtlichen *Rahmen*.«[110] Natürlich hatte Hayek hier keine ökologischen Leitplanken im Sinne, aber es liegt auf der Hand, dass dieser Grundgedanke für die Begründung und Ausgestaltung eines großzügigen ökologischen Rahmens von zentraler Bedeutung ist. Der Ökonom Markus Stewen kommt am Ende einer ausführlichen umwelt- und wirtschaftspolitischen Studie zu dem Ergebnis: »Ordnungspolitisch wünschenswert wäre es, mit Hilfe möglichst weniger, allgemeiner und weit umfassender Steuerungsgrößen (›ökologische Leitplanken‹) die Handlungsspielräume der Akteure zu begrenzen.«[111] Ordnung in diesem Sinne begrenzt also das Handeln der Akteure – wie sie innerhalb der Grenzen eben auch innovatives Handeln *ermöglicht*.

Was hier auch deutlich wird und Hayek vielleicht von seinen neoliberalen Adepten unterscheidet: Er verabsolutiert die Freiheit nicht – sie ist ihm der höchste Wert, aber sie ist nicht ohne Grenzen denkbar. Wenn Hayek davon spricht, dass es »Individuen freistehen sollte, *innerhalb bestimmter Grenzen* nach ihren Wertvorstellungen und Neigungen zu leben«, wird kristallklar, dass er eben keinen gleichsam anarchistischen Freiheitsbegriff verfolgt, sondern die Freiheit als *eingebettet* konzeptualisiert.[112] Dazu passt auch, dass Hayek deutlich Ausnahmen vom Primat der Freiheit formuliert. Hayek erwähnt den »Krieg und andere zeitweilige Notstände«, mithin »Zeiten, in denen die Unterordnung von fast allem und jedem unter die unmittelbaren und dringenden Erfordernisse der Preis ist, den wir für die dauernde Wahrung unserer Freiheit zahlen.«[113] Wichtig ist hier, dass die Freiheitseinschränkung zeitlich beschränkt bleibt, damit die Freiheit dauerhaft bewahrt werden kann. Es sei, schreibt Hayek, »gewiß vernünftig, die Freiheit vorübergehend zu opfern, um sie für die Zukunft sicherzustellen, aber dieses Argument verfängt nicht, wenn daraus ein Dauerzustand gemacht werden soll.«[114]

Auch wenn Hayek hier wohl kaum an ökologische Notstände gedacht haben wird, klingt das wie für die Klimakrise geschrieben – und gemahnt an die erwähnte 2021er Entscheidung des deutschen Bundesverfassungsgerichts zum Klimaschutz, das das Konzept der »intertemporalen Freiheitssicherung« einführt. Hier wie dort gilt: Die politisch-gesellschaftliche Herausforderung liegt darin, mit Blick auf die Freiheitssicherung die *Balance* zwischen heute umgesetzten Beschränkungen und in der Zukunft drohenden Gefahren für die

Freiheit zu finden. »Um jeden Preis«, darin ist Hayek mit Blick auf die Gegenwart vehement zuzustimmen, ist eine »gedankenlose Phrase«[115] – das gilt für die Geldpolitik ebenso wie für die Seuchenbekämpfung und den Klimaschutz.

An dieser Stelle lässt sich Hayek also sogar mit Greta Thunberg kombinieren, denn *Fridays for Future* setzt eben nicht auf eine individualistische »Responsibilierung« und Individualisierung des Klimaproblems, sondern – wenn auch mit einer gewissen Naivität mit Blick auf die Rolle der Wissenschaft – dezidiert auf eine Gestaltung politischer Rahmenbedingungen. Philipp Krohn schreibt: »Der politische Clou von Fridays for Future ist es, Menschen individuell von einer vermeintlichen Klimaschuld zu entlasten, weil die Aktivisten die Politik dazu auffordern, nachhaltige Strukturen zu schaffen.«[116] Das ist eine Politikforderung im Sinne der Großzügigkeit, die auf Schonung, Slack und Spielraum setzt – und nicht auf Detaileingriffe. Eine wohlverstandene Freiheitsordnung kombiniert sich hier mit dem klaren Anspruch, im Interesse der Erhaltung heutiger und zukünftiger Freiheiten ökologische Grenzen zu respektieren. Dass diese Kombination geradezu eine Umsetzung verfassungsgerichtlicher Entscheidungen darstellt, haben wir bereits gesehen.

Philipp Krohn bringt trefflich auf den Punkt, warum Grenzen und Markt zusammengebracht werden müssen: »Kapitalismus kann gut sein, wenn er sich an Regeln hält. Der Markt verlangt keine moralische Überlegenheit, sondern Antizipation der Wünsche anderer.«[117] Damit ist ein weiterer Vorteil einer robusten Ordnung benannt, die die Einhaltung ökologischer Grenzen sicherstellt: Sie kommt weitgehend ohne moralische Bewertungen aus und setzt stattdessen auf Ideen und Innovationen – und dass die in einer marktwirtschaftlichen Ordnung besser gedeihen als in einer staatlichen Kommandowirtschaft, sollte man in den 2020er Jahren niemandem mehr erklären müssen.

Dagegen sprechen übrigens auch nicht die Erkenntnisse der Ökonomin Mariana Mazzucato. Sie wird bisweilen so interpretiert, dass nur der Staat Innovationen hervorbringt. Das lässt sich aus ihrem Werk aber nicht ableiten. Vielmehr geht es darum, dass Innovation und Fortschritt eben nicht (nur) von heldenhaften Unternehmern vorangebracht werden, sondern der Staat eine wichtige, eine ermöglichende Rolle spielen kann. Auch wenn manche Unternehmer das verschweigen: An der (digitalen) Revolution, die sie treiben, waren regelmäßig staatliche Stellen beteiligt, zum Beispiel aus den Bereichen Militär, Medizin und Mobilität – und zwar so sehr, dass der Typus des innovativen Veränderers zwar nicht irrelevant, aber eben auch nicht unabhängig von anderen Faktoren ist. Im Gegenteil: »Sowohl in der Grundlagenforschung als auch bei der weiteren Vermarktung«, schreibt Mazzucato, »wurden die meisten grundlegenden technologischen Fortschritte des letzten halben Jahrhunderts, vom Internet bis zur Nanotechnologie, von staatlichen Institutionen finanziert, und *die Privatwirtschaft betrat das Spielfeld erst, als wirtschaftliche Erträge klar absehbar waren.* Bill Gates und Steve Jobs konnten großartige Produkte nur schaffen, indem sie auf den Wellen staatlich finanzierter Technologien surften.«[118]

Innovationen, lernen wir, sind zwar letztlich nicht steuerbar und industriepolitisch antizipierbar, aber eben auch nicht völlig unabhängig von politisch gestaltbaren und zu gestaltenden Rahmenbedingungen. Mazzucatos Forschungen werfen auch Fragen danach auf, wer denn die Früchte von Innovationen (lies Einnahmen) ernten soll und wie (Kapital-)Marktstrukturen aussehen, die innovationsfreundlich sind. Wir lernen also, dass die »Entfesselung der Energie des einzelnen«[119] nicht nur von Eigeninitiative, Freiheit und marktlicher Koordination abhängt, sondern sehr oft auch von einem Staat, der gute Rahmenbedingungen schafft und auch selbst – wie sagt man so schön – Geld in die Hand nimmt.

Diese Aktivitäten des Staates stehen dezidiert nicht im Gegensatz zu einer freiheitlichen und großzügigen Nachhaltigkeitspolitik. Sicher: Industriepolitik im Sinne einer ökologischen Transformation wäre jemandem wie Hayek zweifellos ein Graus gewesen, und seine neoliberalen Schülerinnen und Schüler sehen das genauso. Industriepolitik gilt vielen Ökonominnen *an sich* schon als pure Verschwendung – ganz wesentlich wegen der von Hayek so überzeugend dekonstruierten »Anmaßung des Wissens«. Wenn man aber die hier untersuchten Aspekte der Großzügigkeit ernst nimmt, wird man weniger rigoros gegen jede Form der Industriepolitik sein. Industriepolitik mag in vielen Fällen ineffizient sein – aber genau dann erweist sich die Kritik an dieser Effizienzorientierung als plausibel. Es scheint kaum denkbar, dass die technologische und ökonomische Transformation zu Nachhaltigkeit und Klimaneutralität gänzlich ohne staatliche Akteure und ohne steuergeldfinanzierte Fehlschläge stattfindet. Es geht also nicht nur um eine robuste Rahmenordnung, sondern auch um die Förderung von Technologien. Dass dabei Geld »verschwendet« wird, liegt auf der Hand.

Deswegen jede industriepolitische Aktivität zu verdammen, ist angesichts der Lage aber absurd. Auch hier kommt es auf das rechte Maß an – und das liegt hier wieder einmal eher in der Mitte als in einem kompletten Verzicht auf Förderungen durch staatliche Stellen. Freilich ist auch ein naives Vertrauen in staatliche Voraussicht nicht zielführend – das wäre das andere Extrem.

Man könnte sagen, dass man die effizienzkritische Großzügigkeit mit einer interventionsskeptischen ausbalancieren muss. Die gegenwärtigen Sorgen, dass ein industriepolitischer Wettlauf zwischen USA, EU und anderen Akteuren ins Rollen kommt, darf man dabei ernst nehmen. Der *Economist* überschreibt einen Beitrag zu diesem Thema in einer Weise, die perfekt zu unserem Thema passt: »Efficiency be damned«.[120] Um das vor diesem Hintergrund nochmals zu betonen: Bei Großzügigkeit geht es nicht um die Verdammung von Effizienz, sondern um die maßvolle Zurückdrängung ihrer Dominanz.

Klar ist, dass hier in Folge von Corona, Krieg und Klimakrise lange etablierte Dogmen ins Wanken geraten. Für den Bereich der Handelspolitik hatten wir das bereits beobachtet – in den sich verändernden weltweiten Handelsbeziehungen sind Ansätze eines Paradigmenwechsels zu beobachten, der deutlich in Richtung Sicherheit, Resilienz und Großzügigkeit weist. Ähnliches scheint zu Beginn der 2020er Jahre auch auf anderen Politikfeldern denkbar. »Es ist erstaunlich,« so auch Philipp Krohn in seinem ökoliberalen Manifest, »wie unter dem Eindruck des verschärften Klimawandels Positionen anschlussfähig werden, die noch vor zehn Jahren marginalisiert waren.«[121] Hier tun sich eindeutig Möglichkeiten auf, anders als in der Vergangenheit über Großzügigkeit zu sprechen. Ein entscheidender Faktor für diese Möglichkeiten ist das, was gesellschaftlich als »normal« gilt.

Normalität. Die Macht und der Wandel des Selbstverständlichen

Wir haben in den vergangenen Kapiteln immer wieder gesehen, wie wichtig der Begriff der Normalität für eine Veränderung der Lage ist. Es geht hier nicht zuletzt um Krisenerfahrungen als Abweichung vom »normalen Leben«. Derartige Erfahrungen haben sich in westlichen Ländern in den letzten Jahren bekanntlich gehäuft, verbunden mit Angst, Verunsicherung und halbgaren Orientierungsangeboten. In der Sprache des Nachhaltigkeitsdiskurses gesagt, erlebt der Westen in jüngster Zeit jede Menge *change by desaster* und teilweise auch etwas, das man *forced transition* nennen könnte. Anzustreben sind aber, darüber besteht sehr weit gehende Einigkeit, *change by design* und eine *managed transition*. Damit ist, wie gesagt, keine Planwirtschaft gemeint: »By design« meint einfach, dass man eben anstrebt, die Transformation zu managen in dem Sinne, dass eine Gesellschaft sich nicht von Entwicklungen überraschen und überrollen lässt. Klar ist: Auch ein solcher Wandel ist mit Angst, Verunsicherung und halbgaren Orientierungsangeboten verbunden.

Denn: Eine wirkungsvolle Transformation in Richtung Nachhaltigkeit (ebenso wie ein Wandel in Richtung Großzügigkeit) bedeutet eine fundamentale Infragestellung der heute herrschenden Normalität. Hier stehen keine Kleinigkeiten zur Diskussion, sondern fundamentale Normen und Praktiken zur Disposition. Zumal mit der Corona-Krise wurde, so der Soziologe Stephan Lessenich, ein »unheimliches Gefühl« befördert, dass sich eine »grundlegende Veränderung ankündigt« und »eine neue gesellschaftliche Ära anbricht.«[122] Auch die kleinen Schritte und die großen Sprünge, die ein Wandel zur Nachhaltigkeit insgesamt erfordert, stellen nicht weniger in Frage als die Normalität der westlichen Lebensweise. Wir haben schon gesehen, wie gefestigt diese »imperiale« Art zu leben und zu wirtschaften ist und wie »normal« und »nachhaltig« die Nicht-Nachhaltigkeit dieser Lebensweise ist. Wie wir essen, wohnen, reisen, uns kleiden, unser Geld anlegen, unsere Freizeit verbringen – all das wird sich ändern (müssen), wenn eine nachhaltige Entwicklung erreicht werden soll. Deshalb muss unsere Normalität hinterfragt und verändert werden. Klimakrise, Corona und Krieg haben diese Einsicht in die Breite der Bevölkerung getragen. Dass es als *business as usual* so weitergeht wie gewohnt, glaubt heute wohl niemand mehr. Für alle gut sichtbar fliegt uns unsere Normalität um die Ohren, ohne dass daraus bislang eine echte Transformation resultieren würde.

Vor dem Hintergrund dieser Situation und angesichts ökologischer Krisen, sozialer Probleme und wirtschaftlicher Herausforderungen hört man immer wieder die Forderung nach einem »Paradigmenwechsel«. Der Begriff steht ursprünglich für einen Wandel wissenschaftlicher Grundauffassungen – zum Beispiel die kopernikanische Wende in der Astronomie, die Relativitätstheorie in der Physik oder die keynesianische Revolution in der Volkswirtschaftslehre. Im Alltagssprachgebrauch wird der Begriff freilich nicht nur wissenschaftlich verstanden, sondern auch politisch, ökonomisch oder kulturell. Paradigma heißt Muster, und Paradigmenwechsel könnte man wissenschaftlich und gesellschaftlich als Musterbruch bezeichnen: Was galt, gilt nicht mehr; Werte werden umgewertet; Selbstverständlichkeiten werden unverständlich. Eine wirksame Transformation zur Nachhaltigkeit wäre ein solcher Paradigmenwechsel. Und natürlich ist die Forderung nach Großzügigkeit die Forderung nach einem Paradigmenwechsel.

Beginnen wir also mit dem, was man wissenschaftliche Normalität nennen könnte. Die liegt vor, wenn im Rahmen eines bestimmten Weltbildes sozusagen ungestört vor sich hingeforscht wird. Unterbrochen wird diese Normalität bisweilen durch das, was man seit Thomas Kuhns Epochalwerk über *Die Struktur wissenschaftlicher Revolutionen* eben als »Paradigmenwechsel« bezeichnet: ein Wandel des Weltbildes, nach dem die Forschung sich in anderen, neuen Bahnen vollzieht. Die titelgebenden Revolutionen *sind* Paradigmenwechsel. Was zwischen diesen Revolutionen passiert, nennt Kuhn tatsächlich »normale Wissenschaft«: Forschung, die viel mit Rätsellösen und wenig mit einem Umsturz von Weltbildern zu tun hat. Die Festigkeit solcher wissenschaftlichen Weltbilder hat schon Ludwig Fleck in seinem Buch über die *Entstehung und Entwicklung einer wissenschaftlichen Tatsache* beschrieben: »Ist ein ausgebautes, geschlossenes Meinungssystem, das aus vielen Einzelheiten und Beziehungen besteht, einmal geformt, so beharrt es beständig gegenüber allem Widersprechenden.«[123] Dieses Beharrungsvermögen ist, wie wir noch sehen werden, auch kennzeichnend für gesellschaftliche Normalitäten.

Paradigmenwechsel, so Kuhn, kommen dann zustande, wenn sich die Überzeugung breitmacht, dass nicht nur das alte Paradigma nicht mehr ausreicht, sondern dass es ein neues Paradigma gibt, das das alte zu ersetzen vermag. Das ist zu betonen: Theorien würden dann und *nur dann* für ungültig erklärt, »wenn ein anderer Kandidat vorhanden ist, der ihren Platz einnehmen kann.«[124] Kuhn blickt auf zurückliegende wissenschaftliche Paradigmenwechsel und nicht auf kommende Gesellschaftsveränderungen. Das Bild passt trotzdem: Große Veränderungen – die Transformation zur Nachhaltigkeit, ein Abschied von der Dominanz von Effizienz und Expansion, eine grundlegende Veränderung von Mobilitätskonzepten oder Ernährungsweisen – haben wesentlich damit zu tun, dass sie etwas Besseres, Attraktiveres, Schöneres versprechen als das, was aktuell vorhanden ist. Dieser Reiz der Zukunft wiederum wird wesentlich dadurch bestimmt, ob Alternativen nicht nur behauptet werden, sondern auch plausibel erscheinen. Wenn ich hier von nicht-naiver Großzügigkeit spreche, zielt das wesentlich auf dieses Plausibilitätskriterium ab.

Dass gesellschaftliche Alternativen zum Bestehenden attraktiv und besser und in diesem Sinne überzeugend sein müssen, bringt der Wiener Ökonom und Architekt Georg Franck wie folgt auf den Punkt: »Soll wirklich an eine ökologische Umkehr des Wirtschaftens zu denken sein, dann muß sich das wirtschaftliche Streben auch von der subjektiven Seite her ändern. Das Geldverdienen darf dann nicht länger die Hauptrolle im Leben spielen. Es ist illusorisch, diese Umorientierung von einer massenhaft einkehrenden Bereitschaft zur Abstinenz zu erwarten. [...] Wenn es einen Ausweg aus der Fixierung aufs Materielle gibt, dann nur innerhalb der hedonistischen Grundorientierung.«[125] Ein grundlegender »Wandel der Zielvorstellungen«, schreibt Franck, könne »nur von einer Ökonomie kommen, die sich in Augenhöhe der alten als Alternative anbietet.«[126] Erfolgreicher Wandel hängt wesentlich davon ab, plausible ökonomische Gegenbilder zum Gegenwärtigen zu entwerfen. Großzügigkeit, wie sie hier verstanden wird, ist ein solches Gegenbild. Es widerspricht der dominanten »normalen« ökonomischen Orientierung an Effizienz und Expansion und setzt auf Schonung, Slack und Spielraum.

Bei all dem ist das paradoxe Verhältnis zwischen dem Beharrungsvermögen von Normalität und dem gleichzeitigen permanenten gesellschaftlichen Wandel in Rechnung zu stellen. Kann man vor diesem Hintergrund Krisen als Abweichung von Normalität deuten oder müssen Krisenerfahrungen in den Begriff der Normalität integriert werden? Wenn immer Krise ist, ist Krise keine Abweichung – sondern: Normalität.[127] Unter der Überschrift *Der Ausnahmezustand als Normalfall* vertritt der Soziologe Armin Nassehi folgende Position: »Die Krisenhaftigkeit der Moderne ist [...] keine objektive Krisenhaftigkeit, sondern eine, die dadurch entsteht, dass diese *Gesellschaft niemals stillsteht* und mit Eigenlogiken reagiert, die sich jeglichem Souverän entziehen. Die Moderne ist letztlich unregierbar – und das gilt als Erfahrung komplexer gesellschaftlicher Bereiche ebenso wie für die individuelle Lebensführung.«[128] Die westliche Moderne sei eben, so Nassehi, »eine anstrengende Gesellschaft – aber das Einfache wird am Ende noch anstrengender.«[129] Denn was die Moderne krisenhaft mache, sei gleichzeitig ihr positives Potenzial: »Wäre die Moderne ein technisches System, würde man ihr Fehlerfreundlichkeit unterstellen.«[130] In der Tat, und diese Flexibilität und Fähigkeit zur Selbstkorrektur war hier ja bereits Thema. Dass Normalitäten sich verschieben, ist in diesem Sinne normal. Normalität mit Blick auf Geschlechterrollen und sexuelle Orientierungen zum Bespiel ist heute eine *ganz* andere als noch vor 50 Jahren.

Veränderung ist also für die Normalität in gewisser Weise eine Normalität. Das gilt zumal im Ökonomischen – permanenter Wandel ist hier buchstäblich der unauffällige Normalfall. Die Entwicklung der Produktivkräfte und ein unablässiger Innovationsprozess sind ebenso Kennzeichen kapitalistischen Wirtschaftens wie wiederkehrende Krisen in Form von Konjunkturzyklen und Finanzkrisen. Der Ökonom Joseph Alois Schumpeter hat diese Dynamik als »schöpferische Zerstörung« beschrieben. Dieser permanente Veränderungsmodus bleibt – und das ist hier wichtig – nicht auf technische und ökonomische Veränderungen beschränkt. Schumpeter schreibt: »Der kapitalistische Prozeß rationalisiert Verhalten und Ideen und verjagt dadurch aus unsern Köpfen, zugleich mit dem metaphysischen Glauben, mystische und romantische Ideen von vielerlei Art. So formt er nicht nur unsere Methoden zur Erreichung unserer Ziele um, sondern auch diese letzten Ziele selbst.«[131] Das ist für die Großzügigkeit höchst relevant: Schöpferische Zerstörung zerstört und gebiert nicht nur Mittel und Methoden, sondern auch Zielsetzungen und normative Orientierungen.

Schöpferische Zerstörung, die unternehmerische »Durchsetzung neuer Kombinationen« (Schumpeter), wälzt also nicht nur dauernd die Produktivkräfte um, sondern wirkt sich auf das aus, was von Menschen gewollt wird. Eine andere, sehr frühe und ebenfalls überaus hellsichtige Beschreibung der kapitalistischen Wandelmaschine findet sich bekanntlich bei Karl Marx und Friedrich Engels. Im *Kommunistischen Manifest* schreiben sie: »Die fortwährende Umwälzung der Produktion, die ununterbrochene Erschütterung aller gesellschaftlichen Zustände, die ewige Unsicherheit und Bewegung zeichnet die Bourgeoisepoche vor allen anderen aus. Alle festen eingerosteten Verhältnisse mit ihrem Gefolge von altehrwürdigen Vorstellungen und Anschauungen werden aufgelöst, alle neugebildeten veralten, ehe sie verknöchern können. Alles Ständische und Stehende verdampft, alles Heilige wird entweiht, und die Menschen sind endlich gezwungen, ihre Lebensstellung, ihre gegenseitigen Beziehungen mit nüchternen Augen anzusehen.«[132] Diese dauernde Umwälzung, da sind sich durch Schumpeter inspirierte evolutionäre Ökonominnen mit Marxistinnen einig, ist *die* Eigenschaft kapitalistischen Wirtschaftens. Das ruhelose Moment dieser Veränderungsmaschine lässt jedes Reden von Normalität fragwürdig erscheinen.

Es gilt also: Veränderung in Permanenz ist eine Grundeigenschaft westlicher kapitalistischer Demokratien – »Normalität« ist ein fragiler Begriff. Veränderung ist Normalität. Wenn, um mit E.M. Cioran zu sprechen, »die langsame Geschichte […] unerbittlich durch die keuchende ersetzt« wurde,[133] scheint eine dauernde Umwälzung des Selbstverständlichen nichts Ungewöhnliches oder auch nur Bemerkenswertes zu sein. Funktionale Differenzierung, Kontingenz von Ordnung, wechselnde Regierungen, wirtschaftliche Zyklen, technische Innovationen, wissenschaftlicher Erkenntnisfortschritt, Umweltprobleme, Wertewandel – all das kennzeichnet unsere Welt.

Ist Normalität also nur eine »konfuse Sprechblase«?[134] *Nein.* Denn allein schon deshalb, weil wohl jeder Mensch irgendeine Vorstellung von Normalität hat, hat der Begriff eine theoretische und praktische Relevanz. (Wer Kinder hat, wird das in der Regel bestätigen: Wann Kinder »normalerweise« krabbeln, gehen, sprechen oder sich im Spiegel erkennen können, gehört wohl zu den häufigsten Google-Suchanfragen.) Wenn Großzügigkeit, um es zugespitzt zu sagen, zu einem Bruch mit ökonomischen Normalitäten führen und zu neuen

Normalitäten beitragen will, kommt man an diesem Begriff nicht vorbei: Weil er auch und gerade in einer von permanenter Veränderung geprägten Gesellschaft ein machtvoller Faktor ist, der Veränderung erschwert. Wenn Optimierung normal ist und Verschwendung als pervers gilt, wirkt das auf die Durchsetzungs- und Wirkungsmöglichkeiten von Großzügigkeit. Dieses Leitbild soll ja, um ein weiteres Mal ein Blumenberg-Zitat aus dem Zusammenhang zu reißen, die Gesellschaft aus der »dumpfen Genügsamkeit des Selbstverständlichen«[135] aufraffen. Ohne diesen Prozess kann es Zukunftsfähigkeit nicht geben.

Großzügigkeit, wie sie hier verstanden wird, stellt ein zentrales Element der heutigen Normalität in Frage. Effizienz und Expansion sind in der westlichen Lebensweise tief verankert. Die Steigerung von Produktivität, Effizienz und Wirtschaftsleistung sind zentrale Leitbilder unserer Lebens- und Wirtschaftsweise. Deshalb sind sie auch nicht einfach »abzuschaffen« – so wenig der Kapitalismus einfach abgeschafft, überwunden, ersetzt oder sonst wie dem Friedhof der Geschichte überantwortet werden kann. Die Veränderung von Lebensweisen und Leitbildern funktioniert nicht wie ein Schichtwechsel in einem Produktionsbetrieb, wo eine Schicht die andere ablöst.[136] Ebenso wenig lassen sich tiefsitzende Leitbilder wie Effizienz und Expansion einfach »abschaffen«. Es wäre lächerlich zu glauben, Großzügigkeit könne irgendwie verordnet werden – von wem auch? So kann ein tiefgreifender Wandel der gesellschaftlichen Naturverhältnisse in Richtung Schonung, Slack und Spielraum nur als Prozess verstanden werden. Dieser Wandel ist buchstäblich so grund-legend, dass mit Hindernissen, mit Widerstand und Unwillen zu rechnen ist. Wo sich Gewohnheiten, Gewinnmöglichkeiten und Geschäftsmodelle verändern müssen, ist nicht mit allgemeiner Zustimmung zu rechnen, im Gegenteil. Eine gestaltete – und nicht erlittene – Transformation im hier beschriebenen Sinne muss das in Rechnung stellen.

Und berücksichtigen, dass Normalität – auch die »Normalität normaler Veränderungen« – bisweilen zumindest vorübergehend unterbrochen wird. Kriege sind wohl der brutalste Bruch mit Normalität, wie man anhand des russischen Angriffs auf die Ukraine sehen kann. »Das Kennzeichen der Katastrophe ist«, schreibt Friedrich Georg Jünger, »daß sie über historisch Bedungenes hinausgreift, daß die geschichtlichen Maßstäbe nicht mehr hinreichen, sie verständlich zu machen.«[137] Dass Maßstäbe nicht mehr passen, gilt nicht nur für plötzliche Katastrophen wie Kriege oder Unfälle, sondern auch für »schleichende« Desaster wie die Klimakrise oder das Artensterben. Bei »schleichenden« Katastrophen gibt es bisweilen aber auch das Problem, dass sich nicht nur die ökologische Lage, sondern auch die Normalitätswahrnehmung in einer Weise verschiebt, dass das Problem unbemerkt bleibt. Shifting baselines nennt man das: Veränderte Bezugspunkte der Realitätswahrnehmung verstellen uns den Blick für wichtige und relevante Veränderungsprozesse.[138] Wenn Menschen sich langsam daran »gewöhnen«, dass die Ernte jedes Jahr schlechter ausfällt oder das Wetter immer extremer wird, kann das dazu führen, dass Verschlechterungen der Lage gleichsam übersehen werden.

Auch schockartige Ereignisse wie Vulkanausbrüche, Fluten oder Waldbrände können Normalität in Frage stellen – wobei die klimaerwärmungsbedingten Phänomene wie Extremwetterlagen schon jetzt einen gewissen Gewöhnungseffekt zeigen. Die Anschläge des 11. September 2001 waren ein Ereignis, das über den Tag hinaus Normalität durcheinandergebracht hat. Ähnliches gilt für die großen Atomkatastrophen von Harrisburg, Tschernobyl und Fukushima. Wenige Tage nach dem Unglück im japanischen Kernkraftwerk schreibt Jürgen Kaube in der Frankfurter Allgemeinen Zeitung: »Das Bedürfnis, in einer normalen Welt zu leben, ist enorm und setzt sich gegen jedes bessere Wissen durch. Die Politik bezieht daraus die Lizenz, auf Zeit zu spielen und Stimmungen abzuwarten. Normale Welt, das heißt hier: eine Welt, die gar nicht genug an Strom erzeugen kann.«[139]

Die Normalität, dass es nicht genug – Strom, Steaks, Socken, SUVs, Sozialprodukt – geben kann, ist zentral für die Nicht-Nachhaltigkeit der westlichen Lebensweise: Und Großzügigkeit ist die fundamentale Infragestellung dieser Normalität. Damit sind unbequeme Fragen verbunden.[140] Fragen danach, ob etwas »normal« ist, implizieren dabei regelmäßig die Frage, ob etwas wünschenswert ist. Beispiele: Ist es normal, dass eine Gesellschaft tonnenweise Fleisch verzehrt und dabei Tiere quält, obwohl eine gute Ernährung ohne Massentierhaltung möglich wäre? Ist es normal, jeden Werktag allein im Auto zu sitzen, um auf dem Weg zur Arbeit im Stau zu stehen? Ist es normal, dass in immer kürzeren Zeiträumen neue Auto-, Computer- und Telefonmodelle auf den Markt kommen? Ist es normal, Wohlstand in Rauch aufgehen lassen, sei es in archaischen Ritualen oder durch den Erwerb von Autos oder Feuerwerkskörpern? Ist es normal, dass das Bruttoinlandsprodukt jedes Jahr zunimmt und zunehmen muss?

Die letzte Frage, das haben wir bereits gesehen, könnte man für überschätzt halten. Wie gesagt: Zukunftsfähigkeit bedeutet, wirtschaftliche Leistungsfähigkeit, soziale Fairness und ökologische Nachhaltigkeit gut balanciert zusammenzubringen. Wenn das gelingt, ist es letztlich unerheblich, ob dabei ein Wachstum, eine Stagnation oder eine Schrumpfung des Bruttoinlandsprodukts herauskommt. Dennoch ist die Normalität des Wachstums ein Faktor für die Möglichkeiten und Grenzen der Großzügigkeit. Denn diese Normalität bedeutet eben, dass Wachstum nicht »egal« ist. Eine zwar wachstumsskeptische, aber letztlich wachstumsindifferente Konzeption wie die Großzügigkeit muss sich dem stellen – zumal es gute Gründe zu der Vermutung gibt, dass ein Bedeutungsverlust von Effizienz und Steigerung und ein Bedeutungsgewinn von Resilienz und Schonung sich dämpfend auf die Aussichten auf weiteres Wachstum auswirken würden.

Der Literaturwissenschaftler Jürgen Link hat in seinem Text *Das ›normalistische‹ Subjekt und seine Kurven* die Normalität des Wirtschaftswachstums analysiert und hinterfragt. Nach vorne und oben weisende Pfeile in Diagrammen, die quantitative Veränderungen (zum Beispiel des Bruttoinlandsprodukts) im Zeitablauf zeigen: Sie sind »normal« (und auch normalisierend). Link zeigt, dass Wachstumskurven nicht isoliert »funktionieren«, sondern ihre Wirkung in Kombination mit Diskursen, anderen Bildern, Statistiken und Erzählungen entfalten. Wo es – wie beim Index Bruttoinlandsprodukt – eine »moderne Kollektivsymbolik« (Link) gibt, ist eine BIP-Kurve, die nicht nach oben zeigt, eine beunruhigende Normalitätsabweichung. Man kann hier tatsächlich vom »zentralen modernen Mythos der *endlos wachsenden Schlange* (des *Fortschritts*)« sprechen.[141]

Die graphische Darstellung von Entwicklungen – Bruttoinlandsprodukt, Kohlendioxidemissionen, Bildungsabschlüsse – verweist wesentlich auf die Metaphorik von Oben und Unten oder Erfolg und Misserfolg.[142] Wie hoch die intuitive Plausibilität »normaler« Kurvendarstellungen ist, zeigt sich nicht nur im wirtschaftlichen, sondern auch im ökologischen Kontext: Der berühmte Hockey-Stick (lange flach und dann steil nach oben weisende Kurvendarstellung der atmosphärischen Treibhausgaskonzentration) oder die zahlreichen – und oft gezeigten – Kurven zur Illustration der »Großen Beschleunigung« sind Beispiele, wie auch *ökologische Nicht-Normalität* durch die Verwendung einer etablierten Bildrepertoires anschaulich gemacht werden kann – mit dem klaren Ziel, die Notwendigkeit von Handlungsbedarf zu symbolisieren.

Auch eine als unangemessen wahrgenommene Expansion des BIP (oder von anderen ökonomischen Indikatoren wie Produktivitätskennzahlen oder Börsenindizes) löst Verunsicherung aus – und Handlungsbedarf. Im wirtschaftlichen Bereich zumal ist »Nicht-Normalität« eine Abweichung, die in der Regel zu Gegenmaßnahmen führt oder zumindest zur Forderung nach solchen Maßnahmen. Wir haben es hier mit der Macht einer »visuellen Herstellung von Selbstverständlichkeit« zu tun.[143] Für die Forderung nach Großzügigkeit ist das ein höchst relevanter Faktor: Das Postulat, Effizienz und Expansion weniger wichtig zu nehmen und neu über Begriffe wie Wohlstand und Verschwendung nachzudenken, könnte geradezu als Anschlag auf eine wertgeschätzte Normalität wahrgenommen werden.

Und weil Normalität so wertgeschätzt wird, wird sie hartnäckig verteidigt. Der »Kampf für *unsere Werte, unsere Freiheit, unseren Lebensstil*« steht heute auf der politischen Agenda nicht nur von Populistinnen, sondern beschäftigt praktisch alle Kräfte, die bei Parlamentswahlen in westlichen Ländern eine relevante Rolle spielen.[144] Ingolfur Blühdorn spricht von einer »*Emanzipation zweiter Ordnung*, bei der es um die partielle Befreiung von zuvor erstrittenen Verantwortlichkeiten geht.«[145] Ziel sei, in Anlehnung an Kant gesprochen, der »*Auszug aus der selbst erstrittenen Mündigkeit.*«[146] Eine solche Phase in der Entwicklung der Demokratie, so Blühdorn, »ermöglicht den Bürgern neben der Befreiung von moralischen und intellektuellen Selbstüberforderungen vor allem auch eine gewisse Befreiung von der *persönlichen* Gemeinwohlverpflichtung (soziale und ökologische Imperative) und die unbeschwerte Ausnutzung der sich lebensweltlich jeweils bietenden Handlungs- und Selbstverwirklichungsoptionen.«[147] Es ist diese Normalität, an der sich jede noch so gut gemeinte Idee zur Verbesserung der Welt oder zur Transformation der Gesellschaft messen lassen muss – und an der sie scheitern kann.

Wir haben es hier mit einer höchst paradoxen Situation zu tun.[148] Einerseits gilt es, viele Errungenschaften der westlichen Lebensweise – Meinungsfreiheit, Demokratie, Pluralismus, Gewaltenteilung – entschlossen zu verteidigen. Andererseits kann diese Verteidigung – also in gewissem Sinne die Sicherung einer wünschenswerten Normalität – nur dann gelingen, wenn andere Elemente dieser Lebensweise – insbesondere ihre Angewiesenheit auf einen fundamental nicht-nachhaltigen Naturverbrauch – grundlegend transformiert werden. Hier besteht also ein doppelter Handlungsbedarf. Es gilt, die eine Normalität zu verteidigen und eine andere Normalität zu zerstören. *Das* ist der Kontext, in dem die Idee der Großzügigkeit wirksam werden soll. Der »kategorische Imperativ des ›Weiter so‹« (Ingolfur Blühdorn) wird fallen müssen, wenn die Welt verbessert werden soll – und auch, wenn Großzügigkeit an Bedeutung gewinnen soll.

Normalität wirkt also umso fester, je »normaler« sie ist – und am normalsten ist sie dann, wenn sie gar nicht thematisiert, hinterfragt und kritisiert wird. Der Philosoph E.M Cioran formuliert dies so: »Der Mensch ist der Dogmatiker schlechthin; und seine Dogmen sitzen um so tiefer, als er sie nicht formuliert, als er ihnen gehorcht, ohne sie zu kennen.«[149] Dieses Nicht-Kennen ist konstitutiv für die Macht der Normalität. Der Philosoph Michael Andrick spitzt das so zu: »[N]ur was sich angeblich von selbst versteht und was deshalb nicht diskutiert wird, hat uns wirklich vollkommen in seiner Gewalt.«[150] Dass wirtschaftliche Leitbilder – zumindest außerhalb von Diskursen über Postwachstum, Suffizienz und Ökonomiekritik – kaum ernsthaft hinterfragt werden und deshalb die Gesellschaft »in ihrer Gewalt« haben, ist für die Verbreitung und Wirkung von Großzügigkeit ein zentraler Faktor.

Die Reaktionen auf die Finanzkrise 2008ff. und die Coronakrise 2020ff. sind eindrückliche Beispiele für den *Wunsch* nach Normalität – und sei es eine »neue«. Es gibt einen sehr verbreiteten »Willen zur Normalität«, der viel mit der Sehnsucht nach Orientierung, Klarheit und Übersichtlichkeit zu tun hat. Fehlende Normalität ruft Ängste hervor – und damit auch Widerstand. Jede Transformation hat das in Rechnung zu stellen, und das gilt ganz gewiss auch für die Großzügigkeit, die tief etablierte Selbstverständlichkeiten in Frage stellt und verändern will. So gesehen ist sie auch die Suche nach einer »neuen Normalität«. Hier hat der Begriff aber durchaus wenig mit der Hoffnung (oder gar dem Versprechen) einer »neuen Normalität« zu schaffen, von der in Finanz- und Corona-Krise so viel die Rede war.

Gerade durch Corona war trotz des Labels »neu« deutlich der Wunsch nach der Rückkehr alter Selbstverständlichkeiten zu spüren. Der Soziologe Stephan Lessenich beobachtet, dass aus der Verbreitung des Virus »der intensive gesellschaftliche Wunsch nach Normalität erwuchs: Die Sehnsucht nach Wiederherstellung des Alten und Gewohnten, nach Rückkehr der eigenen, heimeligen, anheimelnden Welt.«[151] Lessenich sieht aber auch, »dass ein *back to normal* nicht nur äußerst unwahrscheinlich ist, sondern geradezu irrsinnig wäre«[152] – eine Zustandsbeschreibung, die zum Anliegen des vorliegenden Buches passt. Lessenich spricht von einer »Kultur normalisierter Destruktivität«[153] und trifft damit den Nagel auf den Kopf: Es ist eben nicht nur ein historisch einmaliger Wohlstand, der in westlichen Ländern als normal gilt und der wesentlich auf Steigerungen der Produktivität, der Effizienz und der Wirtschaftsleistung basiert – Teil dieser Normalität ist die existenzgefährdende Zerstörungskraft eben dieser Steigerung.

Was immerhin Hoffnung geben kann, ist ein Blick in die Geschichte.[154] Zwei – in der Transformationsforschung immer wieder zitierte – historische Beispiele zeigen, dass sich eine noch so festsitzende Normalität als veränderbar erweisen kann. Mit der Sklaverei wurde eine soziale Institution abgeschafft, die sehr, sehr lange Zeit für sehr, sehr viele Menschen sehr, sehr selbstverständlich war und als wirtschaftliche und soziale Praxis als völlig unproblematisch und »normal« angesehen wurde. Sklaverei war so »selbstverständlich«, dass sich ihre Abschaffung wohl nur eine verschwindend geringe Menge von Menschen überhaupt vorstellen konnte. Ähnliches galt für das Wahlrecht für Frauen: Lange Zeit war es für viele Menschen völlig selbstverständlich und höchst »normal«, dass nur Männer wählen dürfen und Frauen keine Stimme in »demokratischen« Mitbestimmungsprozessen haben. Dass es »politische Wunder« wie die Abschaffung der Sklaverei und die Einführung des Frauenwahlrechts dennoch gegeben hat, war das Ergebnis der Kämpfe von Menschen, die von der Hoffnung auf bessere, gerechtere Verhältnisse beseelt waren.

Historische Wandlungsprozesse zeigen also, dass tiefgreifende Transformationen *möglich* sind – auch wenn sie unmöglich erscheinen. Dass den allermeisten Menschen eine Praxis, die eine relevante Zeit lang ökonomisch, sozial und kulturell völlige Normalität war, heute völlig absurd und unakzeptabel erscheint, macht deutlich, dass normativ motivierter und tiefgreifender gestalteter Wandel kein Hirngespinst ist. In seiner Studie *Eine Frage der Ehre*, in der er auch die Abschaffung der Sklaverei erörtert, schreibt der Philosoph Kwame Anthony Appiah: »Eines Tages werden die Menschen nicht nur alte Praktiken für falsch und neue für richtig halten, sie werden auch glauben, dass die alten Praktiken etwas Schändliches an sich hatten.«[155] Zugespitzt: Es könnte sein, dass kommende Generationen »Schande!« rufen, wenn sie darauf schauen, wie Menschen im frühen 21. Jahrhundert mit der Natur, miteinander und mit Tieren umgegangen sind. Daraus lässt sich lernen, dass Normalitäten wie Nicht-Nachhaltigkeit, Selbstoptimierung und Tierquälerei prinzipiell ebenso veränderbar sind wie die Orientierung an den Leitbildern Effizienz und Expansion. Womöglich ist ein gesellschaftliches Umfeld, in dem dauernd vom Ende der Illusionen, von der Konfrontation mit neuen Realitäten und von einer stattfindenden Zeitenwende die Rede ist, für einen solchen Wandel förderlich.

»Zeitenwende« ist seit dem Beginn des Ukraine-Krieges ein vielgesagtes und vielzitiertes Wort. Von Beginn an war klar, dass dieser Begriff sich nicht auf den Umfang des deutschen Verteidigungsbudgets beschränkt, sondern mehr bedeutet – und in gewisser Weise auf den Punkt bringt, was sich schon länger angekündigt hat: ein Ende der Normalität, wie wir sie kannten. Wie eben erörtert: Das meint nicht, dass es keine Normalitätsvorstellungen mehr gibt oder dass Normalität unwichtiger geworden ist. Aber es bedeutet eben, dass sich sehr viel Selbstverständliches, Gewohntes und Vertrautes immer weniger von selbst versteht, sondern immer unsicherer, umstrittener und umkämpfter ist.

Die Corona-Krise stellte, wie gesagt, für viele einen Bruchpunkt für etablierte Normalitäten dar, und in der Tat hat die Corona-Krise – das Wort umschreibt die Krankheit und ihre Folgen, aber auch die politischen Reaktionen auf Corona und ihre Folgen – eine gesellschaftliche Erschütterung bedeutet. Neben den teilweise desaströsen ökonomischen und sozialen Konsequenzen war Corona auch Ursache einer tiefgreifenden Verunsicherung, deren Hauptursache wohl die beschriebene Erschütterung von Normalitäten war. Wie das Gesundheitswesen (nicht) funktioniert, wie Verwaltungen (nicht) digitalisiert sind, was (keine) systemrelevanten Tätigkeiten sind, wie man mit dem Schutz alter und der Freiheit junger Menschen umgegangen ist – all das hat schon sehr gut zu einem Lebensgefühl gepasst, das man als Zeitenwendegefühl beschreiben könnte.

Seit dem Februar 2022 weiß man, dass es noch viel schlimmer werden kann. Der Angriffskrieg Russlands in der Ukraine ist eine weitere Erschütterung von für sicher gehaltenen Normalitäten. Das geht weit über sicherheitspolitische Erwägungen hinaus und betrifft Kernelemente nicht nur des deutschen und europäischen Wirtschaftsmodells, sondern der westlichen Lebensweise insgesamt. Im Zuge der Debatte um Handelsabhängigkeiten, die mit Corona begonnen und sich mit dem Krieg in der Ukraine intensiviert hat, stehen nicht nur Importstrukturen bei Energie, seltenen Erden und Medizinprodukten, sondern auch Exportbeziehungen und insbesondere die starke Abhängigkeit von China als Absatzmarkt in Frage. Noch heftiger ist die Wirkung des Krieges auf das Thema Energie – die Vorstellung, russisches Gas sei eine verlässliche Brückenenergie beim Weg in die klimaneutrale Wirtschaft, hat sich als naive Illusion erwiesen. Und, für die Transformation zur Nachhaltigkeit vielleicht ebenso wichtig: Es ist unübersehbar geworden, dass das derzeitige Wohlstandsmodell auf Voraussetzungen beruht hat, die schlicht nicht mehr gegeben sind und die auch zukünftig nicht mehr verfügbar sein werden. Hier wohl mehr als irgendwo sonst kann man mit guten Gründen davon sprechen, dass das westliche Fortschrittsmodell am »Ende der Illusionen« angekommen ist.

Mindestens ebenso wie die Schocks Corona und Krieg hat eine schleichende Katastrophe mittlerweile den gesellschaftlichen Mainstream erreicht und zu einer Destruktion »normaler« Fortschrittsvorstellungen geführt: Die Klimaerhitzung hat eine noch vor einem Jahrzehnt kaum vorstellbare Aufmerksamkeit bei Politik, Medien und Bürgerinnen und Bürgern erreicht. Heute ist klar, dass das Klima kein abseitiges »Öko-Thema« ist, sondern eine Existenzfrage moderner Gesellschaften. Die Klimaerhitzung hat vielfältige Reaktionen in Politik und Wirtschaft ausgelöst, die freilich von dem, was in weiten Teilen von Wissenschaft und Zivilgesellschaft als notwendig erachtet wird, noch sehr weit entfernt sind. Es wird immer deutlicher, dass mit dem Klimathema Grundsätzliches in Frage gestellt ist – die Fundamente der westlichen Lebensweise wanken. Dass deshalb ein grundlegender Wandel der gesellschaftlichen Naturverhältnisse erforderlich ist, kann man als eines der wichtigsten Argumente für die Kritik an Effizienz und Expansion und für das Leitbild der Großzügigkeit nehmen.

Eine der meistzitierten Gesellschaftsdiagnosen der letzten Jahre weist in unmissverständlicher Weise darauf hin, dass nicht zuletzt die Klimakatastrophe gesellschaftliche Normalitäten grundlegend in Frage stellt. Am Schluss seines Bestsellers *Das Ende der Illusionen* schreibt der Soziologe Andreas Reckwitz: »Die Potenzierung ökologischer Probleme, welche die industrielle und postindustrielle Lebensweise mit sich bringt und die im Klimawandel kulminieren, wird [...] unwiederbringlich den Verlust eines Modells der Gesellschaftsentwicklung bedeuten, welches eine Steigerung materiellen Wohlstands in eine unendliche Zukunft als Normalfall annahm. Der klassische Begriff des Fortschritts, der uns seit der Aufklärung als Maßstab der politischen und gesellschaftlichen Entwicklung dient, bedarf im 21. Jahrhundert selbst einer Revision.«[156] Das Zitat zeigt den Maßstab der Herausforderung, vor denen westliche Gesellschaften heute stehen. Und die Beschreibung der Lage deutet bereits an, warum das Leitbild der Großzügigkeit hier eine zentrale Rolle spielen kann.

Großzügigkeit, so der hier formulierte Anspruch, kann einen Weg weisen aus der Knappheits-Effizienz-Wachstums-Endlos-Schleife, die für das tiefgreifend an Produktivität, Effizienz und Wachstum orientierte Fortschrittsparadigma so prägend war und bis heute ist. Dieser ziel- und endlose »Wettlauf« führt in einer endlichen Welt zu gravierenden ökologischen Problemen, von denen die von Reckwitz genannte Klimakatastrophe ein Beispiel ist. Die Klimaerhitzung ist besonders bedrohlich, aber bei weitem nicht das einzige ökologische Problem der Menschheit. Dass diese Problematik existenzbedrohende Dimensionen annimmt, hat sich mittlerweile herumgesprochen und ist längst keine unter Apokalypseverdacht stehende Übertreibung mehr. Klima, Artensterben, Vermüllung der Meere, Überfischung, Bodenverbrauch – die Liste dramatischer Umweltprobleme ist lang. Wenn hierauf angemessen und wirkungsvoll reagiert würde, wäre das tatsächlich eine grundsätzliche Zeitenwende. Vor diesem Hintergrund sei erneut betont, dass Großzügigkeit hier nicht (nur) den spendablen Umgang mit Geld oder Freigebigkeit beim Geschenkegeben oder im Umgang mit Zeit meint. Ganz wesentlich steht Großzügigkeit hier für Schonung (von Natur und Mensch), Slack (das Vorhandensein ungenutzter Ressourcen) und Spielraum (buchstäblich: Spiel-Raum für die Natur, aber auch für gesellschaftliche Experimente und Innovationen). Dies widerspricht in vielerlei Hinsicht Leitbildern der Effizienzverbesserung, der Produktivitätssteigerung und des Wachstums der Wirtschaftsleistung.

Eine so verstandene Großzügigkeit, das wurde in den vorangegangenen Kapiteln ausführlich dargelegt, hat potenziell positive Wirkungen auf Natur, Mensch und Tier. Großzügigkeit in diesem Sinne wäre gleichsam eine Umorganisation der Arten und Weisen, wie Menschen mit der Natur, miteinander und mit Tieren umgehen. Sie impliziert ein anderes Verständnis von Wirtschaft als das heute herrschende. Sie setzt Effektivität vor Effizienz, Wirksamkeit vor Wachstum und Resilienz vor Produktivität. Eine solche Großzügigkeit ist nicht geizig und nicht verschwenderisch, sondern zielt auf die richtige Mitte zwischen diesen beiden Extremen. Sie lässt Puffer für die Natur, Platz für Tiere und setzt auf die Erhaltung menschlichen Potenzials statt auf seine unterdifferenzierte Entfaltung und Ausbeutung.

Diese Positionierung impliziert Technikskepsis, aber gewiss keine Technikfeindlichkeit. Abgelehnt wird ein Vertrauen darauf, dass Technologie gleichsam im Alleingang die großen (ökologischen) Probleme der Gegenwart und der Zukunft zu lösen vermag. Gleichzeitig ist auch aus »großzügiger Perspektive« klar, dass Technik (natürlich) ein unverzichtbarer Faktor für eine zukunftsfähige Entwicklung ist – aber eben *ein* Faktor, dem der Faktor »Kultur« mindestens ebenbürtig ist. Dass eben diese Kultur ihrerseits durch Technik geprägt ist, liegt in unserem digitalen Zeitalter auf der Hand. Es ist aber ebenso offensichtlich, dass zu einem großzügigen Ordnungsrahmen auch gehört, Technikentwicklung mit Nachhaltigkeitskriterien zu verbinden. Digitale Technologien, die nicht zu einer Ökologisierung der Wirtschaft beitragen, sondern zu einer Beschleunigung, Verdichtung und erhöhten Ressourcenintensität, sind schlicht nicht zeitgemäß. Mit dieser Positionierung ist Großzügigkeit sicher nicht Teil des Diskurses über »grünes Wachstum«, aber ebenso wenig gehört sie zum »Postwachstum«. Zu diesem gibt es eine gewisse Nähe durch Effizienzkritik, Technikskepsis und sicher auch mit Blick auf Bedenken bezüglich der Sinnhaftigkeit und Möglichkeit weiteren

Wirtschaftswachstums. Aber Großzügigkeit ersetzt nicht Wachstumsmanie durch Wachstumsphobie, sondern ist – und das ist ein großer Unterschied zur Postwachstumsbewegung – schlicht indifferent bezüglich der Zukunft des Wachstums. Großzügigkeit, so kann man das wohl zusammenfassen, ist der Wachstumsfrage gegenüber großzügig.

Fortschritt. Neuerfindung durch Anpassung?

Mit all dem ist auch klar, dass Großzügigkeit nur im Kontext einer Revision des Fortschrittsbegriffs denkbar ist. Mit dem von Reckwitz so bezeichneten »klassischen« Fortschrittsbegriff ist Großzügigkeit nicht kompatibel, denn die widerspricht in ihrem Kern grundlegenden Eigenschaften dieser Interpretation von Fortschritt: Wachstum der Wirtschaftsleistung, Orientierung an ökonomischen Leitbildern, Verfügbarmachung von Natur. Damit ist Großzügigkeit ein Einspruch gegen den »klassischen« Fortschritt, aber keinesfalls eine Absage an Fortschritt *an sich*. Das genaue Gegenteil ist der Fall: Alle Kennzeichen der hier skizzierten Vorstellung von Großzügigkeit setzen auf eine *Verbesserung* des gesellschaftlichen Umgangs mit der Natur, mit Menschen und mit Tieren. Hier wird die Idee des Fortschritts nicht verabschiedet, sondern in eine andere Richtung interpretiert, ohne die Idee gesellschaftlicher Verbesserungen aufzugeben.

Großzügigkeit ist in diesem Sinne also nicht lediglich eine Defensiv- oder Anpassungsoperation, sondern ganz wesentlich ein Tun und Unterlassen mit dem Ziel gesellschaftlichen Fortschritts. Das ist auch deshalb zu betonen, weil es sich von einer zunehmenden Fortschrittsskepsis absetzt, die man für übertrieben halten kann und die nicht eben hoffnungsfroh stimmt. Hoffnung ist aber Voraussetzung für Handeln.[157] Wo auf der Mikroebene Spaßverzicht und Freudlosigkeit demotivierend wirken, da droht auf der Makroebene eine nicht nur analytische, sondern praktische Fortschrittsskepsis eine erfolgreiche Transformation zur Zukunftsfähigkeit zu blockieren. Das ist zumal dann sehr kritisch zu sehen, wenn man in Europa eine Hoffnungsträgerin der Nachhaltigkeit sieht.

Der Publizist und Aktivist Ralf Fücks spitzt das folgendermaßen zu: »Für ein fortschrittsmüdes, zukunftsängstliches Schrumpfeuropa interessiert sich kein Mensch. Wenn wir relevant bleiben wollen, müssen wir den Aufbruch in die ökologische Moderne wagen.«[158] Über Fücks technologieoptimistische Interpretation der ökologischen Moderne wird man im Kontext der Großzügigkeit streiten müssen – sein Hinweis auf die globale Irrelevanz eines defensiven und fortschrittsabgewandten Europas ist aber ernst zu nehmen. Zu glauben, dass ein Europa, das rigoros auf Postwachstum, Suffizienz und Regionalismus setzt, Vorbild für Zukunftsfähigkeit sein kann, ist naiv und abgehoben. Das gilt nicht zuletzt angesichts von Fücks' treffender Beobachtung, dass die Frage nach einem weiteren Wachstum der Weltwirtschaft längst entschieden ist: Sie *wird* wachsen.[159]

Man muss den Technikoptimismus des grünen Vordenkers nicht teilen, um diesen Punkt für sehr relevant zu halten. Und gleichzeitig darf man fragen, ob Großzügigkeit aus dieser Perspektive eine Chance hat. Wie gesagt: Auch Großzügigkeit ist mit der Kraft einer Normalität konfrontiert, die nach wie vor auf Effizienz und Expansion setzt und wesentlich durch ökonomische Weltzugänge geprägt ist. Diese Normalität ist stark – aber auch wandelbar. Und für unser Thema besonders relevant: Es zeichnet sich ab, dass die Fokussierung auf Effizienz und Expansion immer brüchiger wird und langsam, aber stetig durch Ziele wie Resilienz und Anpassung ersetzt wird. Hier deutet sich gleichsam eine Überarbeitung des Fortschrittsbegriffs an. Mit Blick auf die Motive der Anpassung und der Resilienz ist tatsächlich festzustellen, dass hier einiges auf eine Öffnung gesellschaftlicher Debatten und Praktiken in Richtung Großzügigkeit hindeutet – deshalb lohnt sich hier der genaue Blick auf diese Diskurse.

Der oben zitierte Soziologe Stephan Lessenich schließt sein Buch über das Ende der Normalität mit einer klaren Aussage zu einem Thema, das uns hier intensiv beschäftigt hat: der Nutzung von Potenzialen. Lessenich schreibt: »Das, was uns seit Jahrzehnten angetrieben hat, die grenzenlose Politik der ›unausgeschöpften Potenziale‹ – überall geht noch was, jede:r kann noch eine Schippe drauflegen, wir holen alles raus – ist an ein Ende gekommen. Wir müssten es nur akzeptieren. Und eine andere Politik mit dem Potenzial etablieren: eine Politik nicht mehr des Weiter-so oder Mehr-vom-selben, sondern eine, die nach den nicht-realisierten Potenzialen *des Anderen* fragt.«[160]

Mit diesem anderen meint Lessenich eine andere Ökonomie, eine andere Politik und eine andere Form der Solidarität. Viel konkreter wird er nicht, aber dennoch sind hier zwei Punkte für unser Thema interessant. Erstens wird klar konstatiert, dass das Leitbild der Potenzialentfaltung und -nutzung am Ende ist – die Begründung für diese Lage der Dinge wurde hier in den vorigen Kapiteln ausführlich dargelegt. Interessant ist zweitens aber auch, dass Lessenich zwar zuerst vehement den Abschied vom Potenzialnutzungsdenken einfordert – im nächsten Schritt dann aber in eben diesem Denken verharrt, also die zugrundeliegende Logik nicht in Frage gestellt, sondern nur *in anderer Weise angewandt* sehen will.

Wie wir gesehen haben – und in diesem Sinne kann auch Lessenich verstanden werden – ist zumindest der bisherige Modus der Potenzialnutzung höchst nicht-nachhaltig. Während Lessenich freilich offenbar eine andere Nutzung anderer Potenziale anstrebt, aber eben deren weitere Nutzung, ist die Großzügigkeit hier gleichsam radikaler: In Erwägung gezogen wird der Verzicht auf Nutzung. Das Ausreizen aller vorhandenen Potenziale, Synergien und Verfügbarkeiten ist notwenige Bedingung für das Laufen der Knappheits-Effizienz-Wachstums-Endlos-Schleife. Großzügigkeit ist ein Modus nicht (nur) der Expansion und Aneignung, sondern wesentlich ein Leitbild, das sich an Resilienz und Rücknahme und in diesem Sinne an Anpassung orientiert.

Der Publizist Jeremy Rifkin hat 2022 ein Buch vorgelegt, das perfekt in einen Diskurs passt, der Expansion und Aneignung überwinden will und stattdessen ausdrücklich auf Resilienz und Anpassung setzt. Rifkins Text hebt an mit dem Postulat, Anpassung sei alternativlos: »Lange haben wir geglaubt, wir könnten die Natur zwingen, sich an unsere Spezies anzupassen, doch heute bleibt uns nichts anderes übrig, als uns an die unberechenbare Natur anzupassen.«[161] Das titelgebende *Zeitalter der Resilienz* sei angebrochen, das die Ära des Fortschritts ablösen werde: »Das Zeitalter des Fortschritts ist tot und wartet nur noch auf seine Obduktion.«[162] Rifkin sieht in einer überbordenden Effizienzorientierung ein zentrales Übel unserer Zeit und hält einen »Übergang von der Effizienz zur Anpassungsfähigkeit« für unausweichlich, wenn die Menschheit eine gute Zukunft haben soll.[163]

Wo Rifkin vehement Anpassung *fordert*, wird diese Strategie vom Soziologen Philipp Staab *analysiert*. Gleich zu Beginn seiner Studie *Anpassung. Leitmotiv der nächsten Gesellschaft* stellt Staab fundamentale Fragen danach, wie überhaupt ein plausibler Zugriff auf Gegenwartsgesellschaften aussehen kann. Könne es sein, fragt er, dass Begriffe wie Fortschritt und Individualisierung für eine Analyse der Gegenwart ungeeignet sind? Dass man auf Basis der »verbürgten Kontinuitäten der Modernisierung« analytisch ins Leere läuft? Und: »Dass wir diese und die nächste Gesellschaft nicht mehr aus ihrem offensiven, sondern aus einem primär defensiven Weltverhältnis heraus bestimmen müssten? Dass nicht Selbstentfaltung, sondern Anpassung, nicht Progression, sondern Selbsterhaltung ihr eigentliches Leitmotiv bilden?«[164] Diese Fragen zielen auf den Kern der soziologischen Analyse unseres Themas. Nachhaltigkeit halten ja nicht wenige für einen Rettungsversuch einer gescheiterten Fortschrittsidee – aber natürlich dient diese Idee ganz wesentlich auch der gesellschaftlichen Selbsterhaltung. Und ein defensives Weltverhältnis und Anpassung – zum Beispiel an ökologische Gegebenheiten – sind ganz offenbar Elemente der hier vorgestellten Konzeption von Großzügigkeit.

Staab zielt mit seiner Untersuchung wesentlich auf das oben beschriebene Wegbrechen gesellschaftlicher Selbstverständlichkeiten, wie es durch Corona, Krieg und Klimakrise ausgelöst wird. Er hält es für entscheidend, »dass die typisch moderne Überzeugung, Selbsterhaltungsfragen seien eigentlich gelöst, als stillschweigender Konsens der Gesellschaftsanalyse längst brüchig geworden ist.«[165] Der Soziologe beobachtet eine »systematische *Rückkehr von Selbsterhaltungsfragen*«.[166] Das passt zur eingangs konstatierten Situation, dass Mangel und Knappheit zu Beginn der 2020er Jahre wichtige Themen der gesellschaftlichen Debatte geworden sind. Der erwähnte Postmaterialismus, den man sich bekanntlich leisten können muss – viele können ihn sich *nicht* mehr leisten.

Für unser Thema von überragender Bedeutung ist Staabs These, dass Anpassung »nicht mehr einfach als Gegensatz der Freiheit« denunziert werden kann.[167] In der Welt von heute, so kann man zuspitzen, muss man Anpassung und Freiheit *zusammendenken*. Und daraus ist auch zu schlussfolgern, dass Großzügigkeit und Freiheit nicht nur zusammenpassen, sondern zusammengehören – was das konkret bedeutet, haben wir oben bereits gesehen. Eine zentrale Aufgabe liegt im Rahmen des Anpassungsparadigmas also darin, die Anpassung und die Freiheit auszubalancieren – ganz ähnlich wie bei der Nachhaltigkeit eine Balance zwischen Ökologie, Wirtschaft und Sozialem angestrebt wird.

Bei Staab landet man von der gesellschaftlichen Ebene recht schnell bei der Frage, was der Bedeutungsgewinn der Anpassung für die individuelle Lebensführung bedeutet. Gesellschaftliche Anpassung verortet er freilich wesentlich auf dem Feld der Infrastruktur. »Kollektive Anpassung«, schreibt er, »entpuppt sich als eine spezifische Form der Arbeit, die auf die Erhaltung von Leben ausgerichtet ist und vornehmlich innerhalb eines Infrastrukturkomplexes der Gesellschaft erbracht wird. Anpassungspolitik [...] ist in bedeutendem Maße Infrastrukturpolitik. Sie gibt dem Allgemeinen Vorrang vor dem Besonderen, priorisiert kollektive Verpflichtung und eigenverantwortliche Selbstführung zulasten kompetitiver Selbstentfaltung.«[168] Hier zeigt sich, dass ein Paradigma der Anpassung nicht nur sehr wichtige ökologische Bezüge hat, sondern auch eine soziale Dimension: Der oben untersuchte Hang zur Selbstoptimierung wird deutlich gebremst, wenn Anpassung und Erhaltung wichtiger werden als Wachstum und Entfaltung. Auch hier zeigt sich also, wie eng verwandt Staabs Anpassungsbegriff mit der Großzügigkeit ist. Hier wie dort geht es darum, Potenziale zu *erhalten*, statt sie zu *entfalten*.

Das Streben nach Selbstentfaltung wird heute, so Staabs Analyse, durch ein Bedrohungsgefühl verdrängt. Zur »adaptiven Gesellschaft« gehöre »das für sie konstitutive Wissen, dass Lebensführung und damit Subjektivität fundamental gefährdet sind – und zwar durch sich selbst.«[169] In den Begriffen des vorliegenden Buches: Das Scheitern der westlichen Lebensweise kommt als Bedrohung bei den Individuen an – und wirkt sich auf deren Lebensweise aus. Erfolgreiche Selbsterhaltung wird damit geradezu eine *Voraussetzung* von Freiheit. Damit wird der moderne Drang nach Effizienz, Expansion und Entfaltung gründlich ausgebremst – und zwar in einer Weise, die mit den hier skizzierten Vorstellungen zu Motiv und Wirkung von Großzügigkeit vollkommen kompatibel erscheint. Die adaptive Gesellschaft erscheint in Staabs Untersuchung als nicht vermittelbar »mit einer klassisch-modernen Perspektive auf Fortschritt als gesellschaftlichem Projekt konstanter Perfektionierung, grenzenloser Selbstentfaltung und immer weiterer Erschließung, Gefügigmachung und Vernutzung von Zukunft durch ein heroisches Subjekt.«[170]

Hier tut sich eine interessante Parallele auf zu dem, was der französische Sinologe und Philosoph François Jullien schreibt, wenn er den für unser Thema so wichtigen Begriff der Wirksamkeit im Lichte dessen interpretiert, was er »das chinesische Denken« nennt: »Wenn die Situation für den Weisen vollkommen ungünstig ist und keinerlei Potenzial zu seinen Gunsten erkennen läßt, *wartet* er ab.« Und: »Anstelle des bombastischen Heroismus der Aktion, der durch das Eingehen von Gefahren glorifiziert wird, soll man die unauffällige Arbeit der Transformation auf sich nehmen, die nach und nach die Widerstandsfähigkeit des Gegners untergräbt. Die chinesische Wirksamkeit besteht nicht darin, für oder gegen etwas zu handeln, etwas zu unternehmen oder Widerstand zu leisten, sondern ganz einfach, um es in prozeßhaften Begriffen auszudrücken, etwas *auszulösen* oder *die Auslösung zu verhindern.*«[171]

Ein optimistischer, zukunftsgewisser, expansiver Fortschrittsgedanke spielt hier keine Rolle. Zaudern ist hier mindestens so wichtig wie Zupacken.[172] Transformation ist in dieser Sicht nicht die offensive Durchsetzung technischer und sozialer Innovationen, sondern eben »unauffällige Arbeit« – also im Grunde defensiver Natur. Auch das fügt sich in Staabs Anpassungs-Paradigma, das er wesentlich aus einem gründlichen Abschied vom Fortschrittsgedanken und der »Ent-Täuschung der Moderne« ableitet.[173]

Es gehe heute, anders als beim klassischen Fortschrittsbegriff, nicht um die Eroberung der Zukunft, sondern um die Sicherung der Gegenwart und »Bestandsschutz«.[174]

Wenig überraschend spielt für die Anpassung der Resilienzgedanke eine wichtige Rolle, der auch im Zentrum von Rifkins Überlegungen steht. Resilienz ist, wie wir schon gesehen haben, die Fähigkeit, Krisen gut zu überstehen und auch nach Rückschlägen oder Katastrophen weitermachen zu können. Im Kontext des Anpassungsparadigmas lässt sich Resilienz nicht lediglich als Krisentauglichkeit übersetzen, sondern geradezu als Chance.[175] Dennoch hat Resilienz auch im Kontext von Anpassungsstrategien einen dezidiert defensiven Charakter. Dazu passt eine Formulierung des Politikwissenschaftlers Ivan Krastev: »Im Zeitalter der Resilienz zählt eher der Schmerz, den man ertragen kann, als der Schmerz, den man anderen zufügen kann.«[176] Für Krastev ist das Bewusstsein um die eigene Verwundbarkeit Voraussetzung für eine widerstandsfähige Gesellschaft. Das gilt, so kann man hinzufügen, nicht nur für Kriege und Konflikte, sondern auch für Ökologie und Ökonomie.

Dass mit dem Wissen um die eigene Verwundbarkeit und dem Bedeutungsgewinn von Selbsterhaltung und Anpassung der Gedanke gesellschaftlichen Fortschritts buchstäblich fragwürdig wird, lässt sich an einer Schlüsselakteurin des gesellschaftlichen Ringens um Nachhaltigkeit zeigen: die Bewegung für effektiven Klimaschutz. In den Worten Staabs: »Mit der Betonung von Selbsterhaltungskonflikten, ihrem Fortschrittsverzicht und in der Verbindung von individueller und kollektiver Praxis wirkt die neue Klimaschutzbewegung [...] wie die politische Speerspitze einer im Kern adaptiven Lebensweise.«[177] Ökologischer Kritik, wie sie die Klimabewegung vorbringt, sei eine »fundamentale Abkehr von der Idee des Fortschritts zu eigen«, schreibt Staab.[178] Man darf bezweifeln, ob das eine treffende Beschreibung der Lage ist. Sicher ist sich diese Kritik des Fortschritts weitaus unsicherer als die vielzitierte Sozial- und Künstlerkritik.[179] Und natürlich war und ist ökologische Kritik skeptisch, was Fortschrittsversprechen angeht – das bezieht sich aber doch vor allem auf *technischen* Fortschritt und nicht auf die prinzipielle Möglichkeit, als Gesellschaft voranzukommen. Gerade der wachstums- und kapitalismuskritische Nachhaltigkeitsdiskurs ist voll von Vorstellungen, wie Mensch und Gesellschaft »nachhaltig« verbessert werden sollen.

Das deutet sich auch dort an, wo Staab den vermeintlichen Abschied vom Fortschritt beleuchtet. »Der Fortschrittsverzicht«, so schreibt er, »bewirkt keine politische Handlungslähmung, keinen Antriebsverlust. Vielmehr erschließen Anpassungspraktiken *Spielräume* der Lebensführung, die andernfalls bedroht wären.«[180] Damit ist aber paradoxerweise gesagt, dass der Verzicht auf Fortschritt einen anderen Fortschritt möglich macht – es sei denn, man hielte allen Ernstes die Schaffung von Spielräumen für individuelle Lebensführung und kollektive Entwicklung nicht für einen Fortschritt. Auch wenn festgestellt wird, dass Anpassung »keine primär repressive, sondern eine experimentelle und transformative Praxis«[181] sein kann, verträgt sich das schlecht mit der Vorstellung, eine an Anpassung orientierte Gesellschaft sei eine, die auf Fortschritt verzichtet.

Ebenso fragwürdig – und offensichtlich ebenfalls für unser Thema interessant – ist die von Staab diagnostizierte Entpolitisierung im Zuge des Anpassungsdiskurses. In Staabs Worten: »Als Fluchtpunkt politischer Sehnsüchte potenzieller Avantgarden der adaptiven Gesellschaft erweist sich [...] die Entpolitisierung von Selbsterhaltungsfragen. Diese werden mal impliziter, mal expliziter als Wunsch nach technokratischer Herrschaft artikuliert – sei es im Sinne einer Herrschaft der Experten oder in jenem einer technischen Automatisierung zentraler politischer Prozesse.«[182] Diese Diagnose einer Abkehr vom Politischen und einer Hinwendung zu Experto- und Technokratie verhält sich zum Thema der Großzügigkeit zunächst einmal neutral: Die Suche nach Großzügigkeit ist ein dermaßen offener Prozess, dass heute kaum gesagt werden kann, welche Akteure, Institutionen und Technologien zukünftig das Bild bestimmen.

Für eine Einordnung dieser Frage ist die Rolle des Politischen in Rifkins Anpassungs-Manifest instruktiv. Denn wo Staab eine Entpolitisierung diagnostiziert, fordert Rifkin vehement eine – auch wenn er das nicht so nennt – Re-Politisierung des ökologischen Diskurses. Er stellt explizit geradezu eine Neuerfindung der westlichen Demokratie in den Raum. Der Zwang zur Anpassung gelte auch und gerade politisch: »[A]uf einer verwildernden Erde, die immer wieder ohne Vorwarnung von schrecklichen Naturkatastrophen heimgesucht wird«, sei auch eine neue Art von Demokratie nötig.[183] »Die politische Rückkehr in den Schoß der Natur«, so formuliert Rifkin nicht ohne Pathos, »hat bereits begonnen.«[184] Auch hier wird eine klare Richtung vorgegeben: »Abschied von der repräsentativen Demokratie«.[185] Rifkin setzt somit bei aller Fortschrittskritik nicht nur auf Technologie, sondern ganz wesentlich auch auf eine lebendige Demokratie, die über übliche Repräsentationsstrukturen hinaus erweitert werden soll. »Im Anthropozän«, ist Rifkin überzeugt, »muss jeder Aspekt der Demokratie im Hinblick auf die Entwicklung einer resilienten Gesellschaft neu gedacht werden.«[186]

Man sieht hier also zwei Pole der Einschätzung einer Politik der Anpassung: hier die entpolitisierte Technokratie, dort die wiederbelebte Demokratie. Hier darf offenbleiben, welcher Pfad der wahrscheinlichere oder plausiblere Weg zu einer Gesellschaft ist, die wirkungsvoll Anpassung organisiert, insbesondere Anpassung an die Natur. Rifkins Vorstellungen wirken angesichts real existierender Entwicklungen in zahlreichen westlichen Demokratien etwas blauäugig. Gleichzeitig hat er einen guten Punkt, wenn er darauf hinweist, dass angesichts der Lage auch demokratische Prozesse einen Gestaltwandel erleben dürften, wenn Nachhaltigkeit, Resilienz und Anpassung wichtiger werden. Aber auch hier kann man festhalten, dass die Wahrheit sehr wahrscheinlich in der Mitte liegen wird – und zwar in dem Sinne, dass es ja auch Mischformen sein können, mit denen Zukunftsfähigkeit und Großzügigkeit vorangebracht werden. Es ist nicht auszuschließen, dass sich die »nächste Gesellschaft« viel mehr auf Fachwissen und digitalisierte Prozesse verlässt als die heutige – und *gleichzeitig* neue Formen der Beteiligung ins Werk setzt. Wenn der Bedeutungsgewinn von Anpassung nachhaltig wird, hat das jedenfalls potenziell positive Auswirkungen auf die Verbreitung und Wirkung eines Leitbilds der Großzügigkeit.

Hier muss nicht entschieden werden, wie tief und weit der Wandel vom Paradigma der Entfaltung zum Leitbild der Anpassung heute schon geht. Zentral ist die Einsicht, dass hier ein Wandel in Sicht ist und dass damit ein grundlegender Eckpunkt herrschender Normalität in Bewegung gerät – und zwar in eine Richtung, die eineindeutig die Chancen für einen Bedeutungsgewinn der Großzügigkeit erhöht. Was Staabs Analyse auf den Punkt bringt, impliziert eine Abkehr von der scheinbar unhinterfragbaren Autorität einer ökonomischen Rationalität, die mit ihrem Fokus auf Effizienz und Expansion andere zentrale Eigenschaften eines guten und zukunftsfähigen Lebens systematisch ausblendet. Wenn Anpassung, Resilienz und Existenzsicherung zu soziologisch beobachtbaren Entwicklungen werden, hat das profunde wirtschaftliche Implikationen, die die Verbreitungs- und Wirkungsmöglichkeiten der Großzügigkeit in hohem Maße beeinflussen.

Damit sind wir wieder bei einem Verständnis von Großzügigkeit, das oben als nicht-naiv bezeichnet wurde. Nicht-Naivität heißt, bei der Reflexion der Möglichkeiten und Grenzen der Großzügigkeit gesellschaftliche Dynamiken und Trägheiten in Rechnung zu stellen, bei denen die Normalität ein Schlüsselfaktor ist, und zwar mental ebenso wie institutionell. Was Staab als Wandel zur Anpassung beobachtet, ist nicht zuletzt ein Hinterfragen des Leitbildes der Selbst- und Potenzialentfaltung und einer Orientierung an effizienz- und produktionssteigernden Innovationen. Damit trifft die Diagnose, dass Anpassung ein »Leitmotiv der nächsten Gesellschaft« sei, einen Kern der Grundproblematik der Nicht-Nachhaltigkeit, nämlich die prinzipiell endlose Knappheits-Effizienz-Wachstums-Endlos-Schleife, die in einer endlichen Welt prinzipiell nicht nachhaltig sein kann.

Das wird noch einmal besonders deutlich, wenn Staab von der Errichtung einer »von Profitinteresse und Steigerungszwängen befreiten Ökonomie« spricht.[187] Der adaptiven Gesellschaft wohne »die Sehnsucht nach einer protektiven Technokratie inne, die sich aus der Wahrnehmung realer Selbsterhaltungsprobleme ergibt und die mit dem Selbstzweck der Kapitalakkumulation grundsätzlich bräche.«[188] Was hier zur Sprache kommt, entspricht der Zielsetzung, die Macht des Ökonomischen zurückzudrängen. Auch wenn man skeptisch ist, was den Abschied von einer kapitalistischen Ordnung angeht, kann man hier Anknüpfungspunkte zur Großzügigkeit erkennen, die ja wesentlich auf eine Einhegung des Ökonomischen zugunsten ökologischer und sozialer Werte und Ziele hinausläuft.

In diesem Zusammenhang ist bemerkenswert, wenn Andreas Reckwitz von einer »Revision« der »Ökonomisierung des Sozialen« spricht.[189] Ihm geht es dabei um die Reduktion sozialer Enttäuschungen und gleichsam das Abfedern sozialer Härten. Dabei sind nichtstaatliche Akteure wie »Freundschaftsnetzwerke« ebenso angesprochen wie staatliche Stellen, die »Maßnahmen zur Minderung der starken Ausschläge sozialer Ungleichheit« setzen könnten, worin Reckwitz explizit eine »*Entökonomisierung des Sozialen*« erblickt.[190] Für Reckwitz ist klar: »[N]icht nur auf gesamtgesellschaftlicher Ebene stößt das Modell des Wachstums mittlerweile an ökologische Grenzen, auch für das Subjekt kann man ›Grenzen des Wachstums‹ konstatieren.«[191] Der Bezug zur im vorliegenden Buch ausführlich durchargumentierten *Entökonomisierung des Ökologischen* liegt auf der Hand: In beiden Fällen geht es darum, ökonomische Leitbilder wie Effizienz und Expansion nicht »abzuschaffen«, aber ihnen doch einen vernünftigen Rahmen zu geben, in dem wirtschaftliche, ökologische und soziale Ziele gut ausbalanciert werden können. Das Ökonomische bleibt wichtig – aber es bleibt nicht das Maß der Dinge. Auch Rifkins Anpassungsbuch zielt auf massive Veränderungen des kapitalistischen Geschäftsmodells.

Dass Großzügigkeit von den hier involvierten Verschiebungen profitieren kann, zeigt sich nicht zuletzt auf dem Gebiet des Wissens. Die oben bereits thematisierten Wissensprobleme mit Blick auf die Natur und ihre Reaktion auf menschliche Eingriffe spielt auch im Diskurs über Anpassung eine Rolle. In seiner Analyse des Bedeutungsgewinns der Anpassung beschreibt Philipp

Staab mit Blick auf die Sozialökologie einen zentralen Erkenntnisgewinn: »Man verabschiedete sich von der Idee, die Entwicklung von Ökosystemen komplett vorherzusagen und kontrollieren zu können.«[192] Dieser Punkt wird auch in Rifkins Ruf nach Anpassung an die Natur deutlich hervorgehoben, indem Systemökologie als eine »neue Wissenschaft für eine verwildernde Erde« beschrieben wird.[193] Die »Theorie der komplexen adaptiven sozioökologischen Systeme« führe nicht, so Rifkin, »zu der Art von Zukunftsprognose, wie sie bislang Ziel der Wissenschaft war.«[194] Die Richtung ist klar: »Von der Prognose zur Anpassung.«[195]

Und natürlich ist hier auch ein notwendiger Wandel des ökonomischen Denkens angesprochen. Dass sich die »ökonomische Konstruktion der ökologischen Wirklichkeit« verändern muss, dass ökonomisches Denken offener werden muss und das Wirtschaftliche im Angesicht der aktuellen Problemlagen prinzipiell zu hinterfragen und neu zu denken ist, war wesentlicher Gegenstand der vorangegangenen Kapitel. Auch den Anpassungsbüchern Staabs und Rifkins geht es um eine Veränderung des Ökonomischen. Rifkin spricht dabei auch »Unternehmensmodelle mit größerer Anpassungsfähigkeit und Resilienz« an.[196] Er arbeitet sich ebenfalls – wenn auch eher postulierend als analysierend – an der Wirtschaftswissenschaft ab. Deren »Effizienzwahn«, schreibt Rifkin, »muss hinterfragt werden und es müssen Instrumente und Modelle entwickelt werden, die die Anpassungsfähigkeit in den Mittelpunkt stellen.«[197] Ihre Grundannahmen, so auch Rifkin, stünden »in krassem Widerspruch zur Dynamik unserer lebendigen Erde.«[198] Er gibt sich sicher, dass dieser Wandel bereits im Gange ist. »[D]as Bollwerk der neoklassischen und neoliberalen Wirtschaftstheorie«, so postuliert Rifkin, »wird sich auflösen, genau wie das aktuelle Modell des Industriekapitalismus und das Narrativ des Zeitalters des Fortschritts.«[199]

Das kann man für blauäugiges Wunschdenken halten, macht aber einmal mehr deutlich, dass der Anpassungsdiskurs wesentlich auch das Ökonomische berührt. Wenn Anpassung tatsächlich an Bedeutung gewinnt und dieses Leitmotiv wirklich Profitinteresse, Steigerungsorientierung und Kapitalakkumulation ebenso in Frage stellt wie das herrschende Wirtschaftsdenken, wirkt all das auf die Erfolgschancen des Leitbildes der Großzügigkeit ein. Wie ein solcher Erfolg sich entfalten und wie er wirken würde? Das ist, wie gesagt, eine offene Frage, die offen bleiben muss. Wir haben gesehen: Einerseits stehen mächtige gesellschaftliche und wissenschaftliche Normalitäten einem Wandel zur Großzügigkeit entgegen. Und andererseits entfaltet sich entlang von Begriffen von Anpassung, Selbsterhaltung und Resilienz gerade ein Diskurs, der einer Transformation zur Großzügigkeit förderlich sein könnte. Dann stellt sich die Frage, wie Konturen eines solchen Wandels aussehen könnten, in dessen Rahmen Fortschritt anders interpretiert wird als bisher.

9. Brot und Spiele

Zwischen Plan und Wildnis: Im Garten der Nachhaltigkeit?

Es geht hier, das sei erneut hervorgehoben, um (grundlegende) Revisionen des Fortschrittsbegriffs, was aber mitnichten einen Abschied von diesem Begriff bedeuten muss. Man sollte also dem Reden vom Fortschrittsverzicht nicht leichtfertig auf den Leim gehen. Man kann die Lage für allerhöchst dramatisch halten, ohne deshalb auf die Hoffnung auf gesellschaftlichen Fortschritt zu verzichten. Es ist mehr als ein Wortspiel, wenn hier womöglich unterschiedliche Fortschrittsbegriffe mitschwingen. Gewiss – Fortschritt war bislang mit Effizienzsteigerung, Expansion und energischer Inanspruchnahme der Natur verbunden. Aber wer sagt, dass man Fortschritt nicht anders interpretieren kann, dass Fortschritt geradezu definitionsgemäß unvereinbar sein muss mit Resilienz, Schonung und Großzügigkeit?

Dass Anpassung heute mit dem Wunsch nach expertendominierter Technokratie und der Individualisierung gesellschaftlicher Problemlagen verbunden ist, mag ja sein. Auch scheint in diesem Kontext eine gewisse Naivität im Glauben an wissenschaftliche Expertise und ihre politische Wirksamkeit zu herrschen. Aber dass all das heute so ist, determiniert nicht, dass das auch zukünftig sein muss. Das gilt zumal dann, wenn man sich die im Diskurs über Nachhaltigkeit herrschende Heterogenität vergegenwärtigt. In *diesem* Kontext kann Großzügigkeit eine ganz andere Stellung einnehmen als in einer Situation, die vollends durch Technokratieglauben, Demokratieskepsis und Problemindividualisierung geprägt ist.

Was ist vor diesem Hintergrund ein angemessener Zugriff auf die Lage? Wie lässt sich Großzügigkeit als Anpassungs- und Resilienzstrategie in diesem Zusammenhang verstehen? Um hier klarer zu sehen, ist vielleicht nochmal eine Erinnerung an den Ernst der Lage am Platze. Wie schon gesagt: Ein Bewusstsein dieses Ernstes legitimiert nicht blödsinnige Vorschläge zur Gesellschaftsreform. Aber umgekehrt müssen sich Ideen zur Weltverbesserung eben an diesem Ernst messen lassen. Dieser Ernst der Lage wurde im vorliegenden Buch gewiss hinreichend deutlich beschreiben, aber dennoch sei noch einmal eine Äußerung des Soziologen Markus Schroer zitiert: »Nicht besser, noch besser und immer besser leben, sondern *anders leben* steht angesichts der massiven planetaren Gefährdungslagen als *wirkliche Revolution* auf dem Programm.«[1] Das passt zum Ernst der durch Klimadesaster und Biodiversitätskrise geprägten ökologischen Lage, es passt aber auch zum Veränderungsbedarf und wohl auch zur Idee, Wirtschaft solle sich die Natur nicht stumpfsinnig zu eigen machen, sondern sich in sie einfügen und in diesem Sinne anpassen.

Dabei ist das Zusammenspiel ökologischer Prozesse mit grundlegenden Zielen einer Gesellschaft zu betonen, die sich positiv entwickeln will und die sich dabei keinen wohlklingenden Illusionen hingeben will. Wenige Formulierungen bringen dies besser auf den Punkt als diese Worte von Friedrich Georg Jünger, der vor über sieben Jahrzehnten schrieb: »Es ist ein Wahn des Menschen, daß er auf der gleichen Erde in Freiheit, Frieden und Wohlstand leben zu können glaubt, die er schonungslos ausplündert und devastiert.«[2] Ja, ein Wahn ist es – und diesem Wahn zu entgehen, ist wesentliches Ziel einer zukunftsfähigen Entwicklung, die ökologische, soziale und wirtschaftliche Nachhaltigkeit in ausgewogener Weise verbindet. Großzügigkeit ist dabei – vielleicht anders als die oben skizzierten Ansätze der Anpassung – gewissermaßen politik- und technologieoffen. Das Leitbild der Großzügigkeit steht gewiss nicht für Politikverdrossenheit und Technologieoptimismus – aber auch nicht für einen naiven Glauben an eine rasche Neuerfindung der Demokratie oder Innovationsfeindlichkeit. Prinzipiell ist sie mit unterschiedlichen Verständnissen von politischen Prozessen und technologischen Entwicklungen vereinbar.

Man kann – zumal, wenn man das Thema mit Blick auf die Großzügigkeit betrachtet – zwei extreme Vorstellungen der Entstehung von Nachhaltigkeit unterscheiden. Auf der einen Seite existieren Vorstellungen der Planung, nach denen das für richtig Erachtete festgeschrieben und gleichsam durchexekutiert werden soll. Auf der anderen Seite gibt es die Phantasie einer vollkommenen Wildnis, bei der die Natur gleichsam sich selbst überlassen bleibt und der Mensch Natur Natur sein lässt. Natürlich schließen sich beide Vorstellungen nicht vollständig aus: Denn man kann sicherlich *planen*, Platz zu lassen für die Natur. Dennoch macht die Unterscheidung Sinn: hier die Vorstellung planerischen Entwurfs, dort die Idee einer sich selbst überlassenen Natur. Zugespitzt:

Hier wird Nachhaltigkeit durch Design erreicht, dort durch ökologische Anarchie.

Man könnte meinen, dass nach den gescheiterten »sozialistischen« Experimenten des 20. Jahrhunderts planerische Phantasien dem Müllhaufen der Geschichte überantwortet wären. Das ist aber nicht der Fall: Zumal im Diskurs über Nachhaltigkeit spielt die Vorstellung rigoroser politischer Eingriffe in die Wirtschaft eine wichtige Rolle, nicht zuletzt im Lager der Postwachstumsbefürworter. Besonders deutlich ist das im Falle des sehr erfolgreichen Buches *Das Ende des Kapitalismus* der Journalistin Ulrike Herrmann.[3] In diesem Bestseller wird vorgeschlagen, sich die britische Kriegswirtschaft der 1940er Jahre zum Vorbild für eine nachhaltige Entwicklung zu nehmen. Diese Phantasie ist schon deshalb ernst zu nehmen, weil sie in der öffentlichen Debatte über Nachhaltigkeit zeitweise erheblichen Platz eingenommen hat.

Für Herrmann ist klar: »Nur Verzicht sichert das Überleben – wie im Krieg.«[4] Dinge wie Windräder, Batteriespeicher und grünen Wasserstoff, auch da ist sich die Autorin sicher, »kann es nur geben, wenn der Staat lenkt, forscht, finanziert und subventioniert.«[5] Zentral für ihr Buch ist die feste Überzeugung, dass diese Sicht der Dinge faktisch alternativlos ist. Das sei aber kein Problem, denn, so die Versicherung: »Die Wachstumskritiker«, schreibt Herrmann, »haben klar gezeigt, dass klimaneutrales Leben auch schön sein kann.«[6] Dass unterschiedliche Menschen durchaus unterschiedliche Dinge unter einem schönen Leben verstehen können und dass eine staatliche Kommandowirtschaft womöglich höchst freiheitsbeschränkend wäre, kommt nicht zur Sprache.

Dass es – wie oben gezeigt – darum gehen muss, eine lernfähige und ökologische Grenzen berücksichtigende Ordnung der Wirtschaft zu organisieren, wird hier ebenfalls nicht gesehen. Stattdessen plädiert Herrmann für eine »Überlebenswirtschaft«, die durch einen allzuständigen Staat geprägt ist: »Die Betriebe bleiben privat, aber der Staat legt fest, was noch hergestellt wird, und verteilt die knappen Güter.«[7] Die britische Kriegswirtschaft soll dabei allen Ernstes »ein Modell für die Zukunft« abgeben.[8] Wie eine solche Vision erreicht werden kann und auf welche Weise ein Übergang in die staatlich kontrollierte »Überlebenswirtschaft« auch nur halbwegs plausibel organisierbar wäre, bleibt im Dunkeln. Hier soll ganz offenbar der Wunsch nach der starken These befriedigt werden.[9] Der publizistische Erfolg gibt diesem Zugang in gewisser Weise recht, aber letztlich findet sich in Herrmanns Planungsphantasien kein Hinweis darauf, wie sich eine Transformation zur Nachhaltigkeit demokratisch gestalten ließe: Das Kriterium der Nicht-Naivität ist hier eindeutig nicht erfüllt.

Gleichsam auf der anderen Seite des Ordnungsspektrums liegt die Wildnis. In Jeremy Rifkins oben zitiertem Werk zur Anpassung der Natur ist die »wilde Erde« keine Wunschvorstellung, sondern geradezu ein Schreckensbild, das es durch den Kampf um Klimaschutz und Nachhaltigkeit zu verhindern gilt. "Die Erde verwildert zusehends«, schreibt Rifkin und warnt, wie oben erörtert, zur Anpassung an die »unberechenbare Natur« gebe es keine Alternative.[10] Man kann die Wildnis aber auch als naturschutzpolitisches Leitbild sehen.[11] Wie verhält es sich mit diesem Leitbild einer wilden Natur, die man sein und gewähren lässt? Ganz offenbar ist diese Idee der hier vorgebrachten Vorstellung von Großzügigkeit durchaus nahe: Die Natur wird durch Nichtnutzung geschont, ihr wird (viel) Spielraum gelassen.

Mit dem Begriff der Wildnis kann man, wenn es um eine komplexe Gesellschaft geht, Anarchie, Chaos und Un-Ordnung assoziieren. Aber man kann sich auch – gerade im Kontext der Nachhaltigkeit – auf die alltagssprachliche Bedeutung des Begriffs beziehen: Und dort steht »Wildnis« meist für naturbelassene Flächen. Erneut begegnet uns das »Lassen«, das für den hier präsentierten Großzügigkeitsbegriff so zentral ist. Wildnis ist somit ein durch den Menschen geprägter Begriff, denn er impliziert, dass der Mensch es unterlässt, die Natur wirtschaftlich zu nutzen oder in irgendeiner Weise in sie einzugreifen. Wildnis ist keine menschengemachte Kulturlandschaft, sondern eine Landschaft, die der Mensch »großzügig« Landschaft sein lässt.

Der Philosoph John Foster ist tief überzeugt, dass es Fortschritt nicht mehr geben kann – ihm geht es in *After Sustainability* nur um Überlebenssicherung in Zeiten tiefgreifender Nicht-Nachhaltigkeit. In diesem Zusammenhang sind ihm Wildnis und Wildheit fast das Einzige, was Raum für Hoffnung lässt.[12] Zwar weit weg von Fosters extremer Fortschrittskritik, aber doch im Geiste eines starken Naturschutzes hat es die Idee, Umwelt ungenutzt zu lassen, mit dem bereits erwähnten »Kunming-Montreal Global Biodiversity Framework« im Jahr 2022 ins Zentrum des Nachhaltigkeitsdiskurses geschafft. Dieser wichtige Schritt in der Biodiversitätspolitik ist ein Anwendungsbeispiel für Großzügigkeit. Freilich sichert es wohl nicht das völlige »Inruhelassen« der als Schutzraum vereinbarten 30 Prozent der Land- und Meeresfläche – mit Blick auf die globale Umwelt lässt sich die Sache vielleicht eher als Garten, Park oder Wald verstehen.

Ein Wald ist *keine* Wildnis. Ein deutscher Wald ist vermutlich das glatte Gegenteil davon. Jürgen Link weist darauf hin, dass mit dem Begriff des »Normalwaldes« im 19. Jahrhundert auch eine »Vorstellung von Normalisierung« verbunden war, und zwar im Sinne von »Reinigung, Säuberung, Beseitigung alles ›Wilden‹ am Wald, alles ›Urwaldhaften‹, an Dickicht und Dschungel Erinnernden.«[13] Ein so zugerichteter Wald ist einem Plan vermutlich näher als einem Dschungel. Artenvielfalt dürfte nicht das Hauptcharakteristikum eines solchen Waldes sein. Und falls dabei Monokultur im Spiel ist, dürfte es auch mit der Resilienz eines solchen Gebildes nicht allzu weit her sein.

Ganz Ähnliches könnte man auch von einem Garten sagen. Immerhin kann er je nach Gestaltung unterschiedliche Funktionen erfüllen, die durchaus im Sinne von Zukunftsfähigkeit verstanden werden können. Das gilt natürlich in anderem Maßstab für größere Gärten – also Parks. Die werden vermutlich wesentlich häufiger als Gärten von Gärtnerinnen und Gärtnern gehegt, gepflegt und betreut und sind in diesem Sinne ein Gegenstand von Management. Ein »großzügiger« Garten oder Park wäre einer, der viel »Wildnis« zulässt: Aber eben innerhalb wohldefinierter Grenzen. Aber er bleibt ein Garten. Zumindest seine Umrisse sind geplant, und sehr oft auch seine innere Gestalt. Ob er vor allem ökologisch, wirtschaftlich oder ästhetisch genutzt wird, ist im Wort »Garten« nicht festgelegt. Ein Garten kann in unterschiedlicher Intensität gut für die Umwelt sein, Ertrag abwerfen oder Schönheit in die Welt bringen. Ihn zu planen, rückt ihn weg von der Wildnis, und ihn – ganz im Sinne der Großzügigkeit – zu »lassen«, bringt ihn eher in die Nähe von Wildnis oder zumindest Wildheit.

Mit Blick auf die buchstäbliche Begrenztheit von Gärten und Parks ist zu betonen, dass Begriffe wie Rahmen und Grenze nicht lediglich einschränkenden Charakter haben, sondern eben auch eine *ermöglichende* Funktion besitzen. Die Anerkennung und Institutionalisierung ökologischer Grenzen ist die Voraussetzung für eine zukunftsfähige Form der Freiheit. Grenzen begrenzen zum Beispiel die Gesamtmenge des zulässigen Material- und Energiedurchsatzes, aber innerhalb dieses Rahmens sind die Akteure frei in ihrem Verhalten, auch in ihrem ökologischen Verhalten. So wird der Natur Spielraum gelassen – aber eben auch der Gesellschaft. Natur und Gesellschaft, Technik und Kultur brauchen Spielraum und Entwicklungsmöglichkeiten.

Dass Grenze und Spiel-Raum sich nicht ausschließen, sondern bedingen, kann man auch im Werk *Homo ludens* des Kulturhistorikers Johan Huizinga nachlesen. Interessant ist dort der Zusammenhang von Spiel und Maß, der eben gerade nicht auf Maßlosigkeit hinausläuft: »Echte Kultur kann ohne einen gewissen Spielgehalt nicht bestehen, denn Kultur setzt eine gewisse Selbstbeschränkung und Selbstbeherrschung voraus, eine gewisse Fähigkeit, in ihren eigenen Tendenzen nicht das Äußerste und Höchste zu sehen, kurzum, zu erkennen, daß sie *innerhalb gewisser freiwillig anerkannter Grenzen eingeschlossen ist.*«[14] Spiel bedeutet auch die Anerkennung von Grenzen und Regeln. Ein unbegrenzter Spiel-Raum ist buchstäblich undenkbar.

Sich in diesem Geiste die Transformation zur Nachhaltigkeit als großzügiges Management eines Gartens vorzustellen, ist mit einer freiheitlichen Ordnung besser vereinbar als mit rigoroser Planung oder chaotischem Wuchern. In *Der Weg zur Knechtschaft* schreibt Friedrich August von Hayek: »Man könnte das Verhalten des Liberalen gegenüber der Gesellschaft mit dem des Gärtners vergleichen, der eine Pflanze pflegt und der zur Schaffung der für sie günstigsten Wachstumsbedingungen möglichst viel über ihren Bau und ihre physiologischen Funktionen wissen muß.«[15] Wer die Gesellschaftsordnung verbessern wolle, der werde, schreibt Hayek an anderer Stelle, »was immer er an Wissen erwerben kann, nicht dazu verwenden dürfen, um *die Ergebnisse zu formen* wie der Handwerker sein Werk formt, sondern *ein Wachsen zu kultivieren*, indem er die geeignete Umgebung schafft, wie es der Gärtner für seine Pflanzen macht.«[16]

Dieser Gedanke ist auch hilfreich bei dem Versuch, zumindest Konturen einer großzügigen Ordnung zu skizzieren. Um die »Planung« einer solchen Ordnung sehr skeptisch zu sehen, muss man nicht Hayekianer sein und auch keine Verfechterin der soziologischen Systemtheorie im Sinne Niklas Luhmanns. Schon der Umstand, dass sich höchstens Konturen dessen skizzieren lassen, was ein Bedeutungsgewinn von Großzügigkeit konkret bedeuten könnte, lässt bei unserem Thema jede Planungsphantasie aussichtslos erscheinen. Wie schon ausgeführt: So wenig man wissen kann, wie eine nachhaltige Gesellschaft aussieht, so wenig lässt sich die konkrete Gestalt und die Wirkung von Großzügigkeit treffsicher vorhersagen. Dass »Planung« hier sehr wenig auszurichten vermag, ist eine im Transformationsdiskurs womöglich unterschätzte Tatsache. Nachhaltigkeit, das kann man nicht oft genug betonen, ist ein gesellschaftlicher Such- und Lernprozess. Mit Fünf-Jahres-Plänen, politisch entschiedenen technologischen Festlegungen oder detaillierten Ver- und Geboten lässt sich hier nur sehr wenig ausrichten.

Eine wirklich freiheitliche Ordnung – und zwar auch eine, die ökologische Grenzen akzeptierende Rahmenbedingungen festlegt – basiert auf Eigenschaften wie Kreativität, Ambiguitätstoleranz und – ja – Unordnung. *Innerhalb* der Rahmenordnung wird eben sehr wenig »festgelegt« und geplant. Im Nachhaltigkeitsdiskurs – wie gesagt: besonders dort, wo es um »Postwachstum« und »Degrowth« geht – wird oft implizit oder explizit auf drakonische staatliche Eingriffe und klare politische Vorgaben gesetzt. Publikationen des ansonsten sehr verdienstvollen wachstumskritischen Club of Rome setzen hier leider mit einer völlig unkritischen Begeisterung für die chinesische Parteidiktatur ein trauriges Zeichen.[17] Wenn illiberale Nachhaltigkeit keine Nachhaltigkeit ist, haben wir es hier mit einem politischen Irrweg zu tun.

Dass Freiheit auch Freiheit zu Unvernunft, Verschwendung und überhaupt Dingen ist, die man unerfreulich finden kann, finden manche Nachhaltigkeitsbewegte problematisch. Dass auch eine Rahmenordnung, die auf die Einhaltung ökologischer Grenzen hinwirkt, politischen Gestaltungsspielraum begrenzt, scheint ebenfalls Unwohlsein auszulösen. Das mag – siehe die ökodiktatorischen Phantasien des Club of Rome – daran liegen, dass man angesichts der Problemlage allzu gerne »durchregieren« und rigorose Problemlösungsstrategien anwenden möchte. Das aber ist mit einer freiheitlichen Ordnung inkompatibel. Nicht nur die Nutzung der Natur, auch die Anwendung politischer Macht bedarf der Begrenzung. »Wir werden niemals den Mißbrauch der Macht abstellen,« so Friedrich August von Hayek, »wenn wir nicht bereit sind, die Macht in einer Weise zu beschränken, die gelegentlich auch ihre Anwendung für wünschenswerte Zwecke verhindern könnte.«[18] Es wäre zweckdienlich, wenn diese Einsicht im Diskurs über Nachhaltigkeit mehr Berücksichtigung fände.

Hayek schreibt in *Der Weg zur Knechtschaft* auch, die »Entfesselung der schöpferischen Kräfte des Individuums« sei wichtiger »als das Entwerfen eines neuen Apparates für ihre ›Lenkung‹ und ›Kommandierung‹« – die »Schaffung günstiger Fortschrittsbedingungen« sei dringlicher »als die ›Planung‹ des Fortschrittes.«[19] Hayek hat dies 1944, also in einem sehr dramatischen historischen Kontext geschrieben, aber fast acht Jahrzehnte später hat uns dies etwas zu sagen: und zwar nicht als neoliberales Glaubensbekenntnis, sondern als relevante Aussage über die Notwendigkeiten unserer dramatischen Gegenwart. So groß die Sehnsucht nach Übersicht, Planung und einfachen Lösungen auch sein mag – diese Dinge sind in einem sehr grundsätzlichen Sinne unverfügbar. Die Transformation zur Nachhaltigkeit lässt sich nicht in einem vernünftigen Sinne »planen«: Worauf es ankommt, ist die »Schaffung günstiger Fortschrittsbedingungen« – und exakt dazu ist die Großzügigkeit ein Beitrag.

Ein freiheitliches Verständnis von Nachhaltigkeit und Großzügigkeit liegt auch hier *in der Mitte*: Zwischen dem freiheitsbeschränkenden Korsett staatlicher Verbote und Detailplanungen und dem nahezu anarchistischen Bild der

Wildnis kann man sich den Garten oder den Park als gute Mitte vorstellen. Ein Garten ist nicht *nur* Planung, so wenig wie er *nur* Wildnis ist. Gärten lassen sich sehr unterschiedlich gestalten, und es ist naheliegend, sich im Sinne der Nachhaltigkeit einen Garten vorzustellen, in dem »Wildwuchs« einen größeren Anteil am Gesamtbild hat als in strengen Reihen angeordnete, permanent zurechtgeschnittene Pflanzen. So wie die Großzügigkeit näher an der Verschwendung als am Geiz ist, ist ein nachhaltiger Garten näher an der Wildnis als am Plan. Anders als der Plan ist ein solcher Garten veränderungsoffen, anders als die Wildnis gibt es hier eine Art Management.

Gehen wir vor diesem Hintergrund nochmal genauer auf die Frage ein, was Großzügigkeit bedeuten kann. Wichtig ist dabei der Unterschied zwischen privater und öffentlicher Großzügigkeit – und zwischen dem, was man einfache und transformative Großzügigkeit nennen kann.

Einfache Großzügigkeit, transformative Großzügigkeit und die Verteidigung des freien Sonntags

In der ganzen menschlichen Entwicklung, schreibt Marcel Mauss in seinem *Essai sur le don*, gebe es »nur *eine* Weisheit, und wir täten gut daran, als Prinzip unseres Lebens das anzunehmen, was schon immer ein Handlungsprinzip war und es immer sein wird: wir sollten aus uns herausgehen, Gaben geben, freiwillig und obligatorisch, denn darin liegt kein Risiko.«[20] Großzügiges Geben ist nach dieser Anthropologie produktiv, Geiz dagegen ist destruktiv: »Der Geiz unterbricht den Kreis des Rechts, der Verdienste, der Nahrungsmittel, die sich unaufhörlich gegenseitig erzeugen.«[21] Und, so Mauss: »Völker, Klassen, Familien, Individuen können reich werden, doch nur dann glücklich sein, wenn sie es lernen, sich wie die Ritter rund um ihren gemeinsamen Reichtum zu scharen. Man braucht nicht weit zu suchen, um das Gute und das Glück zu finden. Es liegt im erzwungenen Frieden, im Rhythmus gemeinsamer und privater Arbeit, im angehäuften und wieder verteilten Reichtum, in gegenseitiger Achtung und Großzügigkeit, die durch Erziehung lernbar sind.«[22] Großzügigkeit ist aus dieser Perspektive eine grundlegende Voraussetzung für eine gelingende, zukunftsfähige Gesellschaft.

Wenn es um diese Großzügigkeit geht, liegt – ähnlich wie bei der Nachhaltigkeit – eine gewisse »Privatisierung« nahe. Aber während bei der Nachhaltigkeit klar ist, dass man sich in nicht-nachhaltigen Strukturen nur schwer individuell nachhaltig verhalten kann, kann man »privat« tatsächlich und wirkungsvoll großzügig oder geizig sein. Das wirft die wichtige Frage danach auf, wer sich Großzügigkeit leisten kann. Wer über viel Geld und andere Ressourcen verfügt, wer sich wenig Sorgen machen muss über Lebensmittel- und Energiepreise, sozialstaatliche Veränderungen oder Entwicklungen am Arbeitsmarkt, ist zu individueller Großzügigkeit mit Sicherheit weitaus mehr in der Lage als eine Person, deren Alltag von Sorgen über Inflation, Energieversorgung und Arbeitsplatz(un)sicherheit geprägt ist.

Großzügigkeit ist somit auch ein sozial- und entwicklungspolitisches Thema. Es stellt sich die Frage, wie Großzügigkeit aus der Perspektive von armen Menschen und armen Ländern aussieht.[23] Was heißt dieses Leitbild für Menschen, die sich um ihr Einkommen und die Zukunft ihrer Kinder sorgen? Was bedeutet großzügige Nachhaltigkeit für Regionen, in denen Armut herrscht und deren Anteil am globalen Umweltverbrauch im Vergleich zu reichen Gegenden gering ist? Dieser Themenkomplex würde ein eigenes Buch füllen, aber so viel ist an dieser Stelle zu sagen: Großzügigkeit, wie sie hier verstanden wird – als Suche nach dem rechten Maß zwischen unmäßigem Geiz und unmäßiger Verschwendung –, ist keine Idee, die sich nur an reiche Menschen und reiche Regionen wendet. Aber sie setzt dort an, wo die imperiale Lebensweise grundlegend zu transformieren ist: Und das sind aktuell die reichen Länder der Erde. Deren Transformation – die ja wesentlich bedeutet: Reduktion des Umweltverbrauchs – ist Voraussetzung dafür, dass die Länder des globalen Südens sich entwickeln können.

Ja – es stimmt also: Großzügigkeit muss man sich leisten können. Aber – nein, was nicht stimmt, auch wenn es womöglich kontraintuitiv klingt: Dass Effizienz und Expansion allein sicherstellen, dass Armut und Entwicklungsprobleme gelöst werden können. Wir haben an verschiedenen Beispielen gesehen, wie dringend die Großzügigkeit mit Blick auf ökologische, ökonomische, soziale und auch rechtliche Themen ist, wenn eine wirksame Transformation zu einer nachhaltigen Entwicklung das Ziel ist. An dieser Stelle ist es hilfreich, sich des Satzes von Friedrich August von Hayek zu erinnern, der das Motto dieses Buches ist: »Kann man sich eine größere Tragödie vorstellen als die, daß wir in dem Bestreben, unsere Zukunft bewußt nach hohen Idealen zu gestalten, in Wirklichkeit und ahnungslos das genaue Gegenteil dessen erreichen sollten, wofür wir gekämpft haben?«[24] Der Kampf gegen Knappheit und für Wachstum, die Orientierung an Effizienz und Expansion, die Dominanz des ökonomischen Blicks auf die Welt: All das hat die Welt lange Zeit reicher gemacht – aber es ist hohe Zeit anzuerkennen, dass dieser Weg die Welt nicht nur ärmer zu machen droht, sondern hier und heute existenzgefährdende Gefahren zeitigt. Heute wird durch eine Dominanz ökonomischen Denkens womöglich das Gegenteil von dem erreicht, was angestrebt wird. Die Frage, wer sich Großzügigkeit leisten kann, ist dabei von Bedeutung – aber sie ist kein stichhaltiges Argument gegen die Plausibilität dieses Leitbildes.

Vor diesem Hintergrund lässt sich sagen: Auch Großzügigkeit und Geiz sind keineswegs unabhängig von gesellschaftlichen Strukturen, aber großzügige Haltungen und Handlungen und Gesten von unterschiedlicher Dimension sind eigentlich immer möglich. Man kann Familie und Freunde beschenken, sich beim Roten Kreuz, der Feuerwehr oder im Sportverein engagieren, politisch tätig werden, Blut spenden, Kultur, Kunst, Sport und Bildung fördern, Stiftungen oder andere Organisationen aufbauen oder sonst wie in ihrer Arbeit unterstützen. Wie gesagt: Die Möglichkeiten für derartige Taten sind ungleich verteilt – aber prinzipiell ist jeder und jede zu dieser Form der Großzügigkeit in der Lage.

All diese Handlungen kann man als *einfache Großzügigkeit* bezeichnen. »Einfach« soll diese Formen der Großzügigkeit keinesfalls kleinreden oder als irrelevant kennzeichnen, sondern dient der Unterscheidung gegenüber dem, was man als *transformative Großzügigkeit* bezeichnen könnte und auf die wir sogleich zu sprechen kommen werden. Einfache Großzügigkeit »wirkt« – aber trägt in aller Regel nicht zu einer Transformation der Verhältnisse bei. Sicher: Ehrenamtliches Engagement, Mäzenatentum, sogar private Geschenke – all das kann zur Verbesserung der Verhältnisse beitragen und tut das auch sehr oft. Aber diese Akte tragen eben nicht zu einer strukturellen Veränderung dieser Verhältnisse bei.

Höchst instruktiv für die Unterscheidung zwischen einfacher und transformativer Großzügigkeit ist folgender Satz des Publizisten Gundolf S. Freyermuth: Das Rote Kreuz, schreibt er, sei die »Heimstatt all derer [...], die dem Elend der Welt zwar nicht den Rücken zuwenden, aber auch nicht die Stirn bieten wollen.«[25] Anders formuliert: Die vielfältige Arbeit des Roten Kreuzes – von der Rettungs- und Pflegearbeit bis hin zu internationalen Hilfseinsätzen – verbessert die Welt, sie ist aller Ehren wert und bewirkt viel Gutes. Aber wenn dieser Satz stimmt, heißt das auch: Hier wird (oft sehr erfolgreich) punktuell geholfen – aber das Ganze, die Verhältnisse, die Zustände werden nicht in Frage gestellt. Die Arbeit des Roten Kreuzes und nicht zuletzt die ehrenamtliche Arbeit sehr vieler Menschen für diese Organisation sind damit ein Fall einfacher Großzügigkeit – hier wird geholfen, aber nicht gewandelt. Auch wenn das Rote Kreuz – zumal auf internationaler und strategischer Ebene – immer mehr auch die Einmischung in die Verhältnisse zu seinen Aufgaben zählt, ist zumindest sein Kerngeschäft die einfache Großzügigkeit. Transformation ist seine Sache nicht.

Freyermuth weist auch darauf hin, dass Moral – »das Erfolgsrezept des roten Kreuzes« – mit zunehmender Professionalität in Widerspruch zum Ziel der Effektivität trete. Er macht eine Bemerkung, die trefflich die Spannung zwischen ökonomischer Logik und dem Leitbild der Großzügigkeit auf den Punkt bringt: »Die effektive Arbeit von Spezialisten kostet [...] nicht allein Geld, das für die eigentliche Menschenfreundlichkeit verlorengeht. Die eigentliche Menschenfreundlichkeit geht in den Händen der Profis ebenfalls weitgehend verloren.«[26] Und mit Blick auf die Gründung des Internationalen Komitees vom Roten Kreuz spricht er von einer »spezifisch calvinistischen Verbindung von guten Werken und guten Geschäften.«[27] Das passt zum Anliegen der Großzügigkeit: sozusagen auf Makroebene sicherzustellen, dass *beides* gelingen kann – gute Werke *und* gute Geschäfte. Eine Welt, in der gute Geschäfte und wirtschaftliches Denken in einer Weise dominieren, die gute Ziele und gute Werke verdrängt, braucht mehr transformative Großzügigkeit.

Wie gesagt: Es kann hier nicht darum gehen, dazu eine Strategie oder einen Plan vorzulegen. Aber die Vermutung drängt sich auf, dass – von der grundlegenden umweltpolitischen Umorientierung abgesehen – eine Politik der Großzügigkeit aus einem anderen Umgang mit Knappheit und Fülle heraus auch anders mit herrschenden finanz- und wirtschaftspolitischen Gewissheiten umgehen würde. Und zwar in einer Weise, die klar in andere Handlungsfelder wie Infrastruktur-, Bildungs-, Kultur- und Sozialpolitik ausstrahlen würden. Mit Blick auf das letztgenannte Feld thematisieren Martin Schenk und Michaela Moser in ihrem Buch mit dem doppeldeutig programmatischen Titel *Es reicht! Für alle!* Fragen von Armut und Reichtum und deren Verteilung. Wachstum der Bedürfnisse und Mangel an Mitteln seien hinterfragenswerte Annahmen.[28] Aus ethischer Sicht bestehe die Notwendigkeit, zunächst einmal die *Perspektive* im Hinblick auf Ressourcen zu klären, bevor von Mangel gesprochen werden könne.

Moser und Schenk spitzen diese Frage der Perspektive auf gesellschaftliche Diskurse zu, wenn sie schreiben: »Der Blick auf die Fülle des Vorhandenen ermöglicht uns einen besseren Umgang mit begrenzten Ressourcen, nicht zuletzt deshalb, weil eine solche Perspektive die irrationale Angst vor dem Mangel nimmt, wie sie sozialpolitische Diskussionen so oft prägt.« Und, bemerkenswert und durchaus steil: »Niemand wird zu kurz kommen, wenn als oberstes Prinzip gilt, das Vorhandene so zu verteilen und einzusetzen, dass es für alle reicht.«[29] Das ist eine radikale Perspektive, die zu radikalen Schlussfolgerungen führt: »Gesellschaftliche Verhältnisse und ›Verträge‹ zwischen den Generationen und Geschlechtern müssen neu gedacht und organisiert, Einkommen, Vermögen, Zeitressourcen, Lebenschancen neu verteilt werden.«[30]

Dieser Themenbereich ist ein dezidiert politischer und bedarf – wie andere Handlungsfelder auch – als *gesellschaftliche* Herausforderung einer *gesellschaftlichen* Antwort. Damit deutet sich schon an, dass transformative Großzügigkeit viel mehr die Sache politischer Akteure ist als die Angelegenheit individueller Personen. Einzelne Menschen können wohl nur dann wirklich »transformativ großzügig« sein, wenn sie über eine große Menge an (finanziellen) Ressourcen verfügen – was auf das oben skizzierte Thema verweist, wer sich eigentlich Großzügigkeit leisten kann. Man könnte hier zum Beispiel an die »Bill & Melinda Gates Stiftung« denken, die vor allem im Bildungs- und Gesundheitsbereich tätig ist und dort enorme Summen zur Verfügung stellt. Hier freilich stellen sich drängende Fragen nach Qualität, Transparenz und Legitimität – und gerade das letzte Thema weist weit über die Gates-Stiftung hinaus, weil es sehr diskussionswürdig erscheint, ob reiche Einzelpersonen durch ihre Großzügigkeit derart viel Macht erhalten sollen, dass ihre Präferenzen und Wünsche wichtige gesellschaftliche Handlungsfelder mitgestalten. Das Transformative dieser Form von Großzügigkeit wird damit also zum Problem und führt am Ende zur Frage, ob man Individuen gleichsam nach ihrem Gutdünken schalten und walten lassen will – oder ob es nicht wesentlich klüger wäre, diese Personen ordentlich zu besteuern und die Finanzmittel dann auf demokratisch legitimierte und kontrollierte Weise für gute Zwecke einzusetzen. Wie gesagt: Das ist eine offene Frage. Sie muss hier nicht beantwortet werden. Es reicht der Hinweis, dass es auch hier deutlich so aussieht, als ob transformative Großzügigkeit als gesellschaftliche Herausforderung auch gesellschaftlich bearbeitet gehört.

Und damit sind wir bei zwei wichtigen Fällen transformativer Großzügigkeit, die wir oben schon kennengelernt haben: der Schutz der Natur im Rahmen des 2022 beschlossenen »Kunming-Montreal Global Biodiversity Framework« und die profunden Veränderungen in der Handelspolitik, die durch die Corona-Krise ausgelöst und durch den russischen Angriff auf die Ukraine und zunehmende Zweifel an der Abhängigkeit von Ländern wie China nochmals beschleunigt wurden. Im Verzicht auf Expansion und Effizienz liegen hier ganz klare Fälle von Großzügigkeit vor, wie sie hier verstanden wird. Der Schutz von mindestens 30 Prozent der Land- und der Meeresfläche ist eineindeutig die Entscheidung für die Nicht-Nutzung von »Ressourcen«, die man nutzen könnte. Hier organisiert die internationale Staatengemeinschaft aktiv den Verzicht auf die Nutzung von potenziell nutzbaren Naturflächen. So wie das Pariser Klimaabkommen ein gigantisches Schrumpfungsprogramm (mit Blick auf Treibhausgase wie Kohlendioxid) ist, organisiert das globale Rahmenabkommen den Verzicht auf weitere Expansion, hier werden politisch Grenzen der Naturnutzung gesetzt. In diesem Musterbruch – genauer: dem Abschied vom normalen Muster der steten Ausweitung des menschlichen Zugriffs – liegt die transformative Natur dieses großzügigen Politikwechsels: Artenvielfalt und Resilienz werden hier über das Wachstum gestellt. Wie oben bereits angedeutet: Den Praxistest hat all das noch vor sich, aber dem *Geiste* nach ist die Sache ein Fall großzügiger Nachhaltigkeitspolitik.

Ganz ähnlich verhält es sich beim Wandel in den Handelsbeziehungen, wo ebenfalls die Sicherung von Resilienz im Vordergrund steht und angesichts dieses Ziels auf die Effizienz- und Expansionsvorteile des weltweiten und hochspezialisierten Handels verzichtet wird. Die Euphorie mit Blick auf die Globalisierung, die jahrzehntelang als die wohlstandsgenerierende Bestätigung der Theorie komparativer Kostenvorteile gefeiert wurde, ist verflogen. Wie bereits dargelegt, prägt heute ein Bewusstsein für die Kosten von Effizienz und Wachstum und für den Nutzen von Resilienz und Versorgungssicherheit die Debatte über Globalisierung, Regionalität und Handel. Auch dieser Wandel ist transformativ.

Im Vergleich zum Schutz der Artenvielfalt ist die Akteurslandschaft hier freilich komplizierter: Der internationale Handel wird wesentlich von Unternehmen gestaltet, nicht (nur) von staatlichen Akteuren. Es zeigt sich allerdings, dass auch private Akteure seit Corona ganz wesentlich dazugelernt haben – nicht zuletzt, dass die Abwägung zwischen Effizienz und Wachstum auf der einen, Resilienz und Lieferkettensicherheit auf der anderen Seite in den 2020er Jahren (und sehr wahrscheinlich auf Dauer) anders ausfällt als in der Blütezeit einer effizienz- und expansionsbegeisterten Globalisierung. Auch hier also: ein profunder Bruch mit alten Mustern, der einen Verzicht auf die Nutzung prinzipiell verfügbarer Möglichkeiten bedeutet.

Hier zeigt sich einmal mehr, dass Großzügigkeit häufig durchaus defensiven Charakter hat und mit dem Leitmotiv der Anpassung verbunden ist. Die neue Gestalt des internationalen Handels läuft, wenn nicht auf eine De-Globalisierung, doch mindestens auf einen partiellen Rückbau dieser Globalisierung hinaus. Und auch bei der 2022 ins Werk gesetzten globalen Biodiversitätspolitik geht es wesentlich um Erhaltung, also nicht um Ausweitung, sondern ausdrücklich um Einhegung. In beiden Fällen – Handel und Artenvielfalt – basiert der transformative Charakter der Großzügigkeit also nicht auf Ausweitung,

Aneignung und Verfügbarmachung, sondern auf Anpassung, Adaption und Verteidigung. Transformation ist hier nicht expansiv, sondern eben defensiv – ganz im Sinne der Herausforderung, die Knappheits-Effizienz-Wachstums-Endlos-Schleife wenn nicht zu durchbrechen, so doch im Interesse der Zukunftsfähigkeit »nachhaltig« zu bremsen.

Das gilt auch für ein anderes Vorhaben, das ich als ikonisches Projekt der Großzügigkeit bezeichnen möchte: die Verteidigung des freien Sonntags. Ikonische Projekte sind, wie wir gleich sehen werden, keine bloße Symbolpolitik, aber ihr Zweck liegt wesentlich darin, Menschen von der Plausibilität einer Idee zu überzeugen.[31] Folgt man dem Publizisten, Unternehmer und Politiker Alan Webber, liegt die Aufgabe eines ikonischen Projekts darin, »Veränderung glaubhaft zu machen. Sobald Leute es sehen, fühlen und davon profitieren können, ist Veränderung keine Abstraktion mehr. Es ist real.«[32] Webber hat vor allem unternehmerische Projekte im Blick, die Relevanz der Idee geht aber über diesen Bereich hinaus. Natürlich kann man diese Mikroerfahrung der Bedeutung ikonischer Projekte nicht umstandslos auf die Makrowelt übertragen, aber auch dort gilt ganz sicher: Wer Wandel voranbringen will, sollte möglichst plausibel und möglichst sichtbar Ideen und Projekte vorzeigen können, die eine abstrakte Transformationsagenda konkret werden lassen.

Die Verteidigung des freien Sonntags hat das Potenzial für ein ikonisches Projekt der transformativen Großzügigkeit. Hier kommt sehr vieles zusammen, was diese Variante der Großzügigkeit ausmacht, nicht zuletzt ein Musterbruch gegenüber »normalem« Streben nach Effizienz, Potenzialnutzung und Wachstum und die Verteidigung einer als wertvoll bewerteten Errungenschaft, deren Wert jenseits des Ökonomischen liegt. Bemerkenswert ist beim Projekt »Verteidigung des Sonntags« außerdem eine Akteurskonstellation, die man gut als »bunt« charakterisieren kann. Dass sich die Kirchen beteiligen, kann kaum überraschen, da bekanntlich schon in der Bibel vom Sonntag als »Ruhetag« die Rede ist und es unzweideutig heißt: »An ihm darfst du keine Arbeit tun«. Dass man für die Verteidigung des Sonntags nicht auf religiöse Bezüge angewiesen ist, zeigt die intensive Beteiligung der Gewerkschaften. Auch dieses Engagement kann freilich nicht verwundern: Die Verteidigung des arbeitsfreien Sonntags fügt sich ein in eine lange Geschichte gewerkschaftlich erkämpfter Errungenschaften, zu denen nicht nur Lohnerhöhungen und die Verbesserung der Arbeitssicherheit gehören, sondern ganz wesentlich die Reduzierung der Arbeitszeit. Dass eine Ausweitung von Arbeitszeiten auf den Sonntag hier auf Widerstand stößt, liegt in der Logik des sozialen Engagements der Arbeiterbewegung. Bemerkenswert ist jedenfalls, dass sich hier ganz unterschiedliche gesellschaftliche Kräfte verbinden. (Nebenbei bemerkt, ist das eine erfreuliche Abweichung von der im Nachhaltigkeitsdiskurs nicht eben seltenen Lagerbildung.)

Was die Nutzung des Sonntags für Arbeit, Produktion und Handel bedeutet, liegt auf der Hand: Es kann *mehr* gearbeitet, *mehr* hergestellt und *mehr* konsumiert werden. Dass am Sonntag nicht nur Polizistinnen, Krankenpfleger und Feuerwehrleute arbeiten sollen, bedient also vor allem wirtschaftlich-kommerzielle Interessen. Das fügt sich umstandslos in »normales« ökonomisches Denken, wie es hier kritisiert wurde und dessen Leitbilder Effizienz und Expansion sind. Mehr Arbeit, Produktion und Handel bedeuten mehr Bruttoinlandsprodukt, sind also ein Beitrag zum Wirtschaftswachstum. Bei der (Verhinderung von) Sonntagsarbeit wird freilich deutlich, wie wirtschaftliche Aktivitäten stets soziale und ökologische Folgen zeitigen, die nicht notwendigerweise ein Beitrag zu Wohlstand und Lebensqualität sind. Großzügigkeit heißt auch am Beispiel der Verteidigung des freien Sonntags, Möglichkeiten ungenutzt zu lassen und darauf zu verzichten, ökonomische Aktivitäten auszuweiten. Der freie Sonntag ist damit ein vorzügliches Beispiel für transformative Großzügigkeit.

Die österreichische »Allianz für den freien Sonntag« nennt sehr kompakt und sehr präzise fünf Gründe, warum ein freier Sonntag verteidigenswert ist.[33] Einer ist die Planbarkeit insbesondere für Familien. Wo viele Kinder auch samstags die Schule besuchen, ist der Sonntag oft der einzige Tag, den alle Familienmitglieder miteinander verbringen können. Ein weiterer Grund sind die Kosten einer »De-Strukturierung der Woche«, die den Einzelnen und der Gesellschaft auf Feldern wie Betreuung und Sicherheit entstehen. Ein dritter Grund gegen die Sonntagsarbeit ist die potenziell destruktive Wirkung auf Freizeitaktivitäten und ehrenamtliche Arbeit. Die Allianz schreibt dazu auf ihrer Website: »Wenn auch der letzte, sichere Tag für Gemeinsames wegbricht, fallen auch diese Aktivitäten weg. Eine Einschränkung des Ehrenamtes gefährdet sozialen Zusammenhalt und Gesellschaft. So sind z. B. 99 % der Feuerwehren in Österreich ehrenamtlich organisiert.« Ein weiteres Argument für die Verteidigung des freien Sonntags sei seine Funktion als »Tag zum Feiern und für Gottesdienst«, und das gelte für viele Religionen und Gläubige.

Schließlich wird die ökologische Dimension angeführt. Die Allianz schreibt: »*Unser Leben beruhigt sich an Sonn- und Feiertagen*, damit auch der Verkehr und die Umweltbelastung.« Dazu wird eine (ältere) Studie des österreichischen Umweltbundesamtes zur Luftqualität an unterschiedlichen Wochentagen angeführt.[34] Dort wird recht beeindruckend gezeigt, dass in

Wien die Belastung der Luft mit Schadstoffen am Samstag gegenüber den Wochentagen zurückgeht und am Sonntag die mit Abstand niedrigste Konzentration aufweist. Zurückgeführt wird das auf die niedrigeren Emissionen aus dem Straßenverkehr sowie im Bereich Gewerbe und öffentliche Gebäude. Die Einsicht, dass, wenn weniger gearbeitet wird, weniger Schadstoffe anfallen, mag banal erscheinen: Mit Blick auf den freien Sonntag wird aber sehr deutlich, wie relevant ein arbeitsfreier Tag auch ökologisch ist. Das mögliche Argument, mit Sonntagsarbeit würde sich die Schadstoffbelastung nur zeitlich anders verteilen, verfängt nicht – denn es ist klar, dass durch die Beseitigung oder Beschränkung der Sonntagsfreiheit *insgesamt* mehr ökonomische Aktivitäten und damit mehr ökologische Belastungen entstehen würden.

»Burnout und Klimawandel haben dieselbe Ursache: Wir arbeiten zu viel und zu intensiv« – im Sinne dieser bereits zitierten Erkenntnis des Nachhaltigkeitsforschers Fritz Hinterberger lohnt es sich, auf die obige Formulierung zurückzukommen, dass sich »unser Leben« an Sonn- und Feiertagen »beruhige«. Das ist ein zentraler Aspekt des »Großzügigkeitsprojekts Freier Sonntag«. Diese Beruhigung bezieht sich direkt auf die oben erörterten sozialen Folgen von Selbstoptimierung und Digitalisierung. Nun besteht beileibe kein Grund, die Sache zu romantisieren: Gewiss verbringen *sehr* viele Menschen ihren freien Sonntag mit selbstoptimierenden Aktivitäten und an ihren Digitalgeräten. Das ändert aber nichts an dem wichtigen Anliegen, den Sonntag freizuhalten und Menschen damit eine *Wahl* und also die *Freiheit* zu lassen, die sie bei Abschaffung der Sonntagsfreizeit nicht hätten – zum Beispiel zwischen Nichtstun, ehrenamtlicher Arbeit, Sport, Lesen oder eben Selbstoptimierung zu *entscheiden*. Diesen Freiheitsaspekt des freien Sonntags sollte man nicht geringschätzen: Er ermöglicht, großzügig mit Zeit umzugehen.

Die Verteidigung eines freien Tages als Paradebeispiel für transformative Großzügigkeit? Ist das zu klein gedacht, mickrig gar? Nein, denn ist es nicht nur die gesellschaftliche Wirkung des freien Sonntags, der ihn zum paradigmatischen Fall dieser Art von Großzügigkeit macht, sondern ganz wesentlich: dass hier gegen eine bestimmte Logik und ein bestimmtes Denken Einspruch erhoben wird. Die Ökonomisierung des Denkens und des Alltags, die Dominanz von Effizienz und Expansion, die Auffassung, dass »mehr« immer »besser« bedeutet – gegen all das ist die Verteidigung des freien Sonntags gerichtet. Gegen seine Infragestellung Widerstand zu leisten, ist ein Akt transformativer Großzügigkeit. Und damit zum Schluss.

Von der tristen zur fröhlichen Wissenschaft

Warum heißt dieses letzte Kapitel »Brot und Spiele«? »Und« ist hier ein wichtiges Wort: Brot *und* Spiele braucht es für eine zukunftsfähige Entwicklung, genauer: Es braucht Nahrung, Wohnung, Kleidung, Infrastrukturen, Institutionen, Energie, Materialität – *und* Spiele, Sport, Kultur, Feste, Vergnügen, Verschwendung, Symbolik. Nur »Brot« – das wäre vielleicht Überleben, aber sicher kein gutes Leben. Das wird im Diskurs über Nachhaltigkeit bisweilen übersehen und tut der Sache nicht gut: Es kann bei diesem Leitbild nicht darum gehen, nur auf möglichst rationale Weise den Mangel zu verwalten und damit das »Überleben der Menschheit« zu sichern. Nur Anpassung und Existenzsicherung reichen nicht, es braucht auch Lust und Freude und Spaß und allerlei Unvernünftigkeiten. Als Alternative auf Augenhöhe attraktiv wird Nachhaltigkeit nur dann, wenn sie auch Unvernunft und Verschwendung erlaubt, und wenn sie eine Befriedigung kultureller Bedürfnisse ebenso ernst nimmt wie die Sicherstellung materieller Notwendigkeiten. Großzügigkeit als die Mitte zwischen maßloser Effizienz und maßloser Verschwendung ist ein Leitbild, das diese beiden Seiten gelingender gesellschaftlicher Entwicklung zusammendenkt – und deshalb Brot *und* Spiele.

Großzügigkeit, Brot und Spiele und nun auch noch fröhliche Wissenschaft – echt jetzt? Ist das beim Ernst der Lage nicht verfehlt, geschmacklos, an den Problemen der Welt vorbeigeredet? Zynisch angesichts von Armut und Elend? Wir haben schon gesehen, dass die Frage, wer sich Großzügigkeit leisten kann, sehr relevant ist – und dass sie letztlich keinen plausiblen Einwand gegen die Konzeption von Großzügigkeit darstellt, wie sie hier vorgestellt wurde. Und: Es kommt natürlich darauf an, was mit fröhlicher Wissenschaft gemeint ist. Wenn damit eine sorglose und verantwortungslose Wissenschaft gemeint wäre, träfe der Vorwurf der Geschmacklosigkeit vielleicht zu. Gerade die in diesem Buch beschriebenen Probleme erlauben es kaum, sorglos zu sein. Aber verbietet die Lage auch Humor? Macht sie es unmöglich, auch einmal un-ernst auf die Welt zu schauen? Nein. Denn Humor und Unernst haben etwas mit Hoffnung zu tun. Und ohne die geht es nicht.[35]

Bekanntlich gilt: Wenn man in Deutschland davon spricht, dass die Lage ernst ist, aber nicht hoffnungslos, ist die Lage in Österreich womöglich hoffnungslos, aber nicht ernst. Dieses oft zitierte und unterschiedlichen Personen zugesprochene Bonmot ist mehr als ein Witz über die unterschiedlichen Befindlichkeiten in den beiden Ländern – darin steckt auch eine tiefere Wahrheit über Hoffnung, Hoffnungslosigkeit und den Umgang mit der Lage. Die Lage ist – im Angesicht des Schocks der Corona-Krise, des Schreckens des Ukraine-Krieges und der schlimmen Aussichten mit Blick auf ökologische Problemlagen – ernst, sehr ernst. Sie ist aber nicht hoffnungslos – darauf besteht das vorliegende Buch. Was man nicht nur in Österreich lernen kann: Wenn die Hoffnungslosigkeit siegt, ist's eh schon wurscht. Wo Hoffnung und Sinn fehlen, kann man die Lage schon nicht mehr als ernst bezeichnen. Dann wartet in der Zukunft nicht mehr die Möglichkeit des Besseren, sondern nur noch das Nichts. Was das Bonmot freilich auch auf den Punkt bringt: Humor und Ironie helfen womöglich dabei, die Lage der Dinge realistisch anzuschauen, ohne darüber verrückt zu werden.

Diesem Ziel kann auch die Einsicht dienen, dass Wissen und Wahrheit sehr fragile und vorläufige Dinge sind. Der »*Wahrheitsbezug*, der uns im Denken und Handeln begleitet,« schreibt der Philosoph Martin Seel, sei »nicht gleichbedeutend mit einer Jagd nach *Wahrheitsbesitz*.«[36] Die Einsicht in diesen Unterschied ist für unser Thema zentral – gerade, weil wir es eben nicht mit Navigation zu tun haben, sondern mit einem ergebnisoffenen Suchprozess. Seel schreibt auch: »Ein Denken [...], das keinen Spielraum zu seinen Konstruktionen behält, ein Denken, das nicht bereit ist, seine Gedanken – und mit ihnen sich – aufs Spiel zu setzen, bleibt unter seinen Möglichkeiten.«[37] Eine solche Einstellung des Spielerischen, Fragenden und Offenen ist unverzichtbares Element erfolgreicher gesellschaftlicher (und individueller) Suchprozesse. Wer das für selbstverständliche Ingredienzien wissenschaftlichen Arbeitens hält, mag recht haben – darf sich aber auch fragen, warum die Theoriegeschichte der Ökonomik oft als »Dogmengeschichte« bezeichnet wird...

Die fröhliche Wissenschaft ist natürlich ein Buch Friedrich Nietzsches, das der breiteren Öffentlichkeit vor allem durch die Ansage bekannt ist, Gott sei tot. Ich selbst bin, um mit Max Weber zu sprechen, religiös völlig unmusikalisch und stehe damit dieser Aussage mit ungefähr derselben Distanz gegenüber wie der Losung »Jesus lebt«. Dennoch will ich hier zwei Papst-Worte ins Spiel bringen. Beide stammen aus der »Öko-Enzyklika« *Laudato Si'*, die Papst Franziskus 2015 veröffentlicht hat. Dort findet sich erstens das bereits zitierte Wort von der »Schönheit der Herausforderung« – eine Perspektive, die sich von einer verbreiteten Katastrophenrhetorik abhebt und die eine Haltung der Hoffnung auf den Begriff bringt. Und zweitens schreibt Franziskus: »Gehen wir singend voran! Mögen unsere Kämpfe und unsere Sorgen um diesen Planeten uns nicht die Freude und die Hoffnung nehmen.«[38] Beim Singen bin ich mir nicht sicher, aber das Vorangehen und die Freude und die Hoffnung sind doch ohne Zweifel notwendige Bedingungen dafür, dass es besser werden kann.

Gerade im Diskurs über die Transformation zur Nachhaltigkeit herrschen nicht selten Pessimismus, Bitterkeit und eine abgrundtiefe Humorlosigkeit – und zwar eben nicht nur im wissenschaftlichen Diskurs über Zukunftsfähigkeit, sondern auch im öffentlichen, medialen Diskurs und auch im zivilgesellschaftlichen Ringen um eine nachhaltige Entwicklung. Die Frustration über das schreiende Missverhältnis zwischen gesichertem Wissen über Umweltprobleme und den real existierenden Problemlösungsanstrengungen ist überaus verständlich – aber sie legitimiert weder Hoffnungs- noch Freudlosigkeit. Denn dieser Mangel tut der Sache nicht gut. Moralkeulenschwingende Verzichtsappelle werden niemals dafür sorgen, dass Zukunftsfähigkeit zur Sache einer relevanten Anzahl von Menschen wird. Dafür braucht es auch Humor, Ironie und ja, Fröhlichkeit.

Und damit zurück zur fröhlichen Wissenschaft, mit der hier weniger der Bezug zu Nietzsches wuchtigem Werk gemeint ist als ein Gegenbild zur tristen Wissenschaft. Zwar passt dieser Satz aus der *Fröhlichen Wissenschaft* sehr gut zu unserem Thema: »Das fleissigste aller Zeitalter – unser Zeitalter – weiss aus seinem vielen Fleisse und Gelde Nichts zu machen, als immer wieder mehr Geld und immer wieder mehr Fleiss: es gehört eben mehr Genie dazu, auszugeben, als zu erwerben!«[39] Auch schreibt Nietzsche, in der Natur herrsche »nicht die Nothlage, sondern der Ueberfluss, die Verschwendung, sogar bis in's Unsinnige.«[40]

Aber all das würde wohl zu weit führen – und vor allem zu weit weg vom Bezugspunkt, von dem sich eine fröhliche Wissenschaft der Großzügigkeit absetzt: nämlich der traurigen Wissenschaft der Knappheit, also der Wirtschaftswissenschaft. Zu deren Dominanz verhält sich die Großzügigkeit, wie sie hier präsentiert wurde, als Gegenbild, als Einspruch, als Widerstand. Die Orientierung der Ökonomik an Effizienz und Expansion und ihre völlige Überbewertung, so wurde hier argumentiert, sind Teil einer tiefsitzenden Nicht-Nachhaltigkeit. Um das erneut zu betonen: Es geht nicht um die Verabschiedung ökonomischen Denkens – es geht um die Verabschiedung seiner Dominanz. Ökonomik hat im Ringen um Zukunftsfähigkeit gewiss ihren unverzichtbaren Platz. Aber ihr Übergewicht ist schädlich. Das zu ändern, ist wesentliches Ziel einer transformativen Großzügigkeit.

Auch in Zeiten, in denen die Knappheit eine traurige Renaissance erlebt, ist die Dominanz ökonomischen Denkens nicht zeitgemäß. Wie gesagt, den zweifelhaften Ehrentitel *dismal science* hat die Wirtschaftswissenschaft von Thomas Carlyle, der mit diesem Wort vor allem die Arbeit Thomas Robert Malthus' zur »Bevölkerungstheorie« im Blick hatte. Malthus' höchst pessimistische Auffassung von wirtschaftlicher Entwicklung – die Produktivität der Landwirtschaft werde nie mit der »passion between the sexes« und also dem Bevölkerungswachstum mithalten können – war Kernelement der klassischen Politischen Ökonomie. Zu deren »Tristheit« passt auch die Äußerung Adam Smiths, der – einige Jahre vor dem Erscheinen von Malthus' Hauptwerk – im *Wohlstand der Nationen* schrieb, dass »das Los der ärmeren Arbeiter und damit der Masse der Bevölkerung offenbar dann am leichtesten und besten ist, wenn die Gesellschaft auf dem Wege zu weiterem Wohlstand ist und nicht schon den Zenit des Reichtums erreicht hat. Ihr Los ist hart in einer stationären und erbärmlich in einer schrumpfenden Wirtschaft. Der Aufschwung ist in der Tat für alle Schichten erfreulich und willkommen, die Stagnation hingegen lähmend und der Niedergang trostlos.«[41]

Insgesamt war die klassische Politische Ökonomie des 18. und 19. Jahrhunderts tatsächlich *dismal* – trist, trostlos, traurig, trübselig, düster und pessimistisch: Knappheit könne letztlich nicht überwunden werden, Stagnation – der »stationäre Zustand« einer wachstumslosen Wirtschaft – sei ein unausweichliches Schicksal. Durchbrochen wird diese unerfreuliche Stimmung erst durch John Stuart Mill, der nicht nur ein großer Vordenker des Liberalismus war, sondern auch ein brillanter Theoretiker eines wandlungs- und lernfähigen Kapitalismus. Mill schreibt in seinen 1848 erschienenen *Principles of Political Economy* in ausdrücklicher Abgrenzung zu Adam Smith: »Ich kann [...] einen stationären Zustand des Kapitals und Vermögens nicht mit der ausgesprochenen Abneigung betrachten, die die Nationalökonomen der alten Schule ihm allgemein entgegengebracht haben. Ich möchte vielmehr glauben, daß er, im ganzen betrachtet, eine beträchtliche Verbesserung im Vergleich mit unserer gegenwärtigen Lage bedeuten würde. Ich gestehe, daß mich nicht das Lebensideal der Leute bezaubert, die glauben, daß der Normalzustand menschlicher Wesen in dem fortwährenden Kampfe gegeneinander besteht, daß das Stoßen, Drängen, einander auf die Fersen Treten, das heute das Kennzeichen unserer gesellschaftlichen Zustände ist, das wünschenswerteste Los der Menschen oder etwas anderes sei, als die unerfreulichen äußeren Merkmale eines einzelnen Abschnittes des gewerblichen Fortschrittes. [...] [D]er beste Zustand für die menschliche Natur ist doch der, daß keiner arm ist, niemand reicher zu sein wünscht, und niemand Grund zu der Furcht hat, daß er durch die Anstrengungen anderer, die sich selber vorwärts drängen, zurückgestoßen werde.«[42]

In seinem tiefen Fortschrittsglauben ist das eher fröhliche als triste Wissenschaft. Das gilt auch für einen Beitrag von John Maynard Keynes, und auch er steht gewiss in seiner Zeit ziemlich allein mit seinen bereits erwähnten 1930 publizierten Überlegungen zu den *Economic Possibilities for Our Grandchildren*. Die Möglichkeiten der Enkel schätzt Keynes mitten in der Weltwirtschaftskrise überaus positiv ein: »Zum ersten Mal seit seiner Erschaffung wird der Mensch damit vor seine wirkliche, seine beständige Aufgabe gestellt sein – wie seine Freiheit von drückenden wirtschaftlichen Sorgen zu verwenden, wie seine Freizeit auszufüllen ist, die Wissenschaft und Zinseszins für ihn gewonnen haben, damit er weise, angenehm und gut leben kann. [...] Ich sehe deshalb für uns die Freiheit, zu einigen der sichersten und zuverlässigsten Grundsätzen der Religion und der althergebrachten Werte zurückzukehren – daß Geiz ein Laster ist, das Eintreiben von Wucherzinsen ein Vergehen, die Liebe zum Geld abscheulich, und daß diejenigen am wahrhaftigsten den Pfad der Tugend und der maßvollen Weisheit beschreiten, die am wenigsten über das Morgen nachdenken. Wir werden die Zwecke wieder höher werten als die Mittel und das Gute dem Nützlichen vorziehen.«[43]

Keynes sieht also eine Zukunft voraus, die das Problem der Knappheit gelöst hat und in der die Angst der klassischen Politischen Ökonomie endgültig obsolet geworden ist. Er ist sich allerdings nicht sicher, ob dies eine »Wohltat« sei und befürchtet für die Übergangsphase in das Reich des Überflusses einen »allgemeinen Nervenzusammenbruch«.[44] Denn mit dem Ende der Knappheit warte die wahre Bestimmung auf den Menschen, und das heiße eben: gut leben, Zwecke über Mittel stellen und das Gute über das Nützliche. Und es kann heißen: die Großzügigkeit über die Effizienz stellen. Das wäre ein Bruch mit der heutigen Normalität, die trotz aller Krisen – und bisweilen wegen dieser Krisen – durch eine Orientierung an Effizienz und Expansion geprägt ist, was weder der Natur noch den Tieren noch den Menschen guttut.

Den »Nervenzusammenbruch« hat Keynes genau deshalb befürchtet, weil seine Zukunftsvision das Ende einer lange etablierten und selbstverständlichen Normalität bedeutet hätte, nämlich den Kampf gegen die Knappheit und das Streben nach Wachstum. Das Motiv des Nervenzusammenbruchs verwendet auch Stephan Lessenich in seiner bereits zitierten Krisendiagnose *Nicht mehr normal*. Das Buch des Soziologen trägt den Untertitel *Gesellschaft am Rande des Nervenzusammenbruchs*.[45] Trotzdem wird (außer in einer Überschrift) der Begriff des Nervenzusammenbruchs nur einmal verwendet. »Deutschland heute«, so Lessenich, sei »eine Gesellschaft, deren Normalitätsproduktion ins Stocken geraten ist und der die Trägergruppen des Normalen abhandenkommen. Eine Gesellschaft, die das Alte nicht halten und das Neue nicht denken kann, die an ihren Gewissheiten zu zweifeln und an der Zukunft zu verzweifeln beginnt. Eine Gesellschaft – am Rande des Nervenzusammenbruchs.«[46]

Bemerkenswerterweise bezieht sich Lessenich nicht auf Keynes, aber die Ursache für die kollektive akute Belastungsreaktion ist in beiden Fällen das Verschwinden einer Normalität: bei Keynes wegen einer grundsätzlichen sozioökonomischen Umorientierung, bei Lessenich aufgrund einer Vielzahl von Problemen, die als Krise erlebt werden – laut Antonio Gramsci bekanntlich ein Zustand, in dem das Alte stirbt, aber das Neue noch nicht geboren werden kann. Diese Krisendefinition passt auch zu Keynes' Vision: Das Ende der Knappheit und die dadurch notwendige Umorientierung bedeuten, dass etwas Altes zu Ende geht, ohne dass das Neue schon klar absehbar oder gar etabliert ist. Knappheit und Mangel sind für Keynes so mächtige historische Normalitäten, dass ihr Ende mit Gewissheit gesellschaftliche Probleme bringen würde.

Aber wo ist da jetzt die fröhliche Wissenschaft? Hier: »Jeder Gedanke, den ich denke, verändert mich, und wenn er kräftig genug ist, verändert er merklich auch andere.«[47] Dieses Buch ist natürlich mit der Hoffnung verbunden, dass das auch für die Großzügigkeit gilt. Eine nicht-naive Vorstellung von Großzügigkeit muss mit den hier involvierten Schwierigkeiten umgehen – aber eben auch in Rechnung stellen, dass es politische Wunder gibt und dass, wie wir gesehen haben, noch so starr wirkende Normalitäten sich immer wieder als veränderbar erwiesen haben. *Darin* liegt die Möglichkeit einer fröhlichen Wissenschaft und eines hoffnungsvollen Zukunftsausblicks.

Dass all das Verwunderung auslösen kann, ist mir bewusst. Wo überall zu hören ist, dass die Knappheit wieder da ist, kann das Reden von Fülle, Großzügigkeit und Verschwendung bizarr wirken. Aber wie hier deutlich geworden sein sollte, sind Knappheit und Mangel zwar relevante Eigenschaften der Welt, aber eben nicht die einzigen. Wie zu Beginn ausführlich gezeigt, ist die Knappheitsperspektive wichtig, jedoch in einer Welt zu eng, in der Begrenztheit viel bedeutsamer ist als Knappheit. In dieser Lage ist Großzügigkeit als maßvoller Zugang zur Welt eine angemessenere Strategie zur Zukunftssicherung als der Fokus auf Effizienz und Expansion. Wir haben gesehen, wie deutlich sich das zeigt, wenn man ökologische, ökonomische, soziale und rechtliche Aspekte der Zukunftsfähigkeit kritisch in den Blick nimmt. Großzügigkeit ist nicht »die« Lösung für Probleme der Nicht-Nachhaltigkeit, der Überforderung, der Verengung, der Eskalation, der Spaltung. Aber sie ist ganz sicher ein Beitrag dazu, dass es besser werden kann.

Natur schonen, Tiere schützen, Spielräume für menschliche und gesellschaftliche Entwicklung schaffen – all das gehört zu einer zukunftsfähigen

Entwicklung unserer Welt. Beginnen kann man damit hier und jetzt. Nicht, weil jemand ein Buch darüber schreibt – sondern weil die Zeit dafür gekommen ist. Großzügigkeit ist eine Einladung zur Befreiung – nicht zuletzt einer Befreiung des Denkens. Denn Zukunftsfähigkeit entsteht nicht aus Populismus, Planungsphantasien und vermeintlichen Patentrezepten, sondern durch Vielfalt, Spielraum und Phantasie.

Anhang

Literatur

Adloff, Frank/Mau, Steffen (2005): Zur Theorie der Gabe und Reziprozität. In: Dies. (Hg.): Vom Geben und Nehmen. Zur Soziologie der Reziprozität. Frankfurt/New York: Campus. S. 9–57.
Ahne, Petra (2023): Wo geht's zum Schwein? In: Frankfurter Allgemeine Zeitung, 25. Januar 2023.
Allianz für den freien Sonntag (2019a): Brauchen wir einen freien Sonntag? https://www.freiersonntag.at/kampagne/#3 (Zugriff März 2023).
Allianz für den freien Sonntag (2019b): Studie der Stadt Wien zur Luftqualität. https://www.freiersonntag.at/studie-luftqualitaet/ (Zugriff März 2023).
Altvater, Elmer/Mahnkopf, Birgit (1996): Grenzen der Globalisierung. Ökonomie, Ökologie und Politik in der Weltgesellschaft. Münster: Westfälisches Dampfboot.
Améry, Jean (2015 [1976]): Hand an sich legen. Diskurs über den Freitod. Stuttgart: Klett-Cotta.
Andrick, Michael (2022 [2021]): Erfolgsleere. Philosophie für die Arbeitswelt. 4. überarbeitete Auflage. Freiburg i.Br.: Verlag Herder.
Ankenbrand, Hendrik/Schuller, Konrad (2022): An der chinesischen Kette. In: Frankfurter Allgemeine Sonntagszeitung, 9. Oktober 2022.
Appiah, Kwame Anthony (2011 [2010]): Eine Frage der Ehre oder: Wie es zu moralischen Revolutionen kommt. München: C.H. Beck.
Aristoteles: Nikomachische Ethik. Hamburg: Felix Meiner.
Barnett, Harold J./Morse, Chandler (1963): Scarcity and Growth. The Economics of Natural Resource Availability. Baltimore: Johns Hopkins Press.
Bataille, Georges (1985 [1967]): Die Aufhebung der Ökonomie. 2. erweiterte Auflage. München: Matthes & Seitz.
Benato, Max (2022): 2022: the year rewilding went mainstream – and a biodiversity deal gave the world hope. In: The Guardian, 26. Dezember 2022. https://www.theguardian.com/environment/2022/dec/26/2022-the

-year-rewilding-went-mainstream-and-a-biodiversity-deal-gave-the-wo rld-hope (Zugriff März 2023).

Bergfleth, Gerd (1985): Theorie der Verschwendung. Einführung in Georges Batailles Antiökonomie. München: Matthes & Seitz.

Berman, Elisabeth Popp (2022): Thinking like an Economist. How Efficiency Replaced Equality in U.S. Public Policy. Princeton/Oxford: Princeton University Press.

Bloethe, Holger (2012): 20-Stunden-Woche für alle! ... und die Hälfte der Autobahnen müssen weg. In: Bild-Zeitung, 8. Dezember 2012. https://www.bild.de/geld/wirtschaft/wirtschaft/jeder-sollte-nur-noch-20-stunden-die-woche-arbeiten-27579450.bild.html (Zugriff März 2023).

Blühdorn, Ingolfur (2000): Post-Ecologist Politics: Social Theory and the Abdication of the Ecologist Paradigm. London/New York: Routledge.

Blühdorn, Ingolfur (2013): Simulative Demokratie. Neue Politik nach der postdemokratischen Wende. Berlin: Suhrkamp.

Blühdorn, Ingolfur (2020): Die Gesellschaft der Nicht-Nachhaltigkeit. Skizze einer umweltsoziologischen Gegenwartsdiagnose. In: Ders. (mit Felix Butzlaff, Michael Deflorian, Daniel Hausknost, Mirijam Mock): Nachhaltige Nicht-Nachhaltigkeit. Warum die ökologische Transformation der Gesellschaft nicht stattfindet. Bielefeld: transcript. S. 65–142.

Blühdorn, Ingolfur (2022): Planetary boundaries, societal boundaries, and collective self-limitation: moving beyond the post-Marxist comfort zone. In: Sustainablity: Science, Practice and Policy 18 (1). S. 576–589.

Blühdorn, Ingolfur/Butzlaff, Felix (2018): Rethinking Populism: Peak democracy, liquid identity and the performance of sovereignty. In: European Journal of Social Theory 22 (4). S. 1–21.

Blühdorn, Ingolfur/Butzlaff, Felix/Deflorian, Michael/Hausknost, Daniel (2018): Postwachstumsgesellschaft und Transformationsnarrativ. Soziologische Überlegungen zum Nachhaltigkeitswandel. In: Fred Luks (Hg.): Chancen und Grenzen der Nachhaltigkeitstransformation. Ökonomische und soziologische Perspektiven. Wiesbaden: Springer Gabler. S. 21–41.

Blumenberg, Hans (2016 [1986]): Lebenszeit und Weltzeit. Frankfurt a.M.: Suhrkamp.

Blumenberg, Hans (2020): Realität und Realismus. Berlin: Suhrkamp.

Boltanski, Luc/Chiapello, Ève (2003 [1999]): Der neue Geist des Kapitalismus. Konstanz: UVK.

Bolz, Norbert (2020): Die Avantgarde der Angst. Berlin: Matthes & Seitz.

Botsman, Rachel (2017): Big data meets Big Brother as China moves to rate its citizens. In: Wired UK, 21. Oktober 2017. http://www.wired.co.uk/article/chinese-government-social-credit-score-privacy-invasion (Zugriff März 2023).

Boulding, Kenneth E. (1973 [1966]): The Economics of the Coming Spaceship Earth. In: Herman E. Daly (Hg.): Toward a Steady-State Economy. San Francisco: Freeman. S. 121–132.

Bourdieu, Pierre (2015 [1982]): Die verborgenen Mechanismen der Macht enthüllen. In: Ders.: Die verborgenen Mechanismen der Macht. Hamburg: VSA. S. 81–86.

Bourgeois, L.J. III (1981): On the Measurement of Organizational Slack. In: Academy of Management Review 6 (1). S. 29–39.

Brachmann, Jan (2021): Einfach fassungslos. In: Frankfurter Allgemeine Zeitung, 26. März 2021.

Brachmann, Jan (2022): Haarsträubend hilflos. In: Frankfurter Allgemeine Zeitung, 1. November 2022.

Brand, Karl-Werner (2021a): Das schwarze Loch der »Nicht-Nachhaltigkeit«. Eine kritische Auseinandersetzung mit Ingolfur Blühdorns Forschungsansatz. In: Berliner Journal für Soziologie 31 (2). S. 1–29.

Brand, Karl-Werner (2021b): »Große Transformation« oder »Nachhaltige Nicht-Nachhaltigkeit«? Wider die Beliebigkeit sozialwissenschaftlicher Nachhaltigkeits- und Transformationstheorien. In: Leviathan 49 (2). S. 189–214.

Brand, Ulrich et al. (2021): From planetary to social boundaries: an argument for collectively defined self-limitation. In: Sustainablity: Science, Practice and Policy 17 (1). S. 265–292.

Brand, Ulrich/Wissen, Markus (2017): Imperiale Lebensweise. Zur Ausbeutung von Mensch und Natur im globalen Kapitalismus. München: oekom.

Braunberger, Gerald (2022): Wehrhafte Marktwirtschaft. In: Frankfurter Allgemeine Sonntagszeitung, 30. Oktober 2022.

Braungart, Michael (2009): Können wir unsere Erde retten, Herr Braungart? Interview mit Michael Braungart. In: Frankfurter Allgemeine Zeitung, 10. Januar 2009.

Braungart, Michael/McDonough, William (2013): Cradle to Cradle. Einfach intelligent produzieren. München/Zürich: Piper.

Breuer, Stefan (1993): Die Gesellschaft des Verschwindens. Von der Selbstzerstörung der technischen Zivilisation. Hamburg: Junius Verlag.

Brickman, Philip/Campbell, Donald T. (1971): Hedonic relativism and planning the good society. In: M.H. Apley (Hg.): Adaptation-level theory: A symposium. New York: Academic Press. S. 287–302.

Broder, Henryk M. (2007): Hurra, wir kapitulieren! Von der Lust am Einknicken. München: Pantheon.

Bröckling, Ulrich (2000): Totale Mobilmachung. Menschenführung im Qualitäts- und Selbstmanagement. In: Ders./Susanne Krasmann/Thomas Lemke (Hg.): Gouvernementalität der Gegenwart. Studien zur Ökonomisierung des Sozialen. Frankfurt a.M.: Suhrkamp. S. 131–167.

Brunnermeier, Markus K. (2021): Die resiliente Gesellschaft. Wie wir künftige Krisen besser meistern können. Berlin: aufbau.

Bundesverfassungsgericht (2021): Verfassungsbeschwerden gegen das Klimaschutzgesetz teilweise erfolgreich. Pressemitteilung Nr. 31/2021, 29. April 2021.

Cappelli, Peter (2020): Stop Overengineering People Management. The trend toward optimization is disempowering employees. In: Harvard Business Review, September/October 2020. S. 56–63.

Calasso, Roberto (2015 [2010]): Die Glut. München: Hanser.

Cioran, E.M. (1978): Lehre vom Zerfall. Stuttgart: Klett-Cotta.

Cioran, E.M. (1991 [1979]): Gevierteilt. Frankfurt a.M.: Suhrkamp.

Ciriacy-Wantrup, S. V. (1952): Resource Conservation. Economics and Politics. Berkeley/Los Angeles: University of California Press.

Convention on Biological Diversity (2022): Nations Adopt Four Goals, 23 Targets for 2030 In Landmark UN Biodiversity Agreement. Pressemitteilung, 19. Dezember 2022. https://www.cbd.int/article/cop15-cbd-press-release-final-19dec2022 (Zugriff März 2023).

Crary, Jonathan (2022): Scorched Earth. Beyond the Digital Age to a Post-Capitalist World. London/New York: Verso.

Crouch, Colin (2008): Postdemokratie. Frankfurt a.M.: Suhrkamp.

Cyert, Richard M./March, James G. (1992 [1963]): Eine verhaltenswissenschaftliche Theorie der Unternehmung. 2. Auflage. Stuttgart: Schäffer-Poeschl.

D'Alisa, Giacomo/Kallis, Giorgos/Demaria, Federico (2016 [2015]): Nachwort: Von der Austerität zur Dépense. In: Giacomo D'Alisa/Federico Demaria/Giorgos Kallis (Hg.): Degrowth. Handbuch für eine neue Ära. München: oekom. S. 279–286.

Daly, Herman E. (1991a): Elements of Environmental Macroeconomics. In: Robert Costanza (Hg.): Ecological Economics. The Science and Manage-

ment of Sustainability. New York/Oxford: Columbia University Press. S. 32–46.
Daly, Herman E. (1991b): Steady State Economics. Second Edition with New Essays. Washington, D.C.: Island Press.
Daly, Herman E. (1992): Vom Wirtschaften in einer leeren Welt zum Wirtschaften in einer vollen Welt. Wir haben einen historischen Wendepunkt in der Wirtschaftsentwicklung erreicht. In: Robert Goodland/Herman Daly/Salah El Serafy/Bernd von Droste (Hg.): Nach dem Brundtland-Bericht: Umweltverträgliche wirtschaftliche Entwicklung. Bonn: UNESCO. S. 29–39.
Daly, Herman E. (1996): Beyond Growth. The Economics of Sustainable Development. Boston: Beacon Press.
Dannhauer, Kareen (2017): Guter Hoffnung. Hebammenwissen für Mama & Baby. 3. Auflage. München: Kösel.
Dath, Dietmar (2008): Maschinenwinter. Wissen, Technik, Sozialismus. Eine Streitschrift. Frankfurt a. M.: Suhrkamp.
De Francesco, Grete (2021 [1937]): Die Macht des Charlatans. Berlin: Die andere Bibliothek.
Dupuy, Jean-Pierre (2015): A Short Treatise on the Metaphysics of Tsunamis. East Lansing: Michigan State University Press.
Ecomodernist Manifesto (2015): Ecomodernist Manifesto. http://www.ecomodernism.org/manifesto-english/ (Zugriff März 2023).
The Economist (2022): Ties that bind. 5. November 2022. S. 61.
The Economist (2023): Efficiency be damned. 14. Januar 2023. S. 17.
Ehrlich, Paul R. (1989): The Limits to Substitution: Meta-Resource Depletion and a New Economic-Ecological Paradigm. In: Ecological Economics 1. S. 9–16.
EY Deutschland (2020): »Selbstorganisation und Selbstverantwortung sind entscheidend«. https://www.ey.com/de_de/reframe-your-future/systemische-resilienz-bei-unternehmen (Zugriff März 2023).
Falk, Armin (2022): Warum es so schwer ist, ein guter Mensch zu sein ... und wie wir das ändern können. Antworten eines Verhaltensökonomen. München: Siedler.
Felber, Christian (2012 [2010]): Gemeinwohl-Ökonomie. Erweiterte Neuausgabe. Wien: Deuticke.
Flaßpöhler, Svenja/Werner, Florian (2019): Zur Welt kommen. Elternschaft als philosophisches Abenteuer. 2. Auflage. München: Blessing.

Fleck, Ludwig (2021 [1935]): Entstehung und Entwicklung einer wissenschaftlichen Tatsache. Einführung in die Lehre vom Denkstil und Denkkollektiv. 13. Auflage. Frankfurt a.M.: Suhrkamp.

Folkers, Manfred/Paech, Niko (2020): All you need is less. Eine Kultur des Genug aus ökonomischer und buddhistischer Sicht. München: oekom.

Foster, John (2015): After Sustainability. Denial, Hope, Retrieval. London/New York: Routledge.

Foucault, Michel (1978): Dispositive der Macht. Über Sexualität, Wissen und Wahrheit. Berlin: Merve Verlag.

Foucault, Michel (2001 [1970]): Die Ordnung des Diskurses. 8. Auflage. Frankfurt a.M.: Fischer.

Franck, Georg (2005): Mentaler Kapitalismus. Eine politische Ökonomie des Geistes. München/Wien: Hanser.

Franck, Georg (2007 [1998]): Ökonomie der Aufmerksamkeit. München: dtv.

Franziskus (2015): Enzyklika LAUDATO SI' von Papst Franziskus über die Sorge für das gemeinsame Haus. Verlautbarungen des Apostolischen Stuhls Nr. 2020, 24. Mai 2015. Bonn: Sekretariat der Deutschen Bischofskonferenz.

Freyermuth, Gundolf S. (2001): Der Hilfs-Multi. Besuche beim Deutschen Roten Kreuz. In: Hans Magnus Enzensberger (Hg.): Krieger ohne Waffen. Das Internationale Komitee vom Roten Kreuz. Zusammengestellt von Hans Magnus Enzensberger. Frankfurt a.M.: Eichborn. S. 161–188.

Fücks, Ralf (2013): Intelligent wachsen. Die grüne Revolution. München: Hanser.

Fücks, Ralf (2022): Ökologie und Freiheit. In: Ders./Rainald Manthe (Hg.): Liberalismus neu denken. Freiheitliche Antworten auf die Herausforderungen unserer Zeit. Bielefeld: transcript. S. 99–105.

Furman, Jason (2022): The Quants in the Room. How Much Power Do Economists Really Have? In: Foreign Affairs, Juli/August 2022. S. 182–189.

Gabriel, Klaus (2019): Moral und Wirtschaft: Überlegungen zur Lösung eines Konflikts. In: Christian Arnold et al. (Hg.): Herausforderungen für das Nachhaltigkeitsmanagement. Globalisierung – Digitalisierung – Geschäftsmodelltransformation. Wiesbaden: Springer Gabler. S. 51–71.

Galbraith, John Kenneth (1971 [1958]): The Affluent Society. Second Edition, Revised. Boston: Houghton Mifflin.

Gawel, Erik (1996): Neoklassische Umweltökonomie in der Krise? Kritik und Gegenkritik. In: Jörg Köhn/Maria J. Welfens (Hg.): Neue Ansätze in der Umweltökonomie. Marburg: Metropolis. S. 45–88.

Georgescu-Roegen, Nicholas (1971): The Entropy Law and the Economic Process. Cambridge: Harvard University Press.
Gerschlager, Caroline (1996): Konturen der Entgrenzung. Die Ökonomie des Neuen im Denken von Thomas Hobbes, Francis Bacon und Joseph Alois Schumpeter. Marburg: Metropolis.
Girard, René (2014 [2007]): Im Angesicht der Apokalypse. Clausewitz zu Ende denken. Gespräche mit Benoît Chantre. Berlin: Matthes & Seitz.
Görg, Christoph (2016): Zwischen Tagesgeschäft und Erdgeschichte. Die unterschiedlichen Zeitskalen in der Debatte um das Anthropozän. In: GAIA 25, 1/2016. S. 9–13.
Graefe, Stefanie (2019): Resilienz im Krisenkapitalismus. Wider das Lob der Anpassungsfähigkeit. Bielefeld: transcript.
Gross, Peter (1994): Die Multioptionsgesellschaft. Frankfurt a.M.: Suhrkamp.
Grossart, Jan (2013): Hinaus ins Weite. In: Frankfurter Allgemeine Zeitung, 11. Januar 2013.
Grunwald, Armin (2012): Ende einer Illusion. Warum ökologisch korrekter Konsum die Umwelt nicht retten kann. München: oekom.
Guérot, Ulrike (2016): Warum Europa eine Republik werden muss! Eine politische Utopie. Bonn: Dietz.
Gumbrecht, Hans Ulrich (2011): Stimmungen lesen. Über eine verdeckte Wirklichkeit der Literatur. München: Hanser.
Hajer, Maarten A. (1995): The Politics of Environmental Discourse: Ecological Modernization and the Policy Process. Oxford: Oxford University Press.
Hamilton, Clive (2016): The Anthropocene as rupture. In: The Anthropocene Review 3 (2). S. 1–14.
Hansjürgens, Bernd/Lübbe-Wolff, Gertrude (2000): Symbolische Umweltpolitik – Einführung und Überblick. In: Dies. (Hg.): Symbolische Umweltpolitik. Frankfurt a.M.: Suhrkamp. S. 11–22.
Harari, Yuval Noah (2015): Industrial farming is one of the worst crimes in history. In: The Guardian, 25. September 2015. https://www.theguardian.com/books/2015/sep/25/industrial-farming-one-worst-crimes-history-ethical-question (Zugriff März 2023).
Harrod, Roy Forbes (1958): The Possibility of Economic Satiety – Use of Economic Growth for Improving the Quality of Education and Leisure. In: Committee for Economic Development (Hg.): Problems of United States Economic Development. Vol. 1. New York: Committee for Economic Development. S. 207–213.

Hauff, Volker (Hg.) (1987): Unsere gemeinsame Zukunft. Der Brundtland-Bericht der Weltkommission für Umwelt und Entwicklung. Greven: Eggenkamp.

Hayek, Friedrich August von (2011a [1944]): Der Weg zur Knechtschaft. München: Olzog.

Hayek, Friedrich August von (2011b [1974]): Die Anmaßung von Wissen. In: Viktor J. Vanberg (Hg.): Hayek Lesebuch. Tübingen: Mohr Siebeck. S. 241–252.

Hayek, Friedrich August von (2011c [1973]): Die marktliche Ordnung oder Katallaxie. In: Viktor J. Vanberg (Hg.): Hayek Lesebuch. Tübingen: Mohr Siebeck. S. 156–187.

Hayek, Friedrich August von (2011d [1958]): Die schöpferischen Kräfte einer freien Zivilisation. In: Viktor J. Vanberg (Hg.): Hayek Lesebuch. Tübingen: Mohr Siebeck. S. 3–22.

Heidenreich, Felix (2022): Demokratie als Zumutung. Für eine andere Bürgerlichkeit. Stuttgart: Klett-Cotta.

Hénaff, Marcel (2009 [2002]): Der Preis der Wahrheit. Gabe, Geld und Philosophie. Frankfurt a.M.: Suhrkamp.

Herrmann, Ulrike (2022): Das Ende des Kapitalismus. Warum Wachstum und Klimaschutz nicht vereinbar sind – und wie wir in Zukunft leben werden. Köln: Kiepenheuer & Witsch.

Hinterberger, Friedrich (2008): Burnout und Klimawandel haben die gleiche Ursache: Wir arbeiten zu viel und zu intensiv. In: Lernende Organisation 45. S. 28–35.

Hirsch, Fred (1976): Social Limits to Growth. Cambridge (Mass.): Harvard University Press.

Horkheimer, Max/Adorno, Theodor W. (1992 [1944]): Dialektik der Aufklärung. Philosophische Fragmente. Frankfurt a.M.: Fischer.

Houellebecq, Michel (2022): Vernichten. Köln: DuMont.

Hüther, Gerald (2015): Etwas mehr Hirn, bitte. Eine Einladung zur Wiederentdeckung der Freude am eigenen Denken und der Lust am gemeinsamen Gestalten. Göttingen: Vandenhoeck & Ruprecht.

Hüther, Gerald (2016 [2011]): Was wir sind und was wir sein könnten. Ein neurobiologischer Mutmacher. 7. Auflage. Frankfurt a.M.: Fischer Taschenbuch.

Hüther, Gerald (2017): Vorwort. In: Ali Mahlodji: Und was machst du so? Vom Flüchtling und Schulabbrecher zum internationalen Unternehmer. Berlin: Econ. S. 13–16.

Hüther, Michael (2012): Die Grenzen der Wachstumskritik. In: Frankfurter Allgemeine Zeitung, 28. September 2012.
Huizinga, Johan (2004 [1938]): Homo ludens. Vom Ursprung der Kultur im Spiel. 19. Auflage. Reinbek bei Hamburg: Rowohlt.
Jacobs, Michael (1994): The Limits to Neoclassicism. Towards an institutional environmental economics. In: Michael Redclift/Ted Benton (Hg.): Social Theory and the Global Environment. London/New York: Routledge. S. 67–91.
Jevons, William Stanley (1965 [1865]): The Coal Question. An Inquiry Concerning the Progress of the Nation, and the Probable Exhaustion of our Coalmines. New York: Augustus M. Kelley.
Jonas, Hans (1984 [1979]): Das Prinzip Verantwortung. Versuch einer Ethik für die technologische Zivilisation. Frankfurt a.M.: Suhrkamp.
Jünger, Friedrich Georg (1953 [1946]): Die Perfektion der Technik. Vierte, durchgesehene und stark vermehrte Auflage. Frankfurt a.M.: Vittorio Klostermann.
Jullien, François (1999 [1996]) : Über die Wirksamkeit. Berlin: Merve.
Jungk, Robert (1977 [1952]): Die Zukunft hat schon begonnen. Amerikas Allmacht und Ohnmacht. Reinbek bei Hamburg: Rowohlt.
Kabat-Zinn, Jon (2016 [2005]): Zur Besinnung kommen. Die Weisheit der Sinne und der Sinn der Achtsamkeit in einer aus den Fugen geratenen Welt. Freiamt im Schwarzwald: Arbor Verlag.
Kallis, Giorgos (2021 [2019]): Grenzen. Warum Malthus falschlag und warum uns das alle angeht. Berlin: Matthes & Seitz.
Kaube, Jürgen (2011): Die Wiederkehr des Verdrängten. In: Frankfurter Allgemeine Zeitung, 17. März 2011.
Kelsen, Hans (1982 [1941]): Vergeltung und Kausalität. Mit einer Einleitung von Ernst Topitsch. Wien et al.: Hermann Böhlhaus Nachfolger.
Keynes, John Maynard (1983 [1936]): Allgemeine Theorie der Beschäftigung, des Zinses und des Geldes. Berlin: Duncker & Humblot.
Keynes, John Maynard (1998 [1930]): Wirtschaftliche Möglichkeiten unserer Enkelkinder. In: Norbert Reuter: Wachstumseuphorie und Verteilungsrealität. Wirtschaftspolitische Leitbilder zwischen Gestern und Morgen. Mit Texten zum Thema von John Maynard Keynes und Wassily Leontief. Marburg: Metropolis. S. 115–127.
Klenk, Florian (2021): Bauer und Bobo. Wie aus Wut Freundschaft wurde. Wien: Paul Zsolnay.

Klinkenborg, Verlyn (2022): The Forest's-Eye View. In: The New York Review of Books, 21. Juli 2022. S. 33–35.

Klöpfer, Inge (2022): So abhängig sind wir. In: Frankfurter Allgemeine Sonntagszeitung, 9. Oktober 2022.

Klos, Matthias (2020): Wenn Bilder durch Bilder reisen. In: Catherine Ludwig/Fred Luks (Hg.): Touristiken. Transmediale Arbeiten über Freizeit im Anthropozän. Berlin/Boston: de Gruyter. S. 104–105.

Kolev, Stefan (2022): Giftschrank oder Schatztruhe? Warum jede Generation ihren eigenen Neoliberalismus benötigt. In: Ralf Fücks/Rainald Manthe (Hg.): Liberalismus neu denken. Freiheitliche Antworten auf die Herausforderungen unserer Zeit. Bielefeld: transcript. S. 59–64.

Konersmann, Ralf (2021): Welt ohne Maß. Frankfurt a.M.: Fischer.

Konersmann, Ralf (2022): Die neue Devise heisst: massvoll leben. In: Neue Zürcher Zeitung, 15. Oktober 2022.

Krastev, Ivan (2022): Jetzt beginnt eine neue Geschichte. In: Die Zeit, 3. März 2022.

Krohn, Philipp (2023): Ökoliberal. Warum Nachhaltigkeit die Freiheit braucht. Frankfurt: Frankfurter Allgemeine Buch.

Kühmayer, Franz (2020): 5 Führungskompetenzen für die Post-Corona-Wirtschaft. Wien: Zukunftsinstitut. https://www.zukunftsinstitut.de/artikel/leadership/5-fuehrungskompetenzen-fuer-die-post-corona-wirtschaft/ (Zugriff März 2023).

Kuhn, Thomas S. (1989 [1962]): Die Struktur wissenschaftlicher Revolutionen. 10. Auflage. Frankfurt a.M.: Suhrkamp.

Kurbjuweit, Dirk (2003): Unser effizientes Leben. Die Diktatur der Ökonomie und ihre Folgen. Reinbek bei Hamburg: Rowohlt

Lear, Jonathan (2020): Radikale Hoffnung. Ethik im Angesicht kultureller Zerstörung. 2. Auflage. Berlin: Suhrkamp.

Lee, Kai-Fu (2022 [2021]): Der Traum vom Überfluss: Analyse. In: Ders./Chen, Qiufan: KI 2041. Zehn Zukunftsvisionen. Frankfurt/New York: Campus. S. 509–528.

Lee, Kai-Fu/Chen, Qiufan (2022 [2021]): KI 2041. Zehn Zukunftsvisionen. Frankfurt/New York: Campus.

Leggewie, Claus/Welzer, Harald (2009): Das Ende der Welt, wie wir sie kannten. Frankfurt a.M.: Suhrkamp.

Leiss, William (1978): The Limits to Satisfaction: on needs and commodities. London: Marion Boyars.

Lennon, John (1980): Beautiful Boy. Auf: Double Phantasy. Los Angeles et al.: Geffen/Capitol.
Lepenies, Philipp (2022): Verbot und Verzicht. Politik aus dem Geiste des Unterlassens. Berlin: Suhrkamp.
Lessenich, Stephan (2013): Alles musss raus: Die politische Logik des »Potenzials«. In: WSI-Mitteilungen 2/2013. S. 76.
Lessenich, Stephan (2016): Neben uns die Sintflut. Die Externalisierungsgesellschaft und ihr Preis. München: Hanser.
Lessenich, Stephan (2022): Nicht mehr normal. Gesellschaft am Rande des Nervenzusammenbruchs. Berlin: Hanser Berlin.
Link, Jürgen (2002): Das »normalistische« Subjekt und seine Kurven. Zur symbolischen Visualisierung orientierender Daten. In: David Gugerli/Barbara Orland (Hg.): Ganz normale Bilder. Historische Beiträge zur visuellen Herstellung von Selbstverständlichkeit. Zürich: Chronos. S. 107–128.
Link, Jürgen (2013): Normale Krisen? Normalismus und die Krise der Gegenwart. Konstanz: Konstanz University Press.
Lotter, Maria-Sibylla (2012): Scham, Schuld, Verantwortung. Über die kulturellen Grundlagen der Moral. Berlin: Suhrkamp.
Lotter, Wolf (2017): Störzonen. In: brand eins. https://www.brandeins.de/magazine/brand-eins-wirtschaftsmagazin/2017/ueberraschung/stoerzonen (Zugriff März 2023).
Luhmann, Niklas (1990): Ökologische Kommunikation. 3. Auflage. Opladen: Westdeutscher Verlag.
Luhmann, Niklas (1994): Die Wirtschaft der Gesellschaft. Frankfurt a.M: Suhrkamp.
Luks, Fred (1998): The Rhetorics of Ecological Economics. In: Ecological Economics 26 (2), August 1998. S. 139–149.
Luks, Fred (1999): Throughput, Scale, Material Input. In: Jörg Köhn/John Gowdy/Friedrich Hinterberger/Jan van der Straaten (Hg.): Sustainability in Question: The Search for a Conceptual Framework. Cheltenham/Northampton 1999: Edward Elgar. S. 119–134.
Luks, Fred (2000): Postmoderne Umweltpolitik? Sustainable Development, Steady-State und die »Entmachtung der Ökonomik«. Marburg: Metropolis.
Luks, Fred (2010): Endlich im Endlichen. Oder: Warum die Rettung der Welt Ironie und Großzügigkeit erfordert. 3. Auflage. Marburg: Metropolis.
Luks, Fred (2011): Lost in Transformation? Weltrettungs-ABC nach Fukushima. Marburg: Metropolis.

Luks, Fred (2012): Irgendwas ist immer. Zur Politik des Aufschubs. Marburg: Metropolis.

Luks, Fred (2014): Öko-Populismus. Warum einfache »Lösungen«, Unwissen und Meinungsterror unsere Zukunft bedrohen. Marburg: Metropolis.

Luks, Fred (2017): Ehrliches Wachstum: Über Expansion, Frieden und Nachhaltigkeit. In: Der Standard, 25. Mai 2017.

Luks, Fred (2018a): Ausnahmezustand. Unsere Gegenwart von A bis Z. Marburg 2018: Metropolis.

Luks, Fred (Hg.) (2018b): Chancen und Grenzen der Nachhaltigkeitstransformation. Ökonomische und soziologische Perspektiven. Wiesbaden: Springer Gabler.

Luks, Fred (2020a): An Grenzen. Tourismus im Anthropozän. In: Catherine Ludwig/Fred Luks (Hg.): Touristiken. Transmediale Arbeiten über Freizeit im Anthropozän. Berlin/Boston: de Gruyter. S. 6–8.

Luks, Fred (2020b): Hoffnung. Über Wandel, Wissen und politische Wunder. Marburg 2020: Metropolis

Luks, Fred (2020c): Resilienz – Krise – Leadership. Über den nachhaltigen Umgang mit großen Herausforderungen. Im Auftrag von respACT. https ://www.respact.at/dl/ssLqJLJNMlJqx4OooJK/FredLuks_Studie_Resilienz KriseLeadership_Endfassung_final.pdf (Zugriff März 2023).

Luks, Fred (2021): Verschwenderische Nachhaltigkeit. Über die notwendige Freiheit zur Unvernunft. In: der blaue reiter 48 (2/2021). S. 48–53.

Luks, Fred (2022a): Das grüne Schrumpfen. In: Frankfurter Allgemeine Zeitung, 21. November 2022.

Luks, Fred (2022b): Effizienz in Unternehmen kann auch gefährlich sein. In: Der Standard, 19. März 2022.

Luks, Fred (2022c): Ein Lob der Ineffizienz. In: Der Standard, 21. Oktober 2022.

Luks, Fred (2022d): Ein Lob der Verschwendung. In: Frankfurter Allgemeine Zeitung, 19. April 2022.

Luks, Fred (2023): Philosophie der modernen Arbeit. Wie sich die Leere im Schafspelz des Erfolgs versteckt. In: Der Standard, 14. Januar 2023.

Maak, Niklas (2018): Auch das Internet hat einen Auspuff. In: Frankfurter Allgemeine Zeitung, 13. Januar 2018.

Maak, Niklas (2020): Technophoria. München: Carl Hanser.

Maciejewski, Franz (2022): Garküche der Zukunft. Vom Leben und Überleben am Rande der Geschichte. In: Lettre International 136. S. 80–87.

Martin, Roger L. (2019): Die Grenzen der Effizienz. In: Harvard Business manager, März 2019. S. 18–31.

Marx, Karl/Engels, Friedrich (1983 [1848]): Manifest der Kommunistischen Partei. In: Institut für Marxismus-Leninismus beim ZK der SED (Hg.): MEW Band 4. S. 459–493.

Mau, Steffen (2022): Zur Diagnose gesellschaftlicher Polarisierung. In: Merkur 874, März 2022. S. 5–18.

Mauss, Marcel (1990 [1950]): Die Gabe. Form und Funktion des Austauschs in archaischen Gesellschaften. Frankfurt a.M.: Suhrkamp.

Mazzucato, Mariana (2016): Innovation, the State and Patient Capital. In: Michael Jacobs/Mariana Mazzucato (Hg.): Rethinking Capitalism. Economics and Policy for Sustainable and Inclusive Growth. Hoboken: Wiley-Blackwell. S. 98–118.

McAffee, Andrew (2020): Mehr aus weniger. Die überraschende Geschichte, wie wir mit weniger Ressourcen zu mehr Wachstum und Wohlstand gekommen sind – und wie wir jetzt unseren Planeten retten. München: DVA.

McCloskey, D.N. (1985): The Rhetoric of Economics. Madison: University of Wisconsin Press.

McCloskey, D.N. (1994): Knowledge and persuation in economics. Cambridge/New York: Cambridge University Press.

Meadows, Dennis/Meadows, Donella/Zahn, Erich/Milling, Peter (1990 [1972]): Die Grenzen des Wachstums. Bericht des Club of Rome zur Lage der Menschheit. 15. Auflage. Stuttgart: Deutsche Verlags-Anstalt.

Mein, Georg (2004): Humanressourcen. Anmerkungen zur Semantik des Wissenschaftsraums. In: Ders./Markus Rieger-Ladich (Hrsg): Soziale Räume und kulturelle Praktiken. Über den strategischen Gebrauch von Medien. Bielefeld: transcript. S. 291–311.

Miggelbrink, Ralf (2009): Einführung. In: René Girard: Das Ende der Gewalt. Analyse des Menschheitsverhängnisses. Erkundungen zu Mimesis und Gewalt mit Jean-Michel Oughourlian und Guy Lefort. (Orig. 1978) Freiburg et al.: Herder. S. 11–22.

Mill, John Stuart (1921 [1848]): Grundsätze der politischen Ökonomie mit einigen ihrer Anwendungen auf die Sozialphilosophie. Jena: Verlag von Gustav Fischer.

Minow, Martha (1998): Between Vengeance and Forgiveness. Facing History after Genocide and Mass Violence. Boston: Beacon Press.

Minow, Martha (2019): When should law forgive? New York: W.W. Norton & Company.

Misik, Robert (2017): Der Aufstand der Dummheit. Wien: edition a.

Mühl, Melanie (2014): Dunkle Zeiten, helle Aufregung. In: Frankfurter Allgemeine Zeitung, 15. August 2014.
Nasar, Sylvia (2011): Grand Pursuit. The Story of Economic Genius. New York et al.: Simon & Schuster.
Nassehi, Armin (2012): Der Ausnahmezustand als Normalfall. Modernität als Krise. In: Kursbuch 170. Krisen lieben. Februar 2012. S. 34–49.
Nietzsche, Friedrich (1999 [1882]): Die fröhliche Wissenschaft. In: Giorgio Colli/Mazzino Montinari (Hg.): Nietzsche. Kritische Studienausgabe, Band 3. München et al.: dtv/De Gruyter. S. 343–651.
Nussbaum, Martha C. (2014): Politische Emotionen. Warum Liebe für Gerechtigkeit wichtig ist. Berlin: Suhrkamp.
Nussbaum, Martha C. (2017 [2016]): Zorn und Vergebung. Plädoyer für eine Kultur der Gelassenheit. Darmstadt: Wissenschaftliche Buchgesellschaft.
Nussbaum, Martha C. (2022): What We Owe Our Fellow Animals. In: The New York Review of Books, 10. März 2022. S. 34–36.
Paech, Niko (2005): Nachhaltiges Wirtschaften jenseits von Innovationsorientierung und Wachstum. Eine unternehmensbezogene Transformationstheorie. Marburg: Metropolis.
Paech, Niko (2012): Befreiung vom Überfluss. Auf dem Weg in die Postwachstumsökonomie. München: oekom.
Page, Talbot (1977): Conservation and Economic Efficiency. An Approach to Materials Policy. Baltimore/London: Johns Hopkins University Press.
Paret, Christoph (2022): Der Haufen wird größer, auch wenn nichts abgeladen wird. In: Frankfurter Allgemeine Zeitung, 23. Februar 2022.
Pfaller, Robert (2013 [2011]): Wofür es sich zu leben lohnt. Elemente materialistischer Philosophie. 3. Auflage. Frankfurt a.M.: Fischer.
Pollack, Detlef (2022): Das Wesen des Westens. In: Frankfurter Allgemeine Zeitung, 1. Dezember 2022.
Precht, Richard David (2018): Jäger, Hirten, Kritiker. Eine Utopie für die digitale Gesellschaft. München: Goldmann.
Randers, Jorgen (2012a): 2052. Der neue Bericht an den Club of Rome. Eine globale Prognose für die nächsten 40 Jahre. München: oekom.
Randers, Jorgen (2012b): Ein guter Diktator. Das ist der Gipfel. In: Der Tagesspiegel, 17. Juni 2012.
Raworth, Kate (2018 [2017]): Die Donut-Ökonomie. Endlich ein Wirtschaftsmodell, das den Planeten nicht zerstört. München: Hanser
Reckwitz, Andreas (2020 [2019]): Das Ende der Illusionen. Politik, Ökonomie und Kultur in der Spätmoderne. 6. Auflage. Berlin: Suhrkamp.

respACT (2020): Was bedeutet Leadership in der Transformation zu einer kohlenstoffarmen Wirtschaft? htps://www.respact.at/dl/mNMrJLJNMkJqx4OooJK/20201118_PA_AK_C_final.pdf (Zugriff März 2023).

Rifkin, Jeremy (2022): Das Zeitalter der Resilienz. Leben neu denken auf einer wilden Erde. Frankfurt a.M./New York: Campus.

Ritchie, Hannah/Rosando, Paublo/Roser, Max (2019 [2017]): Meat and Dairy Production. In: Our World in Data. https://ourworldindata.org/meat-production (Zugriff März 2023).

Robbins, Lionel (1984 [1932]): An essay on the nature and significance of economic science. 3. Auflage. London/Basingstoke: Macmillan.

Rockström, Johan et al. (2009): A safe operating space for humanity. In: Nature 461. S 472–475.

Röcke, Anja (2021): Soziologie der Selbstoptimierung. Berlin: Suhrkamp.

Romano, Onofrio (2016a [2015]): Antiutilitarismus. In: Giacomo D'Alisa/Federico Demaria/Giorgos Kallis (Hg.): Degrowth. Handbuch für eine neue Ära. München: oekom. S. 40–44.

Romano, Onofrio (2016b [2015]): Dépense (Aufwendung). In: Giacomo D'Alisa/Federico Demaria/Giorgos Kallis (Hg.): Degrowth. Handbuch für eine neue Ära. München: oekom. S. 109–113.

Ronson, Jon (2015): How One Stupid Tweet Blew Up Justine Sacco's Life. In: New York Times, 12. Februar 2015. http://www.nytimes.com/2015/02/15/magazine/how-one-stupid-tweet-ruined-justine-saccos-life.html (Zugriff März 2023).

Rosa, Hartmut (2005): Beschleunigung. Die Veränderung der Zeitstrukturen in der Moderne. Frankfurt a.M.: Suhrkamp.

Rosa, Hartmut (2016): Resonanz. Eine Soziologie der Weltbeziehung. Berlin: Suhrkamp.

Rosa, Hartmut (2019): Unverfügbarkeit. 2. Auflage. Wien/Salzburg: Residenz Verlag.

Rummel, Martina (2020): Leadership und organisationale Resilienz. https://www.mssg.ch/de/publications/newsroom/Leadership-und-organisationale-Resilienz (Zugriff März 2023).

Sachs, Wolfgang (1993): Die vier E's. Merkposten für einen maß-vollen Wirtschaftsstil. In: Politische Ökologie Special September/Oktober. S. 69–72.

Sachs, Wolfgang (1994): Ökologischer Wohlstand statt Wachstumsträume. In: Toblacher Gespräche 1994. Ökologischer Wohlstand statt Wachstumsträume. Toblach/Bozen: Toblacher Gespräche/Ökoinstitut Südtirol. S. 18–20.

Sachs, Wolfgang (1995): Zählen oder Erzählen: natur- und geisteswissenschaftliche Argumente in der Studie »Zukunftsfähiges Deutschland«. In: Wechselwirkung 76. S. 20–25.

Santarius, Tilman (2012): Der Rebound-Effekt. Über die unerwünschten Folgen der erwünschten Energieeffizienz. Impulse zur WachstumsWende 5. Wuppertal: Wuppertal Institut.

Santarius, Tilman (2017): Die dunkle Seite des »smart everything«. Gesellschaft revolutionieren statt Wachstum generieren. In: agora 42. S. 70–74.

Schandl, Heinz et al. (2017): Global Material Flows and Resource Productivity: Forty Years of Evidence. In: Journal of Industrial Ecology, Juni 2017. DOI: 10.1111/jiec.12626.

Schenk, Martin/Moser, Michaela (2010): Es reicht! Für alle! Wege aus der Armut. Wien: Deuticke.

Schmidt-Bleek, Friedrich (1994): Wieviel Umwelt braucht der Mensch? MIPS – das Maß für ökologisches Wirtschaften. Berlin et al.: Birkhäuser.

Schroer, Markus (2022): Geosoziologie. Die Erde als Raum des Lebens. Berlin: Suhrkamp.

Schulze, Holger (2016): Klangkolumne. Resonanz. In: Merkur 808, September 2016. S. 75–80.

Schumpeter, Joseph A. (1993 [1942]): Kapitalismus, Sozialismus und Demokratie. 7. Auflage. Tübingen/Basel: Francke (UTB).

Schwarz, Christine (2006): Evaluation als modernes Ritual. Zur Ambivalenz gesellschaftlicher Rationalisierung am Beispiel virtueller Universitätsprojekte. Berlin et al.: LIT Verlag.

Seel, Martin (2018): Nichtrechthabenwollen. Gedankenspiele. Frankfurt a.M.: Fischer.

Settele, Veronika (2022): Deutsche Fleischarbeit. Geschichte der Massentierhaltung von den Anfängen bis heute. München: C.H. Beck.

Shih, Willy C. (2020): Global Supply Chains in a Post-Pandemic World. In: Harvard Business Review, September/Oktober 2020. S. 82–89.

Shriver, Donald W. Jr. (1995): An ethic for enemies: forgiveness in politics. New York/Oxford: Oxford University Press.

Sieferle, Rolf Peter (1997): Rückblick auf die Natur. Eine Geschichte des Menschen und seiner Umwelt. München: Luchterhand.

Skinner, Quentin (2012): Die drei Körper des Staates. Göttingen: Wallstein.

Sloterdijk, Peter (2019 [2011]): Streß und Freiheit. 7. Auflage. Berlin: Suhrkamp.

Smith, Adam (1985 [1759]): Theorie der ethischen Gefühle. Hamburg: Felix Meiner.

Smith, Adam (1988 [1776]): Der Wohlstand der Nationen. München: dtv.
Sommer, Bernd/Welzer, Harald (2014): Transformationsdesign. Wege in eine zukunftsfähige Moderne. München: oekom.
Spahn, Jens (2022): »Wir werden einander viel verzeihen müssen«. Wie die Pandemie uns verändert hat – und was sie uns für die Zukunft lehrt. Innenansichten einer Krise. München: Heyne.
Spiewak, Martin (2013): Die Stunde der Propheten. In: Die Zeit, 29. August 2013.
SRU (Rat von Sachverständigen für Umweltfragen) (1994): Umweltgutachten 1994. Für eine dauerhaft-umweltgerechte Entwicklung. Drucksache 12/6995 des Deutschen Bundestages. Bonn: Deutscher Bundestag.
Staab, Philipp (2019): Digitaler Kapitalismus. Markt und Herrschaft in der Ökonomie der Unknappheit. Berlin: Suhrkamp.
Staab, Philipp (2022): Anpassung. Leitmotiv der nächsten Gesellschaft. Berlin: Suhrkamp.
Steffen, Will/Broadgate, Wendy/Deutsch, Lisa/Gaffney, Owen/Ludwig, Cornelia (2015): The trajectory of the Anthropocene: The Great Acceleration. In: The Anthropocene Review 2 (1). S. 81–98.
Stewen, Marcus (2003): Inputorientierte Umweltpolitik in der Sozialen Marktwirtschaft. Wirtschaftspolitische Analyse eines Leitbildes zur »nachhaltigen« Reduktion der Stoffströme. Baden-Baden: Nomos Verlagsgesellschaft.
Strenger, Carlo (2015): Zivilisierte Verachtung. Eine Anleitung zur Verteidigung unserer Freiheit. Berlin: Suhrkamp.
Strenger, Carlo (2016 [2011]): Die Angst vor Bedeutungslosigkeit. Das Leben in der globalisierten Welt sinnvoll gestalten. Gießen: Psychosozial-Verlag.
Taleb, Nassim Nicholas (2009): Zehn Regeln für eine krisenfeste Welt. Ratschläge eines skeptischen Empiristen. In: Der Standard, 17. April 2009.
Tanner, Jakob (2002): Wirtschaftskurven. Zur Visualisierung des anonymen Marktes. In: David Gugerli/Barbara Orland (Hg.): Ganz normale Bilder. Historische Beiträge zur visuellen Herstellung von Selbstverständlichkeit. Zürich: Chronos. S. 129–158.
Tokarczuk, Olga (2021): Übungen im Fremdsein. Essays und Reden. Zürich: Kampa.
Tukker, Arnold/Bulavskaya, Tanya/Giljum, Stefan/de Koning, Arjan/Lutter, Franz Stephan/Simas, Moana/Stadler, Konstantin/Wood, Richard (2016): Environmental and resource footprints in a global context: Europe's struc-

tural deficit in resource endowments. In: Global Environmental Change 40. S. 171–181.

Van den Bergh, Jeroen C.J.M. (2011): Environment versus growth – A criticism of »degrowth« and a plea for »a-growth«. In: Ecological Economics 70 (5). S. 881–890.

Van Reybrouck, David (2022a): Jenseits des Wendekreises. In: Frankfurter Allgemeine Zeitung, 10. September 2022.

Van Reybrouck, David (2022b [2020]): Revolusi. Indonesien und die Entstehung der modernen Welt. Berlin: Suhrkamp.

Vereinte Nationen (2015): Transformation unserer Welt: die Agenda 2030 für nachhaltige Entwicklung. Beschluss der Generalversammlung, 18. September 2015. New York: Vereinte Nationen.

Wackernagel, Mathis/Rees, William (1996): Our Ecological Footprint. Reducing Human Impact on the Earth. Gabriola Island/Philadelphia: New Society Publishers.

Wagner, Gerald (2022): Sie fühlen sich verraten und verkauft. In: Frankfurter Allgemeine Zeitung, 17. August 2022.

Wajcman, Judy (2021): Fitter, glücklicher, produktiver: Zeitliche Optimierung mittels Technologie. In: Vera King/Benigna Gerisch/Hartmut Rosa (Hg.): Lost in Perfection. Zur Optimierung von Gesellschaft und Psyche. Berlin: Suhrkamp. S. 83–100.

Webber, Alan M. (2009): Rules of Thumb. 52 Truths for Winning at Business Without Losing Yourself. New York: HarperCollins.

Weiguny, Bettina (2012): Generation Weichei. In: Frankfurter Allgemeine Sonntagszeitung, 23. Dezember 2012.

Welzer, Harald (2008): Klimakriege. Wofür im 21. Jahrhundert getötet wird. Frankfurt a.M.: S. Fischer.

Welzer, Harald (2016): Die smarte Diktatur. Der Angriff auf unsere Freiheit. Frankfurt a.M.: S. Fischer.

Welzer, Harald (2019): Alles könnte anders sein. Eine Gesellschaftsutopie für freie Menschen. Frankfurt a.M.: Fischer.

Welzer, Harald (2021): Nachruf auf mich selbst. Die Kultur des Aufhörens. Frankfurt a.M: S. Fischer.

Wrigley, E.A. (1987): People, Cities and Wealth. The Transformation of Traditional Society. Oxford/New York: Basil Blackwell.

Wrigley, E.A. (1988): Continuity, Chance and Change. The character of the industrial revolution in England. Cambridge et al.: Cambridge University Press.

Xenos, Nicholas (1989): Scarcity and Modernity. London/New York: Routledge.
Yong, Ed (2022): Our Blinging, Blaring World. In: The Atlantic, Juli/August 2022. S. 62–74.
Zeilinger, Anton (2022): »Pfeif drauf, was andere sagen«. Interview in: Der Standard, 8./9. Oktober 2022.

Anmerkungen

Vorwort

1   Zit. in Brachmann 2021.

Dismal Science, das Scheitern der Effizienz und der fundamentale Unterschied zwischen Schreibtisch und Geschichte

1   Zur Begrifflichkeit und Differenzierung zwischen Effizienz und Produktivität einige Erläuterungen. Im Alltagssprachgebrauch werden diese Termini durchaus *nicht* unterschieden. Ich kann ein gegebenes Ziel – zum Beispiel die Herstellung eines Gutes oder die Überwindung einer Distanz – mit geringerem Aufwand erreichen: Dann steigere ich nach Auffassung der meisten Menschen wohl die Effizienz meines Handelns. Oder ich kann mit gegebenem Aufwand mehr Produkte herstellen oder mehr Kilometer zurücklegen – dann steigere ich ebenfalls die Effizienz. Blickt man streng ökonomisch auf die Sache, stellt sie sich anders dar: Denn wirtschaftswissenschaftlich ist *Produktivität* das Verhältnis von Output zu Input. Wenn ich mit einem gewissen Input – zum Beispiel: Arbeit, Ressourcen, Kapital, Zeit – einen höheren Output – zum Beispiel: Getreide, Sonnenkollektoren, Mobiltelefone, Überwindung räumlicher Distanz – erziele, hat sich die Produktivität erhöht. Dasselbe gilt, wenn ich einen gegebenen Output mit einem geringeren Input erziele: Auch dann ist Produktivität gesteigert worden. Produktivität ist in wirtschaftswissenschaftlicher Sprache also das Verhältnis zweier Größen. Effizienz bezieht sich dort zwar auch auf ein Verhältnis, gibt aber an, inwieweit Prozess das potenzielle Maximum der Produktivität erreicht. Effizienz steht also für die möglichst weitgehende Ausnutzung eines vorhande-

nen Potenzials. (Diese Bedeutung von Effizienz wird auch deutlich, wo es um Selbstoptimierungsstrategien geht.) In der Ökonomik sind Produktivität und Effizienz also verwandte, aber deutlich unterscheidbare Begriffe. Wie gesagt: In der Alltagssprache aber – und auch in einem großen Teil der hier verarbeiteten Literatur –, ist das *nicht* der Fall: Dort werden die Begriffe sehr oft synonym verwendet. Streng genommen ist das falsch. Wir wollen es hier aber nicht streng nehmen, sondern großzügig – deshalb verfahre ich hier näher am Alltagssprachgebrauch als an der Ökonomik. Das passt insoweit zum hier verfolgten Anliegen, als es bei Produktivität und Effizienz stets darum geht, mehr (Produkte, Dienstleistungen, Geld) aus etwas (Arbeit, Ressourcen, Kapital, Zeit) herauszuholen. Effizienzkritik, die sich an diesem Leitbild abarbeitet, ist in den allermeisten Fällen auch Produktivitätskritik. Deshalb wird im Folgenden meist von Effizienz(kritik) gesprochen.
2   Konersmann 2021, 44.
3   Vgl. Luks 2018a; 2020.
4   Vgl. zum Beispiel Nasar 2011.
5   De Francesco 2021, 8.
6   Vgl. auch Luks 2018a, 198ff.
7   De Francesco 2021, 23.
8   Strenger 2016, 99; vgl. auch Strenger 2015, 51.
9   Houellebecq 2022, 329.
10 Luks 2014.
11 Lennon 1980. John Lennon bedient sich hier eines Satzes von Allen Saunders.

Endlich im Endlichen: Grenzen, Knappheit und Fülle

1   Vgl. zum Beispiel Görg 2016; Hamilton 2016; Steffen et al. 2015.
2   Steffen et al. 2015. Vgl. auch Rockström et al. 2009.
3   Tukker et al. 2016.
4   Schandl et al. 2017, 8.
5   Brand/Wissen 2017, 12.
6   Lessenich 2016.
7   Vgl. z.B. Meadows et al. 1990; Daly 1996.
8   Vgl. Rockström et al. 2019; Steffen et al. 2015.
9   Hauff 1987, 46.

10 Vereinte Nationen 2015.
11 Vgl. auch Brand 2021a; 2021b.
12 Vgl. auch Luks 2012.
13 Blühdorn 2013, 279.
14 Vgl. Luks 2020b, 11.
15 Blühdorn 2020, 108; seine Hervorhebung.
16 Blühdorn 2020, 109.
17 Blühdorn 2013, 243.
18 Blühdorn et al. 2018; vgl. auch Blühdorn/Butzlaff 2018.
19 Brand 2021a, 6.
20 Vgl. die Beiträge in Luks 2018b.
21 Luks 2020b.
22 Brand 2021a, 18.
23 Brand 2021a, 20.
24 Girard 2014, 16.
25 Dupuy 2015; Luks 2018a, 193ff.
26 Schroer 2022, 589, 590; seine Hervorhebungen.
27 Maciejewski 2022, 85.
28 Brand 2021b, 203.
29 De Francesco 2021, 330.
30 Luks 2018a, 198ff.
31 De Francesco 2021, 8, 23.
32 Naheliegende Beispiele sind Christian Felbers (2012) *Gemeinwohl-Ökonomie*, Ulrike Guérots (2016) *Warum Europa eine Republik werden muss!*, Ulrike Hermanns (2022) *Das Ende des Kapitalismus*, Richard David Prechts (2018) *Jäger, Hirten, Kritiker*, Kate Raworths (2018) *Die Donut-Ökonomie* oder Harald Welzers (2019) *Alles könnte anders sein*; vgl. auch Luks 2020b, 67ff.
33 Luks 2000; 2010.
34 Luks 2000.
35 Berman 2022.
36 Furman 2022, 183.
37 Furman 2022, 183f.
38 Keynes 1983, 323.
39 Vgl. z.B. Lepenies 2022.
40 Vgl. auch Jacobs 1994, 76f.
41 Fleck 2021, 187.
42 Vgl. dazu und zum Folgenden u.a. Luks 1998; 2010.
43 Luks 2000; 2010.

44 McCloskey 1985; 1994; Berman 2022; vgl. auch Luks 1998.
45 Luks 2012, 35ff.
46 Andrick 2022, 148.
47 Robbins 1984, 16.
48 Gawel 1996, 65.
49 Gawel 1996, 65.
50 Luhmann 1994, 177.
51 Luhmann 1994, 177f.; meine Hervorhebung.
52 Luhmann 1994, 179.
53 Barnett/Morse 1963.
54 Ehrlich 1989.
55 Luks 2010, 166ff.; 2021.
56 Bataille 1985, 170.
57 Bataille 1985, 259, 263.
58 Bataille 1985, 262; seine Hervorhebungen.
59 Bergfleth 1985, 35, 124.
60 Bergfleth 1985, 77; seine Hervorhebung.
61 Luks 2022d.
62 Paret 2022.
63 Vgl. z.B. Stewen 2003; Krohn 2023.
64 Bundesverfassungsgericht 2021, 1.
65 Bundesverfassungsgericht 2021, 3.
66 Bundesverfassungsgericht 2021, 3.
67 Van Reybrouck 2022b, 637.
68 Van Reybrouck 2022b, 637; vgl. auch Van Reybrouck 2022a.

**Großzügigkeit als rechtes Maß:
Zwischen Geiz und Verschwendung**

1 Mauss 1990, 165.
2 Adloff/Mau 2005, 46.
3 Falk 2022, 127ff.
4 Wagner 2022.
5 Falk 2022, 151.
6 Falk 2022, 151.
7 Falk 2022, 280.
8 Aristoteles 34.

9 Aristoteles 36.
10 Aristoteles 60f.
11 Aristoteles 73.
12 Aristoteles 11.
13 Aristoteles 37.
14 Aristoteles 79.
15 Aristoteles 77.
16 Konersmann 2021, 15; meine Hervorhebungen.
17 Hauff 1987, 46.
18 Konersmann 2021, 15; meine Hervorhebungen.
19 Konersmann 2021, 37f.
20 Konersmann 2021, 38.
21 Konersmann 2021, 170.
22 Konersmann 2021, 229.
23 Konersmann 2021, 43.
24 Konersmann 2021, 42; seine Hervorhebung.
25 Konersmann 2021, 42; meine Hervorhebung.
26 Konersmann 2021, 70.
27 Paech 2012.
28 Die folgenden Absätze finden sich ähnlich in Luks 2021.
29 Braungart 2009; Braungart/McDonough 2013.
30 Vgl. z.B. Luks 2021.
31 Bolz 2020.
32 Bolz 2020, 95.
33 Paech 2012.
34 Bloethe 2012.
35 Folkers/Paech 2020, 121, 122, 211.
36 Vgl. auch Krohn 2023.
37 Folkers/Paech 2020, 24.
38 Pfaller 2013, 148, 199.
39 Brand et al. 2021.
40 Brand et al. 2021, 273.
41 Brand et al. 2021, 275.
42 Brand et al. 2021, 277.
43 Brand et al. 2021, 278.
44 Brand et al. 2021, 282; ihre Hervorhebung.
45 Blühdorn 2022.
46 Blühdorn 2020.

47 Blühdorn 2020.
48 Konersmann 2022.
49 Konersmann 2022.
50 Vgl. ausführlich Luks 2010, 160ff.
51 Franziskus 2015, 149f.
52 Luks 2020b, 73ff.
53 Vgl. unten Kapitel 8.
54 Lear 2020, 146; meine Hervorhebung.
55 Lear 2020, 155; seine Hervorhebung.
56 Lear 2020, 180.
57 Hénaff 2009, 35; meine Hervorhebung.
58 Vgl. Luks 2000 und besonders 2010.
59 Jünger 1953, 84.

Schonung statt Steigerung:
Spielraum für die Natur als Grundbedingung für Nachhaltigkeit

1   Sachs 1993.
2   Vgl. z.B. Santarius 2012; Luks 2012, 76ff.; 2018a, 220ff.
3   Jevons 1965, 140.
4   Daly 1991a; 1991b; 1992; 1996.
5   Boulding 1973; Georgescu-Roegen 1971.
6   Boulding 1973, 127.
7   Daly 1991a; 1996.
8   Luks 2017; 2018, 224ff.
9   Van den Bergh 2011.
10 Teile der folgenden Absätze finden sich ähnlich in Luks 2010, 82ff., 120ff.
11 Gerschlager 1996, 48.
12 Miggelbrink 2009, 13.
13 Miggelbrink 2009, 20.
14 Girard 2014, 77.
15 Galbraith 1971.
16 Luhmann 1994, 179; seine Hervorhebung.
17 Gross 1994, 11f.
18 Gross 1994, 75.
19 Rosa 2005.
20 Vgl. auch Rosa 2016, 671ff.

21 Rosa 2019, 100.
22 Gross 1994, 152.
23 SRU 1994, Rdnr. 44; meine Hervorhebung.
24 Leiss 1978, 10.
25 Xenos 1985, 70.
26 Brickman/Camphell 1971.
27 Harrod 1958.
28 Altvater/Mahnkopf 1996, 530.
29 Hirsch 1976.
30 Keynes 1998, 120.
31 Konersmann 2021, 62.
32 Vgl. zum Beispiel Sommer/Welzer 2014.
33 Vgl. z. B. Calasso 2015; Girard 2014.
34 Girard 2014, 11.
35 Luks 2010, 170.
36 Bataille 1985, 196.
37 Luks 2010, 171.
38 Kallis 2021, 132f.; meine Hervorhebung.
39 Harald Welzers Buch *Nachruf auf mich selbst* (2021) beschäftigt sich auch mit diesem Thema. Freilich geht es dabei – dem Titel angemessen – vor allem um den Autor selbst. Relevante Literatur wird dabei souverän ignoriert.
40 Daly 1991a; 1996.
41 Vgl. auch Luks 1999.
42 Schmidt-Bleek 1994, 64f.; vgl. auch Staab 2022, 84.
43 Sachs 1994, 18.
44 Ciriacy-Wantrup 1952; Page 1977; Schmidt-Bleek 1994.
45 Georgescu-Roegen 1971.
46 Ritchie et al. 2019.
47 Tokarczuk 2021, 56.
48 Ahne 2022.
49 Man kann zwischen Biodiversität und Artenvielfalt unterscheiden – für den vorliegenden Zweck ist diese Differenz, soweit ich sehen kann, nicht relevant.
50 Yong 2022, 66.
51 Yong 2022, 71.
52 Harari 2015.
53 Harari 2015; meine Hervorhebung.

54 Harari 2015; meine Hervorhebung.
55 Yong 2022, 74.
56 Yong 2022, 72.
57 Yong 2022, 72.
58 Nussbaum 2022, 34. Nussbaums 2023 erschienenes Buch *Justice for animals* konnte ich im vorliegenden Text nicht mehr berücksichtigen.
59 Harari 2015.
60 Nussbaum 2022, 34.
61 Nussbaum 2022, 36.
62 Settele 2022, 8.
63 Settele 2022, 9.
64 Settele 2022, 11, 20, 27.
65 Vgl. auch Luks 2018a, 182ff.
66 Calasso 2015, 511.
67 Calasso 2015, 527; meine Hervorhebung.
68 Settele 2022, 194.
69 Settele 2022, 195f.
70 Settele 2022, 196.; meine Hervorhebung.
71 Settele 2022, 199.
72 Settele 2022, 201; meine Hervorhebung.
73 Settele 2022, 198f.
74 Vgl. dazu auch das etwas anekdotische, aber gut erzähle Buch *Bauer und Bobo* (Klenk 2021).
75 Settele 2022, 203.
76 Jungk 1977, 113.
77 Settele 2022, 208.
78 Settele 2022, 122.
79 Settele 2022, 132.
80 Settele 2022, 83.
81 Settele 2022, 157.
82 Settele 2022, 58.
83 Settele 2022, 66f., 136ff., 72, 121.
84 Settele 2022, 194.
85 Settele 2022, 180.
86 Settele 2022, 185.
87 Settele 2022, 186.
88 Settele 2022, 186ff.
89 Settele 2022, 13.

90 Klinkenborg 2022, 34.
91 Klinkenborg 2022, 35.
92 Ähnlich lässt sich wohl das UN-Abkommen zum Schutz der Meere verstehen, das 2023 verabschiedet wurde.
93 Convention on Biological Diversity 2022.
94 Kurbjuweit 2003, 24.
95 Rifkin 2022, 140.
96 Paech 2005, 49ff.
97 Luks 2010, 182ff.

Großzügigkeit und wirtschaftliche Rationalität

1   Graefe 2019, 185.
2   Graefe 2019, 195f.; ihre Hervorhebungen.
3   Brunnermeier 2021, 9.
4   Brunnermeier 2021, 24.
5   Brunnermeier 2021, 21.
6   Brunnermeier 2021, 30.
7   Brunnermeier 2021, 293; vgl. auch ebd. 237.
8   Lotter 2017.
9   Vgl. respACT 2020; Luks 2020c. Ich habe diese Veranstaltung moderiert.
10 Cyert/March 1992, 41.
11 Ich danke Michael Meyer für einen sehr wichtigen Hinweis auf zwei essentielle Quellen zu diesem Thema.
12 Cyert/March 1992, 42; meine Hervorhebung.
13 Bourgeois 1981, 29, 30.
14 Bourgeois 1981, 31.
15 Bourgeois 1981, 33f. mit Bezug auf Galbraith und Pondy.
16 Bourgeois 1981, 34.
17 Bourgeois 1981, 35 mit Bezug auf Hambrick und Snow.
18 Martin 2019, 18ff.
19 Martin 2019, 23.
20 Cappelli 2020, 61.
21 Vgl. zum Folgenden auch Luks 2020c.
22 Vgl. z.B. Luks 2011, 43ff.
23 Taleb 2009.
24 Leggewie/Welzer 2009, 135.

25 Brunnermeier 2021, 252.
26 Brunnermeier 2021, 271ff.
27 Brunnermeiner 2021, 274.
28 Brunnermeier 2021, 275.
29 Shih 2020, 84.
30 Shih 2020, 86.
31 EY Deutschland 2020; vgl. auch Kühmayer 2020.
32 Rummel 2020.
33 Teile der folgenden Absätze finden sich ähnlich in Luks 2022b.
34 Braunberger 2022.
35 Braunberger 2022.
36 Kloepfer 2022.
37 Kloepfer 2022.
38 Ankenbrand/Schuller 2022.
39 Economist 2022.
40 Brunnermeier 2021, 295.
41 Brachmann 2022.
42 Die folgenden Absätze dieses Abschnitts sind eine überarbeitete Fassung des Abschnitts »Effizienzverbissenheit macht krank und dumm: Gesundheit und Bildung im Zeichen der Knappheit« aus meinem Buch »Endlich im Endlichen« (Luks 2010, 155ff.).
43 Mein 2004.
44 Zeilinger 2022; vgl. auch Luks 2022c.
45 Schwarz 2006.
46 Keynes 1983, 110.
47 Vgl. in diesem Sinne auch D'Alisa et al. 2016; Romano 2016a; 2016b.
48 Schumpeter 1993.
49 Vgl. Endnote 32 im Kapitel »Endlich im Endlichen«.
50 Vgl. zum Folgenden auch Luks 2018a, 47ff.
51 Vgl z.B. Paech 2012; Santarius 2012; 2017.
52 Ecomodernist Manifesto 2015; Fücks 2013; McAfee 2020.
53 Vgl. auch Maak 2018.
54 Santarius 2017.
55 Lee/Chen 2021.
56 Lee 2021, 509.
57 Lee 2021, 510.
58 Lee 2021, 517.
59 Lee 2021, 522.

60 Staab 2019, 77, 75.
61 Staab 2019, 210.

Jenseits von Selbstoptimierung und digitaler Kontingenzvernichtung

1 Kabat-Zinn 2016, 121.
2 Smith 1985, 1; meine Hervorhebung.
3 Wajcman 2021, 83.
4 Franck 2007, 155.
5 Franck 2005, 82.
6 Franck 2007, 49.
7 Vgl. auch meine Rezension im *Standard* (Luks 2023).
8 Andrick 2022, 59ff.
9 Andrick 2022, 61.
10 Andrick 2022, 62.
11 Andrick 2022, 93.
12 Andrick 2022, 85.
13 Andrick 2022, 180.
14 Andrick 2022, 183f.; meine Hervorhebung.
15 Mir ist klar, dass dieses Bild in anderen Sprachen wie Englisch und Französisch nicht funktioniert. Ich halte es trotzdem für plausibel.
16 Andrick 2022, 109; meine Hervorhebung.
17 Andrick 2022, 188.
18 Andrick 2022, 134.
19 Andrick 2022, 193.
20 Andrick 2022, 195.
21 Andrick 2022, 187; meine Hervorhebung.
22 Andrick 2022, 93.
23 Wajcman 2021, 97.
24 Wajcman 2021, 97.
25 Röcke 2021, 14.
26 Röcke 2021, 8.
27 Röcke 2021, 17; ihre Hervorhebung.
28 Röcke 2021, 219.
29 Röcke 2021, 218; meine Hervorhebung.
30 Röcke 2021, 226.

31 Hinterberger 2008.
32 Röcke 2021, 8.
33 Röcke 2021, 9f.
34 Röcke 2021, 11.
35 Konersmann 2021, 44.
36 Wajcman 2021, 86.
37 Vgl. dazu kritisch Grunwald 2012.
38 Bröckling 2000, 163.
39 Röcke 2021, 224.
40 Andrick 2022, 98.
41 Andrick 2022, 97.
42 Rosa 2019, 122.
43 Röcke 2021, 117.
44 Röcke 2021, 7.
45 Lessenich 2013, 76.
46 Lessenich 2013, 76.
47 Die nächsten Absätze finden sich ähnlich in Luks 2018a, 201ff.
48 Grossarth 2013.
49 Spiewak 2013.
50 Zit. in Spiewak 2013.
51 Hüther 2017, 13.
52 Hüther 2015, 185.
53 Hüther 2016, 145, 152; meine Hervorhebung.
54 Hüther 2016, 177, 178.
55 Hüther 2016, 182.
56 Rosa 2016, 517ff., 599ff.
57 Rosa 2016, 749.
58 Rosa 2019, 12.
59 Schulze 2016, 75.
60 Schulze 2016, 75.
61 Rosa 2019, 13.
62 Rosa 2019, 88.
63 Rosa 2019, 38.
64 Rosa 2019, 39.
65 Rosa 2019, 44.
66 Rosa 2019, 44f.; seine Hervorhebung.
67 Vgl. Dannhauer 2017; zu diesem Abschnitt auch Luks 2020b.
68 Rosa 2019, 75.

69	Andrick 2022, 24; seine Hervorhebung.
70	Krohn 2023, 259.
71	Luks 2020b, 126.
72	Jonas 1984, 234.
73	Jonas 1984, 235.
74	Flaßpöhler/Werner 2019, 184.
75	Vgl. auch Rosa 2019, 76f.
76	So zumindest meine Erinnerung. Freilich kann ich das Zitat und seine Quelle nicht rekonstruieren.
77	Flaßpöhler/Werner 2019, 19.
78	Flaßpöhler/Werner 2019, 154.
79	Klos 2020, 104.
80	Luks 2020a.
81	Rosa 2019, 89.
82	Tokarczuk 2021, 36.
83	Rosa 2019, 95f.
84	Rosa 2019, 96f.
85	Rosa 2019, 97.
86	Rosa 2019, 100; meine Hervorhebung.
87	Rosa 2016, 751; seine Hervorhebung.
88	Rosa 2016, 751.
89	Schulze 2016, 80.
90	Vgl. Jean Amérys (2015) Werk *Hand an sich legen*.
91	Schulze 2016, 80.
92	Wajcman 2021, 84f.
93	Rosa 2019, 87.
94	Waijman 2021, 86.
95	Waijman 2021, 87.
96	Wajcman 2021, 98; meine Hervorhebung.
97	Weiguny 2012.
98	Die nächsten Absätze finden sich ähnlich in Luks 2018a, 54ff.
99	Botsman 2017.
100	Franziskus 2015, 35.
101	Maak 2020, 91f.
102	Maak 2020, 103.
103	Maak 2020, 103.
104	Maak 2020, 125.
105	Maak 2002, 136.

106 Maak 2020, 229; seine Hervorhebung.
107 Maak 2020, 37.
108 Maak 2020, 271.
109 Ronson 2015.
110 Ronson 2015.
111 Die nächsten Absätze finden sich ähnlich in Luks 2018a, 54ff.
112 Welzer 2016, 21.
113 Misik 2017, 17.
114 Mühl 2014.
115 Vgl. Luks 2014, 97ff.

Vergeltung und Vergebung

1 Minow 2019, 25.
2 Minow 2019, 25.
3 Ich differenziere auch nicht zwischen Vergebung und Verzeihung.
4 Z.B. Minow 2019, 4.
5 Minow 2019, 4.
6 Nussbaum 2017, 29.
7 Nussbaum 2017, 39.
8 Nussbaum 2017, 42.
9 Nussbaum 2017, 43.
10 Nussbaum 2017, 48f.; meine Hervorhebung.
11 Nussbaum 2017, 64.
12 Kelsen 1982, 182ff., 187ff., 232ff.
13 Kelsen 1982, 234.
14 So auch Minow 2019, 157; 1998, 8.
15 Zit. in Shriver 1995, 5.
16 Shriver 1995, 5; meine Hervorhebung.
17 Minow 1998, 2.
18 Vgl. auch Luks 2020b, 128ff.
19 Nussbaum 2017, 340.
20 Nussbaum 2017, 290.
21 Nussbaum 2017, 292.
22 Nussbaum 2017, 22.
23 Nussbaum 2017, 25.
24 Nussbaum 2017, 25; ihre Hervorhebung.

25 Nussbaum 2017, 27; meine Hervorhebung.
26 Nussbaum 2017, 54.
27 Lotter 2012, 208.
28 Nussbaum 2017, 295; meine Hervorhebung.
29 Zit. in Shriver 1995, 225.
30 Shriver 1995, 7.
31 Nussbaum 2017, 336 mit Bezug auf Desmond Tutu.
32 Nussbaum 2017, 336.
33 Nussbaum 2017, 337.
34 Vgl. Minow 1998, 19.
35 Minow 1998, 20.
36 Zit. in Minow 1998, 19.
37 Minow 2019, 11f.; meine Hervorhebung.
38 Dieses Feld wird ausführlich von Minow (2019) ausgemessen.
39 Minow 2019, 21.
40 Minow 2019, 18f.
41 Vgl. auch Minow 2019, 26.
42 Minow 2019, 162; meine Hervorhebungen.
43 Minow 2019, 22.
44 Minow 2019, 27.
45 Vgl. auch Minow 2019, 160.
46 Ähnlich Minow 2019, 27.
47 Minow 2019, 32.
48 Minow 2019, 146.
49 Minow 2019, 28.
50 Minow 2019, 22; meine Hervorhebung.
51 Nussbaum 2017, 307.
52 Nussbaum 2017, 308.
53 Minow 1998, 147.
54 Gumbrecht 2011, 10f.
55 Gumbrecht 2011, 30f.
56 Minow 2019, 2.
57 Minow 1998, 8; meine Hervorhebung.
58 Lotter 2012, 212 mit Bezug auf (den mir unbekannten) Paul Fauconnet.
59 Minow 2019, 26.
60 Hansjürgens/Lübbe-Wolff 2000, 14.
61 Nussbaum 2014, 13.
62 Nussbaum 2017, 307.

63 Nussbaum 2017, 21.
64 Mau 2022, 9.
65 Mau 2022, 16.
66 Spahn 2022.
67 Spahn 2022, 164ff.
68 Spahn 2022, 241ff.

Perspektiv-Wechsel

1   Siehe zu diesem Problem ausführlich Luks 2018a, 295ff.
2   De Francesco 2021, 23.
3   Franziskus 2015, 17.
4   Sachs 1995.
5   Nussbaum 2017, 313.
6   Hayek 2011b, 247.
7   Bourdieu 2015, 84; meine Hervorhebung.
8   Eine positive und die Regel bestätigende Ausnahme ist Philipp Krohns Buch *Ökoliberal*, vgl. dort insbesondere das Kapitel »Sprache in einer begrenzten Welt« (Krohn 2023, 151ff.).
9   McCloskey 1985; 1994.
10 Krohn 2023, 169 mit Bezug auf George Lakoff.
11 Krohn 2023, 173 mit Bezug auf Ulrike Grassinger.
12 Krohn 2023, 172 mit Bezug auf Ulrike Grassinger.
13 Krohn 2023, 173.
14 Sachs 1994, 18.
15 Die nächsten sechs Absätze finden sich ähnlich in Luks 2010, 55ff.
16 Hajer 1995.
17 Foucault 1978, 51.
18 Foucault 2001, 25.
19 Blühdorn 2000.
20 Luhmann 1990.
21 Blühdorn 2000, 10.
22 Wackernagel/Rees 1996.
23 Blumenberg 2020, 170.
24 Blumenberg 2016, 9.
25 Blumenberg 2020, 186.
26 Blumenberg 2020, 200.

27 Blumenberg 2020, 200.
28 Blumenberg 2020, 201.
29 Blumenberg 2020, 186.
30 Blumenberg 2020, 39.
31 Blumenberg 2020, 160.
32 Jünger 1953, 290.
33 Jünger 1953, 118; meine Hervorhebung.
34 Jünger 1953, 118.
35 Breuer 1993, 103.
36 Jünger 1953, 325.
37 Jünger 1953, 22.
38 Jünger 1953, 29.
39 Jünger 1953, 240.
40 Jünger 1953, 306.
41 Jünger 1953, 227.
42 Jünger 1953, 36; meine Hervorhebungen.
43 Jünger 1953, 126.
44 Jünger 1953, 323.
45 Wrigley 1987; 1988; Sieferle 1997.
46 Jünger 1953, 32.
47 Jünger 1953, 297.
48 Jünger 1953, 141.
49 Jünger 1953, 141; meine Hervorhebung.
50 Crary 2022.
51 Breuer 1993, 124.
52 Jünger 1953, 130.
53 Jünger 1953, 81.
54 Jünger 1953, 326.
55 Jünger 1953, 100.
56 Breuer 1993, 127.
57 Jünger 1953, 278; meine Hervorhebung.
58 Jünger 1953, 142.
59 Horkheimer/Adorno 1992, 96.
60 Horkheimer/Adorno 1992, 12.
61 Horkheimer/Adorno 1992, 111f.
62 Dath 2008, 65.
63 Dath 2008, 16.
64 Dath 2008, 50.

65 Pollack 2022.
66 Crouch 2008, 125.
67 Crouch 2008, 127.
68 Skinner 2012, 82; meine Hervorhebung.
69 Heidenreich 2022, 21.
70 Heidenreich 2022, 71.
71 Heidenreich 2022, 71; seine Hervorhebungen.
72 Heidenreich 2022, 73.
73 Heidenreich 2022, 73.
74 Heidenreich 2022, 74.
75 Heidenreich 2022, 74f.
76 Hayek 2011a, 120; meine Hervorhebungen.
77 Hayek 2011d, 19.
78 Hayek 2011a, 131.
79 Hayek 2011a, 204.
80 Hayek 2011a, 204; meine Hervorhebung.
81 Broder 2007, 160.
82 Jünger 1953, 169.
83 Hayek 2011d, 14, 15.
84 Hayek 2011c, 161; meine Hervorhebung.
85 Hüther 2012.
86 Hüther 2012.
87 Krohn 2023.
88 Krohn 2023, 30.
89 Danke: Heiko Kapels.
90 Hayek 2011a, 209.
91 Hayek 2011a, 181.
92 Sloterdijk 2019, 57.
93 Sloterdijk 2019, 58; meine Hervorhebung.
94 Sloterdijk 2019, 60.
95 Sloterdijk 2019, 26.
96 Sloterdijk 2019, 28; meine Hervorhebung.
97 Hayek 2011d, 3.
98 Hayek 2011b.
99 Lepenies 2022, 15.
100 Lepenies 2022, 17.
101 Krohn 2023, 200.
102 Vgl. zu dieser Unterscheidung z.B. Gabriel 2019.

103 Hayek 2011a, 77; meine Hervorhebung.
104 Hajek 2011d, 5; meine Hervorhebung.
105 Hayek 2011d, 12; meine Hervorhebung.
106 Fücks 2022, 101.
107 Krohn 2023, 189.
108 Hayek 2011a, 57.
109 Luks 2014, 132ff.; Kolev 2022.
110 Hayek 2011a, 62; meine Hervorhebung.
111 Stewen 2003, 311.
112 Hayek 2011a, 86; meine Hervorhebung.
113 Hayek 2011a, 256f.
114 Hayek 2011a, 256.
115 Hayek 2011a, 256.
116 Krohn 2023, 50.
117 Krohn 2023, 89.
118 Mazzucato 2016, 104; meine Hervorhebung.
119 Hayek 2011a, 34.
120 Economist 2023.
121 Krohn 2023, 262.
122 Lessenich 2022, 9.
123 Fleck 2021, 40.
124 Kuhn 1989, 90.
125 Franck 2007, 214.
126 Franck 2007, 215.
127 Die folgenden fünf Absätze finden sich ähnlich in Luks 2018a, 17ff.
128 Nassehi 2012, 40; meine Hervorhebung.
129 Nassehi 2012, 46.
130 Nassehi 2012, 45.
131 Schumpeter 1993, 208.
132 Marx/Engels 1983, 465.
133 Cioran 1991, 11.
134 Link 2013, 17.
135 Blumenberg 2020, 15.
136 Diesen Gedanken habe ich das erste Mal von Wolf Lotter gehört.
137 Jünger 1953, 189.
138 Vgl. Welzer 2008, 212ff.
139 Kaube 2011.
140 Vgl. auch Luks 2014, 127ff.

141 Link 2002, 118; seine Hervorhebung.
142 Tanner 2002, 134.
143 Tanner 2002, 145.
144 Blühdorn et al. 2018; vgl. auch Blühdorn/Butzlaff 2018.
145 Blühdorn 2013, 144; seine Hervorhebung.
146 Blühdorn 2013, 144; seine Hervorhebung.
147 Blühdorn 2013, 145; seine Hervorhebung.
148 Luks 2018a, 11ff.
149 Cioran 1978, 76.
150 Andrick 2022, 60.
151 Lessenich 2022, 11.
152 Lessenich 2022, 12; seine Hervorhebung.
153 Lessenich 2022, 100.
154 Die folgenden Absätze finden sich ähnlich in Luks 2020b, 89ff.
155 Appiah 2011, 15.
156 Reckwitz 2020, 304.
157 Vgl. hierzu ausführlich Luks 2020b.
158 Fücks 2022, 105.
159 Fücks 2022, 101f.
160 Lessenich 2022, 130; seine Hervorhebung; vgl. auch Lessenich 2013.
161 Rifkin 2022, 9.
162 Rifkin 2022, 11.
163 Rifkin 2022, 12.
164 Staab 2022, 7.
165 Staab 2022, 12.
166 Staab 2022, 12; seine Hervorhebung.
167 Staab 2022, 13.
168 Staab 2022, 23.
169 Staab 2022, 25.
170 Staab 2022, 27.
171 Jullien 1999, 103, 191; seine Hervorhebungen.
172 Vgl. auch Luks 2012, 87ff.
173 Staab 2022, 72.
174 Staab 2022, 77, 78.
175 Staab 2022, 96.
176 Krastev 2022.
177 Staab 2022, 130.
178 Staab 2022, 137.

179 Boltanski/Chiapello 2003.
180 Staab 2022, 99; meine Hervorhebung.
181 Staab 2022 69.
182 Staab 2022, 178.
183 Rifkin 2022, 9, 237.
184 Rifkin 2022, 238.
185 Rifkin 2022, 255.
186 Rifkin 2022, 275.
187 Staab 2022, 187.
188 Staab 2022, 197.
189 Reckwitz 2020, 234.
190 Reckwitz 2020, 234; seine Hervorhebung.
191 Reckwitz 2020, 238.
192 Staab 2022, 84.
193 Rifkin 2022, 193.
194 Rifkin 2022, 201.
195 Rifkin 2022, 203.
196 Rifkin 2022, 206.
197 Rifkin 2022, 198.
198 Rifkin 2022, 206.
199 Rifkin 2022, 207.

Brot und Spiele

1 Schroer 2022, 589; seine Hervorhebungen.
2 Jünger 1953, 185.
3 Herrmann 2022; zum Folgenden vgl. auch Luks 2022a.
4 Herrmann 2022, 228.
5 Herrmann 2022, 245.
6 Herrmann 2022, 213f.
7 Herrmann 2022, 258, 262.
8 Herrmann 2022, 232.
9 Danke: Ulrich Brand.
10 Rifkin 2022, 9.
11 Zur Konjunktur des Begriffs »Rewilding« im Diskurs über Biodiversität vgl. Benato 2022.
12 Foster 2015, 163ff.

13 Link 2013, 233f.
14 Huizinga 2004, 228f.; meine Hervorhebung.
15 Hayek 2011a, 37f.
16 Hayek 2011b, 252; meine Hervorhebungen.
17 Randers 2012a; 2012b.
18 Hayek 2011a, 291.
19 Hayek 2011a, 294.
20 Mauss 1990, 165.
21 Mauss 1990, 142.
22 Mauss 1990, 182.
23 Danke: Bernd Siebenhüner.
24 Hayek 2011a, 23.
25 Freyermuth 2001, 175. Transparenzhinweis: Ich arbeite bisweilen für das Österreichische Rote Kreuz.
26 Freyermuth 2001, 168.
27 Freyermuth 2001, 178.
28 Schenk/Moser 2010, 34f.
29 Schenk/Moser 2010, 37.
30 Schenk/Moser 2010, 213.
31 Vgl. auch Luks 2018a, 316ff.
32 Webber 2009, 244.
33 Allianz für den freien Sonntag 2019a.
34 Allianz für den freien Sonntag 2019b; meine Hervorhebung.
35 Vgl. ausführlich Luks 2020b.
36 Seel 2018, 21; meine Hervorhebungen.
37 Seel 2018, 35.
38 Franziskus 2015, 168.
39 Nietzsche 1999, 392.
40 Nietzsche 1999, 585.
41 Smith 1988, 70.
42 Mill 1921, 390f, 391f.
43 Keynes 1998, 122, 125.
44 Keynes 1998, 121.
45 Lessenich 2022.
46 Lessenich 2022, 37.
47 Jünger 1953, 289.

[transcript]

WISSEN. GEMEINSAM. PUBLIZIEREN.

transcript pflegt ein mehrsprachiges transdisziplinäres Programm mit Schwerpunkt in den Kultur- und Sozialwissenschaften. Aktuelle Beträge zu Forschungsdebatten werden durch einen Fokus auf Gegenwartsdiagnosen und Zukunftsthemen sowie durch innovative Bildungsmedien ergänzt. Wir ermöglichen eine Veröffentlichung in diesem Programm in modernen digitalen und offenen Publikationsformaten, die passgenau auf die individuellen Bedürfnisse unserer Publikationspartner*innen zugeschnitten werden können.

UNSERE LEISTUNGEN IN KÜRZE

- partnerschaftliche Publikationsmodelle
- Open Access-Publishing
- innovative digitale Formate: HTML, Living Handbooks etc.
- nachhaltiges digitales Publizieren durch XML
- digitale Bildungsmedien
- vielfältige Verknüpfung von Publikationen mit Social Media

Besuchen Sie uns im Internet: www.transcript-verlag.de

Unsere aktuelle Vorschau finden Sie unter: www.transcript-verlag.de/vorschau-download